iPhone XR, iPhone Xs und Xs Max

Die verständliche Anleitung

von
Giesbert Damaschke

9/25

Vierfarben

Liebe Leserin, lieber Leser,

auch in diesem Jahr hat sich Apple nicht lumpen lassen und wieder gleich drei Gerätemodelle auf einmal auf den Markt gebracht. Für jeden Geldbeutel und Geschmack wird etwas geboten. Dabei verfügen das iPhone XS, das XS Max und das XR bis auf kleine Ausnahmen über dieselben tollen Möglichkeiten und laufen so schnell, so flüssig und so lange wie nie zuvor. Und da auch die Bedienfunktionen, die unter der Haube schlummern, zahlreicher geworden sind, ist die Handhabung alles andere als intuitiv. Wer sich also nicht damit begnügen möchte, sein iPhone als Telefon zu nutzen, ist mit einer Anleitung gut beraten, vor allem wenn man es gewohnt war, sein Handy mit einem klassischen Tastendruck zu bedienen. Denn damit ist nun endgültig Schluss – raffinierte Touchgesten und Gesichtserkennung sind die neuen Standards!

Apple-Experte Giesbert Damaschke hat für Sie die Geräte unter die Lupe genommen und zeigt Ihnen immer ganz genau, was auf Ihrem iPhone zu tun ist, damit Sie gleich von der ersten Inbetriebnahme an in den Genuss aller Optionen kommen und diese bald wie selbstverständlich zu handhaben wissen. Dabei erklärt Ihnen unser Autor alles schrittweise und anschaulich: wie Sie mit Freunden und Familie E-Mails, Textnachrichten und – wenn Sie mögen – auch Sprach- und Videonachrichten austauschen, Ihren Alltag mit den Apps besser meistern, schöne Momente mit der Kamera festhalten und Ihre Musik immer und überall genießen können.

Dieses Buch wurde mit größter Sorgfalt geschrieben und hergestellt. Sollten Sie dennoch einmal einen Fehler finden oder inhaltliche Anregungen haben, freue ich mich, wenn Sie mir schreiben. Jetzt wünsche ich Ihnen aber zunächst viel Freude mit Ihrem neuen iPhone und dieser Anleitung!

Ihre Isabella Bleissem
Lektorat Vierfarben

isabella.bleissem@rheinwerk-verlag.de

Auf einen Blick

Wir hoffen, dass Sie Freude an diesem Buch haben und sich Ihre Erwartungen erfüllen. Ihre Anregungen und Kommentare sind uns jederzeit willkommen. Bitte bewerten Sie doch das Buch auf unserer Website unter **www.rheinwerk-verlag.de/feedback**.

An diesem Buch haben viele mitgewirkt, insbesondere:

Lektorat Isabella Bleissem, Maike Lübbers
Korrektorat Annika Holtmannspötter, Münster
Herstellung Maxi Beithe
Typografie und Layout Vera Brauner
Einbandgestaltung Julia Schuster
Coverbild Apple Incorporated
Satz Christine Netzker
Druck Media-Print Informationstechnologie, Paderborn

Dieses Buch wurde gesetzt aus der Charter ITC (10,5 pt/15 pt) in InDesign CC.
Gedruckt wurde es auf mattgestrichenem Bilderdruckpapier (115 g/m²).
Hergestellt in Deutschland.

Bibliografische Information der Deutschen Nationalbibliothek:
Die Deutsche Nationalbibliothek verzeichnet diese Publikation in der Deutschen Nationalbibliografie; detaillierte bibliografische Daten sind im Internet über *http://dnb.d-nb.de* abrufbar.

978-3-8421-0606-2

1. Auflage 2019
© Rheinwerk Verlag, Bonn 2019

Vierfarben ist eine Marke des Rheinwerk Verlags. Der Name Vierfarben spielt an auf den Vierfarbdruck, eine Technik zur Erstellung farbiger Bücher. Der Name steht für die Kunst, die Dinge einfach zu machen, um aus dem Einfachen das Ganze lebendig zur Anschauung zu bringen.

Informationen zu unserem Verlag und Kontaktmöglichkeiten finden Sie auf unserer Verlagswebsite **www.rheinwerk-verlag.de**. Dort können Sie sich auch umfassend über unser aktuelles Programm informieren und unsere Bücher und E-Books bestellen.

Inhalt

Kapitel 4: Alles zu Internetverbindung, Apple-ID und iCloud

Kapitel 5: Nützliche Funktionen des iPhones

Kapitel 6: Text über die Bildschirm-tastatur eingeben

Kapitel 7: Kontakte anlegen und verwalten

Kapitel 8: Telefonieren mit dem iPhone

Kapitel 9: Nachrichten verschicken und empfangen

Kapitel 10: Mit Safari ins Internet

Kapitel 14: Die Kamera des iPhones verwenden 251

Kapitel 15: Fotos anzeigen und bearbeiten 265

Kapitel 16: Musik, Filme und mehr auf dem iPhone

Kapitel 17: Neue Inhalte für Ihr iPhone

Kapitel 18: Karten und Navigation

Kapitel 1
Erste Schritte mit dem iPhone

In diesem Kapitel mache ich Sie mit Ihrem neuen iPhone vertraut. Sie lernen, wie Sie es für den ersten Einsatz vorbereiten (*aktivieren*), wie Sie es einschalten – und gleich wieder ausschalten – und wo Sie welche Anschlüsse finden. Sie werden ein wenig mit den verschiedenen Einstellungen herumspielen, tippen mal hier, mal da und lernen so die grundlegende Bedienung des Geräts kennen.

apple.com, Shutterstock: 225288877 © tomertu

Mit drei neuen Modellen setzt Apple seine erfolgreiche iPhone-Reihe fort.

Was ist das iPhone?

Fangen wir einmal ganz grundsätzlich an: Was ist überhaupt ein iPhone? Die Antwort scheint einfach: Das iPhone ist ein *Smartphone*. Aber was hat es damit auf sich? Im Unterschied zu früheren Handys können Sie mit einem Smartphone nicht einfach nur telefonieren und Kurznachrichten verschicken, sondern es handelt sich dabei um einen vollwertigen Computer, der mit den Fähigkeiten von Notebooks oder Desktop-PCs durchaus mithalten kann. Auf dem iPhone können Sie Programme installieren – die hier *Apps* genannt werden –, von einem einfachen Spielchen für zwischendurch bis zu ausgewachsenen Office-Programmen wie Word oder Excel, mit denen Sie Ihre Arbeit unterwegs erledigen, ist alles dabei. Sie können damit hochwertige Fotos schießen und Videos aufzeichnen (und das Ergebnis auch gleich auf dem iPhone bearbeiten), Sie können damit im Internet surfen, Ihre E-Mails verwalten und (sehr) viel mehr tun. Anders gesagt: Das iPhone ist im Grunde ein Computer, mit dem Sie auch telefonieren können.

Ihr iPhone ist nicht nur ein Telefon, sondern gleichzeitig ein Computer im Hosentaschenformat. (Foto: © Apple)

INFO

Das iPhone-Betriebssystem

Wie jeder Computer besitzt auch das iPhone ein eigenes Betriebssystem, das hier allerdings nicht Windows, macOS oder Linux, sondern *iOS* heißt. Das System basiert auf dem Betriebssystem macOS, mit dem Apple seine Computer ausstattet. Die enge Verwandtschaft zwischen macOS und iOS sorgt dafür, dass iPhones optimal mit Macs zusammenarbeiten.

Das erste iPhone kam im Jahr 2007 auf den Markt, seither hat Apple jedes Jahr (mindestens) ein neues iPhone vorgestellt. Mit jedem neuen iPhone gab es eine überarbeitete Version des Betriebssystems, die derzeit aktuelle Version von iOS ist iOS 12.

Zum zehnjährigen Jubiläum des iPhones hatte Apple 2017 neben dem üblichen Update vom iPhone 7 auf das iPhone 8 zusätzlich das Topmodell iPhone X auf den Markt gebracht (das X steht übrigens für die römische Zahl 10, der Name wird also »iPhone zehn« und nicht »iPhone ix« ausgesprochen). Mit dem iPhone X führte Apple auch Neuerungen wie *Face ID* (lesen Sie dazu Kapitel 3, »Face ID und Siri«) und eine neue Gestensteuerung ein. Diese Funktionen hat Apple nun für alle neuen Modelle, iPhone XS, iPhone XS Max und iPhone XR, übernommen.

Alle iPhone-Modelle unterscheiden sich in ihren technischen Daten zum Teil erheblich, aber in der grundlegenden Bedienung letztlich nur im Detail. Da die Unterschiede hier marginal sind, ist in diesem Buch einfach nur vom »iPhone« die Rede.

Die Bedienelemente im Überblick

Machen wir uns zu Beginn mit den Bedienelementen des iPhones vertraut, damit Sie wissen, was gemeint ist, wenn von *Stand-by-Taste* oder *Lightning-Anschluss* die Rede ist.

❶ **Stand-by-Taste:** Mit einem kurzen Druck auf diese Taste wechseln Sie zwischen Ruhezustand (Stand-by) und Betrieb. Im Ruhezustand können Sie weiterhin Musik hören, im Hintergrund E-Mails empfangen, Nachrichten bekommen oder angerufen werden. Das iPhone reagiert in diesem Modus nicht mehr auf Berührungen des Bildschirms. Apple nennt diese Taste schlicht *Seitentaste*.

❷ **SIM-Karten-Schacht:** Unterhalb der Stand-by-Taste finden Sie den SIM-Karten-Schacht. Zum Lieferumfang des iPhones gehört ein kleines Werkzeug, mit dem Sie den Schacht öffnen können, um Ihre SIM-Karte einzulegen.

Das iPhone (hier das iPhone XR)
besteht fast nur aus einem großen
Display. (Foto: © Apple)

③ Stereo-Lautsprecher und Mikrofon: Am unteren Rand sehen Sie links und rechts zwei Lochreihen. Dabei handelt es sich um die Stereo-Lautsprecher und das Mikrofon.

④ Lightning-Anschluss: Zwischen den beiden Lautsprechern befindet sich der einzige externe Anschluss des iPhones, den Apple *Lightning* nennt. An diesem Anschluss schließen Sie das Netzkabel, aber auch den Kopfhörer an, der zum Lieferumfang gehört.

Kein Standardanschluss für Kopfhörer

Einen traditionellen 3,5-mm-Klinkenanschluss für Standardkopfhörer besitzt das iPhone nicht mehr. Möchten Sie einen solchen Kopfhörer anschließen, benötigen Sie einen entsprechenden Adapter.

⑤ Lautstärkeregler: Über die Schalter an der Seite regeln Sie die Lautstärke. Falls Sie Apples Headset angeschlossen haben, können Sie die Lautstärke auch über die entsprechenden Schalter des Headsets steuern. Mit jedem Betätigen wird das iPhone schrittweise lauter bzw. leiser.

⑥ Stummschalter: Über den Schiebeschalter oberhalb des Lautstärkereglers können Sie das iPhone komplett stummschalten. Wenn Sie kontrollieren möchten, ob das iPhone aktuell stummgeschaltet ist, werfen Sie einen Blick auf den Schalter. Sehen Sie eine rote Markierung, ist das iPhone derzeit stumm.

⑦ Notch: In der schwarzen Ausbuchtung (das sog. *Notch*) befinden sich die Frontkamera des iPhones, der Lautsprecher fürs Telefon und eine Infrarotkamera, die für Face ID benötigt wird.

⑧ Kamera auf der Rückseite: Die Rückseitenkamera knipst mit 12 Megapixel und kann 4K-Videos mit 60 Bildern pro Sekunde aufzeichnen (*4K* steht für eine hohe Auflösung mit sehr guter Bildschärfe). Sie besitzt eine ganze Reihe von Besonderheiten wie etwa einen Serienmodus, eine Bildstabilisierung und einen Selbstauslöser. Das iPhone XS und das iPhone XS Max besitzen ein Weitwinkel- und Teleobjektiv.

⑨ Home-Bildschirm: Sie erreichen alle Funktionen und Programme (die *Apps*) des iPhones per Eingabe über das große Touch-Display, also den berührungsempfindlichen Bildschirm des iPhones. Der Home-Bildschirm entspricht dem Schreibtisch bei macOS bzw. dem Desktop bei Windows und kann aus mehreren Bildschirmseiten bestehen. Den Aufbau des Home-Bildschirms stelle ich Ihnen im Detail im Abschnitt »Der Home-Bildschirm des iPhones« ab Seite 27 vor.

⑧

Die Rückseitenkamera des iPhones gehört zum Besten, was der Markt zu bieten hat. (Foto: © Apple)

Das mitgelieferte Zubehör

Neben dem Gerät befinden sich noch ein paar weitere Dinge in der Verpackung. In diesem Abschnitt erfahren Sie, welches Zubehör zum Lieferumfang des iPhones gehört und wozu Sie es benötigen:

- Ein *Kopfhörer* oder genauer, ein *Headset*, denn hier werden Kopfhörer und Mikrofon kombiniert. Das Mikrofon befindet sich im Regler an der rechten Seite, mit dem Sie auch die Lautstärke kontrollieren. Das Headset wird über den Lightning-Stecker am iPhone angeschlossen, er kann also nur mit dem iPhone benutzt werden und passt an kein anderes Gerät.

- Ein *Netzkabel*, das über USB mit jedem gängigen USB-Netzteil verbunden werden kann. Mit dem iPhone wird das Kabel über den Lightning-Stecker verbunden.

- Das *Netzteil*, bei dem es sich um ein normales USB-Netzteil handelt, mit dem Sie nicht nur Ihr iPhone, sondern auch andere USB-Geräte wie etwa einen E-Book-Reader aufladen können.

- Ein *SIM-Karten-Werkzeug*, mit dem Sie den SIM-Karten-Schacht des iPhones öffnen. Notfalls können Sie dafür aber auch eine normale Büroklammer benutzen.

INFO

Drahtloses Laden

Das iPhone 8, das iPhone 8 Plus und das iPhone X unterstützen das kabellose Laden nach dem *Qi-Standard*, d. h., Sie können ein entsprechendes Ladegerät benutzen und Ihr iPhone zum Aufladen einfach darauflegen. Qi-Ladegeräte gibt es im Handel bereits ab ca. 20 €.

So legen Sie die SIM-Karte ein

Bevor Sie Ihr iPhone in Betrieb nehmen, muss es zuerst bei Apple angemeldet und aktiviert werden. Dazu ist es nötig, dass im iPhone eine SIM-Karte steckt. Die können Sie im Prinzip zwar auch während des Aktivierungsvorgangs einlegen, aber dabei treten erfahrungsgemäß immer wieder Probleme auf, die eine Aktivierung erschweren. Da ist es besser, diesen ohnehin zwingend notwendigen Schritt – ohne SIM-Karte können Sie auch nicht telefonieren – gleich zu Beginn zu erledigen. Als Format benutzt Apple das derzeit kleinste SIM-Karten-Format, nämlich eine *Nano-SIM*. Andere Formate passen nicht.

Um eine SIM-Karte einzulegen, drücken Sie die Spitze des SIM-Karten-Werkzeugs fest in die Öffnung des SIM-Karten-Fachs, bis der kleine Schlitten, der sich in diesem Schacht befindet, ein kleines Stück herauskommt. Ziehen Sie den Schlitten ganz heraus, und legen Sie die SIM-Karte ein. Da die Karte eine abgeschnittene Ecke besitzt, können Sie sie überhaupt nicht verkehrt herum einlegen. Anschließend schieben Sie das Fach wieder hinein, wobei Sie unter Umständen ein wenig Druck ausüben müssen, damit der Schlitten einrastet.

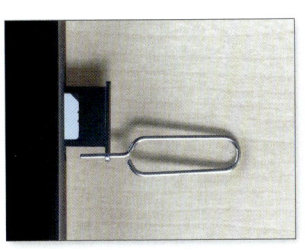

Mit dem SIM-Karten-Werkzeug öffnen Sie den Schacht.

INFO

Die eSIM

Neben der üblichen SIM-Karte hat das iPhone eine zusätzliche, elektronische SIM-Karte, die *eSIM*. So kann es mit SIM-Karten von zwei verschiedenen Anbietern betrieben werden, etwa um private und berufliche Anrufe zu trennen, oder Sie nutzen die eSIM fürs Inland, die SIM-Karte fürs Ausland. Die eSIM muss allerdings vom Mobilfunkanbieter unterstützt werden.

Einschalten, Stand-by, Ausschalten

Vermutlich juckt es Sie schon in den Fingern, das iPhone endlich in Betrieb zu nehmen. Doch Geduld – zuerst sollten Sie die drei Betriebszustände des iPhones kennenlernen:

- **Aus:** Das iPhone ist komplett ausgeschaltet. Es kann keine Anrufe entgegennehmen, keine Musik wiedergeben, verbraucht aber auch keinen Strom. In diesem Zustand sehen Sie Ihr iPhone vermutlich nur sehr, sehr selten – oder sogar nur einmal, nämlich genau jetzt, bevor Sie es zum ersten Mal einschalten.

- **Stand-by:** Der Ruhezustand des iPhones. In diesem Modus ist das iPhone voll funktionsfähig, kann angerufen werden, im Hintergrund neue E-Mails und Nachrichten laden, Musik wiedergeben und anderes mehr. Das ist der Standardzustand, wenn Sie Ihr iPhone nicht benutzen.

- **Ein:** Der Betriebsmodus des iPhones, in dem Sie das iPhone benutzen können.

Um ein komplett ausgeschaltetes iPhone einzuschalten, halten Sie die Stand-by-Taste für einige Sekunden gedrückt, bis das Apple-Logo erscheint. Nun können Sie die Taste loslassen und müssen ein wenig warten, da das iPhone – wie ein Computer, den Sie einschalten – sein Betriebssystem lädt.

Beim ersten Start mit eingelegter SIM-Karte wird die Meldung **SIM Locked** angezeigt. Tippen Sie auf **Unlock**, und geben Sie Ihren SIM-Code ein. Falls Sie eine deutsche Meldung sehen, lautet sie **Gesperrte SIM-Karte**, hier tippen Sie entsprechend auf **Entsperren**.

Nun begrüßt Sie das iPhone mit einem **Hallo**, das der Reihe nach in mehreren Sprachen angezeigt wird. Wenn Sie jetzt nichts unternehmen, geht das iPhone nach kurzer Zeit in den Stand-by-Betrieb. Diesen Modus können Sie auch manuell aktivieren, indem Sie einmal kurz auf die Stand-by-Taste drücken.

Sie können das iPhone ausschalten, indem Sie die Stand-by-Taste und den Lautstärkeregler gleichzeitig drücken.

Bevor wir uns mit der Inbetriebnahme beschäftigen, schalten Sie zur Übung Ihr iPhone einmal komplett aus. Dazu drücken Sie die Stand-by-Taste und den Lautstärkeregler gleichzeitig. Es erscheint ein Schalter mit dem Text

Ausschalten. Schieben Sie den Schalter mit dem Finger von links nach rechts, wird das iPhone komplett ausgeschaltet. Wie bei einem Computer dauert das komplette Ausschalten ein paar Sekunden, da das Betriebssystem hier eine Reihe von Daten sichert, bevor es sich endgültig zurückzieht.

> **INFO**
>
> **Ausschalten über Software**
>
> Später, wenn Sie Ihr iPhone in Betrieb genommen haben, können Sie das Gerät auch über das Betriebssystem ausschalten. Tippen Sie dazu auf das Symbol für die **Einstellungen**, wählen Sie hier **Allgemein** und schieben Sie den Bildschirm nach oben. Als letzten Eintrag sehen Sie den Punkt **Ausschalten**. Tippen Sie darauf, erscheint ebenfalls der entsprechende Schalter.

Das iPhone in Betrieb nehmen

Nach diesem kurzen Vorgeplänkel machen wir jetzt ernst – wir schalten das iPhone erneut ein und richten es komplett für den Einsatz her. Je nach gewählten Optionen kann es sein, dass die Reihenfolge der Schritte im Einrichtungsassistenten bei Ihnen ein klein wenig anders aussieht. Aber das sollte Sie nicht irritieren – am prinzipiellen Vorgehen ändert sich nichts.

1. Drücken Sie kurz auf die Stand-by-Taste, um das iPhone aus seinem Ruhezustand aufzuwecken. Das iPhone begrüßt Sie nun mit einem freundlichen **Hallo** ❶ und der Aufforderung, den Bildschirm von unten nach oben zu schieben ❷. Schieben Sie den Bildschirm von der schwarzen Linie aus nach oben (diese schwarze Linie ist der sog. *Home-Indikator*, der den »physischen« Home-Button älterer iPhones ersetzt).

2. Anschließend werden Sie aufgefordert, die SIM-Karte zu entsperren. Tippen Sie also auf **Unlock** oder (falls der Dialog bei Ihnen auf Deutsch angezeigt wird) auf **Entsperren**, und geben Sie Ihren PIN-Code ein.

3. Als Nächstes wählen Sie die Sprache, in unserem Fall **Deutsch**, und anschließend Land oder Region, also **Deutschland**. Diese Information wird

benötigt, damit das iPhone Daten und Einheiten korrekt wiedergibt. Die Sprache wird nun eingestellt, was ein paar Sekunden dauern kann.

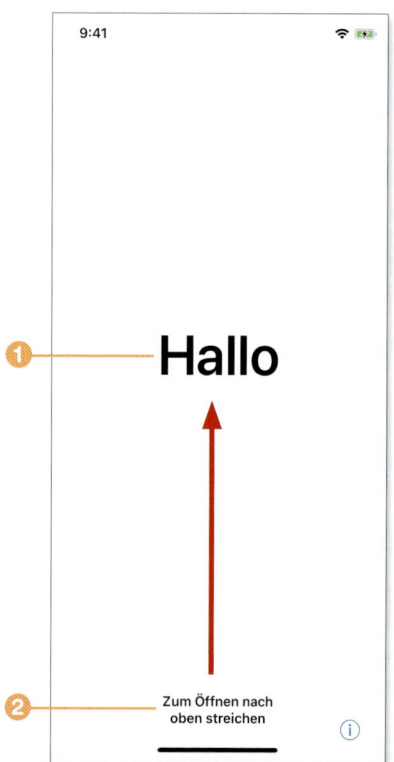

4. Falls Sie bereits ein von Ihnen eingerichtetes iPhone mit iOS 11 (oder neuer) zur Hand haben, können Sie nun über den **Schnellstart** ❸ die Konfiguration drahtlos übernehmen. Ich gehe davon aus, dass das bei Ihnen nicht der Fall ist – tippen Sie also auf **Manuell konfigurieren** ❹.

5. Falls ein *WLAN* in der Nähe ist, zeigt das iPhone es Ihnen an. Um sich bei diesem WLAN anzumelden, tippen Sie es an und geben das Kennwort ein. Sollten Sie gerade unterwegs sein, tippen Sie auf **Mobiles Netzwerk verwenden**.

Das iPhone nimmt via Internet Kontakt zu den Apple-Servern auf und wird aktiviert. Das kann ebenfalls etwas dauern. Anschließend zeigt es Ihnen einige Informationen zum Thema Datenschutz.

6. Nun werden Sie aufgefordert, Face ID einzurichten. Damit werden später das Entsperren des iPhones und die Anmeldung bei passwortgeschützten Apps deutlich erleichtert. Tippen Sie auf **Fortfahren** ❺, und folgen Sie einfach den Anweisungen auf dem Bildschirm. Falls Sie skeptisch sind, können Sie diesen Schritt auch überspringen und später nachholen ❻. (Was die Funktion Face ID eigentlich ist, wie Sie sie einrichten und wie sie funktioniert, erfahren Sie in Kapitel 3, »Face ID und Siri«.)

7. Im nächsten Schritt werden Sie aufgefordert, einen mindestens sechsstelligen Code einzugeben, der Ihr iPhone vor fremdem Zugriff schützt. Diese *Codesperre* ist die zentrale Zugangskontrolle des iPhones. Möchten Sie einen einfacheren oder auch einen komplexeren Code benutzen, tippen Sie auf **Codeoptionen** und wählen Sie die gewünschte Art des Codes.

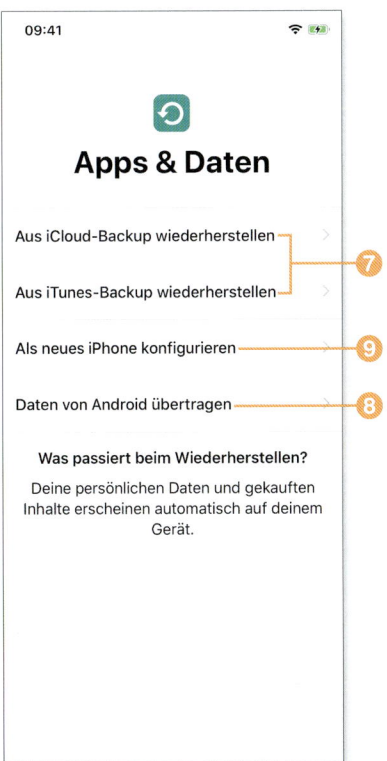

ACHTUNG

Der Code ist der Schlüssel zu allem!

Die Codesperre ist von zentraler Bedeutung für die Sicherheit Ihrer Daten auf dem iPhone, hier sollten Sie auf keinen Fall einen leicht zu erratenden Code wie *123456* benutzen, sondern einen etwas komplizierteren. Keine Sorge, in der Praxis müssen Sie diesen Code nur sehr selten eingeben, da Sie sich später fast immer über Ihren Fingerabdruck oder Ihr Gesicht ausweisen können. Merken Sie sich Ihren Zugangscode gut – ohne ihn ist es praktisch unmöglich, Ihr iPhone zu benutzen. Am besten notieren Sie sich den Code und heben den Zettel gut auf (natürlich an einer Stelle, auf die Unbefugte keinen Zugriff haben).

8. Falls Sie von einem älteren iPhone auf das neue Modell umgestiegen sind, können Sie nun Ihre Daten aus dem Backup übernehmen **❼**. Sollten Sie von einem Android-Gerät zum iPhone gewechselt sein, ist es ebenfalls möglich, die Daten zu übernehmen **❽**. Ich gehe davon aus, dass Sie Ihr iPhone neu einrichten: Tippen Sie also auf **Als neues iPhone konfigurieren ❾**.

9. Nun werden Sie aufgefordert, Ihre *Apple-ID* einzugeben **❿**. Wenn Sie bislang noch keine Apple-ID haben, können Sie sie während des Einrichtungsvorgangs anlegen **⓫**. Sobald Sie Ihre Apple-ID eingegeben haben, werden in der Regel automatisch fast sämtliche iCloud-Optionen aktiviert.

Das sagt Ihnen alles nichts? Kein Problem – wenn Sie unsicher sind, was eine Apple-ID überhaupt ist und welche Möglichkeiten Ihnen iCloud bietet, empfehle ich Ihnen, diesen Punkt bei der ersten Inbetriebnahme des iPhones vorerst auszulassen. Tippen Sie dazu auf **Noch keine Apple-ID oder hast du sie vergessen?**, und wählen Sie im nächsten Schritt **Später in „Einstellungen" konfigurieren**. Mit diesem Thema beschäftigen wir uns ausführlich im Abschnitt »Eine neue Apple-ID einrichten« ab Seite 63 in Kapitel 4.

10. Es folgen die obligatorischen Nutzungsbedingungen, die Sie akzeptieren müssen, um das iPhone benutzen zu können.

11. Im nächsten Schritt können Sie die automatischen Systemupdates aktivieren (was ich empfehle), anschließend wird Ihnen *FaceTime* und *iMessage* angeboten. Dafür benötigen Sie eine Apple-ID. Falls Sie die Einrichtung einer Apple-ID übersprungen haben, tippen Sie hier einfach auf **Später**. Zu FaceTime lesen Sie den Abschnitt »Video- und Audiotelefonate mit Face-Time« ab Seite 137, zu iMessage das Kapitel 9, »Nachrichten verschicken und empfangen«, ab Seite 143.

12. Im nächsten Schritt werden Sie gefragt, ob Sie die *Ortungsdienste* aktivieren möchten. Da das iPhone einen GPS-Chip besitzt, kann das Gerät jederzeit Ihre aktuelle Position bestimmen. Diese Informationen können von verschiedenen Apps benutzt werden. Bevor ein Programm auf dem iPhone allerdings auf diese Daten zugreifen darf, müssen Sie es ihm ausdrücklich erlauben. Da diese Funktion ausgesprochen nützlich ist, empfehle ich Ihnen, auf **Ortungsdienste aktivieren** ⑫ zu tippen. Dieser Schritt lässt sich jederzeit rückgängig machen. Wie das geht, erfahren Sie in Kapitel 5, »Nützliche Funktionen des iPhones«.

13. Beim nächsten Schritt können Sie die Sprachsteuerung *Siri* konfigurieren. Das geschieht schlicht dadurch, dass Sie ein paar Beispielsätze sagen, damit Siri Ihre Stimme kennenlernt. Mit **Später konfigurieren** ⑬ lässt sich diese Einstellung zu einem späteren Zeitpunkt nachholen. (Was Siri genau ist und wie sie Ihnen helfen kann, erfahren Sie in Kapitel 3, »Face ID und Siri«.)

14. Im Anschluss wird Ihnen angeboten, die Funktion **Bildschirmzeit** zu aktivieren. Was es damit auf sich hat, erfahren Sie im Abschnitt »Bildschirmzeit« ab Seite 96.

15. Im Einrichtungsassistenten werden Sie nun gefragt, ob Sie Ihre (anonymisierten) Nutzerdaten zu Diagnosezwecken an Apple schicken möchten. Geht etwa einmal etwas schief, schickt das iPhone automatisch einen Fehlerbericht an Apple, der für die weitere Entwicklung von iOS und iPhone genutzt wird. Wenn Sie das möchten, wählen Sie **Mit Apple teilen**, andernfalls **Nicht teilen**.

16. Das iPhone passt die Bildschirmdarstellung dem Umgebungslicht an, damit Farben bei jeder Beleuchtung gleich wirken. Diese Technik nennt Apple *True-Tone-Display*. Im nächsten Schritt können Sie einstellen, ob Sie diese Technologie nutzen möchten (was ich empfehle) oder nicht.

17. Nun zeigt Ihnen das iPhone noch verschiedene Gesten zur Steuerung des Geräts, dann ist die Einrichtung auch schon abgeschlossen.

Geschafft! Sie werden mit **Willkommen beim iPhone** begrüßt. Wenn Sie nun den Bildschirm vom unteren Rand nach oben wischen, gelangen Sie zum Home-Bildschirm.

Das iPhone entsperren

Bevor wir uns den Home-Bildschirm etwas genauer ansehen, sollten Sie zuerst etwas ausprobieren, was Sie in Zukunft mehrfach am Tag machen werden: Ihr iPhone entsperren.

1. Schalten Sie Ihr iPhone durch einen Druck auf die Stand-by-Taste aus, und legen Sie es hin.

2. Heben Sie das iPhone hoch oder tippen Sie auf den Bildschirm. Der Bildschirm wird automatisch aktiviert, und Sie sehen den Sperrbildschirm mit Uhrzeit und Datum ❶. Das iPhone ist aktuell noch gesperrt, was Sie an dem Schloss ❷ in der Statuszeile erkennen. Möchten Sie also nur rasch einen Blick auf die Uhrzeit werfen, ohne Ihr iPhone zu entsperren, müssen Sie es nur einmal kurz anheben. Der Bildschirm geht nach zwei, drei Sekunden von allein wieder aus.

3. Um das iPhone zu entsperren, wischen Sie den Bildschirm vom unteren Rand nach oben ❸. Falls Sie Face ID aktiviert haben, landen Sie jetzt auf dem Home-Bildschirm, andernfalls müssen Sie zuerst Ihren Code eingeben.

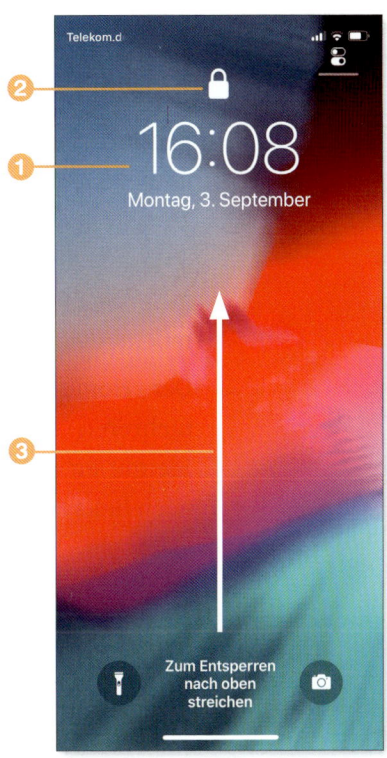

Der Home-Bildschirm des iPhones

Bei der ersten Inbetriebnahme erscheinen, je nach Konfiguration, noch ein, zwei Abfragen, etwa ob die Wetter-App auf Ihre Ortsdaten zugreifen darf. Hierbei handelt es sich um Standardeinstellungen, die Sie ruhig bestätigen können. Machen wir uns nun einmal mit dem Home-Bildschirm vertraut.

Sie sehen auf dem Bildschirm eine Reihe von bunten Symbolen, bei denen es sich um die verschiedenen Programme bzw. *Apps* handelt, die auf dem iPhone standardmäßig zur Verfügung stehen.

❶ Oben sehen Sie die *Statuszeile*, die fast immer eingeblendet ist und verschiedene Informationen bietet, wie etwa die Uhrzeit, die Qualität der aktuellen Verbindung und den Ladezustand der Batterie.

❷ Unten sehen Sie einen abgesetzten Bereich mit vier Symbolen. Dabei handelt es sich um das *Dock*, das auf allen Seiten des Home-Bildschirms zu sehen ist. Hier können Sie Apps ablegen, die Sie oft benötigen und auf die Sie schnell Zugriff haben möchten.

❸ Der Home-Bildschirm besteht aus mehreren Seiten, zwischen denen Sie mit einer Wischgeste von rechts nach links bzw. von links nach rechts wechseln. Wie viele Seiten es gibt und auf welcher Seite Sie sich aktuell befinden, erkennen Sie an den Punkten oberhalb des Docks.

Der Home-Bildschirm des iPhones bietet Zugriff auf alle installierten Programme.

Wischen Sie nun einmal von rechts nach links über den Bildschirm, um zur zweiten Bildschirmseite zu wechseln, die es standardmäßig gibt. Je mehr Apps Sie installieren, desto voller werden diese Seiten. Ist auf einer Seite kein Platz mehr, legt das iPhone automatisch eine neue Seite an. Wie Sie sehen, bleiben Statuszeile und Dock an ihrem Platz. Wie Sie Apps starten und den Home-Bildschirm einrichten, erfahren Sie in Kapitel 2, »Apps – die Programme auf dem iPhone«.

Wischen Sie nun einmal nach rechts, um zur Startseite des Home-Bildschirms zurückzukehren. Mit einer weiteren Wischbewegung nach rechts wechseln Sie vom Home-Bildschirm zu den *Widgets* (was es mit diesem Bildschirm auf sich hat, erfahren Sie im Abschnitt »Mit Widgets Informationen auf einen Blick anzeigen« ab Seite 82). Wischen Sie von rechts nach links, um zur Startseite des Home-Bildschirms zurückzukehren.

Tippen, Wischen, Drücken – die grundlegenden Gesten auf dem iPhone

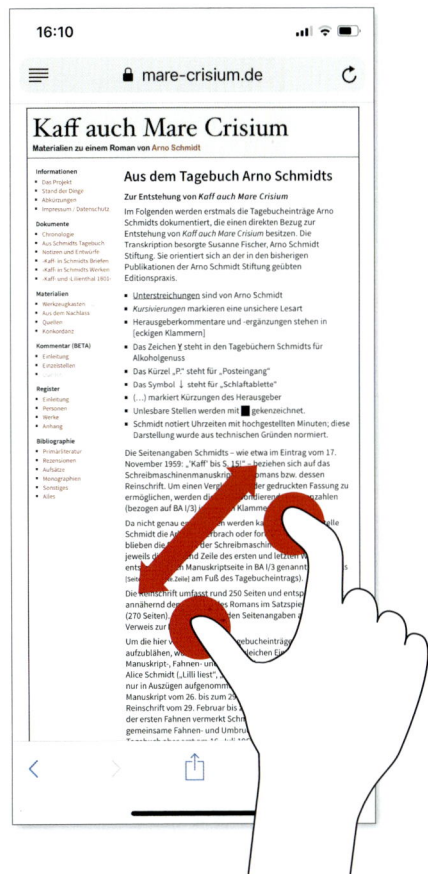

Die grundlegende Bedienung des iPhones haben Sie bereits kennengelernt: Sie steuern das Gerät mit Tipp- und Wischgesten auf dem Display. Mit einem Tipp wählen Sie ein Objekt aus oder starten eine App, mit Wischgesten wechseln Sie zwischen verschiedenen Seiten oder scrollen durch umfangreiche Dokumente und Inhalte, die nicht vollständig auf dem Display angezeigt werden können. Doch es gibt noch mehr:

- **Zoomen:** Setzen Sie zwei Finger aufs Display und ziehen sie auseinander, vergrößern Sie in vielen Fällen die Darstellung etwa bei Fotos oder Webseiten. Entsprechend verkleinern Sie die Darstellung, indem Sie zwei Finger auf dem Display zusammenziehen.

- **Berühren und Halten:** Berühren Sie ein Objekt auf dem Bildschirm, ohne den Finger zu heben, rufen Sie in vielen Fällen ein *Kontextmenü* auf, das Ihnen weitere Möglichkeiten bietet.

■ **Drücken:** Das iPhone XS und das iPhone XS Max haben nicht nur einen berührungs-, sondern auch druckempfindlichen Bildschirm. Sie können also nicht nur tippen, sondern ein Objekt auch etwas fester drücken. Apple nennt diese Technologie *3D Touch*. Über 3D Touch können Sie (nicht immer, aber oft) bestimmte Operationen schneller ausführen. Probieren Sie es einfach einmal aus, und drücken Sie etwas fester auf ein App-Symbol. Wenn eine App keine 3D-Touch-Optionen bietet, vibriert das iPhone kurz. Um das Menü zu verlassen, tippen Sie einfach auf den Bildschirm.

INFO

3D Touch und das iPhone XR

Das iPhone XR unterstützt 3D Touch nicht; alle Angaben zu 3D Touch in diesem Buch beziehen sich also auf das iPhone XS bzw. das iPhone XS Max. Auf die wenigen Ausnahmen, bei denen 3D Touch beim iPhone XR durch Berühren und Halten ersetzt wird, weise ich im Verlauf des Buches hin.

Das Hintergrundbild ändern

Damit dieses erste Kapitel nicht zu theoretisch gerät, zeige ich Ihnen zum Schluss noch, wie Sie das Hintergrundbild von Sperr- und Home-Bildschirm nach Ihren Wünschen anpassen. Standardmäßig benutzt das iPhone für beide Bildschirme das gleiche Bild. Doch das muss nicht sein:

1. Tippen Sie auf dem Home-Bildschirm auf **Einstellungen**.

2. Wählen Sie **Hintergrundbild**. Sie sehen nun die aktuellen Hintergrundbilder ❶ für den Sperr- und Home-Bildschirm.

3. Tippen Sie auf **Neuen Hintergrund wählen** ❷.

4. Die mitgelieferten Bilder werden in drei Kategorien geordnet: Die Bilder der Kategorie **Dynamisch** sind sanft animiert. In der Kategorie **Einzelbild** finden Sie einige Fotos, die zwar großartig aussehen, aber sonst keine Besonderheit aufweisen. In der Kategorie **Live** hingegen lässt Apple die Muskeln des iPhones ein wenig spielen: Wählen Sie ein solches Bild für den Hintergrund aus, können Sie mit einem Druck auf den Bildschirm eine schicke Animation auswählen. Natürlich können Sie auch eigene Bilder als Hintergrundbild benutzen (zu Beginn natürlich noch nicht, da Sie noch keine Fotos auf dem Gerät gespeichert haben).

5. Wählen Sie die gewünschte Kategorie und ein Bild, das Ihnen gefällt.

6. Wählen Sie, ob das Bild als **Standbild** oder mit **Perspektive** ❸ benutzt werden soll (das Hintergrundbild passt sich dabei der Haltung des iPhones an – kippen Sie es nach hinten, ändert sich leicht die Perspektive).

7. Gefällt Ihnen das Bild nicht, tippen Sie auf **Abbrechen** ④ und wiederholen die Schritte 4 und 5.

8. Nach einem Tipp auf **Sichern** ⑤ werden Sie gefragt, ob das Bild für den **Sperrbildschirm**, den **Home-Bildschirm** oder für **Beide** benutzt werden soll.

INFO

Zur Schreibweise in diesem Buch

Sie werden es bei der Auswahl des Hintergrundbildes schon bemerkt haben: Verschiedene Einstellungen auf dem iPhone erreichen Sie, indem Sie sich von einem Menüpunkt zum nächsten durchtippen. Für diese Tippfolgen benutze ich in diesem Buch häufig eine abgekürzte Schreibweise, bei der die einzelnen anzutippenden Punkte durch ein ▶ getrennt werden. Statt etwa »Tippen Sie auf **Einstellungen**, wählen Sie dort **Allgemein**, tippen Sie nun auf **Tastatur** und dort auf **Tastaturen** …« benutze ich die deutlich kürzere Form »Rufen Sie **Einstellungen** ▶ **Allgemein** ▶ **Tastatur** ▶ **Tastaturen** auf«.

Kapitel 2

Apps – die Programme auf dem iPhone

Von Haus aus kommt das iPhone mit zahlreichen Programmen – den sog. *Apps* –, mit denen Sie Ihr iPhone sofort produktiv nutzen können.

Das iPhone bietet von Haus aus eine Menge nützlicher Programme.

In diesem Kapitel stelle ich Ihnen die verschiedenen Apps kurz vor, zeige Ihnen, wie Sie Apps starten, zwischen Apps wechseln und wie Sie Programme beenden (was Sie übrigens nur sehr selten tun müssen). Außerdem erkläre ich Ihnen, wie Sie die Anordnung der Apps nach Ihren Wünschen organisieren können – und wie Sie nicht benötigte Apps problemlos löschen.

Die Standard-Apps auf dem iPhone

Insgesamt gehören gut 30 Programme zum Grundbestand von iOS – dem Betriebssystem des iPhones –, die auf jedem iPhone installiert sind. Außerdem spendiert Apple noch einige weitere Apps, die nicht zum Betriebssystem gehören, aber auf neuen iPhones vorinstalliert sind. Schauen wir uns einmal den Grundbestand der Apps an.

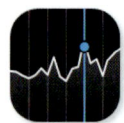 **Aktien:** Das Aktien-Programm auf dem iPhone bietet Ihnen einfachen Zugriff auf eine Fülle relevanter Daten, mit denen Sie die Kursentwicklung Ihrer Kapitalanlagen jederzeit im Blick haben. Dieses Programm wird in Kapitel 19, »Die Hilfsprogramme«, beschrieben.

 **App Store:** Der App Store ist der Schlüssel zum Erfolg des iPhones und Ihre Fundgrube für Programme aller Art. Im riesigen Angebot finden Sie schlechterdings alles – vom albernen Ulk- bis zum wissenschaftlichen Spezialprogramm. Mit dem App Store, der Installation und der Verwaltung von Programmen auf dem iPhone beschäftigen wir uns in Kapitel 17, »Neue Inhalte für Ihr iPhone«.

 **Bücher:** Das iPhone ist auch ein E-Book-Reader, also ein Gerät, mit dem Sie elektronische Bücher lesen können. Zur Anzeige der E-Books dient die App Bücher, die gleichzeitig auch Ihr Zugang zu Apples digitalem Buchladen, dem Book Store, ist. Mehr zur App Bücher lesen Sie in Kapitel 16, »Musik, Filme und mehr auf dem iPhone«.

 **Dateien:** Mit Dateien haben Sie jederzeit bequemen Zugriff auf Dateien und Dokumente, die Sie auf Ihrem iPhone gespeichert oder bearbeitet haben. Und nicht nur das: Die App kann auch auf Online-Speicherorte wie *iCloud Drive*, *Dropbox*, *Microsoft OneDrive* oder *Google Drive* zugreifen. Diese App lernen Sie in Kapitel 5, »Nützliche Funktionen des iPhones«, kennen.

 **Einstellungen:** Wie der Name schon sagt, legen Sie über diese App systemweite Einstellungen fest. Hier verwalten Sie Ihre Internet- und E-Mail-Accounts, bestimmen, wie ein Programm sich verhalten soll, regeln Töne, Helligkeit und vieles mehr. Die Einstellungen werden uns in diesem Buch immer wieder begegnen.

Erinnerungen: Eine kleine App zur Verwaltung Ihrer Aufgaben darf auf dem iPhone natürlich nicht fehlen. Mit den Erinnerungen lassen sich Aufgaben in Kategorien verwalten und nach Datum sortieren. Der Clou: Das Programm kann Sie in Abhängigkeit vom Ort, an dem Sie sich befinden, an Aufgaben erinnern. Mehr zu diesem kleinen, aber nützlichen Programm lesen Sie in Kapitel 13, »Notizen und Erinnerungen«.

FaceTime: Mit FaceTime können Sie mit anderen iPhone- und Mac-Anwendern kostenlose Audio- und Videotelefonate via Internet führen. Für die Benutzung dieses Angebots ist eine ebenfalls kostenlose *Apple-ID* notwendig (mehr dazu in Kapitel 4, »Alles zu Internetverbindung, Apple-ID und iCloud«). Der Dienst funktioniert auf jeden Fall im WLAN, beim Mobilfunk hängt es vom jeweiligen Anbieter ab, ob er die Funktion *Voice over IP* für Ihren Tarif freischaltet. In diesem Fall entstehen in der Regel weitere Kosten. FaceTime stelle ich Ihnen in Kapitel 8, »Telefonieren mit dem iPhone«, vor.

Fotos: Dank seines brillanten Displays ist das iPhone das ideale digitale Fotoalbum für unterwegs. Sie können Diashows abspielen, Fotos betrachten und bearbeiten, Ihre Fotos in Alben oder nach Orten sortieren und mehr. Der App Fotos widmen wir uns ausführlich in Kapitel 15, »Fotos anzeigen und bearbeiten«.

Freunde: Mit dieser App ist es möglich, sich gegenseitig den aktuellen Standort zu schicken und auf einer Karte anzeigen zu lassen. So wissen Sie, wo sich Ihre Freunde gerade befinden. Das ist etwa dann besonders nützlich, wenn Sie sich verabredet haben, sich im Getümmel aber nicht finden. Die Freunde-App lernen Sie in Kapitel 18, »Karten und Navigation«, kennen.

Health: Mit Health verwalten Sie alle nur denkbaren Gesundheits-, Bewegungs- und Körperdaten, von der Schrittanzahl über Gewicht bis zu Blutdruck, Zuckerwerten und ähnlichen Daten mehr. Auf die App gehe ich kurz in Kapitel 19, »Die Hilfsprogramme«, ein.

Home: Die neueste Entwicklung in Sachen Vernetzung ist das *Smart Home*, bei dem alle möglichen Dinge – Lampen, Heizungen, Rollos, Garagentüren, Stereo-Anlagen usw. – vom PC oder Smartphone aus gesteuert werden können. Wenn Sie dabei Komponenten benutzen, die mit Apples *HomeKit* zusammenarbeiten, lassen diese sich über diese App steuern.

 **iPhone-Suche:** Über die iPhone-Suche lassen sich Apple-Geräte, bei denen die Funktion aktiviert ist, auf einer Karte orten. So können Sie etwa mit Ihrem iPhone ein verlegtes oder gestohlenes iPad lokalisieren oder über einen beliebigen Internetbrowser am Computer den aktuellen Ort Ihres iPhones lokalisieren. Mehr zu dieser sehr nützlichen Funktion erfahren Sie in Kapitel 20, »Daten schützen, sichern und wiederherstellen«.

 **iTunes Store:** Was der App Store für Programme ist, ist der iTunes Store für digitale Medien. In diesem digitalen Kaufhaus finden Sie Musik, Videos, Filme, Podcasts und Hörbücher. Sie lernen ihn in Kapitel 17, »Neue Inhalte für Ihr iPhone«, kennen.

 **Kalender:** Der Kalender erleichtert Ihnen Ihre kurz- und langfristige Alltagsplanung und hilft Ihnen dabei, keinen Termin zu versäumen. Praktisch: Das App-Symbol zeigt immer das aktuelle Tagesdatum. Mit dem Programm verwalten Sie verschiedene Kalender und synchronisieren Ihre Termine mit dem Kalender auf Ihrem Computer. Lesen Sie mehr zur App Kalender in Kapitel 12, »Mit Kalender Termine verwalten«.

 **Kamera:** Das iPhone hat zwei Kameras, eine an der Vorder- und eine Kamera an der Rückseite. Die Rückseitenkamera gehört zum Besten, was ein modernes Smartphone in Sachen Fotografie zu bieten hat. Automatische Gesichtserkennung, Bildstabilisator, der *Touch-Fokus* (Fokussierung auf Fingertipp) und ein Porträt-Modus runden das Leistungsspektrum ab. Gesteuert werden beide Kameras über die Kamera-App, die ich Ihnen in Kapitel 14, »Die Kamera des iPhones verwenden«, vorstelle.

 **Karten:** Mit diesem Programm haben Sie praktisch die gesamte Welt unter Ihrem Finger. Karten stellt nicht nur die üblichen Stadt- und Straßenkarten dar, sondern zeigt Ihnen auch die ganze Welt aus Satellitenperspektive. Die faszinierenden Möglichkeiten der App Karten lernen Sie in Kapitel 18, »Karten und Navigation«, kennen.

 **Kompass:** Mit Ihrem iPhone verlaufen Sie sich auch in fremden Städten oder wilden Weltteilen nicht mehr so leicht, schließlich haben Sie jederzeit einen Kompass dabei, der Ihnen bei der Orientierung hilft. Die App Kompass wird in Kapitel 19, »Die Hilfsprogramme«, behandelt.

Kontakte: Kontakte ist Ihr Adressbuch auf dem iPhone. Hier können Sie alle Informationen zu Ihren Freunden und Bekannten verwalten. Es ist möglich, Ihren Adressbestand mit den Adressen auf Ihrem Computer abzugleichen, damit Sie überall Zugriff auf die aktuellen Adressen haben. Kapitel 7, »Kontakte anlegen und verwalten«, stellt Ihnen die App im Detail vor.

Mail: Mit Mail schreiben, empfangen und bearbeiten Sie Ihre elektronische Post. Das Programm unterstützt mehrere *Accounts*, kommt mit gängigen Dateianhängen zurecht und erweist sich trotz schlichtem Äußeren als flexibel und leistungsstark. Diesem Programm ist Kapitel 11, »E-Mails schreiben und empfangen«, gewidmet.

Maßband: Mit der kleinen App Maßband können Sie die Maße von Tischen, Wänden, Kästen und dergleichen mehr bestimmen. Die erstaunlich genaue App, mit der sich auch Entfernungen messen lassen und die obendrein als Wasserwaage dienen kann, lernen Sie in Kapitel 19, »Die Hilfsprogramme«, kennen.

Musik: Ihr iPhone ist so ganz nebenbei auch ein leistungsfähiger Medienplayer. Ihre Musik lässt sich auf dem iPhone in Wiedergabelisten sortieren, Sie können durch die Cover blättern und Ihre Lieblingssongs flink heraussuchen und abspielen. Mit der Musik-App beschäftigen wir uns ausführlich in Kapitel 16, »Musik, Filme und mehr auf dem iPhone«.

Nachrichten: Mit dem iPhone können Sie auch mit anderen iOS-Geräten – iPhone, iPod touch und iPad – oder mit Mac-Computern Text, Bilder, Videos und manches mehr austauschen. Dazu wird die kostenlose Apple-ID bzw. ein iCloud-Account benötigt (siehe Kapitel 4, »Alles zu Internetverbindung, Apple-ID und iCloud«). Natürlich lassen sich mit der App auch ganz normale SMS senden und empfangen. Die App Nachrichten wird in Kapitel 9, »Nachrichten verschicken und empfangen«, vorgestellt.

Notizen: Eine rasche Notiz, ein Einkaufszettel, ein Romanentwurf – es gibt kaum etwas, das Sie auf dem iPhone nicht notieren könnten. Die App Notizen verwaltet Ihre Einfälle zuverlässig und sicher, bietet einfache Malwerkzeuge für kleine Skizzen und auch einen Dokumentenscanner. Den Notizen widmen wir uns in Kapitel 13, »Notizen und Erinnerungen«.

 **Podcasts:** Sie hören gern Podcasts? Dann ist diese App für Sie perfekt. Mit ihr abonnieren und verwalten Sie Podcasts und spielen sie ab. Sollten Ihnen Podcasts bislang noch kein Begriff sein, erfahren Sie mehr dazu und zu dieser App in Kapitel 16, »Musik, Filme und mehr auf dem iPhone«.

 **Rechner:** Ein Taschenrechner darf auf dem iPhone natürlich nicht fehlen. Die kleine App hilft Ihnen bei raschen Berechnungen im Alltag, kann aber auch als ausgewachsener wissenschaftlicher Taschenrechner dienen. Diese App lernen Sie in Kapitel 19, »Die Hilfsprogramme«, kennen.

 **Safari:** Mit Safari surfen Sie auf dem iPhone im Internet. Der Browser beherrscht die aktuellen Webstandards (wodurch gewährleistet ist, dass standardkonforme Webseiten problemlos angezeigt werden können) und bietet eine praktische *Reader*-Funktion, mit der Sie Webseiten besser lesen können. In Kapitel 10, »Mit Safari ins Internet«, werden wir uns Safari ausführlicher widmen.

 **Sprachmemos:** Das iPhone ist vieles: Telefon, Mail-Postfach, Spielekonsole – und dank der App Sprachmemos auch ein Diktiergerät, mit dem Sie nicht nur rasch eine Notiz als Audiodatei aufzeichnen, sondern auch komplette Vorträge mitschneiden können. Die App Sprachmemos wird uns in Kapitel 19, »Die Hilfsprogramme«, beschäftigen.

 **Telefon:** Diese App darf auf einem Smartphone natürlich nicht fehlen. Neben den üblichen Telefonfunktionen vom einfachen Anruf bis zur Konferenzschaltung erhalten Sie von hier aus auch Zugriff auf FaceTime, Apples kostenlosen Service für Internettelefonie. Das Telefon und seine Möglichkeiten stehen in Kapitel 8, »Telefonieren mit dem iPhone«, im Mittelpunkt.

 **Tipps:** Mit dieser App präsentiert Ihnen Apple einmal in der Woche einen Tipp zum Umgang mit dem iPhone und verrät kleine Kniffe für den Alltag. So lernen Sie auch etwas weniger offensichtliche Funktionen Ihres iPhones kennen. Alle Tipps werden in Sammlungen zusammengefasst, sodass Sie auch später einmal in aller Ruhe alle Tipps zu einer App nachlesen und ausprobieren können.

TV: Das gestochen scharfe Display des iPhones verlangt förmlich nach Filmen. Kein Problem, kopieren Sie Ihre Filme oder TV-Serien von Ihrem Computer aufs iPhone, oder kaufen Sie sie im iTunes Store auf Ihrem iPhone. Für die Wiedergabe ist die App TV zuständig, die wir uns in Kapitel 16, »Musik, Filme und mehr auf dem iPhone«, genauer ansehen werden.

Uhr: Mit dem iPhone wissen Sie immer, was die Stunde geschlagen hat – und zwar weltweit. Die Uhr-App enthält auch die Funktionen *Stoppuhr*, *Wecker*, *Timer* und kann Ihnen dabei helfen, einen gesunden Schlafrhythmus zu finden. Was Ihnen diese App zu bieten hat, erfahren Sie in Kapitel 19, »Die Hilfsprogramme«.

Wallet: Mit dieser App verwalten Sie digitale Tickets, Eintrittskarten und Gutscheine. Wenn ein Anbieter Wallet unterstützt, kann er Ihnen etwa Ihre Eintrittskarte zu einem Konzert direkt auf Ihr iPhone schicken. Mehr zu dieser App lesen Sie in Kapitel 19, »Die Hilfsprogramme«.

Watch: Wenn Sie eine *Apple Watch* besitzen, dann benötigen Sie diese App, um die Verbindung zwischen Watch und iPhone herzustellen. Alle anderen iPhone-Benutzer können diese App links liegen lassen oder auch gleich löschen (lesen Sie dazu den Abschnitt »Apps löschen« ab Seite 47).

Wetter: Wie wird das Wetter? Regnet es am Urlaubsort? Müssen Sie für Ihre Dienstreise einen Schirm einstecken, oder brauchen Sie eher eine Badehose? Ein Blick auf die Wetter-App und Sie wissen mehr. Diese gibt Ihnen Auskunft über die Wetterverhältnisse rund um den Globus. Die Wetter-App wird in Kapitel 19, »Die Hilfsprogramme«, vorgestellt.

Noch mehr Apps

Neben den Standard-Apps liefert Apple bei einem neuen iPhone noch einige Apps für den Büroalltag und zur Bearbeitung von Musik und Videos mit. Diese Apps können Sie erst starten, wenn Sie im App Store mit einer Apple- oder einer iCloud-ID angemeldet sind. Was das ist und wie das geht, erfahren Sie in Kapitel 4, »Alles zu Internetverbindung, Apple-ID und iCloud«.

INFO

Apps laden

Es kann sein, dass auf Ihrem iPhone die hier aufgeführten Apps noch nicht installiert sind. Aber das ist kein Problem, denn in diesem Fall lassen sie sich aus dem App Store nachträglich laden. Wie das geht, erfahren Sie in Kapitel 17, »Neue Inhalte für Ihr iPhone«.

Da sind zum einen die drei Apps *Pages* (Textverarbeitung), *Numbers* (Tabellenkalkulation) und *Keynote* (Präsentation). Dabei handelt es sich um leistungsfähige Office-Programme, die zusammen die *iWork Suite* bilden und Apples (kostenlose) Alternative zu Microsoft Office sind. Die Apps sind nicht so umfangreich wie etwa Word und Excel, bieten aber mehr als genug Möglichkeiten, um den Büroalltag zu bewältigen.

Die drei Apps Pages (links), Numbers (Mitte) und Keynote (rechts) bilden zusammen die Office-Suite iWork und werden von Apple kostenlos abgegeben.

Der Schwerpunkt der Programme liegt auf der schnellen und einfachen Erzeugung gut gestalteter Dokumente, wofür zahlreiche professionelle Templates zur Verfügung stehen, mit denen Sie ansprechende Manuskripte, Tabellen und Präsentationen erstellen können. Das hohe Tempo der Apps macht sich in der Praxis angenehm bemerkbar, auch bei umfangreichen Dokumenten kann man flüssig und ohne Zwangspausen arbeiten.

Die Apps speichern Ihre Dokumente entweder bei iCloud oder auch lokal auf dem iPhone. Die Apps stehen auch unter *www.icloud.com* im Browser zur Verfügung, was es ermöglicht, Dokumente, die Sie auf dem iPhone erstellt haben, in einem Browser weiterzubearbeiten. Auf dem Mac gibt es die Desktop-Versionen der drei Programme, die natürlich nahtlos mit den iPhone- und den Browser-Versionen zusammenarbeiten.

Mit iMovie (links) können Sie Videos auf dem iPhone bearbeiten, GarageBand (Mitte) ist ein veritables Musikstudio. Die App Clips (rechts) ist eine Spaß-App zur Aufzeichnung kurzer Videos.

Neben diesen Office-Programmen gibt es noch die beiden Apps iMovie und GarageBand. Mit *iMovie* lassen sich Videos und Filme direkt am iPhone schneiden, bearbeiten und speichern. Die App *GarageBand* wendet sich an Musiker, die hier ihre Songs aufnehmen, schneiden, mischen und natürlich auch speichern können. Dazu stellt die App eine breite Auswahl an elektronischen Instrumenten zur Verfügung und bietet verschiedene Werkzeuge zur Bearbeitung der Songs. Mit Videos beschäftigt sich auch die kleine App *Clips*, mit der Sie kurze Videos aufzeichnen können, die sich mit Texten, Stickern, Emojis und allerlei Effekten aufpeppen lassen.

Schließlich gibt es noch *iTunes U*. Das U steht für *University* und gibt die Richtung vor: Mit dieser App können Sie Podcasts von Universitäten und anderen Bildungseinrichtungen abonnieren und so Ihre Studien erweitern oder sich im Selbststudium mit neuen Stoffen beschäftigen. Für iTunes U benötigen Sie keine Apple-ID und auch keinen iCloud-Account.

Apps starten, verlassen, wechseln, beenden

Wie Sie Apps auf dem iPhone starten, werden Sie vermutlich schon wissen – schließlich geht das auf die denkbar einfachste Weise: Sie tippen das Symbol der gewünschten App an.

Alle Apps werden immer bildschirmfüllend gezeigt. Dabei zeigt jede App unten eine etwas dickere Linie, den sog. *Home-Indikator* ❶. Um eine App zu verlassen, wischen Sie einmal von dieser Linie nach oben und schieben die

*Mit einer Wischgeste
verlassen Sie die App.*

App gewissermaßen aus dem Bildschirm heraus ❷. Dabei wird die App angehalten, aber nicht beendet. Tippen Sie erneut auf das App-Symbol, landen Sie genau an der Stelle, an der Sie die App verlassen haben.

Auch für den Wechsel zwischen verschiedenen, bereits einmal gestarteten Apps setzen Sie eine Wischgeste ein: Wischen Sie vom Home-Indikator (bzw., wenn Sie sich aktuell auf dem Home-Bildschirm befinden, vom Dock aus) nach oben, lassen Sie den Finger auf dem Display und warten Sie einen (sehr) kurzen Moment, bis das iPhone kurz vibriert. Lassen Sie nun den Bildschirm los.

TIPP

Schnell zurück zu einer App

Mitunter kommt es vor, dass eine App zu einer anderen App wechselt. Tippen Sie etwa in einer E-Mail auf einen Link zu einer Webseite, dann übergibt die Mail-App diesen Link an den Browser *Safari*, der die Webseite öffnet und anzeigt. Möchten Sie nun rasch zu Mail

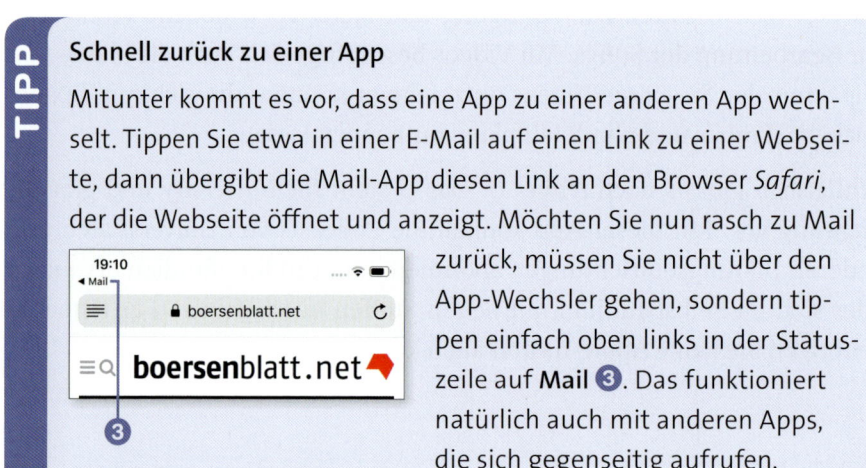

zurück, müssen Sie nicht über den App-Wechsler gehen, sondern tippen einfach oben links in der Statuszeile auf **Mail** ❸. Das funktioniert natürlich auch mit anderen Apps, die sich gegenseitig aufrufen.

Es erscheint der *App-Wechsler*, der Ihnen die verkleinerten Bildschirme aller Apps, die Sie in der letzten Zeit geöffnet haben, zeigt ❹. (Alternativ dazu können Sie – mit ein klein wenig Übung – auch mit einer einzigen Bewegung vom unteren Rand nach oben und dann nach rechts den App-Wechsler aufrufen.) Mit einer horizontalen Wischbewegung ❺ blättern Sie nun durch die Apps. Tippen Sie die App an, zu der Sie wechseln möchten. Falls Sie es sich anders überlegt haben und zum Home-Bildschirm zurückkehren möchten, tippen Sie einfach unter- oder oberhalb des App-Wechslers auf den Bildschirm.

Im App-Wechsler blättern Sie durch alle zuletzt geöffneten Apps.

TIPP

Alternative zum Blättern

Sie benötigen übrigens nicht unbedingt den App-Wechsler, sondern können auch horizontal über den Home-Indikator wischen, um durch die zuletzt gestarteten Apps zu blättern.

Anders als der Ihnen vielleicht vertraute Task-Wechsler von Windows oder macOS zeigt der App-Wechsler von iOS keine Aufstellung aller derzeit aktiven Apps. Standardmäßig wird eine App beim Verlassen »eingefroren«. Erst wenn der Speicher oder andere Ressourcen auf dem iPhone knapp werden, schließt iOS automatisch die Apps, die Sie am längsten nicht mehr aufgerufen haben oder die besonders viel Speicherplatz benötigen (etwa aufwendige Spiele).

Es ist auf dem iPhone daher auch in aller Regel nicht nötig, eine App explizit zu beenden. Das können – und sollten! – Sie ruhig dem Betriebssystem überlassen.

In sehr seltenen Fällen kann es allerdings erforderlich sein, eine App manuell zu schließen (etwa wenn eine App nicht mehr reagiert oder eine spezielle Einstellung im laufenden Betrieb nicht übernommen wird). In diesem Fall lässt sie sich im App-Wechsler beenden, indem Sie sie einfach nach oben aus dem Bildschirm wischen ❻. Dank des *Multitouch-Displays* des iPhones, das auch mehrere Berührungen erkennen kann, funktioniert das übrigens auch mit mehreren Miniaturen gleichzeitig.

In seltenen Fällen kann es notwendig sein, eine App manuell zu beenden. Aber das sind wirklich Ausnahmen.

Den Home-Bildschirm einrichten

Die Anordnung der App-Symbole auf dem Bildschirm ist nicht in Stein gemeißelt, sondern kann von Ihnen geändert werden. Es ist auch möglich, Apps in Ordner zusammenzufassen. Bei der Neuordnung des Home-Bildschirms kommt die Geste *Berühren und Halten* zum Einsatz.

1. Berühren und halten – nicht drücken! – Sie ein beliebiges Symbol auf dem Bildschirm. Nach einem kurzen Moment fangen die Symbole an zu wackeln, einige Symbole bekommen ein kleines × ❶. Über dieses Zeichen lässt sich eine App vom iPhone löschen (dazu gleich mehr im Abschnitt »Apps löschen« auf Seite 47).

2. Verschieben Sie ein App-Symbol an eine neue Position, indem Sie es mit dem Finger an die gewünschte Position Ihres Home-Bildschirms bewegen ❷. Die entstehende Lücke wird durch die nachrückenden App-Symbole automatisch geschlossen, es ist also nicht möglich, eine leere Position zu erzeugen.

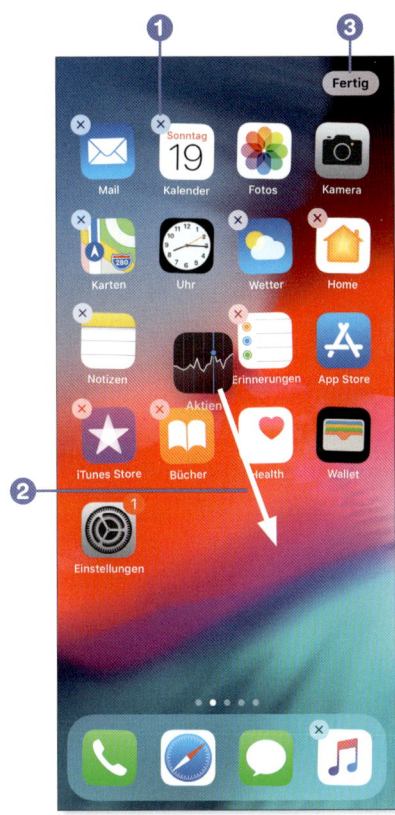

3. Um das Symbol auf einer anderen Bildschirmseite abzulegen, ziehen Sie es nach rechts bzw. links heraus. Das iPhone wechselt nun zur entsprechenden Bildschirmseite. Falls noch keine Seite existiert, wird eine neue Seite angelegt.

4. Um diesen »Wackelmodus« zu beenden, tippen Sie oben rechts auf **Fertig** ❸. Alternativ dazu können Sie auch einfach vom unteren Bildschirmrand kurz nach oben wischen.

5. Um Apps zu einem Ordner zusammenzufassen, ziehen Sie ein Symbol im »Wackelmodus« auf ein anderes. Es wird ein Ordner mit beiden Apps angelegt. Dabei vergibt das iPhone automatisch einen Namen, den Sie natürlich ändern können.

6. Um den Namen eines Ordners zu ändern, tippen Sie ihn an. Der Name wird nun zu einem Textfeld ❹. Tippen Sie in das Textfeld, können Sie den Namen ändern. Um den Ordner zu schließen, tippen Sie auf irgendeine Stelle außerhalb des Ordners.

7. Weitere Apps lassen sich nun einfach in diesen Ordner ziehen. Um einen Ordner aufzulösen, ziehen Sie alle Apps aus dem Ordner heraus.

> **TIPP**
>
> **Ordner umbenennen mit 3D Touch**
>
> Möchten Sie einen Ordner umbenennen, müssen Sie nicht extra in den speziellen »Wackelmodus« wechseln. Drücken Sie einfach etwas fester auf den Ordner, dem Sie einen neuen Namen geben möchten, und wählen Sie **Umbenennen**.

Mehrere Apps mit Drag & Drop verschieben

Mitunter möchte man nicht nur eine, sondern gleich mehrere Apps bewegen, z. B., um sie geschlossen in einen Ordner oder auf eine andere Bildschirmseite zu verschieben.

1. Berühren und halten Sie ein beliebiges App-Symbol, bis die Icons ihren kleinen Wackeltanz aufführen.

2. Berühren Sie nun die erste zu verschiebende App, und ziehen Sie sie ein wenig von ihrer Position weg. Lassen Sie das Symbol aber nicht los!

3. Tippen Sie nun mit dem Finger Ihrer anderen Hand der Reihe nach die Apps an, die Sie zusammen mit der ersten App verschieben möchten.

4. Die Apps werden zu einem kleinen Stapel zusammengefasst, ein kleiner Zähler gibt an, wie viele Apps in diesem Stapel beisammen sind. Verschieben Sie nun den Stapel an die gewünschte Position, und lassen Sie ihn los.

5. Verlassen Sie den »Wackelmodus« mit einem Tipp auf **Fertig** oder wischen Sie einmal kurz vom unteren Bildschirmrand nach oben.

Apps löschen

Nicht alle Apps, die zum Lieferumfang des iPhones gehören, sind für jeden Anwender gleichermaßen sinnvoll. Wenn Sie etwa keine Apple Watch haben, benötigen Sie die entsprechende App nicht. Falls Sie im Haushalt keine Geräte einsetzen, die über die Home-App gesteuert werden, können Sie auf diese App ebenfalls verzichten. Da trifft es sich gut, dass Sie nicht benötigte Apps einfach löschen können. Keine Sorge – alle Apps, die Sie vom iPhone löschen, lassen sich jederzeit kostenlos erneut laden (lesen Sie dazu den Abschnitt »Apps laden und installieren« ab Seite 328).

1. Berühren und halten Sie eine beliebige App auf dem Bildschirm, bis die Apps erneut ihren kleinen Tanz aufführen.

2. Apps, die Sie löschen können – manche Apps sind für den Betrieb des iPhones notwendig und lassen sich nicht löschen –, bekommen ein kleines × ❶. Tippen Sie darauf, um die App zu löschen.

3. Nach einem Tipp auf **Löschen** ❷ wird die App vom iPhone entfernt.

4. Beenden Sie den »Wackelmodus« durch einen Tipp auf **Fertig** ❸ oder wischen Sie kurz vom unteren Bildschirmrand nach oben.

Kapitel 3
Face ID und Siri

Im ersten Kapitel haben Sie Ihr iPhone aktiviert und in Betrieb genommen. Während der ersten Inbetriebnahme wurden Sie aufgefordert, Face ID einzurichten. Dieses Thema habe ich genauso wie die Einrichtung der Sprachsteuerung mit Siri eingangs übersprungen, denn diese zentralen Steuerungen des iPhones sind so wichtig, dass ich mich ihnen etwas ausführlicher widmen möchte.

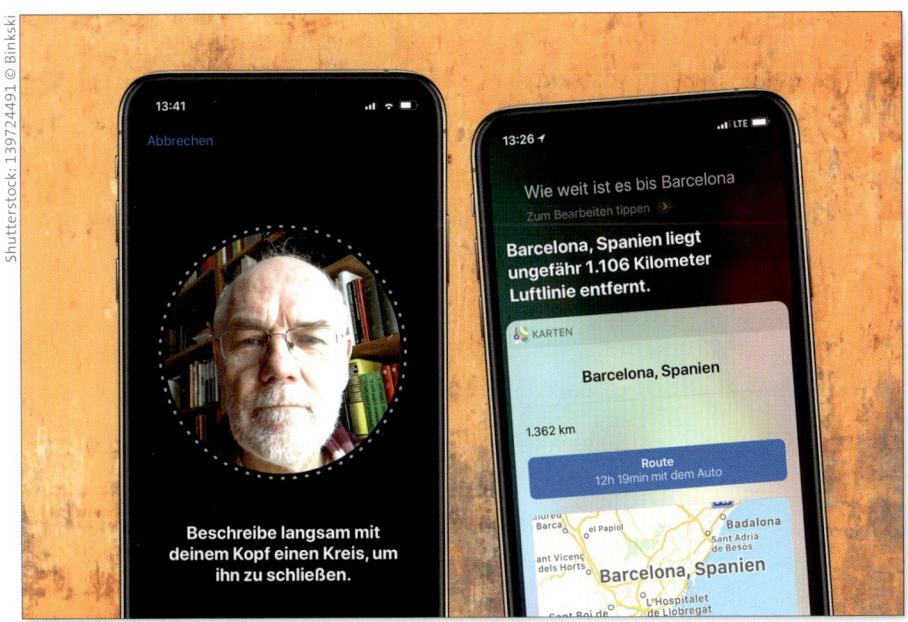

Willkommen in der Zukunft: Mit Face ID entsperren Sie Ihr iPhone durch bloßes Anschauen – und dann beantwortet Siri Ihre Fragen.

Face ID: der Gesichtsscanner

Das iPhone besteht fast nur aus einem großen Display; eine Taste, mit der Sie frühere iPhones »aufgeweckt« haben, finden Sie hier nicht. Stattdessen setzt Apple auf Face ID. Um Ihr iPhone zu entsperren, müssen Sie es nur noch ansehen. Es erkennt zuverlässig Ihr Gesicht und wird entsperrt. In der Praxis funktioniert das so, dass Sie Ihr iPhone ansehen und den Bildschirm nach oben wischen – Sie bemerken gar nicht mehr, dass es überhaupt gesperrt war.

Damit das wirklich nur mit Ihrem Gesicht funktioniert, muss das iPhone Ihr Gesicht kurz scannen. Dafür wird ein 3D-Infrarotscanner eingesetzt, der Ihr Gesicht dreidimensional erfasst. Falls Sie während der Inbetriebnahme die Einrichtung von Face ID übersprungen haben, lässt sich das jetzt nachholen:

1. Rufen Sie **Einstellungen ▸ Face ID & Code** auf, und weisen Sie sich durch Eingabe des Codes aus, den Sie zum Entsperren des iPhones benutzen.

2. Tippen Sie auf **Face ID konfigurieren** ❶. Es folgt eine kurze Anleitung. Tippen Sie hier auf **Los geht's**.

3. Nun erscheint ein Rahmen auf dem Display. Halten Sie das iPhone so, dass Ihr Gesicht in diesem Rahmen zu sehen ist. Sobald das iPhone Ihr Gesicht zuverlässig erkannt hat, wird es in einem Kreis dargestellt ❷.

4. Anschließend drehen Sie Ihren Kopf, wobei gleichzeitig dazu auf dem Display des iPhones ein Kreis geschlossen wird. Ihr Gesicht wird nun von der Infrarotkamera gescannt und der Vorgang noch einmal wiederholt. Anschließend ist Face ID einsatzbereit.

5. Den Schalter **Aufmerksamkeitsprüfung für Face ID** ❸ sollten Sie unbedingt aktiviert lassen – denn dann prüft Face ID, ob Ihre Augen geöffnet sind. Andernfalls wäre es unter Umständen möglich, dass Ihnen jemand Ihr iPhone einfach vors Gesicht hält, während Sie schlafen – und es wird entsperrt.

6. Auch der Schalter **Aufmerksamkeitssensible Funktionen** ❹ sollte aktiviert bleiben. Üblicherweise verdunkelt sich das Display nach einer kurzen

Phase der Inaktivität automatisch, um Strom zu sparen. Das kann dann etwas lästig werden, wenn Sie aktuell einen längeren Text lesen oder ein Foto längere Zeit betrachten. Sind diese Funktionen aktiviert, erkennt das iPhone, dass Sie es ansehen, und schaltet das Display nicht aus.

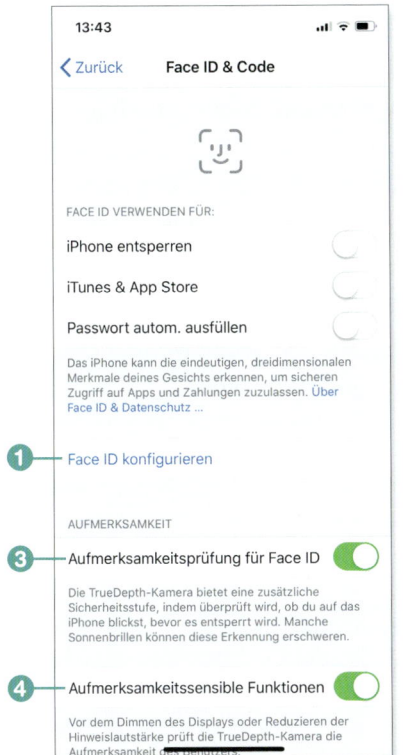

Face ID ist lernfähig und erkennt Ihr Gesicht im Laufe der Zeit immer besser und zuverlässiger – auch dann, wenn es sich verändert. Das braucht allerdings etwas Zeit. Wenn Sie Ihr Aussehen häufig ändern, kann es sinnvoll sein, Face ID mit einem weiteren Gesichtsscan zu trainieren (etwa mit Hut, Mütze, großer Brille o. Ä.). Dazu wählen Sie den Punkt **Alternatives Erscheinungsbild konfigurieren**, der nach dem ersten Gesichtsscan an die Stelle von **Face ID konfigurieren** tritt.

INFO

Face ID und Apps

Face ID kann nicht nur zum Entsperren des iPhones, sondern auch als Legitimation im iTunes Store und im App Store genutzt werden. Ebenfalls möglich ist es, Apps, die ein Kennwort benötigen, via Face ID zu entsperren. Die entsprechenden Optionen sind nach der Aktivierung von Face ID automatisch gesetzt. Damit Sie im iTunes Store oder App Store nicht versehentlich etwas kaufen, nur weil Sie auf Ihr iPhone geschaut haben, müssen Sie vor der Bestätigung eines Kaufs durch Face ID die Stand-by-Taste zweimal kurz nacheinander drücken.

Wie sicher ist Face ID?

Apple bewirbt Face ID u. a. mit dem Argument der Sicherheit, also damit, dass durch Face ID der Zugriff für Unbefugte deutlich erschwert würde. Das stimmt, ist aber nur indirekt richtig.

Die einzige Zugangssperre, die auf Ihrem iPhone immer zuverlässig zur Verfügung steht, ist der Code, den Sie zum Entsperren des iPhones benutzen. Der Code funktioniert auch dann, wenn Face ID aktiviert ist. Das ist auch gut so, denn schließlich kann es immer einmal passieren, dass das iPhone Ihr Gesicht nicht korrekt erkennt und Face ID versagt. Das kommt zwar selten vor, aber es kommt vor.

Der Code wird auch angefordert, wenn Sie Ihr iPhone einige Zeit nicht entsperrt, es komplett neu gestartet oder die SIM-Karte gewechselt haben. Falls mehrfach versucht wurde, das iPhone mit dem falschen Gesicht zu entsperren, muss ebenfalls der Code eingegeben werden. Das bedeutet aber auch, dass jeder, der Ihren Code kennt, Ihr iPhone entsperren kann – Face ID hin oder her!

INFO

Wo und wie werden Ihre Daten gespeichert?

Ihr Gesichtsscan wird nicht als einfach zu lesende Datei gespeichert. Beim Erfassen der Daten berechnet das iPhone stattdessen ein mathematisches Modell, das sich aus der Erkennung ableiten lässt, aus dem man aber nicht das Original – also den Gesichtsscan – rekonstruieren kann. Dieses Modell wird in der *Secure Enclave* gespeichert. Das ist ein spezieller Bereich im iPhone, auf den nur sehr wenige Systemroutinen Zugriff haben. Apps anderer Anbieter können diese Daten generell nicht auslesen. Zudem verbleiben die hier gespeicherten Daten auf dem iPhone und werden nicht an Apple geschickt oder in die iCloud geladen.

Dennoch schützt Face ID Ihr iPhone im täglichen Einsatz besser als die Codesperre allein. Denn ein Code, den Sie eintippen, lässt sich unter Umständen ausspähen. Entsperren Sie Ihr iPhone über Face ID, mindern Sie das Risiko, dass Ihr Sitznachbar in der Bahn oder im Restaurant zufällig Ihren Code mitbekommt. Und nicht nur das: Ohne Face ID müssen Sie den Code immer eintippen, sobald Sie Ihr iPhone entsperren möchten. Das ist in der Praxis ausgesprochen lästig, weshalb viele Anwender entweder einen sehr leicht zu erratenden Code wie *1234* benutzen oder die Codesperre gleich ganz ausschalten. Diese Hürde fällt mit Face ID weg. Da Sie den Code hier nur noch sehr selten eingeben müssen, können Sie ruhig einen etwas komplizierteren Code verwenden (standardmäßig möchte das iPhone mindestens einen sechsstelligen Zifferncode). So bietet die Kombination aus einer schwer zu erratenden Codesperre und Face ID einen guten Kompromiss aus Datensicherheit und Bequemlichkeit.

INFO

Kann man Face ID austricksen?

Es stellt sich natürlich die Frage, ob Face ID ausgetrickst werden kann. Einfache Tricks wie ein Foto oder Gesichtsmasken stellen für das iPhone kein Problem dar, selbst 3D-Modelle Ihres Kopfes werden als Fälschung erkannt. Allerdings kann Face ID bei einieigen Zwillingen oder kleinen Kindern ins Stolpern geraten. Hier haben Tests vereinzelt gezeigt, dass sich das System in Ausnahmefällen überlisten lässt. Unterm Strich gilt, dass Face ID nicht gegen einen gezielten, ernst gemeinten und mit erheblichem finanziellen und technischen Aufwand betriebenen Angriff gefeit ist.

Face ID schützt aber sehr zuverlässig vor Taschendieben und neugierigen Mitmenschen. Anders gesagt: Das System ist für den Alltag bestimmt. Wenn Sie nicht gerade auf James-Bond-Niveau arbeiten, ist Face ID hinreichend sicher. Und die James Bonds dieser Welt benutzen für ihre Arbeit wohl eher kein iPhone.

Die Sprachsteuerung Siri verwenden

Wer die TV-Serie *Star Trek* kennt, der weiß, wie man dort mit Computern umgeht: Man redet mit ihnen, gibt ihnen Kommandos in natürlicher Sprache und erhält gesprochene Antworten. Das ist Science-Fiction, keine Frage. Doch mit der Sprachassistentin *Siri* wird diese Zukunftsvision für das iPhone ein wenig Realität.

Apple preist Siri als »intelligente Assistentin« an, mit der man sich ganz normal unterhalten könne, um bestimmte Aktionen auszulösen: Ob SMS schreiben oder Anrufe starten, Notizen festhalten oder die Wetterlage prüfen – all das können Sie dank Siri in einem kleinen Gespräch erledigen oder abfragen. Allerdings: Siri versteht viel, aber nicht alles.

INFO

Mehr als nur Sprachsteuerung

Siri ist zwar vor allem eine Sprachsteuerung, erledigt im Hintergrund aber noch mehr. Siri erkennt auch, welche Apps Sie häufig benutzen, kann in Ihren E-Mails und Dokumenten Adressen, Telefonnummern und Ähnliches erkennen und analysiert Ihre persönliche Nutzung des iPhones. So lernt sie Ihr iPhone immer besser kennen und kann Sie etwa durch passende Vorschläge bei der Suche im Internet unterstützen oder, wie gesagt, Adressen in E-Mails erkennen, die Sie dann mit wenigen Fingertipps Ihren Kontakten hinzufügen können.

Falls Sie Siri nicht schon bei der Einrichtung des iPhones aktiviert haben, können Sie dies nun nachholen. Rufen Sie dazu **Einstellungen ▸ Allgemein ▸ Siri & Suchen** auf und aktivieren Sie die Schalter **Auf „Hey Siri" achten** und **Für Siri Seitentaste drücken** ❶. Anschließend tippen Sie auf **Siri aktivieren** ❷.

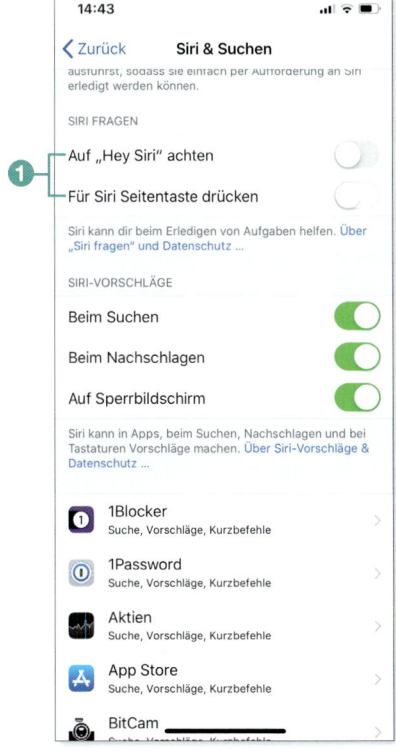
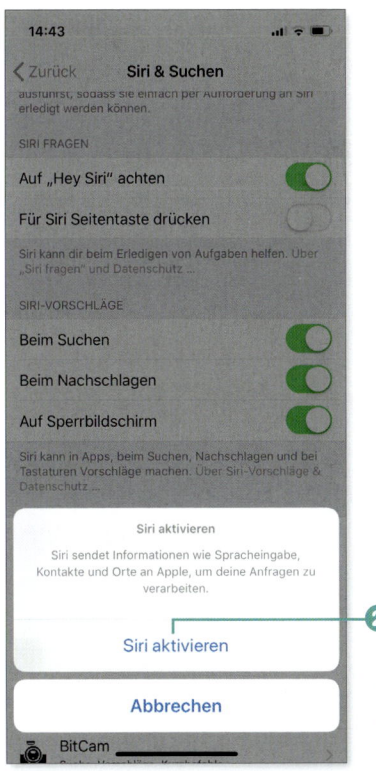

Dank Siri reagiert Ihr iPhone auch auf Spracheingabe.

INFO

»Hey Siri«

Wenn Sie Siri während der Inbetriebnahme aktiviert haben, ist die Option *Hey Siri* bereits aktiviert. Damit ist es möglich, Siri zu starten, indem Sie einfach »Hey Siri« sagen. Möchten Sie diese Funktion einsetzen, aktivieren Sie in den Einstellungen von Siri den entsprechenden Schalter. Anschließend müssen Sie ein paar Sätze sagen, damit Siri nur auf Ihre Stimme reagiert und Ihnen launige Zeitgenossen keine Streiche spielen können. Das funktioniert allerdings nur halbwegs zuverlässig: Mir ist es z. B. schon passiert, dass während einer Apple-Präsentation ein Apple-Mitarbeiter »Hey Siri« sagte – und mein neben mir auf dem Tisch liegendes iPhone reagierte.

Nach der Aktivierung steht Ihnen Siri jederzeit zur Verfügung. Am besten probieren Sie das System einfach aus:

1. Um Siri aufzurufen, sagen Sie, falls Sie diese Funktion aktiviert haben, »Hey Siri«. Alternativ dazu drücken Sie etwas länger auf die Stand-by-Taste. Falls Sie das Headset benutzen, drücken Sie etwas länger auf die Headset-Taste.

2. Siri meldet sich mit einem Signalton und einem bunten Muster am unteren Bildschirmrand, das auf die Umgebungsgeräusche – also Ihre Anweisungen – reagiert. Die eigentliche Analyse Ihrer gesprochenen Anweisungen erfolgt nicht auf dem iPhone, sondern auf den Servern von Apple. Daher muss das iPhone zwingend online sein, wenn Sie mit Siri arbeiten möchten. Das sollten Sie auch berücksichtigen, wenn Sie Siri im Mobilfunknetz verwenden und nur über ein geringes Datenvolumen verfügen.

3. Um ein Gefühl dafür zu bekommen, was Siri alles kann, sagen Sie »Hilfe«. Siri zeigt Ihnen anschließend eine sehr umfangreiche Beispielliste, durch die Sie mit einer Wischgeste scrollen können. Tippen Sie einen Eintrag an ❸, um konkrete Anweisungen und Fragen zu sehen.

4. Fragen Sie Siri doch einfach mal nach der Uhrzeit (»Wie spät ist es?«) oder nach dem Wetter. Dabei müssen Sie sich übrigens nicht auf simple Fragen wie »Wie wird morgen das Wetter?« beschränken, sondern können auch Formulierungen wie »Brauche ich morgen einen Regenschirm?« benutzen. Siri kann auch Wissensfragen beantworten und Sportergebnisse nachschlagen.

5. Siri zeigt Ihnen den verstandenen Text an und beantwortet Ihre Anweisung oder Frage mit einem Text, der standardmäßig auch gesprochen wird. Nach einem Tipp auf das bunte Siri-Symbol ④ können Sie Siri die nächste Anweisung geben bzw. Frage stellen.

Sie können häufig wiederkehrende Aktionen mit Siri automatisieren, indem Sie ihnen ein Sprachkommando zuweisen. Siri erkennt Ihre Aktionen am iPhone und schlägt Ihnen eine Reihe von Kurzbefehlen vor. Tippen Sie die gewünschte Aktion an und vergeben Sie ein passendes Sprachkommando.

Wenn Sie zum Beispiel häufiger das Wetter für Ihren aktuellen Standort abrufen, können Sie diesem Befehl das Kommando »Wetter hier« zuordnen. Dazu tippen Sie auf den vorgeschlagenen Kurzbefehl ❺ und anschließend auf die Aufnahmetaste ❻.

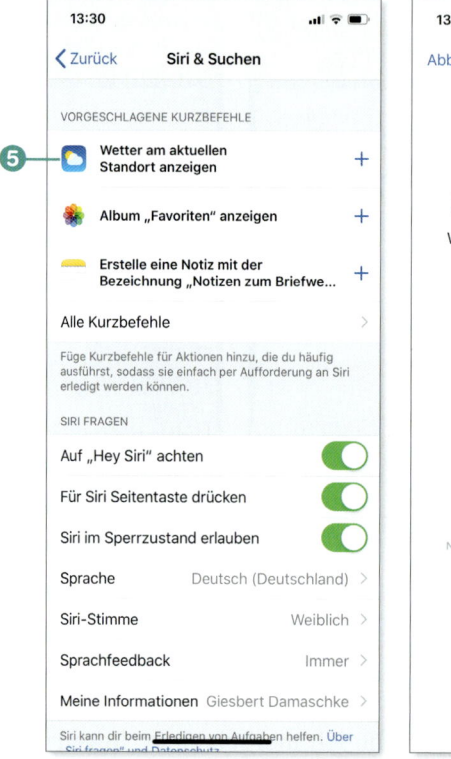

Zur Ausführung häufig wiederkehrender Aktionen können Sie in Siri ein kurzes Sprachkommando festlegen.

TIPP

Siri lernt – und vergisst

Siri ist lernfähig und erkennt im Laufe der Zeit Ihre Stimme immer besser. Spielen mehrere Personen an Ihrem iPhone mit Siri herum, verschlechtert sich allerdings die Erkennung. In diesem Fall sollten Sie Siri aus- und wieder einschalten. Damit wird das Stimmprofil gelöscht, und die Lernphase beginnt von vorn.

Kapitel 4

Alles zu Internetverbindung, Apple-ID und iCloud

Sie können Ihr iPhone benutzen, ohne aufs Internet zuzugreifen oder eine Apple-ID anzumelden. Doch es entfaltet sein volles Potenzial erst, wenn es online, also über Mobilfunk oder WLAN mit dem Internet verbunden ist, und wenn Sie eine Apple-ID und iCloud eingerichtet haben. In diesem Kapitel erläutere ich Ihnen daher alle zentralen Einstellungen rund um Internet, Apple-ID, iCloud und Co.

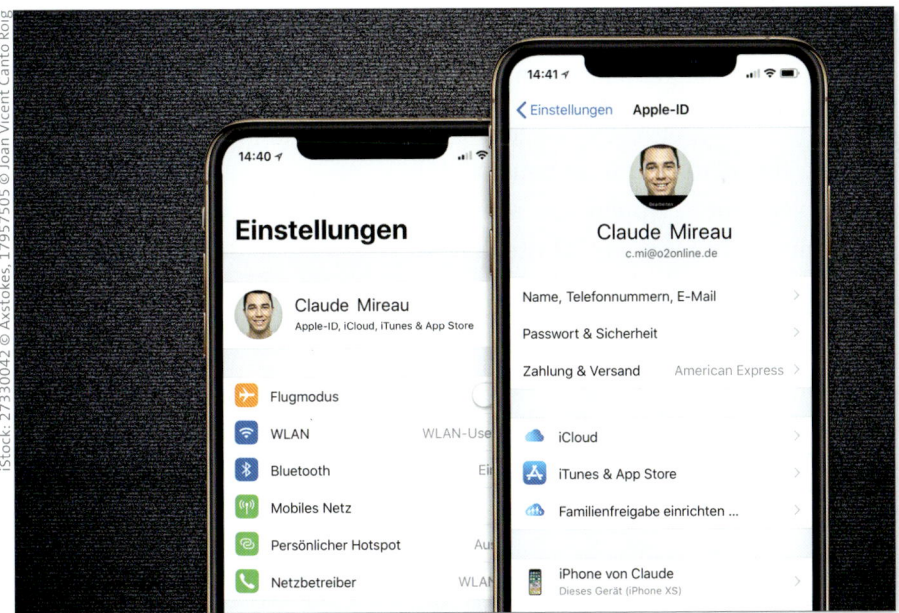

Mit der Apple-ID kommt erst richtig Leben in Ihr iPhone.

INFO

Das Kontrollzentrum

Einige der hier vorgestellten Funktionen werden über das *Kontroll-zentrum* gesteuert, das Sie mit einer Wischgeste von rechts oben zur Mitte aufrufen. Das Kontrollzentrum stelle ich Ihnen in Kapitel 5, »Nützliche Funktionen des iPhones«, ausführlicher vor.

Das iPhone mit einem WLAN verbinden

Vermutlich haben Sie Ihr iPhone schon während der Inbetriebnahme mit Ihrem heimischen WLAN verbunden. Sollte das nicht der Fall sein, lässt sich das jederzeit nachholen. Natürlich ist es auch möglich, mit dem iPhone das WLAN zu wechseln und es mit jedem beliebigen anderen WLAN zu verbinden. Dabei merkt sich das iPhone jede WLAN-Verbindung und verbindet sich in Zukunft automatisch mit dem Netz, bei dem es einmal angemeldet war, sobald es dieses in der Nähe erkennt.

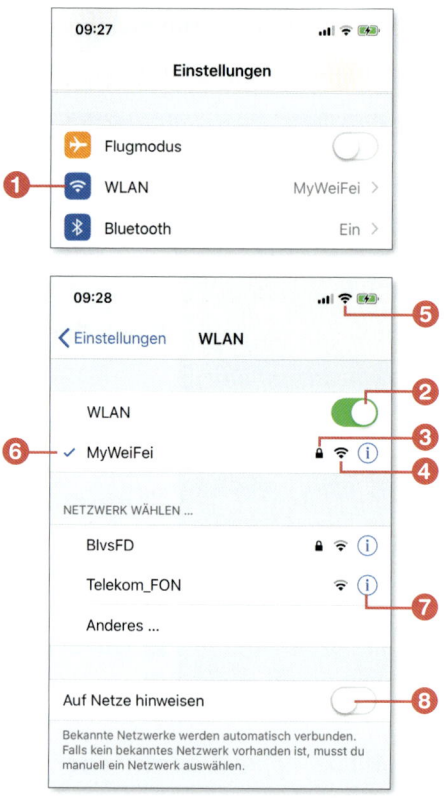

1. Um Ihr iPhone mit einem WLAN zu verbinden, tippen Sie auf dem Home-Bildschirm auf **Einstellungen** und wählen dort mit einem Fingertipp den Punkt **WLAN** ❶.

2. Falls der Schalter **WLAN** ❷ ausgeschaltet sein sollte, tippen Sie ihn an, um die Funktion zu aktivieren.

3. Das iPhone sucht nun nach verfügbaren WLANs und zeigt sie Ihnen an. Das Schloss ❸ zeigt Ihnen, dass Sie für dieses WLAN ein Passwort benötigen, daneben sehen Sie die Signalstärke ❹.

4. Tippen Sie das WLAN an, bei dem sich das iPhone anmelden soll.

5. Geben Sie das Passwort ein, und tippen Sie auf **Verbinden**. Nach kurzer Zeit erscheint in der Statusleiste das WLAN-Symbol ❺, und Ihr iPhone ist über dieses WLAN mit dem Internet verbunden. Zusätzlich wird das WLAN mit einem blauen Häkchen markiert ❻.

Mitunter kann es vorkommen, dass sich Ihr iPhone hartnäckig mit einem WLAN verbinden will, das Sie nicht interessiert. In diesem Fall tippen Sie auf das i ❼ und wählen **Dieses Netzwerk ignorieren**.

INFO

»Auf Netze hinweisen«

In den WLAN-Einstellungen sehen Sie auch einen Schalter **Auf Netze hinweisen** (❽ auf Seite 60), der standardmäßig ausgeschaltet ist. Wird dieser Schalter aktiviert, weist Sie Ihr iPhone auf verfügbare WLAN-Netze hin und bietet Ihnen an, sich dort anzumelden. Das klingt gut, ist aber in der Praxis ausgesprochen lästig und störend, da Sie unterwegs immer wieder auf WLANs hingewiesen werden, die Sie überhaupt nicht interessieren. Lassen Sie diesen Schalter also am besten ausgeschaltet.

Möchten Sie vorübergehend nicht mit einem WLAN verbunden sein, dann öffnen Sie das Kontrollzentrum und tippen Sie auf das WLAN-Symbol (❾ auf Seite 62). Das Symbol wird jetzt weiß dargestellt und das iPhone beendet die Verbindung zum aktuellen WLAN bis zum nächsten Tag. Dabei bleibt das WLAN-Modul selbst aktiv, da es für andere Funktionen des iPhones benötigt wird. Soll WLAN komplett und dauerhaft ausgeschaltet werden, deaktivieren Sie den Schalter **WLAN** unter **Einstellungen ▸ WLAN**.

Bluetooth

Das iPhone beherrscht natürlich auch *Bluetooth*, über das Sie etwa eine Tastatur, einen Lautsprecher oder die Apple Watch mit dem Gerät verbinden können. Bluetooth ist standardmäßig aktiviert – und das kann auch ruhig so

bleiben, denn das iPhone benutzt den aktuellen Standard Bluetooth 5.0. Der ist nicht nur schneller und hat eine größere Reichweite als frühere Standards, Sie können damit auch mehr als ein Gerät mit dem iPhone koppeln, und obendrein verbraucht Bluetooth 5.0 praktisch keinen Strom. Damit fällt der wichtigste Grund, warum man Bluetooth ausschalten sollte, nun weg.

Falls Sie Bluetooth trotzdem einmal ausschalten möchten, geht das über **Einstellungen ▸ Bluetooth**. Wie beim WLAN lässt sich Bluetooth auch im Kontrollzentrum mit einem Tipp auf das Bluetooth-Symbol ❿ vorübergehend ausschalten.

Der Flugmodus

Mitunter ist es erforderlich, sämtliche Funk- und Onlineverbindungen vorübergehend zu kappen, zum Beispiel in einem Flugzeug. Dazu aktivieren Sie den Flugmodus, in dem das iPhone die Mobilfunkverbindung beendet und Bluetooth und WLAN vorübergehend ausschaltet.

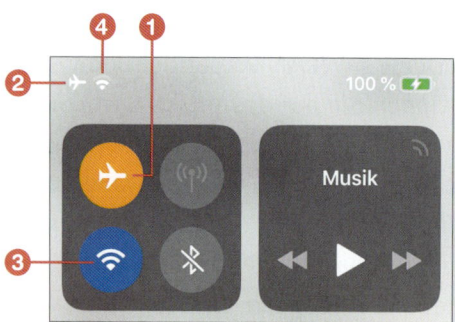

Den Flugmodus schalten Sie im Kontrollzentrum ein und aus, indem Sie auf das Flugzeugsymbol ❶ tippen. Damit Sie auf einen Blick wissen, dass Ihr iPhone sich im Flugmodus befindet, erscheint in der Statuszeile ein Flugzeugsymbol ❷. Mit einem erneuten Tipp schalten Sie diesem Modus wieder aus, und das iPhone nimmt alle Verbindungen wieder auf.

INFO

WLAN trotz Flugmodus

Manchmal möchte man den Mobilfunk ausschalten, aber weiterhin via WLAN aufs Internet zugreifen. In diesem Fall aktivieren Sie den Flugmodus und tippen anschließend auf das WLAN-Symbol, das nun wieder blau erscheint ❸. Gleichzeitig wird in der Statusleiste die WLAN-Verbindung angezeigt ❹. So können Sie etwa im Internet surfen, ohne durch Anrufe gestört zu werden.

Mobile Daten

Wenn kein WLAN in der Nähe ist, verbindet Sie Ihr iPhone standardmäßig über Ihren Mobilfunkanbieter mit dem Internet. Das ist in der Regel sinnvoll und gewünscht, aber manchmal auch nicht – z. B. dann, wenn Sie nicht versehentlich über den Mobilfunk umfangreiche Daten aus dem Internet laden möchten. Der Zugriff 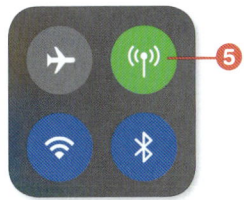 auf das Internet über die Mobilfunkverbindung lässt sich rasch aus- und natürlich auch wieder einschalten. Rufen Sie dazu das Kontrollzentrum auf und tippen Sie auf das grüne Antennensymbol ❺. Mit einem erneuten Tipp lassen Sie mobile Daten wieder zu.

Eine neue Apple-ID einrichten

Schon während der Aktivierung des iPhones werden Sie aufgefordert, Ihre *Apple-ID* einzugeben bzw. eine kostenlose Apple-ID zu registrieren. Dabei handelt es sich um eine E-Mail-Adresse, mit der Sie sich bei Apple anmelden. Zu einer Apple-ID gehört ein Kundenkonto mit Ihren Kontaktdaten und, sofern Sie später Artikel aus dem iTunes Store oder App Store laden möchten, die Angabe einer gültigen Zahlungsweise.

Die Apple-ID – die von Apple mitunter auch *Apple-Account* oder *iTunes-Store-Account* genannt wird – ist für den Einsatz des iPhones nicht zwingend erforderlich. Doch wenn Sie Apples kostenlosen Onlinedienst iCloud nutzen, mit FaceTime Videotelefonate führen, Kurznachrichten mit iMessage verschicken, Programme aus dem App Store laden oder Musik im iTunes Store kaufen möchten, kommen Sie um eine Apple-ID nicht herum. Es wird also Zeit, eine Apple-ID anzulegen.

Dabei gibt es verschiedene Methoden, und bei jeder ist das Prozedere ein klein wenig anders. Generell gibt es zwei Möglichkeiten:

- **Eigene E-Mail-Adresse:** Sie benutzen Ihre bereits vorhandene E-Mail-Adresse. Das scheint auf Anhieb zwar am einfachsten, birgt aber Risiken. Wenn sich später einmal Ihre E-Mail-Adresse ändert oder Sie keinen Zugriff mehr darauf haben (etwa weil Sie Ihren Anbieter oder Arbeitgeber gewechselt haben), bekommen Sie Probleme. Die lassen sich zwar lösen, aber das kann unter Umständen ausgesprochen mühselig werden. Ich rate Ihnen also davon ab.

- **iCloud-Adresse:** Besser und einfacher ist es, Sie lassen sich von Apple eine (kostenlose) E-Mail-Adresse bei iCloud geben, die nach dem Muster »*meinname@icloud.com*« gebildet und automatisch als Apple-ID benutzt wird. Damit haben Sie die Gewissheit, dass Ihre Apple-ID so lange gültig ist, solange Apple im Geschäft ist. Obendrein setzt Apple bei iCloud automatisch eine *Zwei-Faktor-Authentifizierung* ein, was heute als die bislang beste und sicherste Methode gilt (mehr dazu erfahren Sie in Kapitel 20, »Daten schützen, sichern und wiederherstellen«).

Im Folgenden erläutere ich Ihnen das Vorgehen mit einer iCloud-Adresse. Da Apple den Anmeldevorgang gelegentlich überarbeitet, kann es sein, dass die Reihenfolge der einzelnen Schritte bei Ihnen etwas anders aussieht als hier erklärt. Das sollte Sie nicht irritieren; im Grunde ist der Vorgang selbsterklärend und Sie müssen nur ein paar Formularfelder ausfüllen.

1. Rufen Sie vom Home-Bildschirm aus die **Einstellungen** auf, und tippen Sie auf **Beim iPhone anmelden** ❶.

2. Nun werden Sie aufgefordert, sich mit Ihrer Apple-ID anzumelden. Da Sie noch keine Apple-ID besitzen, tippen Sie auf **Noch keine Apple-ID oder hast du sie vergessen?** und anschließend auf **Apple-ID erstellen**.

3. In den folgenden Bildschirmen geben Sie Ihr Geburtsdatum und Ihren Namen an und bestätigen die Angaben mit einem Tipp auf **Weiter**.

4. Nun werden Sie aufgefordert, eine E-Mail-Adresse anzugeben, die Ihre Apple-ID werden soll. Tippen Sie auf **Gratis-E-Mail von iCloud ❷**.

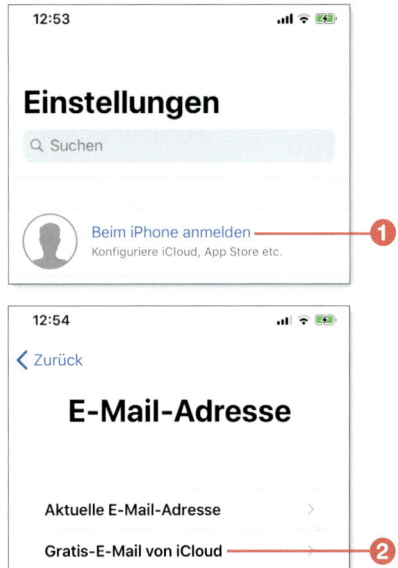

5. Wählen Sie einen Namen, und tippen Sie auf **Weiter**.

6. Apple prüft, ob die gewünschte Adresse noch zur Verfügung steht. Falls dies der Fall ist, bestätigen Sie die Rückfrage mit **Fortfahren**.

7. Legen Sie nun ein Passwort fest, das den Zugriff auf Ihre neue Apple-ID und Ihre neue E-Mail-Adresse schützt. Es muss mindestens acht Zeichen lang und ein Mix aus Ziffern, Groß- und Kleinbuchstaben sein. Einfach zu erratenden Passwörtern wie etwa »Test1234« werden auch dann nicht akzeptiert, wenn sie der allgemeinen Vorgabe entsprechen.

8. Für die Zwei-Faktor-Authentifizierung wird eine Telefonnummer benötigt. Dabei trägt Ihr iPhone seine eigene Nummer bereits ein.

9. Nun müssen Sie die obligatorischen Nutzungsbedingungen bestätigen.

10. Zu guter Letzt fragt das iPhone sicherheitshalber nach dem Code, mit dem Sie Ihr iPhone entsperren. Geben Sie diesen Code ein, ist die Konfiguration abgeschlossen.

Anschließend wird Ihre neue Apple-ID eingerichtet und iCloud automatisch konfiguriert. Letzteres schauen wir uns im nächsten Abschnitt genauer an.

INFO

Test der Zwei-Faktor-Authentifizierung

Um die Zwei-Faktor-Authentifizierung zu testen, melden Sie sich im Browser auf Ihrem Computer bei der Adresse *www.icloud.com* mit Ihrer neu angelegten Apple-ID an. Nach der Eingabe Ihres Passwortes erscheint auf Ihrem iPhone – nicht auf Ihrem Computer!

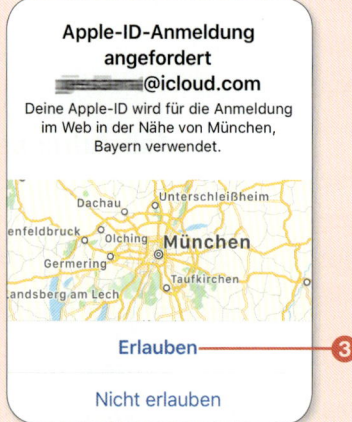

Apple-ID-Anmeldung
angefordert
████████@icloud.com
Deine Apple-ID wird für die Anmeldung im Web in der Nähe von München, Bayern verwendet.

Erlauben ——— ❸

Nicht erlauben

– die Frage, ob Sie den Zugriff im Browser erlauben möchten. Wenn Sie auf **Erlauben** ❸ tippen, zeigt das iPhone einen Code an, den Sie eingeben müssen, um sich bei iCloud im Browser anmelden zu können. Genauso ergeht es jedem, der versucht, mit einem beliebigen Webbrowser auf einem beliebigen Computer irgendwo auf der Welt auf Ihren iCloud-Account zuzugreifen – ohne Ihr iPhone geht da gar nichts.

Das ist iCloud

Nachdem Sie im vorherigen Absatz eine Apple-ID angelegt haben, die gleichzeitig für iCloud benutzt wird, sollten wir uns ein wenig mit iCloud beschäftigen. Denn standardmäßig wird hier eine Funktion aktiviert, die Sie zumindest zu Beginn gleich wieder ausschalten sollten.

Mit iCloud bietet Apple einen kostenlosen Cloud-Service an, über den Sie Ihre Daten zwischen verschiedenen Geräten – Mac, iPhone, iPad, iPod touch, Windows-Computer, Webbrowser – synchron halten können. In der Praxis wird iCloud ungemein nützlich, sobald mehr als nur ein Gerät im Spiel ist, also z. B. Ihr iPhone und Ihr Computer. Ändern Sie etwa auf dem iPhone einen Eintrag im Kalender, wird diese Änderung automatisch auch im Kalender auf dem Computer übernommen, tragen Sie am Computer einen neuen Kontakt ein, erscheint dieser auch in der Kontakte-App auf dem iPhone. Möchten Sie unterwegs auf Ihre Daten zugreifen und haben Ihr iPhone nicht zur Hand, genügt ein x-beliebiger Computer mit Webbrowser, über den Sie die iCloud-Website *www.icloud.com* aufrufen. Dort melden Sie sich mit Ihren Zugangsdaten an und können auch hier Daten lesen, bearbeiten und hinzufügen.

INFO

So viel kostet der iCloud-Speicherplatz

Der Dienst ist in seiner Grundversion kostenlos und bietet 5 GByte Speicherplatz. Das reicht normalerweise aus, wenn Sie via iCloud nur Ihre E-Mails, Kontakte, Notizen, Termine und Ähnliches synchron halten. Sobald Sie aber etwa die *iCloud-Fotomediathek* nutzen möchten und ein Backup Ihres iPhones anlegen, kann es sehr schnell eng werden. Wenn Sie mehr Speicherplatz benötigen, müssen Sie zahlen. Aktuell kosten 50 GByte iCloud-Speicher 99 Cent pro Monat, 200 GByte schlagen mit 2,99 € im Monat zu Buche, und für monatlich 9,99 € bekommen Sie satte 2 TByte. Um mehr Speicher zu kaufen, wählen Sie **Einstellungen ▸ [Ihr Account] ▸ iCloud ▸ Speicher verwalten ▸ Speicherplan ändern**.

Aber auch wenn Sie nur Ihr iPhone benutzen und keine Daten synchronisieren möchten, ist iCloud sinnvoll. Denn der Dienst sorgt dafür, dass Ihr iPhone automatisch ein Backup anlegt, und die Funktion *Mein iPhone suchen* kann Ihnen helfen, wenn Sie Ihr iPhone einmal verlegt oder verloren haben oder es Ihnen gestohlen wurde. Mehr zum Thema Backup und *Mein iPhone suchen* lesen Sie in Kapitel 20, »Daten schützen, sichern und wiederherstellen«.

Welche Daten aktuell bei iCloud landen, sehen Sie unter **Einstellungen ▸ [Ihr Name] ▸ iCloud**. Über die Schalter (❶ auf Seite 68) lässt sich der Datenabgleich zwischen iPhone und iCloud gezielt ein- oder ausschalten. Im Grunde sind die Standardeinstellungen allesamt unproblematisch – bis auf eine: *iCloud-Fotos* (siehe Kapitel 15, »Fotos anzeigen und bearbeiten«). Diese Funktion ist zwar recht praktisch, schaufelt allerdings sämtliche Fotos, die Sie mit Ihrem iPhone machen, automatisch in die iCloud. Da wird es bei den kostenlosen 5 GByte iCloud-Speicher, die Apple Ihnen spendiert, bald ziemlich eng und Sie müssen Speicher dazukaufen. Für den Anfang rate ich Ihnen deshalb, diese Funktion auszuschalten:

1. Rufen Sie dazu **Einstellungen** ▸ **[Ihr Name]** ▸ **iCloud** auf, und tippen Sie in den iCloud-Einstellungen auf **Fotos** ❷.

2. Deaktivieren Sie auf der folgenden Seite den Schalter **iCloud-Fotos** ❸.

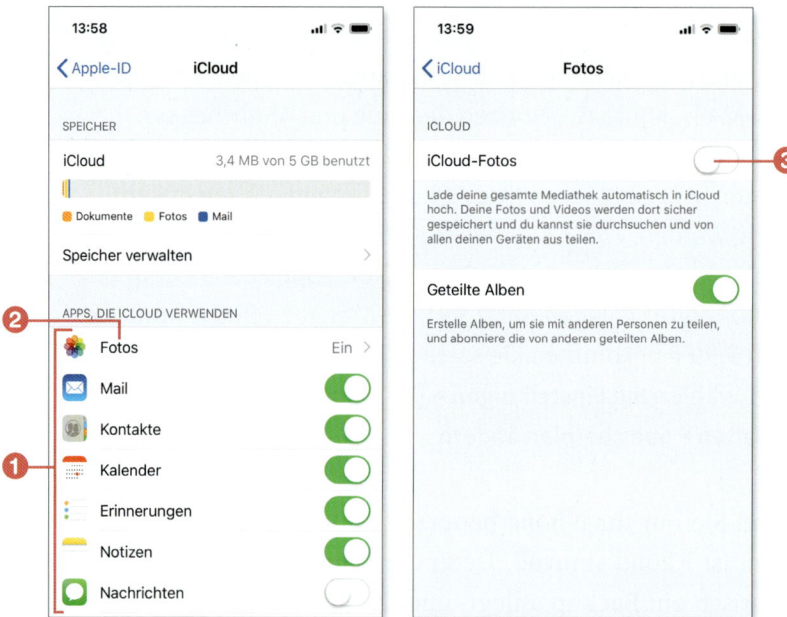

Mit iCloud-Fotos wird Ihr Bilderbestand in die iCloud geladen. Das ist sehr praktisch, aber für den Anfang empfiehlt es sich, diese Funktion auszuschalten.

Später, wenn Sie sich mit Ihrem iPhone und iCloud vertraut gemacht haben, können Sie diese Funktion jederzeit wieder aktivieren.

Ein Konto für Mail, Kontakte und Kalender einrichten

Um E-Mails schreiben oder Kalender, Kontakte und andere Daten mithilfe der jeweiligen App abgleichen zu können, müssen Sie ein entsprechendes Konto – einen *Account* – eines Anbieters auf Ihrem iPhone anlegen. Bei der

Einrichtung einer Apple-ID wird ein solches Konto automatisch für iCloud angelegt, aber vermutlich haben Sie bereits bei Anbietern wie Google oder Microsoft ein Konto oder möchten Ihre beruflichen oder privaten E-Mails ebenfalls mit dem iPhone nutzen. Das ist kein Problem, denn Sie können auf dem iPhone praktisch beliebig viele Konten parallel einrichten.

1. Wählen Sie **Einstellungen ▸ Passwörter & Accounts**, und tippen Sie hier auf **Account hinzufügen** ❶.

2. Tippen Sie auf den Anbieter Ihres Accounts, etwa **Google** ❷. Wenn Ihr Anbieter nicht aufgeführt wird, tippen Sie auf **Andere** ❸ und füllen die benötigten Informationen aus. Welche das sind, hängt von Ihrem Anbieter ab. Erkundigen Sie sich also beim Anbieter, welche Daten Sie benötigen, um den Account auf dem iPhone einzurichten. Häufig finden Sie entsprechende Informationen auch im Hilfebereich auf der Website des Anbieters.

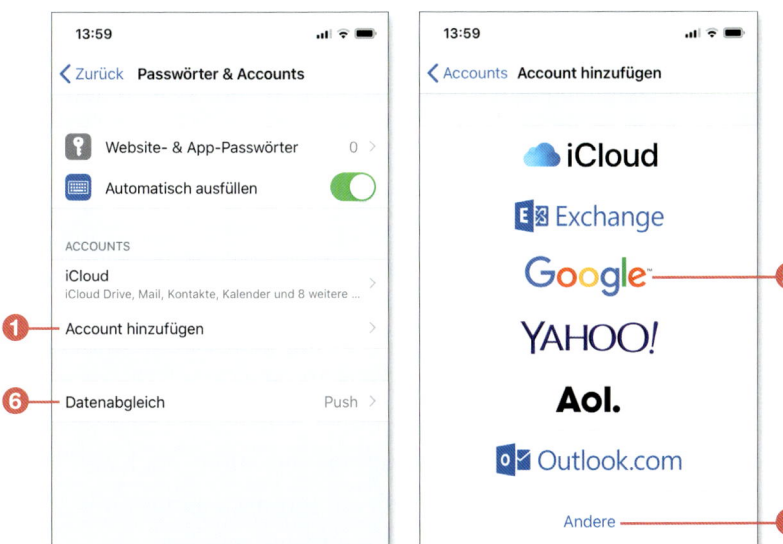

3. Die folgenden Dialoge unterscheiden sich je nach Anbieter ein klein wenig, sind aber sehr ähnlich. Sie geben hier Ihren Benutzernamen bzw. Ihre E-Mail-Adresse und Ihr Passwort ein und melden sich bei Ihrem Anbieter an.

4. Anschließend legen Sie fest, für welche Informationen auf Ihrem iPhone Sie den Account benutzen möchten ❹. Standardmäßig sind alle Optionen aktiviert. Welche das sind, hängt von Ihrem Anbieter ab. Üblicherweise werden über einen Account Mail, Kontakte, Kalender und Notizen verwaltet. Tippen Sie auf **Sichern** ❺, um die Einrichtung abzuschließen.

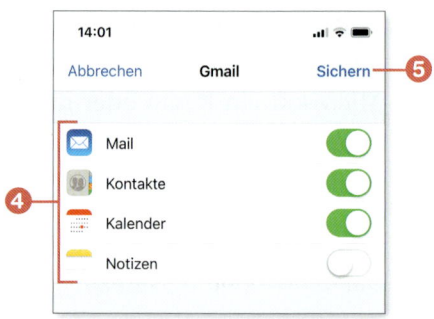

Sobald Sie einen Account eingerichtet haben, ruft das iPhone von sich aus neue Daten – also z. B. neu eingetroffene E-Mails oder neue Kontakteinträge – vom Anbieter ab. Dabei wählt das iPhone für jeden Account den bestmöglichen Weg, der sicherstellt, dass etwa neue E-Mails auch möglichst umgehend bei Ihnen landen. In seltenen Fällen kann es sinnvoll sein, dieses Verhalten zu ändern. Rufen Sie dazu **Einstellungen ▸ Passwörter & Accounts** auf, und tippen Sie auf **Datenabgleich** ❻. Hier können Sie etwa einstellen, dass die neuen Daten nur einmal in der Stunde angefordert werden.

Den Datenaustausch per iTunes einrichten

Das iPhone ist für sich genommen zwar bereits ein feines Gerät mit vielfältigen Möglichkeiten, doch sein volles Potenzial entfaltet es erst, wenn Sie es mit eigenen Inhalten wie Musik, Filmen oder Fotos füllen und Ihre Termine und Adressen, die Sie auf Ihrem Computer verwalten, auch auf Ihrem iPhone dabeihaben. Der Abgleich der Daten auf Ihrem Computer mit denen auf dem iPhone wird *Synchronisation* oder kurz *Sync* genannt.

Einen Weg, Inhalte per Synchronisation auf das iPhone zu bekommen, haben Sie bereits in den Abschnitten »Das ist iCloud« ab Seite 66 und »Ein Konto für Mail, Kontakte und Kalender einrichten« ab Seite 68 kennengelernt: den Datenabgleich über ein Konto bei Apple, Microsoft, Google und anderen Anbietern. Und wie Sie im weiteren Verlauf des Buches noch erfahren werden, können Sie auch problemlos neue Inhalte aus dem App Store und dem iTunes Store kaufen und sie unmittelbar auf Ihr iPhone laden. Sie können Ihr iPhone also prinzipiell benutzen, ohne es auch nur einmal mit Ihrem Computer zu verbinden. Allerdings sind damit einige Einschränkungen verbunden. So ist es etwa nicht (oder genauer: nicht ohne zusätzliche Kosten) möglich, die Musik, die Sie bereits auf Ihrem Computer gespeichert haben, problemlos auf Ihr iPhone zu übertragen.

Dafür bietet sich jedoch der traditionelle Weg des Datenabgleichs über das Programm *iTunes* auf Ihrem Computer an. Mit iTunes speichern und verwalten Sie Ihre Musik und Videos und kopieren sie von Ihrem Computer aufs iPhone. Falls Sie den Abgleich von Adressen oder Terminen nicht online über iCloud oder einen anderen Anbieter durchführen möchten, geht auch das über iTunes. Außerdem lassen sich via iTunes Bilder aus beliebigen Ordnern auf Ihrer lokalen Festplatte an die Fotos-App durchreichen. Bei jedem Sync legt iTunes zudem automatisch ein – auf Wunsch verschlüsseltes – Backup Ihres iPhones auf der Festplatte Ihres Computers an, aus dem Sie im Falle eines Falles das Gerät wiederherstellen können (siehe hierzu den jeweiligen Abschnitt in Kapitel 20, »Daten schützen, sichern und wiederherstellen«).

Sie müssen sich aber auch gar nicht für eine der beiden Methoden entscheiden, sondern können iCloud und lokalen Sync auch miteinander kombinieren. So lassen sich etwa Musik und Fotos mit iTunes aufs iPhone befördern, während Sie die iCloud-Synchronisation für Termine, Adressen und Notizen verwenden. Der Datenabgleich mit iTunes funktioniert dabei immer gleich:

1. Schließen Sie Ihr iPhone an Ihren Computer an. Beim ersten Mal erscheint auf dem iPhone die Abfrage, ob Sie dem Computer vertrauen. Tippen Sie hier auf **Vertrauen** ❶, damit die Verbindung zwischen Computer und iPhone hergestellt werden kann.

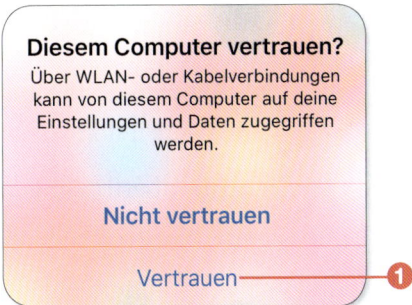

2. Zur Bestätigung müssen Sie nun auf dem iPhone den Code eingeben, den Sie zum Entsperren Ihres iPhones benutzen. Face ID ist in diesem Moment nicht aktiv.

3. Starten Sie nun iTunes und wählen Sie Ihr iPhone **2** in der oberen Symbolleiste von iTunes aus.

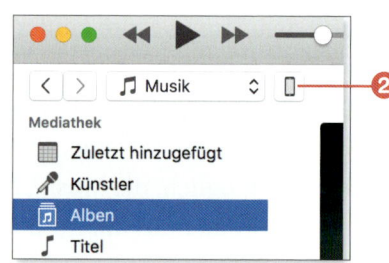

4. Nun ändert iTunes sein Aussehen. Statt der iTunes-Mediathek sehen Sie jetzt die Einstellungen **3** für Ihr iPhone.

5. Wählen Sie in darunter die Inhalte, die Sie zwischen dem iPhone und Ihrem Computer synchronisieren möchten – z. B. **Musik 4**.

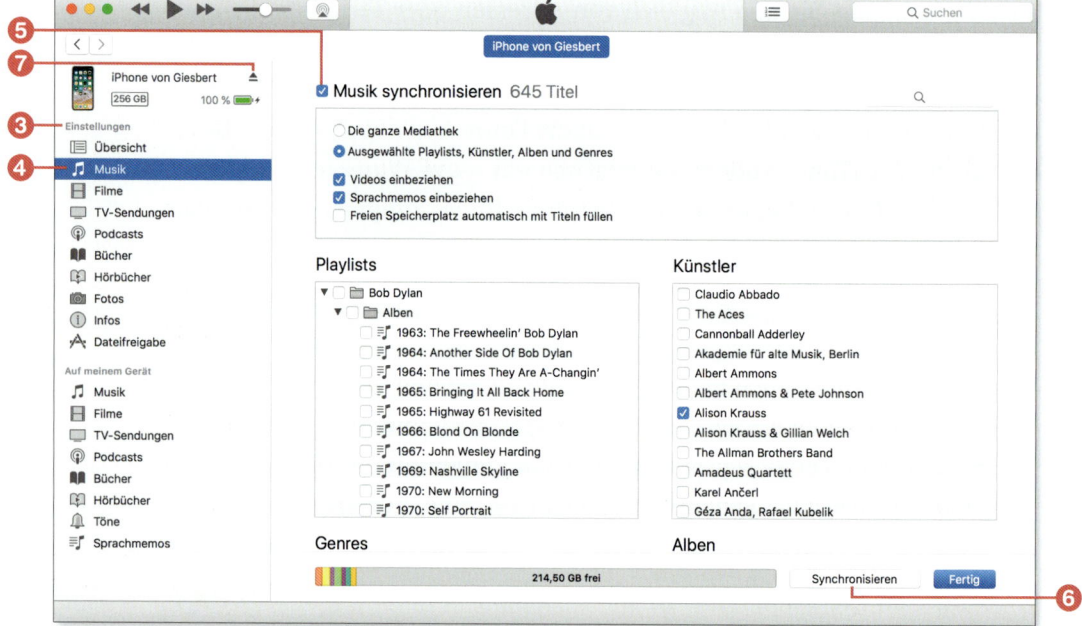

6. Aktivieren Sie **Musik synchronisieren 5** und legen Sie fest, welche Inhalte aufs iPhone übertragen werden.

7. Die Übertragung startet mit einem Klick auf **Synchronisieren 6**. Beim ersten Mal oder bei Änderung der Auswahl heißt diese Taste **Anwenden**.

Vergessen Sie nicht, nach der Synchronisation die Verbindung zum iPhone mit einem Klick auf die Schaltfläche **Auswerfen 7** zu trennen, bevor Sie die USB-Verbindung zwischen iPhone und Computer trennen. Das ist zwar nicht zwingend notwendig – aber sicher ist sicher.

Kapitel 5
Nützliche Funktionen des iPhones

Bei der Inbetriebnahme des iPhones habe ich einige Punkte vorerst übersprungen, etwa die Ortungsdienste oder die Widgets. Dabei handelt es sich um systemweite Funktionen und Einstellungen, die beim ersten Kontakt mit dem iPhone eher im Weg stehen, aber ungemein hilfreich sind, wenn man sich ein wenig mit dem iPhone vertraut gemacht hat. Inzwischen sind wir beim fünften Kapitel – da wird es aber höchste Zeit, sich diese und andere nützliche Funktionen des iPhones genauer anzuschauen. Sie müssen dieses Kapitel aber nicht »am Stück« lesen, sondern können sich zunächst die Teile heraussuchen, die Sie gerade interessieren – und für alles andere kehren Sie später bei Bedarf hierhin zurück. Das Kapitel läuft Ihnen ja nicht weg.

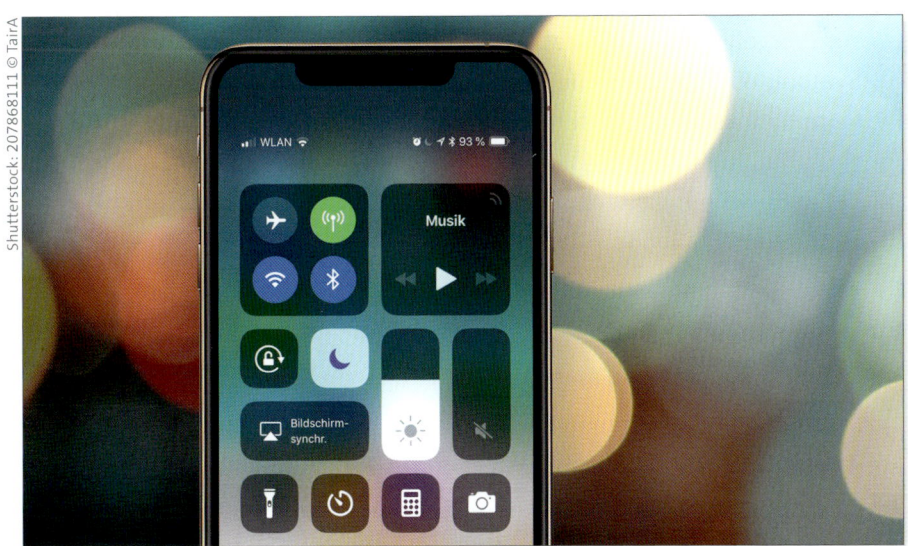

Das Kontrollzentrum Ihres iPhones ist rasch aufgerufen.

Das Kontrollzentrum

Mit dem *Kontrollzentrum* bietet Ihnen das iPhone jederzeit schnellen Zugriff auf einige oft benötigte Funktionen. Über das Kontrollzentrum können Sie etwa das WLAN gezielt ein- und ausschalten, die Musikwiedergabe steuern oder Ihr iPhone als Taschenlampe einsetzen. Schauen wir uns das Kontrollzentrum einmal an.

Um das Kontrollzentrum aufzurufen, wischen Sie von der rechten oberen Ecke in die Mitte des Displays. Daraufhin wird das Kontrollzentrum quasi über den Bildschirm gelegt. Diese Geste funktioniert immer, ganz gleich, ob Sie aktuell eine App geöffnet haben, auf dem Home-Bildschirm sind oder das iPhone gesperrt ist. Um das Kontrollzentrum zu schließen, tippen Sie entweder in einen beliebigen, leeren Bereich auf dem Bildschirm oder wischen von unten nach oben.

Das Kontrollzentrum kann konfiguriert werden, aber machen wir uns zuerst einmal mit den Standardelementen vertraut:

❶ Die erste Vierergruppe bietet Ihnen schnellen Zugriff auf die aktiven Verbindungen des iPhones. Tippen Sie auf das Flugzeug, aktivieren Sie den *Flugmodus*, in dem das iPhone sämtliche Onlineverbindungen vorübergehend ausschaltet. Tippen Sie auf das WLAN- oder Bluetooth-Symbol, wird die aktuelle Verbindung unterbrochen (*WLAN* und *Bluetooth* bleiben dabei weiterhin aktiv).

❷ Das große Viereck dient zur Steuerung der *Musikwiedergabe*, ohne dass Sie die Musik-App öffnen müssen. Mehr dazu erfahren Sie im Abschnitt »Musik wiedergeben« ab Seite 301.

❸ Das Schloss mit dem kreisförmigen Pfeil aktiviert die *Ausrichtungssperre*. Damit wird die aktuelle Ausrichtung des iPhones – etwa das Hochformat – arretiert und ändert sich nicht, wenn Sie das iPhone drehen.

❹ Sie möchten Ihre Ruhe haben und nicht von Anrufen oder Nachrichten gestört werden? Kein Problem: Tippen Sie auf die Mondsichel, und aktivieren Sie den *Nicht-stören*-Modus. Lesen Sie dazu auch den Abschnitt »Bitte nicht stören« ab Seite 139.

⑤ Über die beiden senkrechten Regler steuern Sie die Helligkeit und die Lautstärke.

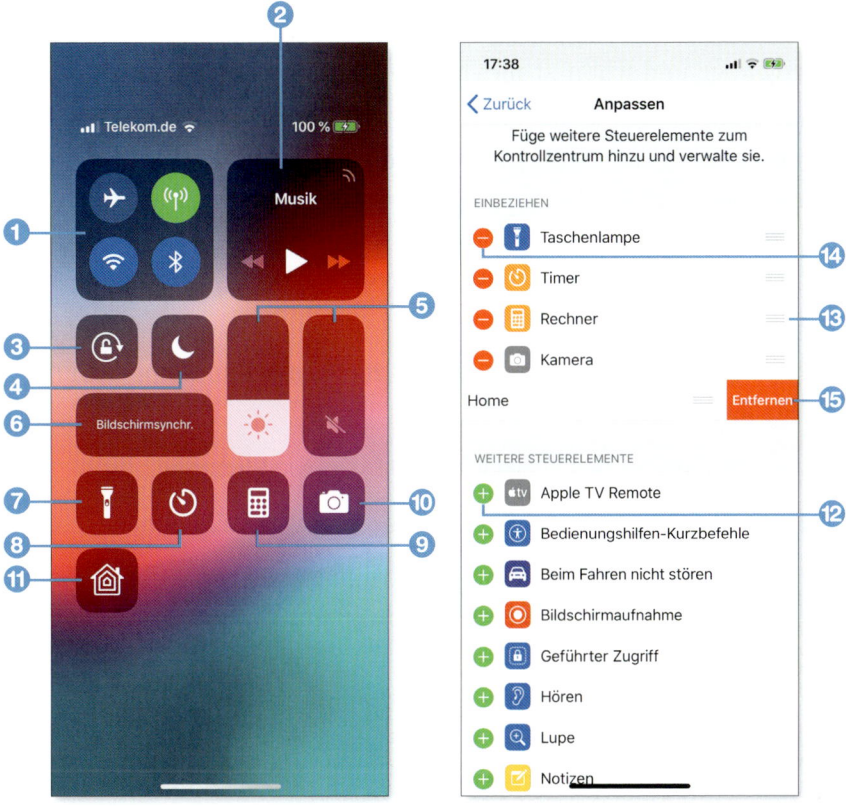

Das Kontrollzentrum bietet Ihnen raschen Zugriff auf wichtige Funktionen des iPhones.

⑥ Die *Bildschirmsynchronisation* schickt die aktuelle Anzeige des iPhones an ein Apple TV. So können Sie etwa Videos von Ihrem iPhone auf einem Fernseher genießen.

⑦ Ein Tipp auf die Taschenlampe aktiviert dauerhaft das hintere Blitzlicht, und schon bringt das iPhone Licht ins Dunkel.

⑧ Sie möchten rasch einen *Timer* starten, damit Ihr Drei-Minuten-Ei auch wirklich nur drei Minuten kocht? Ein Tipp ruft die Timer-Funktion der Uhr auf.

⑨ Der Taschenrechner des iPhones lässt sich ebenfalls über das Kontrollzentrum starten.

⑩ Die vielleicht am häufigsten gebrauchte Taste ist wohl die Kamera: Ein Tipp genügt, und schon ist alles bereit für den schnellen Schnappschuss.

⑪ Falls Sie Ihre Haushaltsgeräte, Lampen, Heizungen oder Ähnliches via iPhone steuern, haben Sie mit dem *Home-Element* direkten Zugriff auf Ihre Geräte.

Welche Elemente im Kontrollzentrum gezeigt werden, können Sie selbst festlegen.

1. Rufen Sie dazu **Einstellungen** ▸ **Kontrollzentrum** auf, und tippen Sie hier auf **Steuerelemente anpassen**.

2. Mit einem Tipp auf das Pluszeichen ⑫ fügen Sie Elemente hinzu.

3. Über die Anfasser ⑬ ändern Sie die Anordnung der Elemente.

4. Um ein Element aus dem Kontrollzentrum zu entfernen, tippen Sie auf das Minuszeichen ⑭ und bestätigen mit einem Tipp auf **Entfernen** ⑮.

Das Kontrollzentrum und 3D Touch

Manche Elemente im Kontrollzentrum machen Gebrauch von 3D Touch: Drücken Sie etwas kräftiger auf das entsprechende Symbol (beim iPhone XR berühren und halten Sie es), stehen Ihnen mehr Möglichkeiten zur Verfügung, als es zunächst den Anschein hat:

- **Die Verbindungen:** Die Anzeige wird um eine Beschriftung und um zwei zusätzliche Symbole erweitert. Zum einen können Sie hier **AirDrop** ❶ ein- und ausschalten, zum anderen aktivieren Sie hier die Funktion **Persönlicher Hotspot** ❷.

- **Musik:** Ein Druck auf die Musik-Steuerung vergrößert das Element und bietet mehr Informationen zum aktuell gespielten Titel.

- **Helligkeit:** Der Regler wird vergrö-ßert, und Sie können *Night Shift* und *True Tone* ein- und ausschalten (mehr dazu gleich im folgenden Abschnitt »Anzeige und Helligkeit« ab Seite 77).

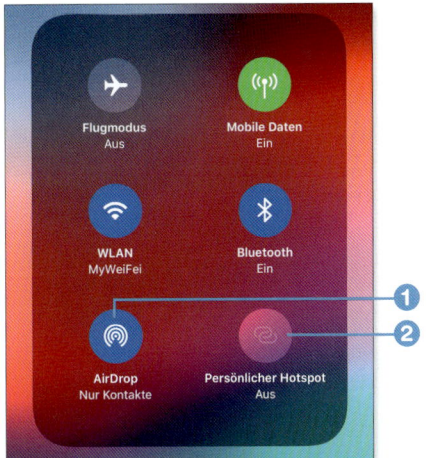

- **Nicht stören:** Sie können den Nicht-Stören-Modus genauer einstellen, also etwa festlegen, dass er nur für eine Stunde gelten soll.

- **Taschenlampe:** Es wird ein großer Regler gezeigt, über den Sie die Helligkeit der Taschenlampe einstellen können.

- **Timer:** Über einen Regler legen Sie die Dauer des Timers fest und können ihn sofort starten, ohne zuerst zur Uhr-App zu wechseln.

- **Kamera:** Sie haben raschen Zugriff auf die Kamera-Funktionen Selfie, Video, Slo-Mo, Foto und Porträt.

> **INFO**
>
> **Persönlicher Hotspot**
>
> Aktivieren Sie den persönlichen *Hotspot,* wird Ihr iPhone zu einem WLAN-Router. Dabei wird Ihre Mobilfunkverbindung benutzt. So können Sie für Geräte ohne Mobilfunk – etwa Ihr Notebook – eine Internetverbindung bereitstellen.

Anzeige und Helligkeit

Das Display ist einer der größten Stromfresser des iPhones. Je länger und je heller es leuchtet, desto mehr Strom wird verbraucht und desto schneller leert sich der Akku. Wie genau das iPhone das Display steuern soll, legen Sie unter **Einstellungen ▸ Anzeige & Helligkeit** fest.

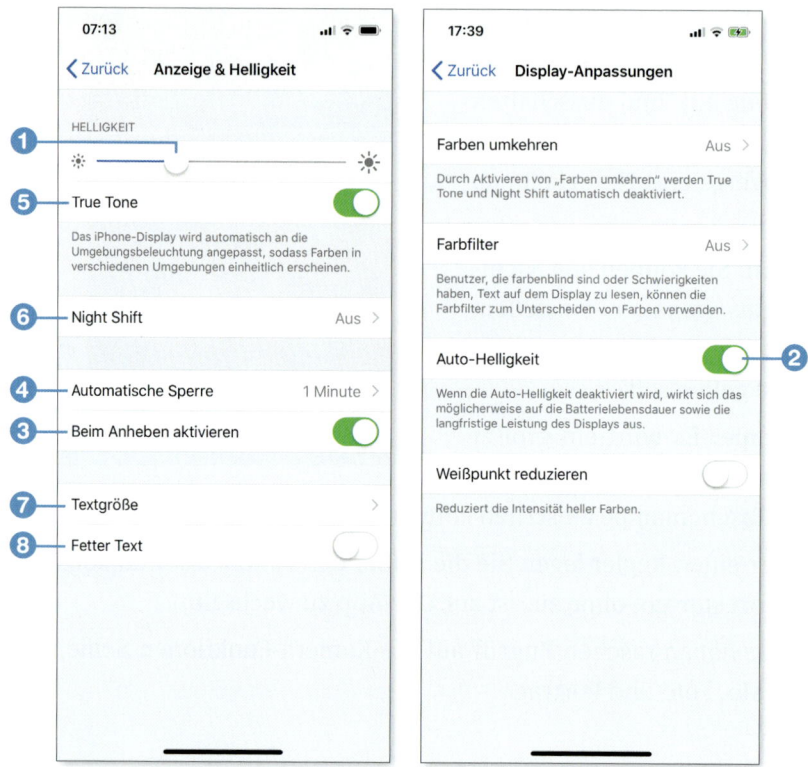

Helligkeit, Textgröße und andere Display-Eigenschaften legen Sie in den Einstellungen fest.

Über den Helligkeitsregler ❶ legen Sie die generelle Leuchtkraft des Bildschirms fest. Die aktuelle Helligkeit wird vom iPhone normalerweise automatisch an das Umgebungslicht angepasst, was den Akku schont. Falls Sie die automatische Helligkeitsregelung ausschalten möchten, können Sie dies unter **Einstellungen ▸ Allgemein ▸ Bedienungshilfen ▸ Display-Anpassungen** mit dem Schalter **Auto-Helligkeit** ❷ tun.

Damit das Display nicht unbeachtet vor sich hin leuchtet und Strom vergeudet, wird es standardmäßig nach 40 Sekunden abgedunkelt; nach einer Minute wird es ausgeschaltet und das iPhone geht in den Stand-by-Betrieb. In der Praxis hat sich dieses Verhalten als idealer Kompromiss aus Bedienbarkeit und stromsparendem Verhalten erwiesen. Standardmäßig ist **Beim**

Anheben aktivieren ❸ eingeschaltet (das Display schaltet sich also sofort ein, sobald Sie das iPhone anheben), und dank Face ID ist das blitzschnelle Entsperren kein Problem. Wenn sich Ihr iPhone also automatisch in den Stand-by-Betrieb begeben hat, benötigen Sie nur eine Bewegung, um es wieder zu aktivieren. Möchten Sie die Zeitspanne bis zum automatischen Ausschalten ändern, tippen Sie auf **Automatische Sperre** ❹ und wählen Sie den gewünschten Wert.

Außerdem beherrscht das iPhone noch zwei spezielle Darstellungsmodi: **True Tone** ❺ und **Night Shift** ❻. True Tone passt das Display automatisch an das Umgebungslicht an und sorgt dafür, dass Farben immer gleich angezeigt werden. Mit Night Shift wird die Farbgebung so angepasst, dass Ihre Augen bei schwachem Umgebungslicht nicht überanstrengt werden. Dabei ist es möglich, Night Shift manuell oder nach einem festen Zeitplan (etwa: zwischen 22:00 und 7:00 Uhr) zu aktivieren.

Wenn Ihnen die Anzeige auf dem Display zu klein ist und Sie sie nur mit Mühe lesen können, lässt sich auch die Darstellungsgröße ändern. Wählen Sie **Textgröße** ❼, um die Schriftgröße anzupassen. Falls Ihnen die Schrift zu filigran und dünn ist, aktivieren Sie den Schalter **Fetter Text** ❽.

Mitteilungen einrichten

Die *Mitteilungen* sind ein ständig aktiver Dienst, der im Hintergrund läuft, Sie auf aktuelle Termine in Ihrem Kalender, auf Nachrichten, E-Mails, (verpasste) Anrufe, Erinnerungen und Ähnliches mehr aufmerksam macht. Dabei kann eine App mit Tönen oder Einblendungen auf Neuigkeiten aufmerksam machen. Alle Mitteilungen werden im Verlauf gesammelt.

Um den Verlauf zu öffnen, wischen Sie auf dem Bildschirm von oben nach unten (setzen Sie so weit oben wie möglich an). Das funktioniert sowohl vom Home-Bildschirm als auch von Apps aus. Beim Stand-by-Bildschirm wischen Sie hier von der Mitte nach oben. Sie sehen nun alle Mitteilungen der letzten Zeit. Dabei benutzt iOS das Hintergrundbild des Sperrbildschirms. Mehrere Mitteilungen einer App werden automatisch zu einem Stapel gruppiert – ein kurzer Text ❶ verrät Ihnen, wie viele Mitteilungen in einem Stapel enthalten sind.

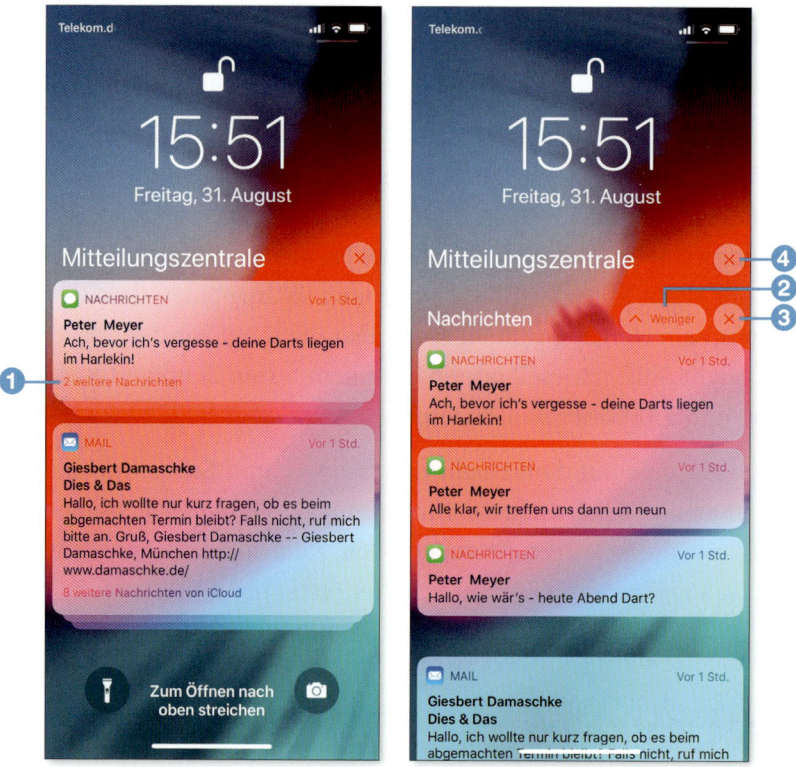

Die Mitteilungszentrale sorgt dafür, dass Sie sofort informiert werden, wenn eine App etwas Neues zu melden hat.

Tippen Sie einen Stapel an, um ihn zu öffnen. Mit einem Tipp auf **Weniger** ❷ schließen Sie den Stapel wieder. Tippen Sie eine Mitteilung an, wechselt das iPhone zur entsprechenden App und zeigt Ihnen die Nachricht an, zu der Sie eine Mitteilung bekommen haben. Die entsprechende Mitteilung verschwindet dann aus dem Verlauf. Möchten Sie einen Stapel löschen, streichen Sie ihn von rechts nach links durch. Haben Sie den Stapel geöffnet, tippen Sie auf das × ❸. Mit einem Tipp auf das × neben **Mitteilungszentrale** löschen Sie alle Mitteilungen auf einen Streich ❹.

Jede App auf dem iPhone kann diesen Dienst nutzen, um Sie über aktuelle Ereignisse zu informieren, allerdings nur mit Ihrer Genehmigung. Das gilt jedoch nicht für die Apple-eigenen Apps, die zum Systemumfang des iPhones gehören. Diese nutzen die Mitteilungen von Haus aus.

Wie (und ob überhaupt) eine App Ihnen Mitteilungen schicken darf, legen Sie unter **Einstellungen ▸ Mitteilungen** fest:

1. Sie sehen eine alphabetische Liste sämtlicher Apps ❶, die auf die Mitteilungen zugreifen. Wischen Sie den Bildschirm nach oben, um sämtliche Apps angezeigt zu bekommen. Um die Nutzung der Mitteilungen für eine App zu steuern, tippen Sie diese App ❷ an.

2. Möchten Sie einer App die Berechtigung komplett entziehen, schalten Sie **Mitteilungen erlauben** ❸ aus.

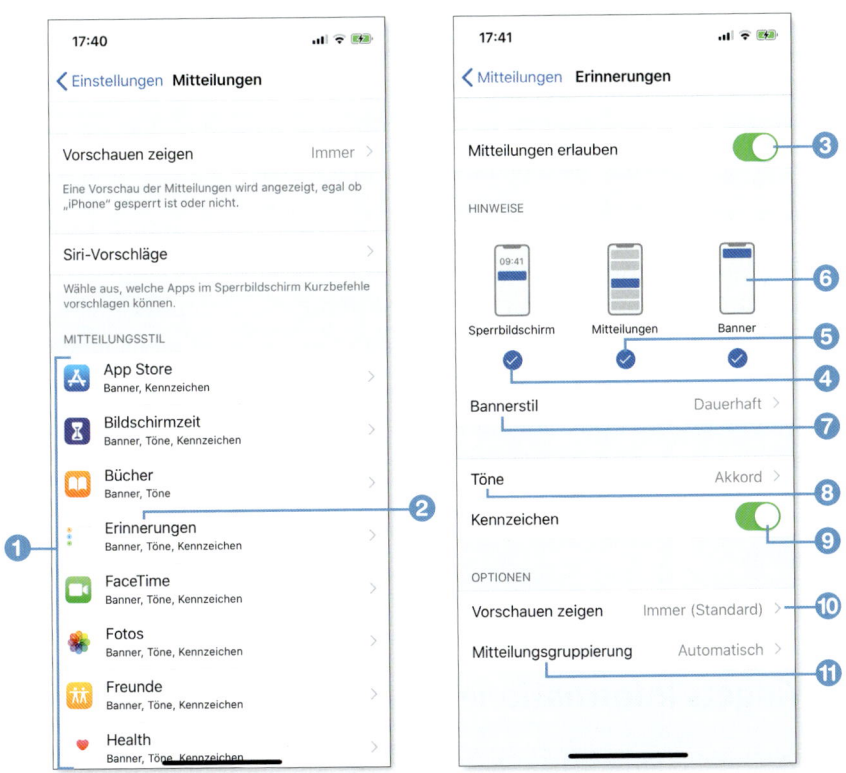

3. Standardmäßig wird eine Mitteilung in Form einer Einblendung ange-zeigt. Sie können festlegen, ob diese Einblendungen auf dem **Sperrbild-schirm** ❹ und in der Mitteilungszentrale ❺ auftauchen dürfen. Soll die App Sie nur informieren, wenn Sie das iPhone aktuell nutzen, aktivieren Sie lediglich **Banner** ❻. Tippen Sie ein Banner an, um zur entsprechen-den App zu wechseln.

4. Beim **Bannerstil** ❼ gibt es zwei Möglichkeiten: **Temporär** und **Dauerhaft**. Temporäre Banner werden eingeblendet und verschwinden nach ein paar Sekunden von allein. Ein dauerhaftes Banner wird so lange ange-zeigt, bis Sie es angetippt haben und zur App wechseln.

5. Soll eine App einen Ton abspielen, wenn es etwas Neues zu melden gibt, wählen Sie **Töne** ❽ und suchen sich einen Hinweiston aus. Diese Option steht nicht für alle Apps zur Verfügung.

6. Ist der Schalter **Kennzeichen** ❾ aktiviert, wird eine kleine Zahl am App-Symbol eingeblendet, die Ihnen verrät, wie viele Neuigkeiten es gibt. Das ist bei manchen Apps sinnvoll, bei anderen kann das eher stören. In diesem Fall schalten Sie die Funktion einfach aus.

7. Viele Apps zeigen eine Vorschau auf den Inhalt der Mitteilung (also etwa einen Auszug aus einer E-Mail oder einer Nachricht). Das kann bei einer Mitteilung im Sperrbildschirm etwas störend sein (zum Beispiel dann, wenn Sie mit mehreren Personen zusammen sind und nicht möchten, dass Ihr Nachbar die Mitteilung lesen kann). Unter **Vorschauen zeigen** ❿ können Sie die Vorschau nur dann anzeigen lassen, wenn das iPhone entsperrt ist oder sie auch komplett ausschalten.

8. Die standardmäßige **Mitteilungsgruppierung** ⓫ lässt sich ebenfalls aus-schalten.

Mit Widgets Informationen auf einen Blick anzeigen

Den Widget-Bildschirm haben Sie bereits im Abschnitt »Der Home-Bild-schirm des iPhones« ab Seite 27 kurz kennengelernt. Schauen wir uns die Widgets nun einmal etwas genauer an. Ein Widget zeigt Ihnen Informationen aus Apps, die auf dem iPhone installiert sind, etwa das aktuelle Wetter, Ihre anstehenden Termine oder fällige Aufgaben. Der Widget-Bildschirm kann auf verschiedene Weise aufgerufen werden:

- **Sperrbildschirm:** Wischen Sie einmal nach rechts.
- **Home-Bildschirm:** Wischen Sie auf dem Home-Bildschirm so lange von links nach rechts, bis der Widget-Bildschirm erscheint.
- **Mitteilungsverlauf:** Wischen Sie vom oberen Bildschirmrand nach unten und anschließend einmal von links nach rechts. Das funktioniert auch, wenn Sie aktuell eine App geöffnet haben.

TIPP

Widgets mit 3D Touch hinzufügen

Sie müssen nicht erst zum Widget-Bildschirm wechseln und durch die Liste blättern, um eine bestimmte App als Widget hinzuzufügen – das geht dank 3D Touch auch direkt vom Home-Bildschirm aus. Drücken Sie das entsprechende App-Symbol, und tippen Sie anschließend auf **Widget hinzufügen**. Das funktioniert natürlich nur bei den Apps, die 3D Touch und die Widgets unterstützen. Das ist zwar sehr oft der Fall, aber nicht immer. Das iPhone XR unterstützt diese Funktion nicht.

Welche Informationen der Widget-Bildschirm Ihnen in welcher Reihenfolge anzeigt, legen Sie selbst fest:

1. Tippen Sie im Widget auf **Bearbeiten** ❶. Falls Sie die Taste nicht sehen, schieben Sie den Bildschirm nach oben (in diesem Beispiel habe ich der besseren Übersicht wegen fast alle Widgets entfernt).

2. Um ein Widget zu entfernen, tippen Sie auf das Minuszeichen ❷ und anschließend auf **Entfernen** ❸.

3. Entsprechend fügen Sie ein Widget hinzu, indem Sie im Bereich **Weitere Widgets** auf das Pluszeichen ❹ tippen.

4. Berühren und halten Sie die Griffmarkierung ❺ rechts, können Sie ein Widget verschieben und so die Reihenfolge festlegen.

5. Mit einem Tipp auf **Fertig** ❻ übernehmen Sie Ihre Änderungen.

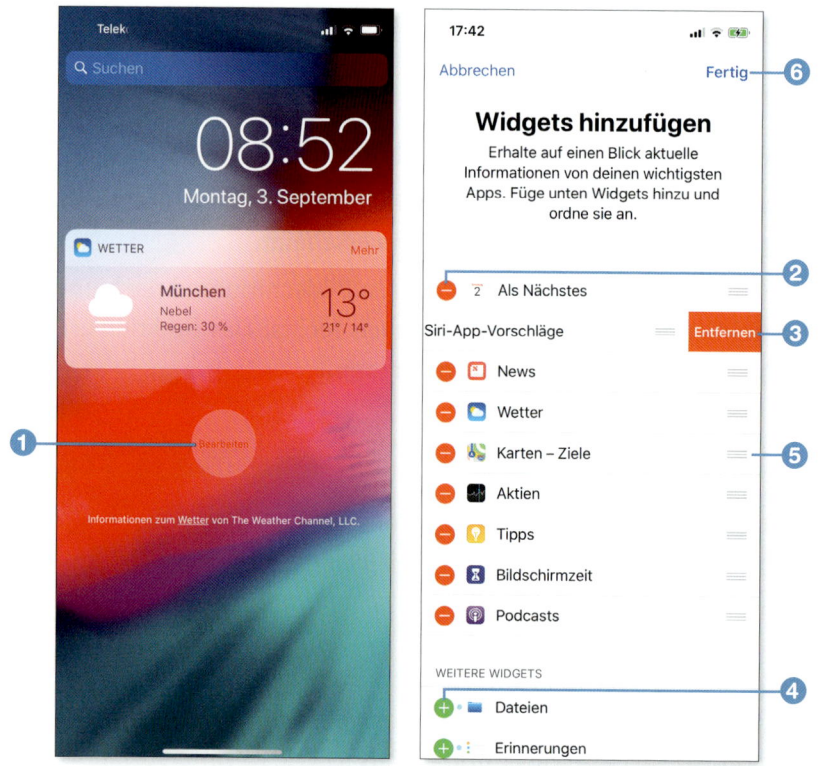

Die Widgets bieten Ihnen schnellen Zugriff auf aktuelle Informationen.
Welche Widgets gezeigt werden sollen, legen Sie selbst fest.

Suchen und Nachschlagen

Sowohl im Mitteilungsverlauf als auch im Widget-Bildschirm wird Ihnen wohl schon das Eingabefeld **Suche** unterhalb der Statuszeile aufgefallen sein. Darüber lässt sich, wenig überraschend, das iPhone durchsuchen.

Es gibt noch einen weiteren Weg, um die Suche aufzurufen: Wischen Sie von der Mitte des Displays nach unten. Diese Geste hat den Vorteil, dass Sie sie problemlos mit einer Hand ausführen können, allerdings funktioniert

sie (anders als der Aufruf der Mitteilungszentrale) nur vom Home-Bildschirm aus.

Die Suchergebnisse werden nach Kategorien gruppiert. Dabei werden nicht nur die
Inhalte auf dem iPhone durchsucht, sondern es wird auch im Internet gesucht. Um
die komplette Trefferliste in Ruhe durch-
gehen zu können, wird die in diesem Fall
störende Tastatur ausgeblendet, sobald Sie
die Trefferliste kurz nach oben schieben.

Am Schluss der Trefferliste finden sich
noch drei Tasten, mit denen Sie Ihre Suche an Safari für eine Suche im Internet,
an den App Store oder an die Karten-App
übergeben können.

Zudem bietet das iPhone die Funktion
Nachschlagen. Stoßen Sie in einem Text –
in einer E-Mail, in einem E-Book, auf einer
Webseite … – auf einen Begriff, den Sie
nachschlagen möchten oder zu dem Sie
gern mehr Informationen hätten, dann
berühren und halten Sie ihn und wählen
im Menü den Eintrag **Nachschlagen**.

*Das iPhone bietet eine system-
weite Suche.*

Hinweistöne und Vibrationsalarm

Nicht nur bei einem Telefonanruf macht das iPhone mit einem Klingelton auf sich aufmerksam, auch zahlreiche andere Apps bzw. Funktionen spielen Hinweistöne ab oder lassen das iPhone vibrieren, etwa wenn eine neue E-Mail oder eine Nachricht eintrifft oder ein wichtiger Termin ansteht. Diese Hinweistöne werden an zentraler Stelle verwaltet.

1. Rufen Sie **Einstellungen** ▶ **Töne & Haptik** auf.

2. Standardmäßig vibriert das iPhone bei einem Anruf ❶ auch dann, wenn Sie es stummgeschaltet haben. Möchten Sie das nicht, schalten Sie die Vibration aus.

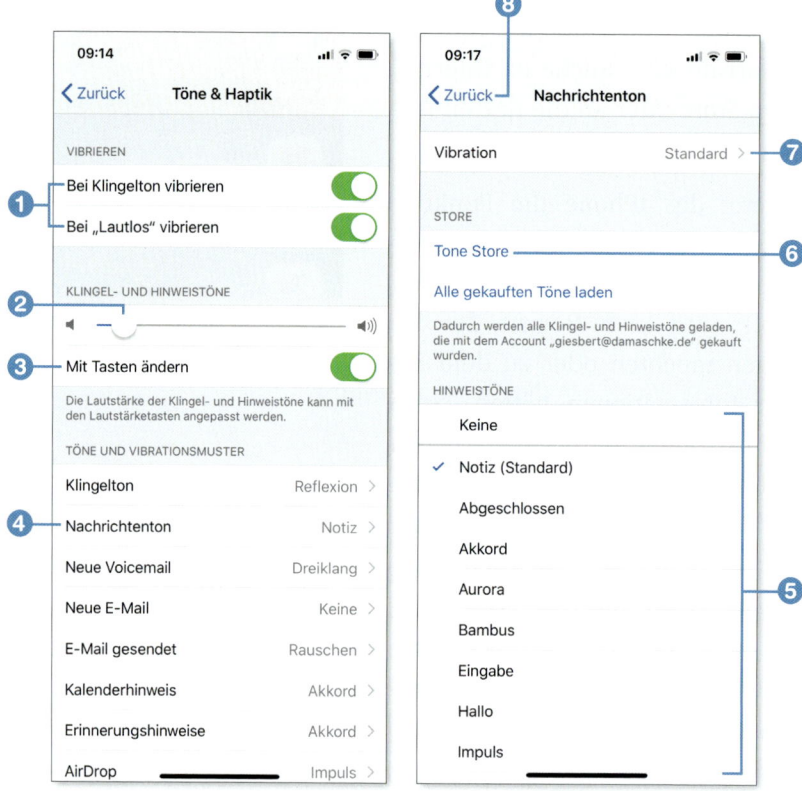

3. Legen Sie die Standardlautstärke ❷ für Töne fest. Möchten Sie die Lautstärke auch über die Lautstärke-Tasten ändern, aktivieren Sie den entsprechenden Schalter ❸.

4. Tippen Sie auf das Ereignis ❹, dessen Hinweiston Sie ändern möchten, und wählen Sie den gewünschten Ton ❺. Zur Kontrolle spielt das iPhone den gewählten Ton ab. Es stehen Ihnen knapp 100 verschiedene Töne zur Verfügung, wenn Ihnen das nicht reicht, können Sie im **Tone Store** ❻ (einer Unterabteilung des iTunes Store) neue Töne (etwa bekannte Musikstücke oder Songs) kaufen.

5. Tippen Sie zunächst auf **Vibration** ❼, um das Vibrationsmuster für das gewählte Ereignis (z. B. für das Eintreffen einer neuen Nachricht) festzulegen oder um die Vibration auszuschalten.

6. Haben Sie alle gewünschten Einstellungen für das Ereignis vorgenommen, verlassen Sie das Menü mit einem Tipp auf **Zurück** ❽. Der zuletzt gewählte Ton wird übernommen.

Am Fuß der Seite gibt es noch drei weitere Ton-Einstellungen, die standardmäßig aktiviert sind:

- **Tastaturanschläge:** Tippen Sie auf der Tastatur des iPhones, gibt dieses ein akustisches Feedback. Wenn Sie das eher stört, schalten Sie es hier aus ❾. Mit der Tastatur beschäftigen wir uns im nächsten Kapitel ausführlich.

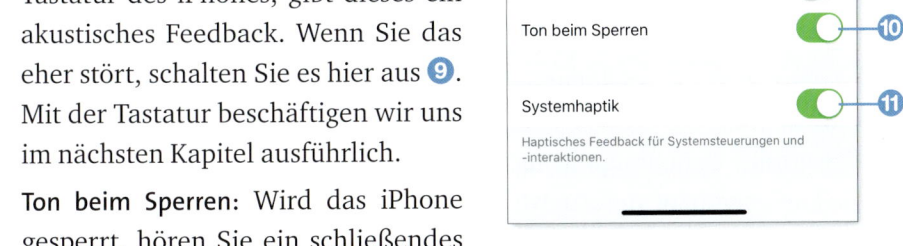

- **Ton beim Sperren:** Wird das iPhone gesperrt, hören Sie ein schließendes Geräusch. Auch das lässt sich ein- und ausschalten ❿.

- **Systemhaptik:** Manche Einstellungen auf dem iPhone nehmen Sie über stilisierte Drehräder und -regler vor. Standardmäßig reagiert das iPhone auf eine Drehung dieser Regler mit einem leichten Klicken und kurzer Vibration. Falls Sie das irritiert, schalten Sie diese Funktion hier aus ⓫.

Die Ortungsdienste anpassen

Bei der Einrichtung des iPhones werden Sie aufgefordert, die Ortungsdienste zu aktivieren, damit das iPhone Ihre aktuelle Position etwa auf einer Karte anzeigen oder Ihnen eine Wettervorhersage für Ihren aktuellen Aufenthaltsort geben kann.

Die Ortungsdienste können Sie unter **Einstellungen ▸ Datenschutz ▸ Ortungsdienste** ein- und ausschalten, indem Sie auf den gleichnamigen Schalter **1** tippen.

Die Aktivierung dieser Dienste ist ausgesprochen sinnvoll – einerseits. Andererseits sind Ortungsdaten sensible Informationen, anhand derer Ihnen Unbefugte hinterherschnüffeln können. Daher ist der Zugriff auf diese Daten in iOS geschützt. Jede App, die auf die Ortungsdienste zugreifen möchte, zeigt Ihnen diesen Wunsch beim Start in einem Hinweisdialog an. Hier können Sie den Zugriff gestatten oder verweigern. Unter **Einstellungen ▸ Datenschutz ▸ Ortungsdienste** lässt sich eine versehentlich erteilte Genehmigung auch wieder zu-

Ob eine App auf die Ortungsdienste zugreifen darf, legen Sie in den Einstellungen fest.

rücknehmen bzw. der Zugriff nachträglich erlauben. Tippen Sie dazu den Eintrag der App an **2**, und wählen Sie, ob Sie einer App **Nie**, **Beim Verwenden** oder **Immer** Zugriff gewähren.

Das iPhone im Einhandmodus bedienen

Der große Bildschirm des iPhones bietet viel Platz. Das ist schön. Weniger schön ist es allerdings, dass damit die Bedienung des iPhones mit einer

Hand etwas problematisch werden kann, da Sie Schwierigkeiten bekommen können, den oberen Bereich des Bildschirms zu berühren, um dort etwa einen Schalter oder eine App auf dem Home-Bildschirm anzutippen.

Hier hat sich Apple eine Funktion einfallen lassen, die auf den Namen **Einhandmodus** ❶ hört. Diesen Modus müssen Sie zuerst unter **Einstellungen** ▸ **Allgemein** ▸ **Bedienungshilfen** mit dem gleichnamigen Schalter aktivieren. Wischen Sie am unteren Bildschirmrand nach unten, rutscht der Bildschirminhalt nach unten ❷, und Sie erreichen nun bequem auch mit einer Hand den oberen Rand. Sobald Sie die gewünschte Aktion ausgeführt, also etwa auf einen Link getippt haben, rutscht der Bildschirminhalt wieder nach oben.

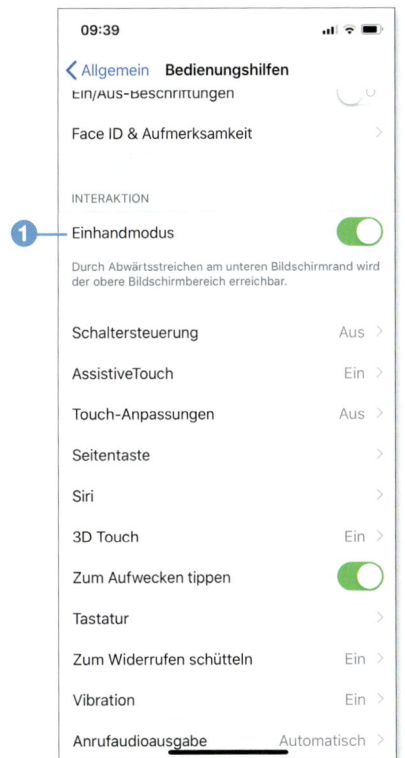

Im Einhandmodus rutscht der Bildschirminhalt auf Wunsch nach unten.

Falls Sie diese Funktion versehentlich aktiviert haben, schieben Sie den Bildschirm einfach mit dem Finger nach oben oder tippen Sie in den oberen, jetzt leeren Bereich des Bildschirms.

Die Batterie und der Stromsparmodus

Das iPhone ist ein wirklich feines Gerät – solange der Akku geladen ist. Damit Sie im Falle eines Falles nicht unversehens ein strom- und damit praktisch sinnloses iPhone in der Hand haben, gibt es den *Stromsparmodus*. In diesem Modus werden alle stromfressenden Funktionen gedrosselt oder gleich ganz ausgeschaltet. Das betrifft etwa Hintergrundaktivitäten wie den automatischen Abruf von E-Mails oder die Funktion *Hey Siri*. Das iPhone ist nach wie vor vollständig benutzbar, aber jetzt müssen Sie z. B. E-Mails manuell abrufen.

Sobald die Akkuladung auf 20 Prozent oder weniger abgesackt ist, blendet das iPhone eine kurze Meldung ein, über die Sie den **Stromspar-modus** ❶ einschalten können. Eine weitere Meldung erscheint bei einer Ladung von 10 Prozent. Sobald der Akku wieder bei mindestens 80 Prozent Ladung ist, wird der Modus ausgeschaltet.

Im Stromsparmodus schont das iPhone die Batterie.

Wenn Sie wissen, dass Sie in absehbarer Zeit nicht dazu kommen werden, die Batterie zu laden, empfiehlt es sich, den Stromsparmodus von Anfang an einzuschalten. Das erledigen Sie unter **Einstellungen** ▸ **Batterie** über den Schalter **Stromsparmodus**. Auf dieser Seite können Sie zudem prüfen, welche Apps in den letzten sieben Stunden die größten Stromfresser waren. Haben Sie aktuell keine Möglichkeit, Ihr iPhone zu laden, sollten Sie auf deren Einsatz möglichst verzichten.

TIPP

Batterieladung in Prozent

Den aktuellen Ladezustand zeigt das Batteriesymbol in der Statusleiste in Form eines Balkens an. Möchten Sie die Ladung in Prozent wissen, wechseln Sie kurz ins Kontrollzentrum. Hier wird der Ladebalken um eine Prozentangabe ergänzt.

Die Dateien

Die App Dateien entspricht ungefähr dem, was unter Windows der Explorer und unter macOS der Finder leistet. Die App bietet die Möglichkeit, auf alle auf dem iPhone von verschiedenen Apps gespeicherten Dateien zuzugreifen. Im Vergleich zu den Dateimanagern von Windows und macOS sind die Fähigkeiten zwar eingeschränkt, aber im alltäglichen Einsatz des iPhones macht sich dies nur in Sonderfällen wirklich störend bemerkbar.

Die App bietet Ihnen auch Zugriff auf die Dateien, die Sie bei Onlinediensten wie iCloud, Dropbox oder OneDrive gespeichert haben. Damit eine App die Möglichkeiten der Dateien-App nutzen kann, muss sie allerdings diese App unterstützen, was leider nicht immer der Fall ist.

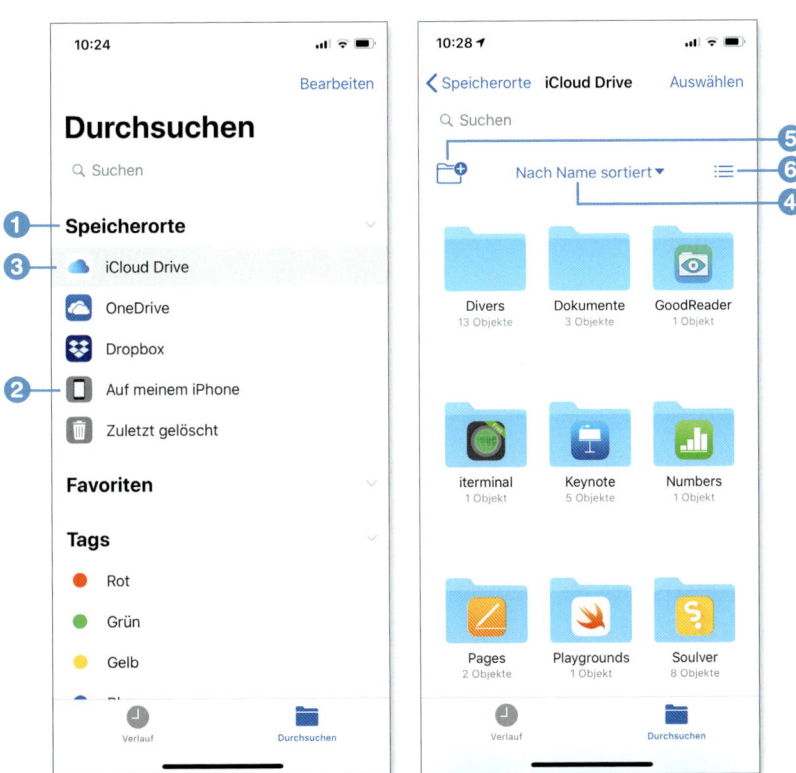

Mit der Dateien-App haben Sie Zugriff auf alle Dateien, die Sie bei Cloud-Diensten oder auf Ihrem iPhone gespeichert haben.

Die App bietet Zugriff auf die verschiedenen **Speicherorte** ❶. Der Eintrag **Auf meinem iPhone** ❷ erscheint erst dann, wenn eine App lokal auf Ihrem iPhone Dateien gespeichert hat.

Tippen Sie hier einen Ort ❸ an, um die dort gespeicherten Dateien angezeigt zu bekommen. Ziehen Sie den Bildschirm nach unten, um die Darstellungsoptionen ❹ zu sehen. Mit einem Tipp auf den Ordner mit Pluszeichen ❺ legen Sie einen neuen Ordner an, ein Tipp auf das Listensymbol ❻ wechselt in die vertraute Listenansicht. Wenn Sie eine Datei oder einen Ordner berühren, erscheint ein Kontextmenü mit verschiedenen Dateioperationen wie Umbenennen, Kopieren, Bewegen oder Löschen. Hier können Sie auch *Tags* vergeben (farbige Etiketten, die Ihnen die Sortierung erleichtern) oder einen Ordner als Favorit markieren.

TIPP

Dateien und 3D Touch

Drücken Sie auf das Symbol der Dateien-App, haben Sie raschen Zugriff auf die vier zuletzt benutzten Dateien, die Sie mit einem Fingertipp öffnen können. Zudem ist es möglich, die Dateien-App als Widget hinzuzufügen.

Die Markierungen

Mit den *Markierungen* bietet Apple gewissermaßen eine App, die Sie nur indirekt aufrufen können. Sie steht Ihnen immer dann zur Verfügung, wenn Sie sich ein Bild oder eine PDF-Datei anzeigen lassen – etwa in der Dateien-App, in Fotos oder in Bücher. Sie erlaubt Ihnen die Bearbeitung der Datei.

Wenn Sie Markierungen einsetzen können, erscheint in der Regel ein Stiftsymbol ❶ in der Symbolleiste (in der Fotos-App stehen die Markierungen im **Bearbeiten**-Modus zur Verfügung). In der unteren Zeile sehen Sie die verschiedenen Stifte ❷ für Freihandzeichnungen, einen Radiergummi ❸, ein Lasso ❹ (damit lassen sich Teile der angebrachten Markie-

rung »einfangen« und anschließend etwa duplizieren, verschieben oder löschen) und die Farbwahl ❺.

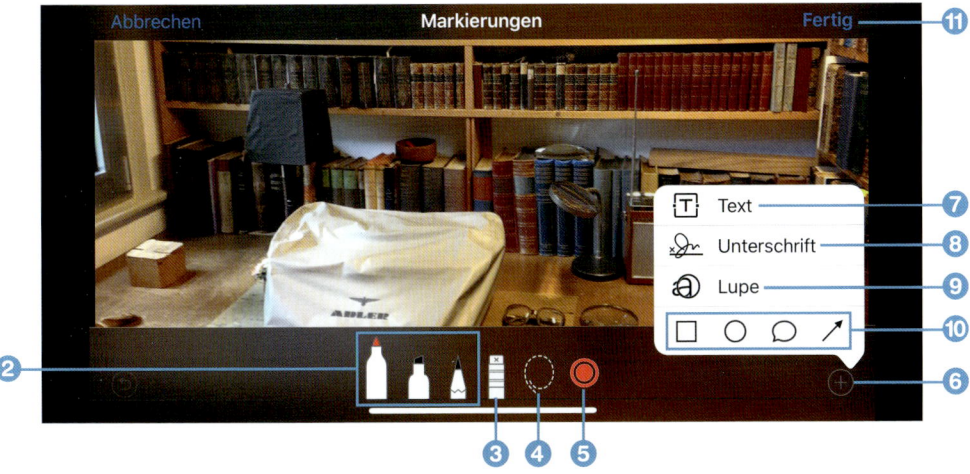

Mit den Markierungen lassen sich in Bildern und PDF-Dateien Texte, Freihandzeichnungen und verschiedene Formen anbringen.

Tippen Sie auf das Pluszeichen rechts ❻, können Sie **Text** ❼ einsetzen, Ihre **Unterschrift** ❽ einfügen (etwa um ein PDF-Dokument zu unterschreiben), mit der **Lupe** ❾ bestimmte Bereiche vergrößert darstellen oder verschiedene Formen ❿ einsetzen. Je nach Werkzeug werden Ihnen weitere Möglichkeiten geboten, etwa die Auswahl der Schrift für Texte oder die Formen für Pfeile und Linien. Jede Bearbeitung lässt sich rückgängig machen. Mit einem Tipp auf **Fertig** ⓫ speichern Sie Ihre Markierungen und kehren zu der App zurück, von der aus Sie die Markierungen aufgerufen haben.

Inhalte teilen und drucken

Eine Standardtaste, die Sie in sehr vielen Apps sehen, ist ein Rechteck mit einem Pfeil nach oben. Dabei handelt es sich um die **Teilen**-Taste, mit der Sie den aktuellen Inhalt einer App an andere Personen oder Apps schicken können. Dieses Menü ist üblicherweise dreigeteilt:

➊ **AirDrop:** Im oberen Bereich können Sie den Inhalt via AirDrop an andere iPhone- oder iPad-Besitzer in Ihrer Nähe schicken.

➋ **Apps:** In der Mitte sehen Sie mal mehr, mal weniger App-Symbole. Hier ist es möglich, den Inhalt an die entsprechende App weiterzureichen, also etwa ein Foto per E-Mail oder als Nachricht zu verschicken.

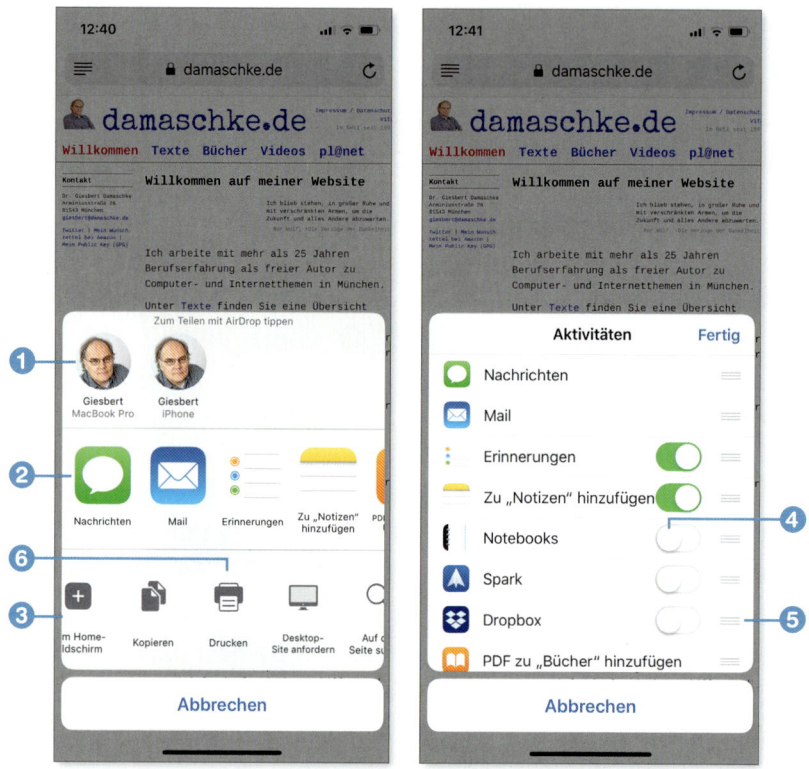

Welche Möglichkeiten unter »Teilen« angeboten werden,
hängt von der jeweiligen App ab.

➌ **Aktionen:** In der unteren Zeile sehen Sie spezifische Aktionen der jeweiligen App. Hier finden Sie Optionen wie **Kopieren** oder **Drucken**. Der Inhalt dieser Zeile hängt von der jeweiligen App ab.

Der mittlere und untere Bereich bietet Platz für vier Symbole, oft hat eine App hier aber mehr zu bieten. Wischen Sie von rechts nach links, um weitere Optionen angezeigt zu bekommen. Als letzten Punkt rechts sehen Sie immer den Eintrag **Mehr**. Tippen Sie darauf, können Sie – je nach App – die angezeigten Optionen ein- und ausblenden ❹ und die Reihenfolge der Symbole ändern. Berühren und halten Sie die Griffmarkierung ❺ rechts, und verschieben Sie den Eintrag an die gewünschte Position.

Viele Apps bieten im **Teilen**-Menü die Option **Drucken** ❻ an. Diese Funktion nennt Apple *AirPrint*, da der Drucker ohne Kabelverbindung per WLAN angesteuert wird. Damit der Ausdruck funktioniert, muss der Drucker allerdings AirPrint unterstützen, und sowohl der Drucker als auch das iPhone müssen sich im gleichen WLAN befinden.

Doch auch, wenn Sie keinen passenden Drucker parat haben, ist diese Funktion nützlich, denn damit ist es Ihnen möglich jedes Dokument, das Sie ausdrucken können, auch als PDF-Datei zu speichern, Sie drucken das Dokument gewissermaßen als PDF-Datei. Zoomen Sie dazu in die Druckvorschau hinein ❼. Das Dokument wird in eine PDF-Datei umgewandelt und kann nun über **Teilen** ❽ etwa in der Dateien-App gespeichert werden ❾.

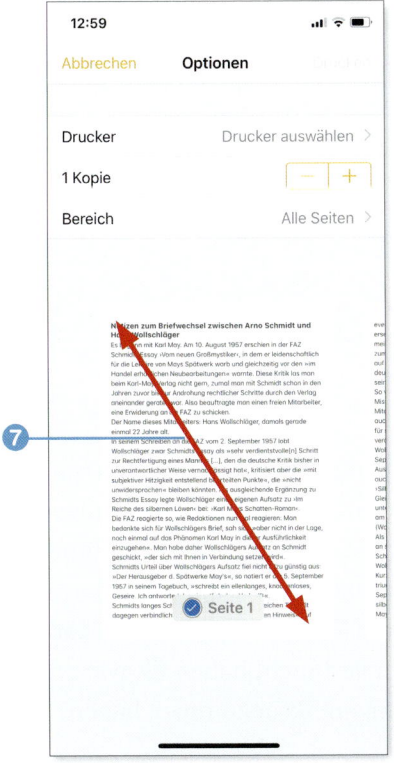

Zoomen Sie in die Druckvorschau hinein, können Sie ein Dokument als PDF speichern (auch ohne Drucker).

INFO

AirDrop

Über die Funktion *AirDrop* lassen sich schnell und unkompliziert Daten zwischen iOS-Geräten (iPhone, iPad, iPod touch) und Macs austauschen. Bei AirDrop bauen die Geräte ein sog. *Ad-hoc-Netzwerk* auf, in dem alle Daten verschlüsselt übertragen werden. Dazu müssen die Geräte nicht online oder im WLAN eingeloggt sein, allerdings müssen WLAN und Bluetooth aktiviert sein. AirDrop aktivieren Sie im Kontrollzentrum, das ich Ihnen im gleichnamigen Abschnitt ab Seite 74 vorstelle.

INFO

Als PDF speichern vs. als PDF drucken

Die Möglichkeit, eine Datei als PDF zu speichern, steht Ihnen oft auch im **Teilen**-Menü direkt zur Verfügung – warum also den Umweg über das **Drucken**-Menü wählen? Ganz einfach: Wenn Sie eine Datei direkt als PDF speichern, dann wird als Format der Bildschirm des iPhones benutzt. Damit lassen sich PDF-Dateien zwar gut am iPhone lesen, aber wenn Sie diese Dateien an Ihren Computer übertragen und dort ausdrucken möchten, wird eine normale A4-Seite nur sehr unzureichend genutzt. Gehen Sie stattdessen den Weg über das **Drucken**-Menü, erzeugt das iPhone PDF-Dateien, die für den Ausdruck auf A4-Seiten geeignet sind.

Bildschirmzeit

Mit der Funktion Bildschirmzeit können Sie genau kontrollieren, wie viel Zeit Sie – oder Ihre Kinder – mit dem iPhone verbringen, und das Nutzungsverhalten entsprechend steuern. Rufen Sie dazu **Einstellungen ▶ Bildschirmzeit** auf. Sie sehen nun die aktuellen Nutzungsdaten, grob aufgeteilt nach Aktivitäten ❶. Wenn Sie darauf tippen, erhalten Sie eine detaillierte Übersicht darüber, mit welcher App Sie wie viel Zeit verbracht haben ❷, wie oft Sie Ihr iPhone aktiviert oder wie viele Mitteilungen Sie bekommen haben.

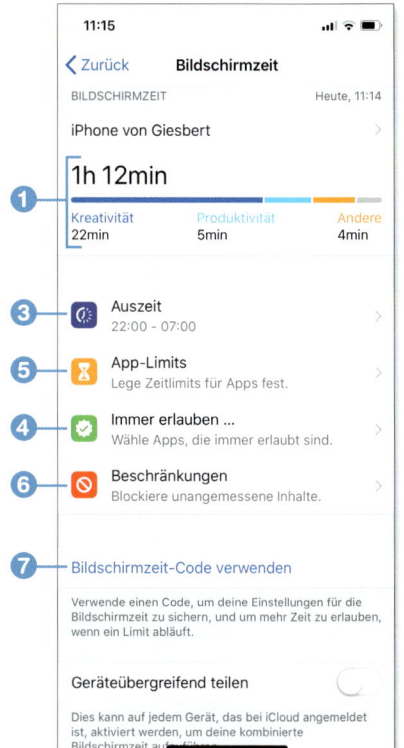
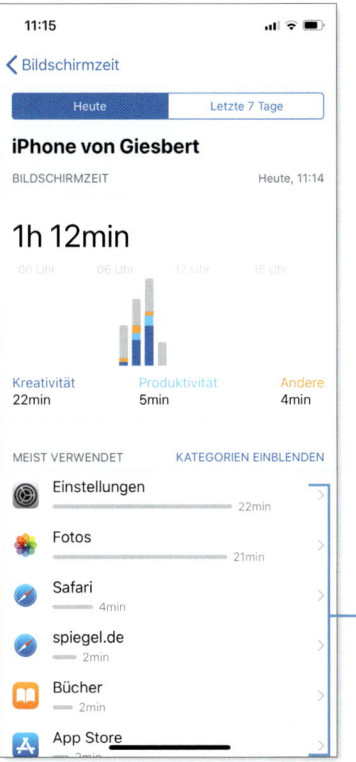

Mit der Bildschirmzeit haben Sie Ihre iPhone-Nutzung (oder die Ihrer Kinder) immer im Blick.

Über **Auszeit** ❸ können Sie Zeiten definieren, in denen nur noch das Telefon und solche Apps funktionieren, die Sie unter **Immer erlauben** ❹ explizit zugelassen haben. Wenn Sie das Gefühl haben, für manche Apps wie Facebook oder Spiele zu viel Zeit zu verwenden, legen Sie unter **App-Limits** ❺ fest, wie lange Sie eine App am Tag benutzen wollen.

Unter **Beschränkungen** ❻ lässt sich detailliert einstellen, welche Funktionen überhaupt verfügbar sind. Das ist vor allem als Kindersicherung nützlich. So können Sie etwa festlegen, dass Ihre Kinder mit ihrem iPhone nur bestimmte Apps und Funktionen nutzen können und zum Beispiel keine Apps herunterladen dürfen.

Damit Ihre Einstellungen der Bildschirmzeit nicht einfach geändert werden können, aktivieren Sie mit einem Tipp auf **Bildschirmzeit-Code** ❼ eine vierstellige Codesperre. Merken Sie sich diesen Code gut – andernfalls können Sie selbst die Einstellungen nicht mehr rückgängig machen!

Notruf

Zum Abschluss dieses Kapitels möchte ich Ihnen noch eine wichtige Funktion des iPhones vorstellen: die Notruffunktion. Wir denken nicht gern daran, aber es kann jederzeit passieren, dass der Notdienst gerufen werden muss. Natürlich können Sie im Telefon die 112 wählen, aber im Falle eines Falles kommt es auf jede Sekunde an. Obendrein unterscheiden sich die Notrufnummern in den verschiedenen Ländern – und wer hat schon jederzeit die Notrufnummer im Urlaub parat?

Um einen Notruf abzusetzen, halten Sie die Lautstärke- und die Stand-by-Taste gleichzeitig gedrückt. Es erscheint nun nicht nur der Schalter zum **Ausschalten ❶** des iPhones, sondern auch der Schalter **Notruf SOS ❷**. Schieben Sie diesen Schalter nach rechts, startet ein dreisekündiger Countdown, bei dem das iPhone einen lauten Warnton wiedergibt. In diesem Zeitraum

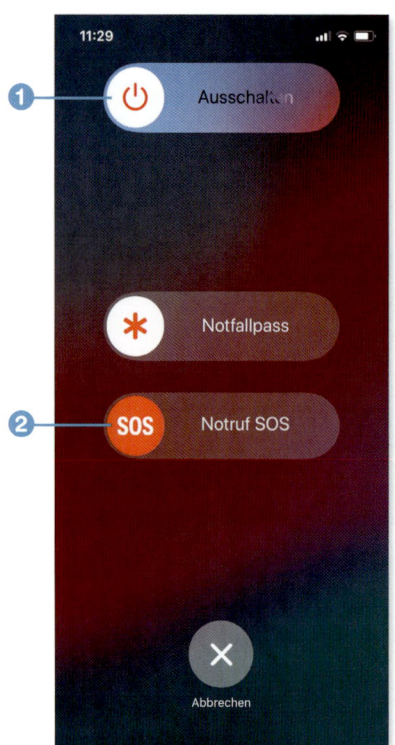

haben Sie noch die Möglichkeit, den Notruf abzubrechen. Nach drei Sekunden wird der Notruf automatisch abgesetzt, und zwar an den lokalen Rettungsdienst. Das funktioniert in aller Regel länderübergreifend, in einigen Ländern müssen Sie jedoch noch zwischen Krankenwagen, Polizei oder Feuerwehr wählen.

Falls Sie nicht mehr in der Lage sind, den Notruf-Schalter zu bewegen, halten Sie die Tasten weiterhin gedrückt, bis der Notruf automatisch verschickt wird. Unter **Einstellungen ▸ Notruf SOS** können Sie auch einstellen, dass ein fünfmaliges Drücken der Lautstärkeregler einen Notruf absetzt. (Den Notfallpass erkläre ich Ihnen im Abschnitt »Health« ab Seite 367.)

Die Notruf-Funktion werden Sie hoffentlich nie benötigen. Aber es ist gut zu wissen, dass sie da ist.

Kapitel 6

Text über die Bildschirmtastatur eingeben

Flexible Software ersetzt bei Ihrem iPhone sture Hardware: An die Stelle einer fest verdrahteten Tastatur tritt beim iPhone eine erstaunlich wandlungsfähige Bildschirmtastatur, die immer dann automatisch eingeblendet wird, wenn Sie irgendwo Text eingeben möchten. Wie Sie die Tastatur optimal nutzen, Text eingeben, kopieren oder ausschneiden und die Diktierfunktion des iPhones einsetzen, erfahren Sie in diesem Kapitel.

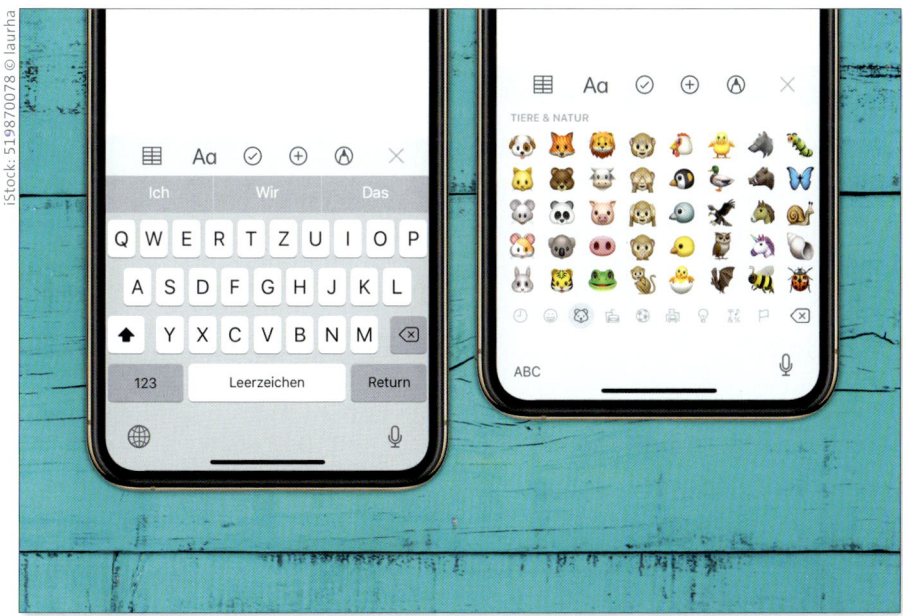

iStock: 519870078 © laurha

Über die Tastatur oder per Diktat eingegebene Texte mit oder ohne Emojis: Beim iPhone kommt so schnell keine Langeweile auf.

Mit dem iPhone schreiben

Sobald Sie auf dem iPhone Text eingeben möchten, wird automatisch eine Tastatur eingeblendet, auf der Sie so tippen können, wie Sie es von einer normalen Tastatur gewohnt sind – fast. Ein wenig umgewöhnen müssen Sie sich da schon, und anfangs kann das Tippen auf dem Display irritierend sein. Vor allem deshalb, weil hier die von einer physikalischen Tastatur gewohnte fühlbare Rückmeldung fehlt.

Standardmäßig sorgt aber ein Ton beim Tippen für Orientierung. Der kann auf Dauer allerdings etwas störend sein. Das Klickgeräusch lässt sich aber unter **Einstellungen ▸ Töne & Haptik ▸ Tastaturanschläge** ❶ ausschalten.

Um die folgenden Erläuterungen nachvollziehen zu können, rufen Sie die App *Notizen* mit einem Tipp auf das entsprechende Symbol auf dem Home-Bildschirm auf (die App stelle ich Ihnen in Kapitel 13, »Notizen und Erinnerungen«, vor). Beim ersten Aufruf der App sehen Sie einen fast vollständig leeren Bildschirm. Tippen Sie auf das Symbol für eine neue Notiz (das ist das stilisierte Blatt mit dem Stift). Die Tastatur wird eingeblendet, es erscheint eine blinkende Schreibmarke – der *Cursor* –, und Sie können nun sofort lostippen.

So weit, so gut. Schauen wir uns die Tastatur einmal genauer an. Die Tastenanordnung und -belegung auf dem iPhone unterscheiden sich kaum von denen auf einer Ihnen vermutlich vertrauten Computertastatur:

❷ Der Cursor – ein blinkender senkrechter Strich – markiert die Position, an der das nächste getippte Zeichen erscheint. Tippen Sie einfach einmal drauflos, um sich mit der Tastatur ein wenig vertraut zu machen.

❸ Über einen Tipp auf die ⬆-Taste wechseln Sie zwischen Klein- und Großbuchstaben. Je nachdem, ob die ⬆-Taste aktiviert ist oder nicht, zeigt die Tastatur große oder kleine Buchstaben. Zusätzlich wird die Taste hervorgehoben, sobald sie aktiv ist.

❹ Mit der Taste ⌫ löschen Sie ein Zeichen links von der Schreibmarke. Berühren und halten Sie die Taste, wird das Löschtempo beschleunigt; erst löschen Sie einzelne Zeichen, danach ganze Wörter.

❺ Mit einem Tipp auf die Taste 123 wechseln Sie zur Tastenbelegung mit Satzzeichen und Ziffern.

❻ Tippen Sie auf die Taste mit dem lachenden Gesicht, können Sie kleine Grafiken – die sog. *Emojis* – einfügen. Dabei stehen weit über 1.000 (!) Symbole zur Auswahl.

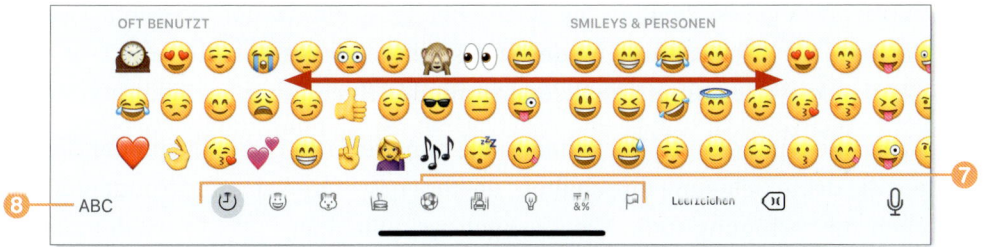

❼ Über die Kategorien wechseln Sie zu den verschiedenen Symbolen. Alternativ dazu können Sie horizontal übers Display wischen.

❽ Um von den Emojis zurück zur normalen Tastatur zu gelangen, tippen Sie auf ABC.

❾ Über das Mikrofonsymbol starten Sie die Diktierfunktion.

❿ Mit Return fügen Sie eine neue Zeile ein.

⓫ Viele Apps erweitern die Tastatur um weitere Eingabemöglichkeiten. Bei den Notizen sehen Sie etwa oberhalb der Tastatur eine Formatierungsleiste, die ich Ihnen in Kapitel 13, »Notizen und Erinnerungen«, vorstelle. Sie können die Leiste mit einem Tipp auf das × ⓬ ausblenden.

TIPP

Eingaben widerrufen

Haben Sie sich vertippt, oder möchten Sie Ihren Text doch umschreiben? Dann widerrufen Sie einfach Ihre letzte Eingabe. Auf dem iPhone gibt es dafür einen einfachen Trick: Schütteln Sie Ihr iPhone. Es erscheint ein Dialog, in dem Sie auf **Widerrufen** tippen, um die Eingabe rückgängig zu machen. Möchten Sie eine versehentlich widerrufene Eingabe wiederherstellen, schütteln Sie Ihr iPhone erneut und tippen auf **Wiederholen**.

Satz- und Sonderzeichen eingeben

Die Standardtastatur des iPhones besitzt insgesamt drei Tastenbelegungen. Die erste Belegung ist für die Eingabe von Buchstaben gedacht. Ziffern und Satzzeichen geben Sie über die zweite Belegung ein, zu der Sie durch Tippen auf `123` ❶ wechseln. An deren Position sehen Sie nun die Taste `ABC` ❷, die Sie wieder zur ersten Belegung mit den Buchstaben zurückbringt.

An der Position der `⇧`-Taste finden Sie nun die Taste `#+=` ❸, mit der Sie auf die dritte Belegung umschalten, die Ihnen weitere Satz- und Sonderzeichen zur Verfügung stellt. Von dort gelangen Sie über `123` ❹ wieder zur Tastatur mit Ziffern, mit `ABC` ❺ zur Buchstabenbelegung zurück.

Standardmäßig zeigt die deutsche Tastaturbelegung die Tasten für Ä, Ö und Ü. Was Sie allerdings vergeblich suchen werden, ist ein ß, auch Akzente – also etwa ein è oder á – scheinen zu fehlen. Doch keine Sorge, natürlich können Sie diese Zeichen und zahlreiche andere Sonderzeichen eingeben, denn viele Tasten der iPhone-Tastatur sind mehrfach belegt.

1. Die erweiterte Belegung rufen Sie auf, indem Sie eine Taste berühren und halten.

2. Es werden nun weitere Zeichen eingeblendet. Lassen Sie den Finger auf dem Bildschirm, und ziehen Sie ihn zum gewünschten Zeichen. Heben Sie den Finger an, wird das entsprechende Zeichen eingegeben.

  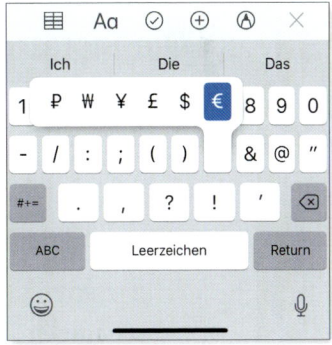

3. Die erweiterten Sonderzeichen finden Sie bei den jeweiligen Grundformen der Buchstaben, ein ß erreichen Sie also über das s, ein è über das e usw.

4. Nicht nur die Buchstabentastatur, auch die Ziffern und Sonderzeichen weisen manche Erweiterungen auf. So können Sie etwa über das einfache bzw. doppelte Anführungszeichen typografisch korrekte Anführungszeichen eingeben, ein § finden Sie als Erweiterung des &, ein Promillezeichen bei %, und unter dem € verbergen sich weitere Währungssymbole.

Fremdsprachige Tastaturen

Unter **Einstellungen ▸ Allgemein ▸ Tastaturen ▸ Tastatur hinzufügen** können Sie praktisch beliebig viele Tastaturen für alle möglichen Sprachen hinzufügen. In diesem Fall wird aus dem lachenden Gesicht (Smiley) auf der Tastatur eine Weltkugel; tippen Sie darauf, können Sie zwischen den aktivierten Tastaturen wählen. Eine Tastatur entfernen Sie, indem Sie sie unter **Einstellungen ▸ Allgemein ▸ Tastaturen** von rechts nach links durchstreichen.

Die Tastatur einhändig bedienen

Wenn Sie es gewohnt sind, auf einem Smartphone mit einer Hand zu tippen, kann es sein, dass Ihnen das iPhone dafür eine Spur zu breit ist. In diesem Fall ist es möglich, die Tastatur etwas zu schrumpfen und sie an den rechten oder linken Rand zu schieben.

1. Berühren und halten Sie die Emoji-Taste ❶ (die mit dem Smiley). Es erscheint ein Kontextmenü, in dem Sie wählen, ob die Tastatur nach links ❷ oder rechts ❸ geschoben werden soll.

2. Um die Tastatur wieder in die normale Position zu bringen, tippen Sie auf den Pfeil ❹. Alternativ dazu können Sie auch im Kontextmenü auf die mittlere Taste ❺ tippen.

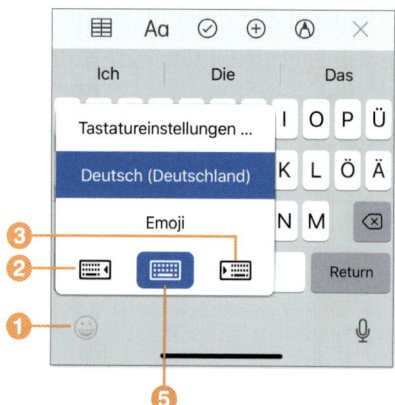

So positionieren Sie die Schreibmarke

Wenn Sie einen Text am Computer bearbeiten, platzieren Sie die Schreibmarke bzw. den Cursor einfach mit einem Mausklick genau da, wo Sie den Text ändern möchten. Beim iPhone funktioniert das ähnlich, nur dass Sie hier statt eines Mauszeigers Ihren Finger benutzen und auf die gewünschte Stelle tippen. Allerdings scheint es ein pures Glücksspiel zu sein, ob die Schreibmarke an der gewünschten Stelle erscheint. Doch keine Sorge, hier bietet das iPhone Abhilfe:

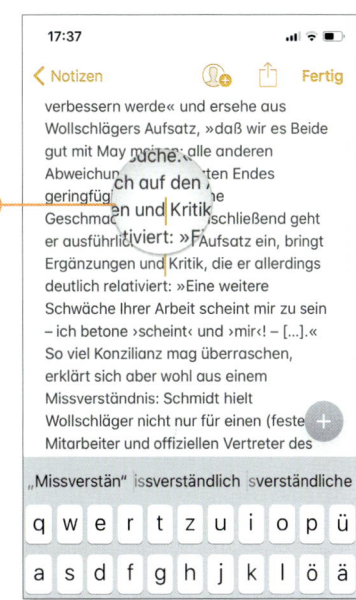

1. Berühren und halten Sie eine Stelle im Text, wird über dieser Textstelle eine Lupe mit einem stark vergrößerten Ausschnitt samt blinkender Schreibmarke angezeigt ❶.

2. Bewegen Sie nun den Finger, ohne ihn vom Bildschirm zu nehmen, können Sie die Schreibmarke exakt an die gewünschte Position im Text steuern.

3. Alternativ dazu können Sie zur Cursorsteuerung auch *3D Touch* benutzen. Drücken Sie etwas fester auf die Tastatur, und lassen Sie den Finger auf dem Bildschirm. Die Tastatur wird daraufhin mit leeren Tasten dargestellt ❷. Mit einer Bewegung des Fingers lässt sich der Cursor nun beliebig platzieren ❸.

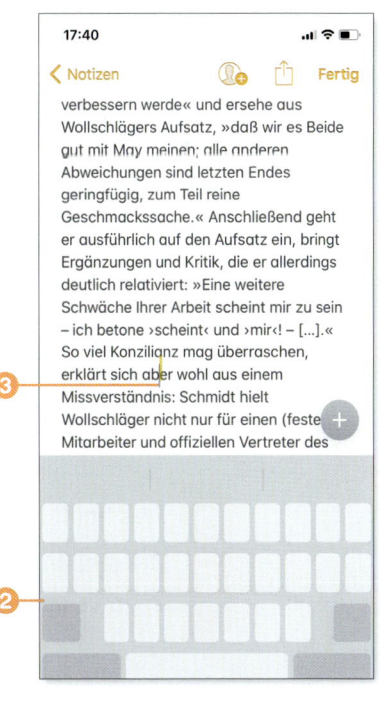

Text formatieren

Verschiedene Apps bieten die Möglichkeit, Text zu fetten, zu unterstreichen oder kursiv zu schreiben. Mitunter gibt es dafür (wie etwa in den Notizen) eine spezielle Tastaturbelegung, häufig ist diese Option allerdings ein klein wenig versteckt. Da die Notizen-App von Haus aus über diese spezielle Belegung verfügt, stammt das folgende Beispiel aus der Mail-App:

1. Berühren und halten Sie das Wort, das Sie formatieren möchten ❶.

2. Es erscheint ein Kontextmenü. Hier tippen Sie auf **Auswählen** ❷. Das Wort wird nun markiert ❸.

3. Das Kontextmenü ändert sich und zeigt nun die Taste **B/U** ❹. Sollte dies nicht der Fall sein, tippen Sie einmal auf den Pfeil nach rechts ❺.

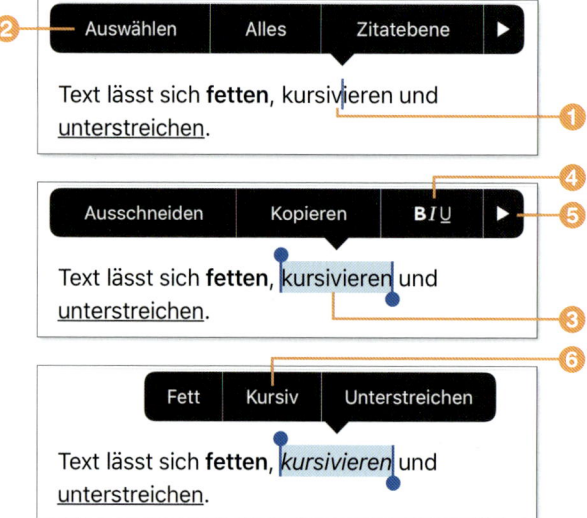

4. Tippen Sie die Taste **B/U** an, und wählen Sie die gewünschte Formatierung (in diesem Beispiel: **Kursiv** ❻).

5. Um eine Formatierung rückgängig zu machen, wiederholen Sie die Schritte 1 bis 4.

INFO

Was heißt B/U?

Die drei Buchstaben **B/U** stehen als Abkürzung für die englischen Begriffe **bold** (fett), *italic* (kursiv) und <u>underline</u> (unterstrichen).

Vorschläge und Schreibhilfen

Das iPhone unterstützt Sie beim Schreiben mit Textvorschlägen und verschiedenen Schreibhilfen, die Ihnen Tipparbeit ersparen. Sobald Sie Text eingeben, erscheint oberhalb der Tastatur eine dreigeteilte Leiste mit Textvorschlägen **7**, die Sie mit einem Fingertipp übernehmen können. Links steht, in Anführungszeichen, das, was Sie aktuell eingegeben haben, in der Mitte und rechts stehen Korrektur- bzw. Ergänzungsvorschläge. Diese Vorschläge können Sie dann mit einem Fingertipp in Ihren Text übernehmen.

Mitunter wird das Wort in der Mitte hervorgehoben und Ihre aktuelle Eingabe markiert. Tippen Sie etwa »Tasta« ein, erscheint in der Mitte hervorgehoben als Vorschlag **Tastatur 8** und »Tasta« **9** wird markiert. Tippen Sie nun ein Leer- oder ein Satzzeichen, wird Ihre Eingabe automatisch zu »Tastatur« ergänzt und ein Leerzeichen eingefügt.

INFO

Lernfähige Vorschläge

Die Vorschlagsliste ist lernfähig, passt sich also Ihren bisherigen Fingaben und auch dem Inhalt des aktuellen Textes an. Einen Vorschlag, den Sie zwei-, dreimal verworfen haben, wird Ihnen zum Beispiel vorerst nicht mehr angeboten. Eigennamen und Fachbegriffe, die Sie häufiger benutzen, werden in das interne Wörterbuch des iPhones aufgenommen. Je mehr Text Sie also mit dem iPhone schreiben, desto hilfreicher werden die Vorschläge.

Diese Vorschläge sind in der Praxis üblicherweise recht hilfreich. Aber wenn Sie sie eher verwirrend finden, blenden Sie sie kurzerhand aus:

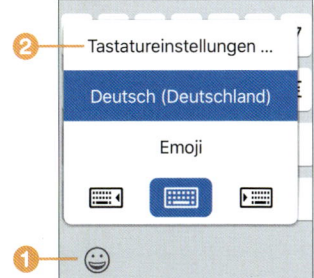

1. Berühren und halten Sie die Emoji-Taste **1**, und tippen Sie auf **Tastatureinstellungen 2**.

2. Deaktivieren Sie den Schalter **Vorschläge** ❸, und tippen Sie oben links auf **Notizen** ❹, um zu Ihren Notizen zurückzukehren.

3. Wiederholen Sie diese Schritte, um die Vorschläge erneut zu aktivieren.

Neben den Vorschlägen stehen Ihnen noch weitere Funktionen zur Verfügung, um Ihnen die Texterfassung mit der Tastatur zu erleichtern. Diese Funktionen können Sie über die Einstellungen gezielt ein- und ausschalten (standardmäßig sind alle Schreibhilfen aktiviert). Rufen Sie die Einstellungen entweder über die Emoji-Taste der Tastatur auf oder wählen Sie auf dem Home-Bildschirm des iPhones **Einstellungen ▸ Allgemein ▸ Tastatur**.

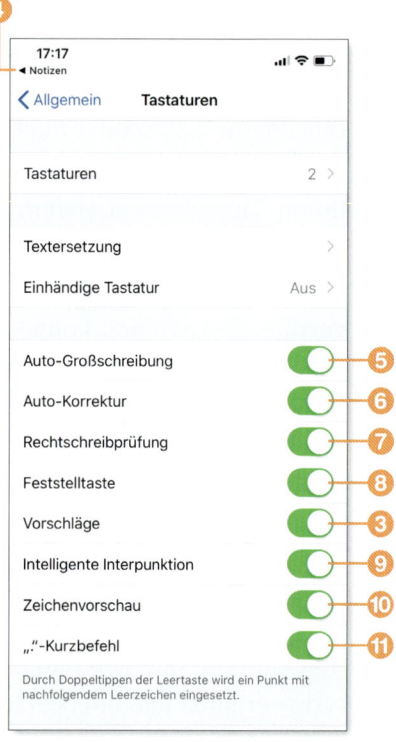

❺ Die Option **Auto-Großschreibung** sorgt dafür, dass bei einer neuen Notiz oder nach einem Punkt, dem ein Leerzeichen folgt, automatisch die Großschreibung aktiviert wird.

❻ Mit **Auto-Korrektur** werden Korrekturen zu echten (oder vermeintlichen) Tippfehlern in der Vorschlagsleiste als Ersetzung angeboten.

❼ Die **Rechtschreibprüfung** markiert automatisch falsch geschriebene Wörter in Ihren Texten (was mehr oder weniger korrekt funktioniert – Eigennamen oder spezielle Bezeichnungen werden oft störrisch als Fehler markiert). Um einen Fehler zu korrigieren, tippen Sie das markierte Wort an. Es wird daraufhin rot markiert, und es werden Korrekturvorschläge angezeigt, die Sie mit einem Fingertipp übernehmen können.

❽ Die Umschaltung auf Großschreibung gilt in der Regel immer nur für einen Buchstaben, danach geht es automatisch klein weiter. Ist in den Einstellungen der Schalter **Feststelltaste** aktiviert, wechseln Sie auf der Tastatur mit einem Doppeltipp auf die ⇧-Taste zur dauerhaften Großschreibung (um etwa Begriffe wie UNICEF schnell eingeben zu können). Um sie wieder auszuschalten, tippen Sie die ⌂-Taste erneut an.

⑨ Ist die **Intelligente Interpunktion** aktiviert, werden automatisch typografisch korrekte (z. B. sprachenspezifische) Anführungszeichen gesetzt.

⑩ Sie haben es bestimmt schon bemerkt: Sobald Sie einen Buchstaben eintippen, wird das entsprechende Zeichen in der Tastatur noch einmal vergrößert dargestellt. Das ist einerseits beim Eingewöhnen an die Bildschirmtastatur praktisch – so sehen Sie das Zeichen, das ja durch Ihren aufliegenden Finger verdeckt wird –, andererseits kann jeder, der Ihnen über die Schulter schaut, auch von Weitem erkennen, was Sie da tippen. Wenn Sie das nicht möchten, dann schalten Sie die **Zeichenvorschau** aus.

⑪ Eine typische Zeichenkombination bei der Texteingabe ist ein Punkt, gefolgt von einem Leerzeichen. Denn damit werden das Ende eines Satzes und der Anfang des nächsten Satzes markiert. Da diese Kombination oft benötigt wird, bietet das iPhone den „. "-**Kurzbefehl**. Tippen Sie doppelt auf die Leertaste, wird die Kombination Punkt und Leerzeichen erzeugt. Haben Sie außerdem die Auto-Großschreibung aktiviert, können Sie am Satzende mit einem Doppeltipp auf die Leertaste sofort weiterschreiben und müssen sich nicht um Punkt, Leerzeichen und Großschreibung kümmern.

Schneller schreiben dank Textersetzung

In vielen Texten tauchen die immer gleichen Floskeln und Formulierungen auf, bei denen einem schnell die Lust vergeht, sie immer und immer wieder zu tippen. Das Paradebeispiel ist hier die Grußformel *Mit freundlichen Grüßen*, die daher gern als *mfg* abgekürzt wird. Das ist zwar üblich, aber doch etwas unschön.

Schön ist es dagegen, dass das iPhone Ihnen die Tipparbeit abnehmen und ein *mfg* automatisch zu *Mit freundlichen Grüßen* umwandeln kann:

1. Rufen Sie **Einstellungen ▸ Allgemein ▸ Tastatur ▸ Textersetzung** auf, und tippen Sie oben rechts auf das Pluszeichen.

2. Tippen Sie in das Feld **Text** ❶, und geben Sie die gewünschte Formulierung ein, hier also »Mit freundlichen Grüßen«.

3. Tippen Sie danach in das Feld **Kurzbefehl** ❷, und geben Sie das gewünschte Kürzel ein, in unserem Beispiel also »mfg«.

4. Speichern Sie den neuen Kurzbefehl mit einem Tipp auf **Sichern** ❸.

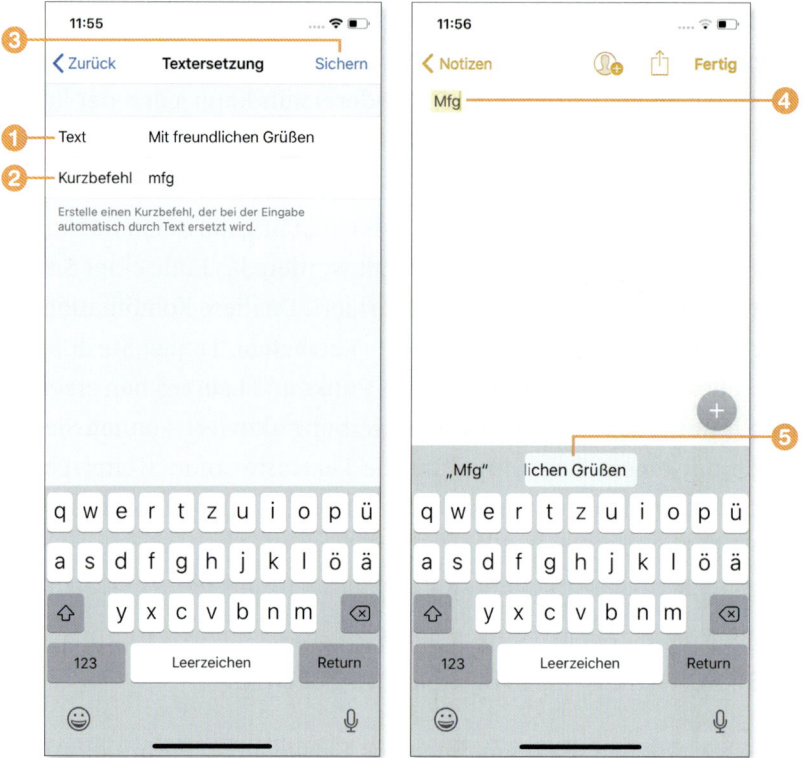

5. Geben Sie in einem Text nun das neue Kürzel ❹ ein, wird Ihnen die vollständige Formulierung als Ergänzung angeboten ❺, die automatisch übernommen wird, wenn Sie ein Satz- oder Leerzeichen eingeben.

Übrigens, um eine Textersetzung zu löschen, streichen Sie sie in der Übersicht einfach durch und bestätigen die Aktion mit einem Tipp auf **Löschen**.

Text kopieren, ausschneiden, einfügen

Das eine oder andere Mal möchten Sie sicherlich eine Textpassage aus einem Dokument kopieren, um sie in einem anderen Dokument (oder im gleichen Dokument an anderer Stelle) einzufügen. Dazu bietet das iPhone eine *Copy-&-Paste*-Funktion, wie Sie sie vermutlich von Ihrem Computer kennen. Damit lassen sich beliebige Passagen markieren und in die Zwischenablage kopieren. Von dort aus können Sie sie dann an anderer Stelle in einem beliebigen Dokument – einer E-Mail, Notiz etc. – einfügen.

Je nachdem, ob Sie einen Text bearbeiten (etwa eine Notiz oder eine E-Mail) oder ob Sie Text nur angezeigt bekommen wie etwa auf einer Webseite, unterscheidet sich das Verfahren ein wenig – das Grundprinzip ist aber das Gleiche. So kopieren Sie Text aus einem Dokument, das Sie nicht bearbeiten:

1. Berühren und halten Sie eine Stelle des Bildschirms mit dem Finger. Es erscheint eine Textlupe, mit der Sie die gewünschte Position auf dem Bildschirm ansteuern können.

2. Heben Sie nun den Finger wieder an, wird das aktuelle Wort markiert. Gleichzeitig erscheinen am Anfang ❶ und am Ende ❷ der Markierung kleine Griffe, über die Sie die Markierung auf den gewünschten Abschnitt erweitern können.

3. Tippen Sie auf **Kopieren** ❸, um den markierten Text in die Zwischenablage zu übernehmen.

Bei Texten, die Sie bearbeiten können (also etwa eine Notiz), sieht das ein klein wenig anders aus. In diesem Fall erscheint nach dem Positionieren des Cursors das Menü mit dem Befehl **Auswählen**. Tippen Sie darauf, wird das aktuelle Wort markiert. Anschließend sehen Sie auch hier die Griffpunkte und im Menü den Befehl **Kopieren**.

Sobald Sie Text in die Zwischenablage kopiert haben, können Sie ihn ganz leicht in andere Dokumente (und in anderen Apps) einfügen:

1. Positionieren Sie zuerst – falls erforderlich – den Cursor, um die Stelle anzusteuern, an der Sie den Text einfügen möchten.

2. Berühren und halten Sie den Bildschirm. Es erscheint ein Kontextmenü, in dem Sie die Option **Einsetzen** ❹ wählen.

Die Diktierfunktion nutzen

Sie müssen einen Text nicht unbedingt über die Tastatur eingeben, sondern können ihn auch diktieren. Die Diktierfunktion muss nicht trainiert werden, arbeitet erstaunlich genau und setzt einfache Texte auf Anhieb fast immer fehlerfrei um. Erkennungsfehler treten aber dennoch auf.

> **ACHTUNG**
>
> **Diktierfunktion benötigt Internet**
>
> Damit die Diktierfunktion eingesetzt werden kann, müssen Sie online sein – was das iPhone im Normalfall auch ist. Alles, was Sie sagen, wird automatisch zu den Servern von Apple geschickt, wo die Sprachaufzeichnung in Text umgewandelt wird. Diesen Text schickt der Server wieder zurück an das iPhone, das ihn in das aktuelle Dokument einfügt. Dieses Verfahren sorgt zwar dafür, dass das iPhone die sehr rechenaufwendige Spracherkennung nicht selbst erledigen muss, aber wenn die Onlineverbindung schlecht ist oder die Server von Apple überlastet sind, funktioniert die Spracherkennung entweder nur sehr schleppend oder überhaupt nicht. An der Position der Schreibmarke erscheint dann ein blauer Kreis.

Am besten ist es, Sie spielen mit der Funktion einfach ein wenig herum, um ein Gefühl dafür zu bekommen, was möglich ist – und was nicht.

1. Diese Funktion ist standardmäßig ausgeschaltet, lässt sich aber schnell aktivieren. Sie starten die Diktatfunktion mit einem Tipp auf das Mikrofonsymbol der Bildschirmtastatur. Aktivieren Sie sie zum ersten Mal, erscheint ein Hinweisdialog, den Sie durch Antippen von **Diktierfunktion aktivieren** ❶ bestätigen.

2. Ein Glockenton signalisiert daraufhin die Aufnahmebereitschaft. Sprechen Sie nun den Text, den das iPhone schreiben soll. Die Sprachaufnahme wird durch eine Signalkurve ❷ angezeigt.

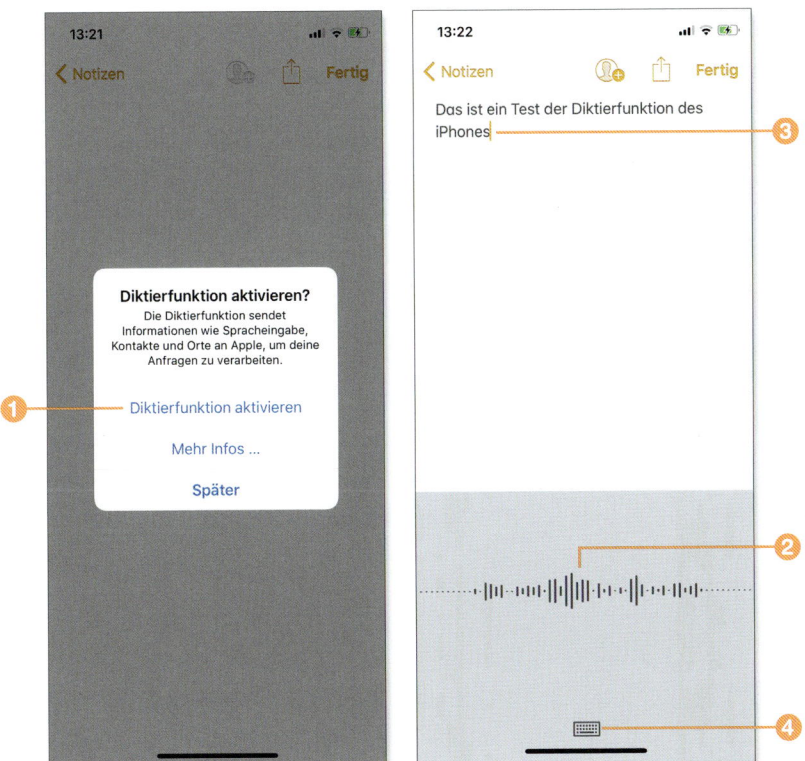

3. Der gesprochene Text wird in der Regel sehr zügig erkannt und während des Diktats automatisch geschrieben ❸. Übrigens: Das Bildschirmfoto ist nicht manipuliert, der von mir gesprochene Satz wurde tatsächlich ohne Training der Funktion zuverlässig erkannt.

4. Wenn Sie zur Tastatur zurückkehren möchten, tippen Sie auf das Tastatursymbol ❹.

Diese Funktion steht Ihnen systemweit zur Verfügung und lässt sich auch unter **Einstellungen ▸ Allgemein ▸ Tastaturen ▸ Diktierfunktion aktivieren** ein- und natürlich auch wieder ausschalten.

> **TIPP**
>
> **Steuerkommandos**
>
> Einen neuen Absatz bzw. eine neue Zeile fügen Sie mit »Neuer Absatz«/»Neue Zeile« ein. Satzzeichen diktieren Sie, indem Sie sie aussprechen: »Punkt«, »Komma«, »Fragezeichen« usw.

Kapitel 7

Kontakte anlegen und verwalten

Die App Kontakte ist Ihr Adressbuch auf dem iPhone. So haben Sie nicht nur jederzeit die gewünschte Telefonnummer, E-Mail-Adresse und Anschrift zur Hand, sondern können auch von anderen Apps wie Karten, Mail oder FaceTime aus auf die hier gespeicherten Daten zugreifen. Speichern Sie zusätzlich auch die Geburtsdaten Ihrer Kontakte, verpassen Sie durch das Zusammenspiel mit der App Kalender zukünftig keinen Geburtstag mehr.

Die App Kontakte ist Ihr Adressbuch auf dem iPhone.

Da die Kontakte-App meist in Kombination mit Telefon oder Mail aufgerufen wird, hat Apple sie nicht auf dem Home-Bildschirm, sondern im Ordner **Extras** auf der zweiten Seite des Home-Bildschirms platziert.

INFO

Kontakte abgleichen

Um die Adressbestände auf Ihrem iPhone mit denen auf Ihrem Computer oder bei einem Anbieter wie Apple, Google oder Microsoft abzugleichen, stehen Ihnen die beiden Möglichkeiten zur Verfügung, die in Kapitel 4, »Alles zu Internetverbindung, Apple-ID und iCloud« beschrieben werden.

Kontakte auf dem iPhone anlegen

Natürlich lassen sich auch direkt auf dem iPhone neue Kontakte abspeichern. Alle Änderungen werden bei der nächsten Synchronisation auch auf den Computer übernommen. Haben Sie die Synchronisation über einen Onlineanbieter wie iCloud, Google und Co. eingerichtet, passiert der Abgleich praktisch sofort, beim lokalen Abgleich dann, wenn Sie Ihr iPhone via iTunes synchronisieren.

INFO

Kontaktgruppen auf dem iPhone

Auf dem iPhone lassen sich Kontakte nicht in Gruppen zusammenfassen. Haben Sie aber Gruppen in Ihrem Adressbuch auf dem Computer angelegt und gleichen diese Adressdaten mit Ihrem iPhone ab, stehen Ihnen die Gruppen auch auf dem iPhone zur Verfügung. Sie sehen dann oben links in der Kontakte-Übersicht die Schaltfläche **Gruppen**.

Möchten Sie die auf dem iPhone gespeicherten Kontakte einsehen und neue anlegen, erreichen Sie die App auf zwei Wegen:

- **Telefon-App:** Tippen Sie auf dem Home-Bildschirm auf die Telefon-App und anschließend in der unteren Menüleiste der App auf **Kontakte** ❶.
- **Kontakte-App:** Tippen Sie auf dem Home-Bildschirm auf die Kontakte-App ❷. Standardmäßig ist die App auf der zweiten Bildschirmseite im Ordner **Extras** abgelegt.

Ihre Kontakte erreichen Sie auf zwei Wegen: entweder über die Telefon-App (links) oder über die Kontakte-App (rechts).

Wie Sie die Kontakte aufrufen und in welcher App Sie neue Kontakte anlegen, spielt übrigens keine Rolle. Der Datenbestand ist in beiden Fällen gleich. Um Adressen und Kontaktdaten unterwegs direkt mit dem iPhone zu erfassen, stehen Ihnen drei Möglichkeiten zur Verfügung:

1. Tippen Sie in der Kontakte-App auf das Plussymbol ❸.

2. Nutzen Sie *3D Touch* und drücken Sie etwas fester auf das Symbol der Telefon-App. Hier wählen Sie **Neuen Kontakt erstellen** ❹.

3. 3D Touch funktioniert auch mit der Kontakte-App, auch hier können Sie direkt vom Home-Bildschirm einen **Neuen Kontakt erstellen** ❺.

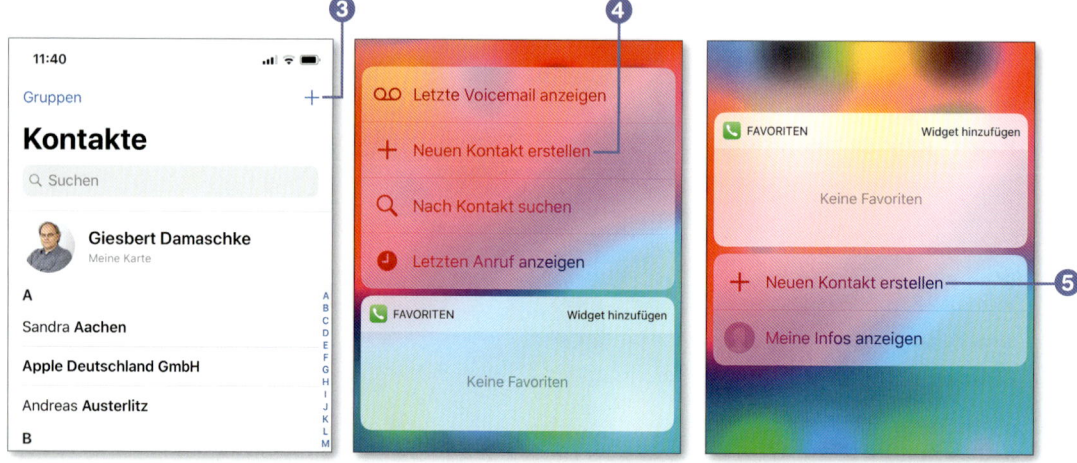

Es gibt verschiedene Wege, um neue Kontakte anzulegen.

Ganz gleich, welchen Weg Sie nehmen, Sie sehen immer ein Eingabeformular. In diesem Formular stehen Ihnen die üblichen Eingabefelder für Name, Telefonnummer, Adresse usw. zur Verfügung. Diese füllen Sie folgendermaßen aus:

1. Tippen Sie eines der Felder ❻ an, damit die Bildschirmtastatur eingeblendet wird und Sie die gewünschten Angaben machen können. Praktisch ist dabei, dass die Tastatur automatisch an den einzugebenden Inhalt angepasst wird. Möchten Sie eine neue Telefonnummer eingeben, steht Ihnen also nur der Ziffernblock zur Verfügung.

2. Standardmäßig gibt Ihnen das iPhone bei den Einträgen für Telefonnummer, E-Mail-Adresse und Webadresse verschiedene Bezeichnungen ❼ oder, wie es auf dem iPhone heißt, *Etiketten* vor. Diese lassen sich natürlich ändern. Tippen Sie dazu auf ein Etikett, um etwa aus einer privaten Telefonnummer eine Mobiltelefon- oder eine Faxnummer zu machen.

3. Sagt Ihnen keines der angebotenen Etiketten zu, können Sie über den letzten Punkt in der Liste ein **Eigenes Etikett hinzufügen** ❽.

4. Möchten Sie den Kontakteintrag mit einem Foto versehen, tippen Sie auf **Foto hier** ❾. Wählen Sie nun ein Bild aus den Fotoalben der Fotos-App aus, oder nehmen Sie ein Foto mit der Kamera des iPhones auf.

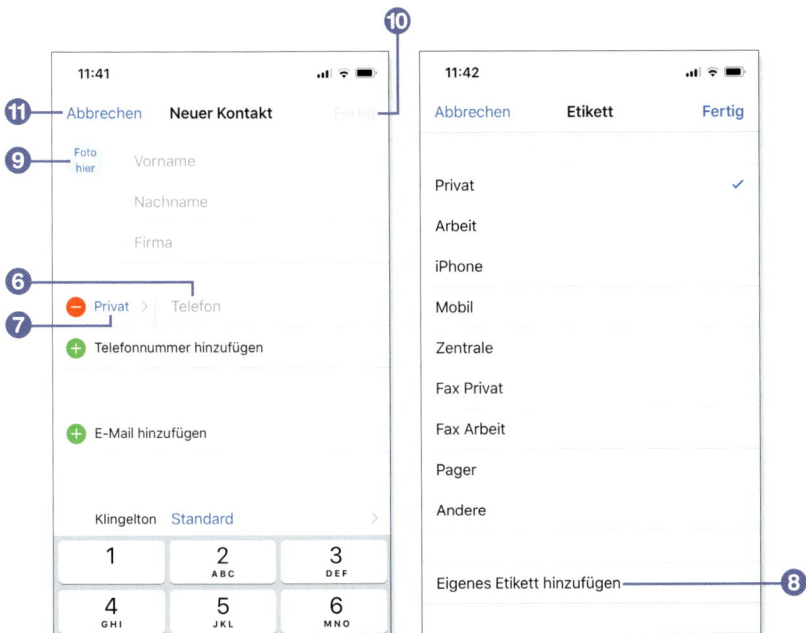

5. Haben Sie alle Daten eingetragen, tippen Sie auf **Fertig** ⑩ und speichern so den neuen Eintrag. Haben Sie es sich anders überlegt und möchten alle Eingaben verwerfen, schließen Sie das Formular mit **Abbrechen** ⑪.

INFO

Andere Länder, andere Standards

Standardmäßig bietet Ihnen die Kontakte-App bei der Anlage eines neuen Kontakts als Land **Deutschland** an. Wenn Sie allerdings eine Adresse aus den USA oder England eintragen möchten, passen die deutschen Strukturen mit Straße, PLZ und Ort bzw. Stadt nicht mehr. In diesem Fall tippen Sie zuerst auf **Deutschland** ⑫ und wählen anschließend ein Land aus. Die Felder zur Eingabe der Adresse werden angepasst und entsprechen dann dem Adressformat des ausgewählten Landes.

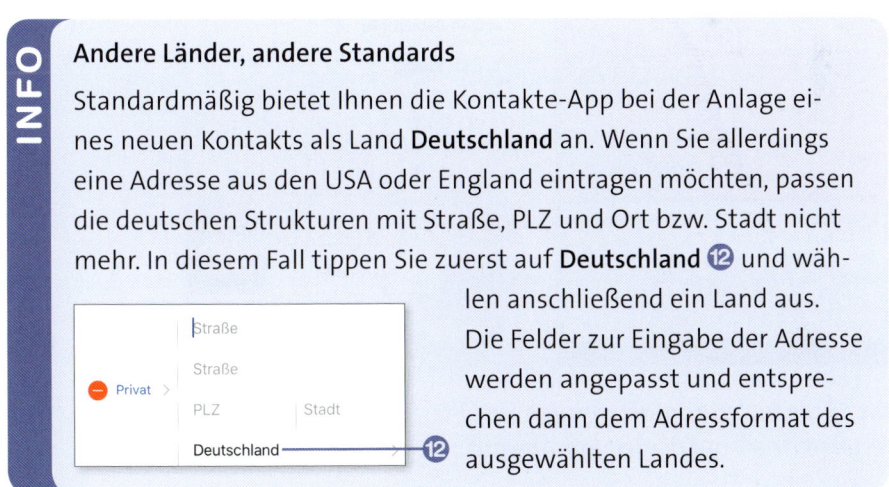

Nach dem Speichern befindet sich der neue Eintrag in Ihrer Kontaktliste, und Sie können ihn sich jederzeit über die Telefon- oder Kontakte-App anzeigen lassen.

Kontakte anzeigen und suchen

Die Anzeige der Kontaktdaten ist denkbar einfach: Sie rufen die App Kontakte auf und tippen auf den gewünschten Eintrag. Um einen bestimmten Kontakteintrag zu suchen, tippen Sie oben in das Suchfeld. Am schnellsten erreichen Sie die Suche über einen etwas festeren Druck auf die Telefon-App. In dem folgenden Menü wählen Sie **Nach Kontakt suchen** ❶. Es öffnen sich nun automatisch die Kontakte innerhalb der Telefon-App, das Suchfeld wird aktiviert und die Tastatur eingeblendet.

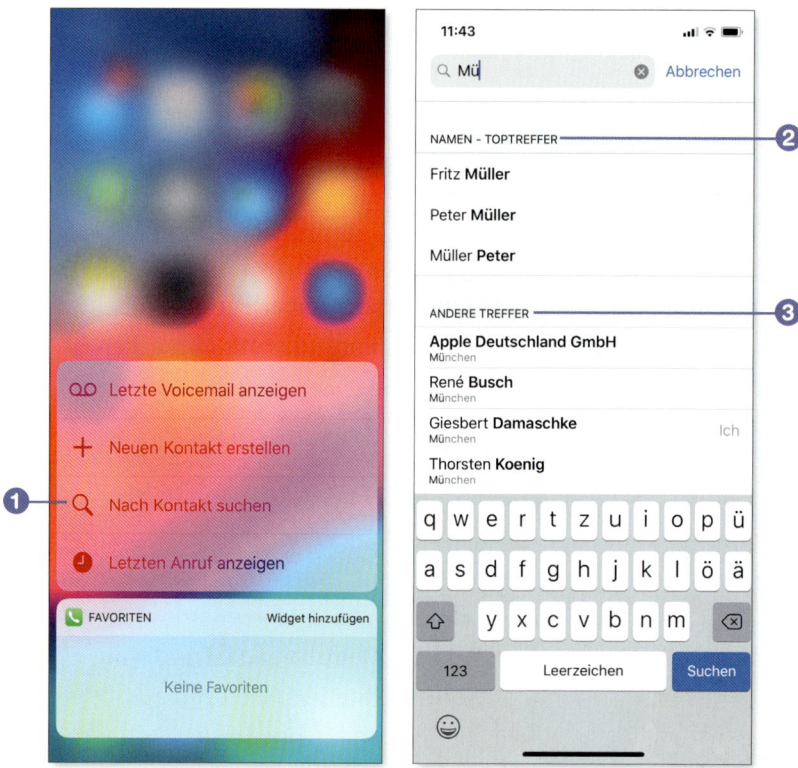

Die Suche in den Kontakten rufen Sie blitzschnell mit einem etwas festeren Druck auf die Telefon-App auf.

Die Liste der gefundenen Einträge wird mit jedem eingegebenen Buchstaben aktualisiert, meist genügt es schon, die ersten Buchstaben eines Kontakts einzugeben, um ihn zu finden. Tippen Sie auf das entsprechende Suchergebnis, um sich die Kontaktinformationen anzeigen zu lassen.

Die gefundenen Einträge werden nach **Toptreffer** ❷ und **Andere Treffer** ❸ sortiert (Toptreffer sind Einträge, bei denen der gesuchte Begriff im Namen auftaucht). Bei der Suche berücksichtigt die App auch Text, den Sie in den anderen Feldern des Kontakteintrags eingefügt haben. Vergeben Sie für bestimmte zusammengehörige Einträge hier ein gemeinsames Stichwort – etwa »Kegelklub« –, können Sie sich über die Suche schnell diese Einträge anzeigen lassen.

TIPP

Ihr eigener Eintrag

Falls Sie einmal Ihren eigenen Eintrag benötigen, müssen Sie ihn nicht erst suchen, den zeigt Ihnen die Kontakte-App als ersten Eintrag Ihrer Kontakte an. Am schnellsten geht es, wenn Sie 3D Touch nutzen: Drücken Sie auf das Symbol der Kontakte-App und wählen Sie dort **Meine Infos anzeigen**.

Kontakte auf dem iPhone bearbeiten

Kontaktdaten sind gelegentlichen Änderungen unterworfen. Nicht immer hat man gleich alle Daten richtig erfasst, manchmal möchte man später ärgerliche Tippfehler korrigieren, und mitunter soll ein Eintrag auch komplett gelöscht werden. Dazu lassen Sie sich den entsprechenden Eintrag anzeigen und tippen auf **Bearbeiten** ❹. Nun können Sie die Felder ändern, neue Felder hinzufügen und bestehende löschen.

Um einen Eintrag aus den Kontakten zu entfernen, wählen Sie ihn aus, tippen auf **Bearbeiten** und wischen den Eintrag von unten nach oben, bis Sie den Befehl **Kontakt löschen** ❺ sehen. Bestätigen Sie den Hinweisdialog mit **Kontakt löschen**.

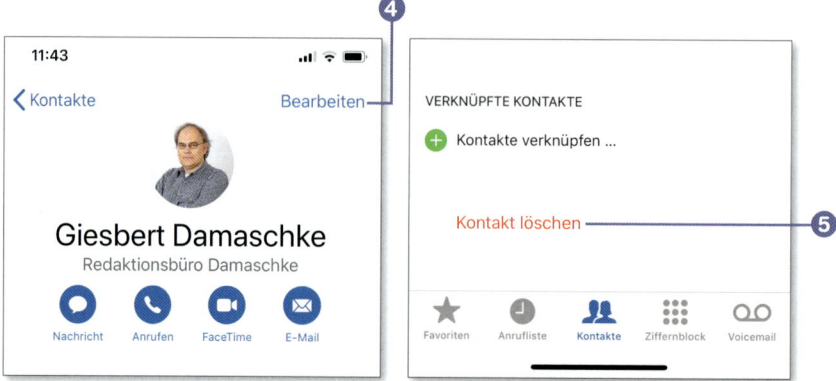

Kontakteinträge lassen sich problemlos bearbeiten und löschen.

Um eine kurze Notiz zu einem Kontakt festzuhalten, benötigen Sie diesen Bearbeitungsmodus nicht. Am unteren Rand eines Kontakteintrags wird dafür der Bereich **Notizen** eingeblendet. Tippen Sie darauf, erscheint die Bildschirmtastatur, und Sie können Ihre Notiz festhalten. Anschließend wischen Sie die Tastatur einfach nach unten vom Bildschirm. Die Notiz wird automatisch gespeichert.

> **INFO**
>
> **Was sind die Favoriten?**
>
> Am Fuß jedes Eintrags sehen Sie den Befehl **Zu Favoriten**. Damit lassen sich bestimmte Telefonnummern für die Schnellwahl in der Telefon-App markieren. Mit dieser Funktion beschäftigen wir uns im Abschnitt »Favoriten zur Kurzwahl festlegen« ab Seite 135.

Die Kontakte im Einsatz

Alle Inhalte eines Kontakteintrags sind mit verschiedenen Apps auf dem iPhone verknüpft. Sobald Sie einen Inhalt antippen, wird die entsprechende App gestartet und die in Kontakte gespeicherte Information übergeben.

Außerdem stehen Ihnen am Anfang eines Kontakteintrags vier Kurzwahlschaltflächen zur Verfügung ❶: **Nachricht**, **Anrufen**, **FaceTime** und **E-Mail** (falls Sie nur eine E-Mail-Adresse eingetragen haben, steht hier das Etikett der Adresse, also etwa **Privat**). Mit einem Tipp auf das entsprechende Symbol schicken Sie also etwa eine Nachricht an den Kontakt oder rufen ihn an. Haben Sie bestimmte Informationen beim Kontakt nicht hinterlegt, bleibt die Schaltfläche ausgegraut.

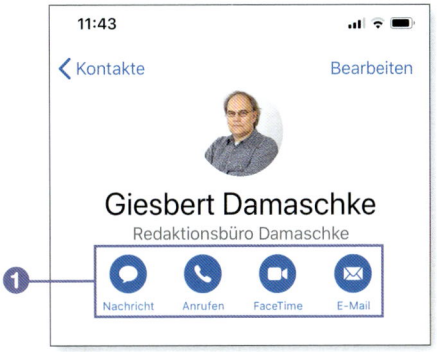

Auch die anderen Informationen, die in einem Kontakteintrag hinterlegt sind, lassen sich antippen. Haben Sie etwa eine Webadresse für die Homepage des Kontakts eingetragen, wird nach einem Tipp darauf die entsprechende Seite in Safari geladen, ein Tipp auf eine Adresse öffnet diese in der Karten-App usw.

Sie können alle gespeicherten Informationen eines Kontakts aber auch kopieren und in ein anderes Dokument (etwa eine E-Mail oder eine Notiz) übernehmen. Berühren und halten Sie dazu den gewünschten Eintrag, und tippen Sie dann auf den Punkt **Kopieren**.

TIPP

Schnelle Kontaktaufnahme

Sie müssen einen Eintrag nicht eigens öffnen, um einen Kontakt anzurufen oder ihm eine Nachricht zu schreiben – das funktioniert dank 3D Touch auch in der Übersicht Ihrer Kontakte. Drücken Sie in der Liste etwas fester auf einen Eintrag, werden Ihnen die entsprechenden Kurzwahloptionen bereits angeboten.

Kontakte senden und empfangen

Sie können jeden Kontakt, den Sie auf Ihrem iPhone gespeichert haben, an andere weitergeben. Dabei verschicken Sie die Informationen als digitale Visitenkarte im *VCF-Format*. VCF steht für *vCard File* und bezeichnet ein Standardformat für die Weitergabe von Kontaktdaten; praktisch jedes Programm zur Verwaltung von Adressdaten kann mit diesem Format umgehen. Der Versand eines Kontaktes geht denkbar einfach.

1. Lassen Sie sich den gewünschten Kontakt anzeigen, und tippen Sie am Ende des Eintrags auf **Kontakt teilen** ❶.

2. Im folgenden Fenster können Sie Kontaktinformationen nun über *Air-Drop* ❷, als Nachricht ❸ oder per E-Mail ❹ weitergeben. Falls Sie weitere Apps auf dem iPhone installiert haben, die mit diesen Daten etwas anfangen können, werden diese hier ebenfalls angezeigt.

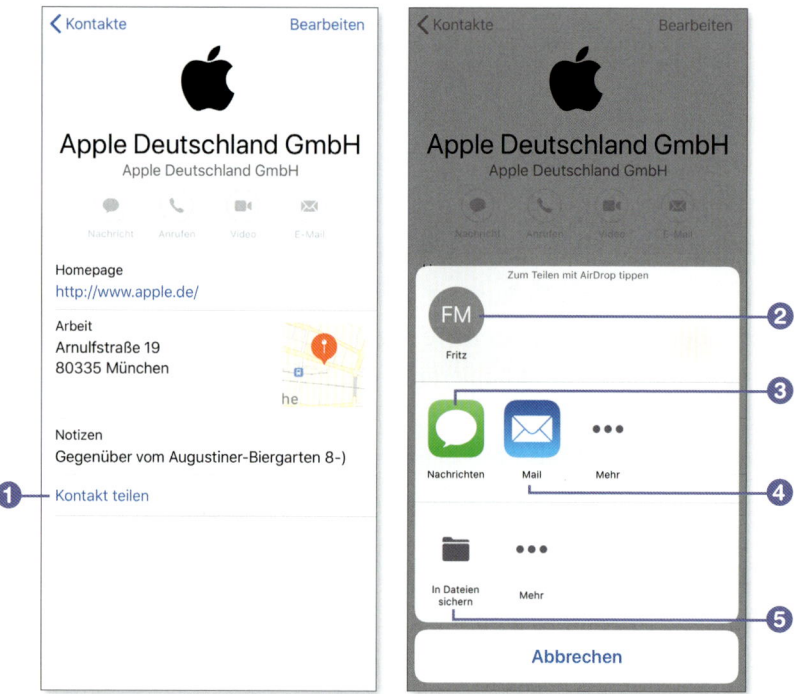

3. Es ist auch möglich, die VCF-Datei über **In Dateien sichern** ❺ anderen Apps zu übergeben.

Der Austausch von Kontaktdaten funktioniert natürlich in beide Richtungen. Sie können eine VCF-Datei nicht nur versenden, sondern eine empfangene Datei auch problemlos in Ihre Kontakte aufnehmen.

Wenn Sie eine E-Mail oder Nachricht mit einer VCF-Datei im Anhang bekommen haben, tippen Sie auf das Symbol des Anhangs. Der Kontakteintrag wird angezeigt, und Sie können die Daten nun entweder als neuen Kontakt aufnehmen oder mit einem bestehenden Kontakt zusammenführen.

Kapitel 8
Telefonieren mit dem iPhone

Das iPhone ist ein leistungsfähiger Computer im Taschenformat – mit dem Sie natürlich auch telefonieren können. Dabei ist das iPhone nicht einfach nur ein normales Handy, sondern beherrscht auch Feinheiten wie *Videotelefonie* oder (kostenlose) Audiotelefonie per *FaceTime*. Und dank Anrufbeantworter und Anrufliste entgeht Ihnen bestimmt kein Anruf.

Shutterstock: 118948195 © Tropical Breeze Studio, 230098735 © Nadino

Ob »herkömmliche« Sprach- oder moderne Videotelefonie, Ihr iPhone ist bestens ausgestattet und stets einsatzbereit.

Ein Telefonat führen

Da das Telefon häufig benutzt wird und im schnellen Zugriff sein sollte, befindet sich das App-Symbol standardmäßig im Dock. Ein Tipp darauf startet die Telefonfunktion des iPhones. In der App haben Sie verschiedene Möglichkeiten, ein Telefonat zu beginnen: Entweder Sie tippen über den **Ziffernblock** die gewünschte Rufnummer ein, oder Sie wählen in der Tab-Leiste **Kontakte**. In diesem Fall wählen Sie Ihren Gesprächspartner aus den Kontakten auf dem iPhone aus.

1. Um eine Telefonnummer direkt einzutippen, tippen Sie in der Telefon-App zunächst in der Menüleiste auf die Taste **Ziffernblock** ❶.

2. Tippen Sie die gewünschte Nummer – zusammen mit der Vorwahl! – ein. Haben Sie sich vertippt und möchten eine Ziffer löschen, tippen Sie auf die **Löschen**-Taste ❷.

3. Tippen Sie nun auf das Telefonhörer-Symbol ❸, um die Verbindung aufzubauen.

Wenn Sie die Telefonnummer bereits in Ihren Kontakten gespeichert haben, müssen Sie die Nummer nicht extra eingeben:

1. Tippen Sie in der Menüleiste auf **Kontakte** ❹. Sie sehen nun alle gespeicherten Kontakte.

2. Wählen Sie den gewünschten Kontakt durch Antippen aus.

3. Tippen Sie auf das Telefonhörer-Symbol ❺ oder direkt auf die Telefonnummer.

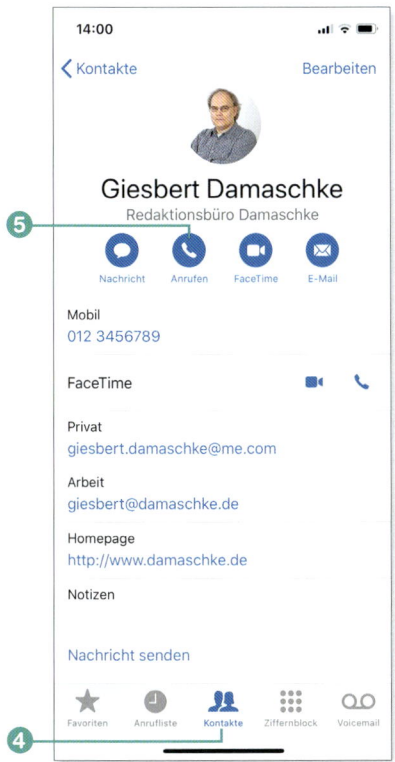 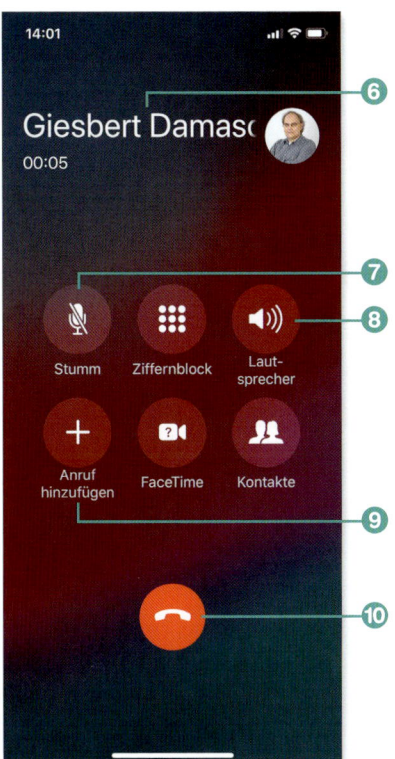

Während des Telefonats sehen Sie auf dem Bildschirm den Namen Ihres Gesprächspartners ➏ (oder, falls Sie seine Daten nicht in Ihren Kontakten gespeichert haben, die Telefonnummer) und einige Tasten, über die Sie das Telefonat beispielsweise kurzzeitig stummschalten ➐ oder über den Lautsprecher ➑ des iPhones ausgeben können (falls Sie das iPhone einmal aus der Hand legen müssen).

Eine Telefonkonferenz führen

Mit dem iPhone können Sie nicht nur mit einzelnen Personen telefonieren, sondern mit mehreren; es ist also möglich, mit dem iPhone eine Telefonkonferenz zu organisieren. Tippen Sie dazu, nachdem Sie den ersten Anrufer erreicht haben, auf die Taste **Anruf hinzufügen** ➒, um einen weiteren Teilnehmer anzurufen.

Um das Telefonat zu beenden, tippen Sie auf den roten Telefonhörer ❿. Ein bloßes Verlassen der Telefon-App reicht nämlich nicht – dabei bleibt die Telefonverbindung bestehen (mehr dazu im Abschnitt »Während eines Telefonats andere Dinge tun« auf Seite 131).

TIPP

Ein Gespräch stummschalten oder halten

Wenn Sie ein Gespräch über die **Stumm**-Taste stummschalten, hören Sie zwar noch Ihren Gesprächspartner, aber er hört Sie nicht mehr. So können Sie während eines Telefonats zum Beispiel rasch etwas mit Ihrem Bürokollegen bereden. Berühren und halten Sie diese Taste, wird das Gespräch *gehalten*. In diesem Fall hören Sie nichts mehr und Ihr Gesprächspartner hört eine Ansage wie »Die Verbindung wird gehalten«. Sie können das iPhone jetzt zur Seite legen, um z. B. benötigte Unterlagen herauszusuchen, ohne das Telefonat zu unterbrechen. Sobald Sie wieder gesprächsbereit sind, tippen Sie erneut auf die Taste und setzen das Gespräch fort.

Einen Anruf annehmen oder ablehnen

Wenn Sie angerufen werden, kann Ihr iPhone auf zwei verschiedene Weisen reagieren, je nachdem, ob Sie es aktuell benutzen – das Gerät also eingeschaltet ist – oder ob es im Stand-by-Betrieb ist. In beiden Fällen wird zwar der Name ❶ bzw. die Telefonnummer des Anrufers gezeigt, aber ansonsten unterscheidet sich die Anzeige.

Ist das iPhone eingeschaltet, können Sie einen Anruf über einen Tipp auf die entsprechende Taste entweder **Annehmen** ❷ oder **Ablehnen** ❸. Beim Anruf eines iPhones im gesperrten Zustand oder im Stand-by-Betrieb sehen Sie zwar einen Schalter **Annehmen** ❹ (schieben Sie ihn nach rechts, um den Anruf entgegenzunehmen), aber es scheint keine Möglichkeit zu geben, das Gespräch abzulehnen. Doch das täuscht: Hier drücken Sie einfach etwas länger auf die Stand-by-Taste, um den aktuell störenden Anrufer auf die *Mailbox* (also den Anrufbeantworter) umzuleiten.

Je nachdem, ob Ihr iPhone gerade aktiv ist (links) oder sich im Stand-by-Betrieb befindet (rechts), unterscheidet sich der Bildschirm bei einem ankommenden Anruf.

Wenn Sie einen Anruf nicht entgegennehmen können (oder möchten), können Sie mit einer Nachricht antworten oder eine Erinnerung anlegen, damit Sie nicht vergessen, zu einem späteren Zeitpunkt den Anrufer zurückzurufen (mit den Apps *Nachrichten* und *Erinnerungen* beschäftigen wir uns in Kapitel 9, »Nachrichten verschicken und empfangen«, und in Kapitel 13, »Notizen und Erinnerungen«).

Tippen Sie auf den Schalter **Nachricht** ❺, können Sie eine Standardnachricht im folgenden Menü auswählen oder aber eine persönliche Nachricht

über **Eigene** ❻ eingeben. Durch Antippen von **Erinnerung** ❼ auf dem Sperrbildschirm lässt sich der Erinnerungszeitpunkt ❽ festlegen.

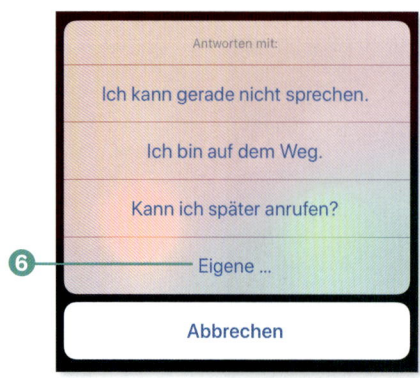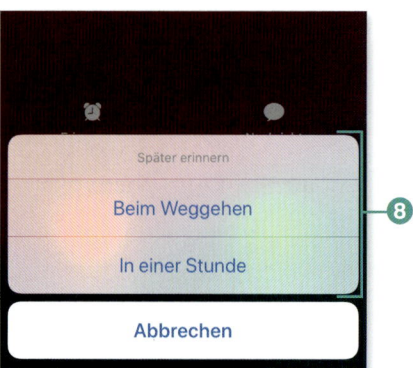

*Auf einen Anruf können Sie auch mit einer Nachricht antworten
oder sich später an einen Rückruf erinnern lassen.*

TIPP

Nachrichten

Das iPhone bietet von Haus aus drei Texte an, mit denen Sie einen
Anruf mit einer Nachricht beantworten können. Diese drei Textbau-
steine können Sie natürlich nach Ihren Wünschen anpassen. Rufen
Sie dazu **Einstellungen ▸ Telefon ▸ Mit Nachricht antworten** auf. Tippen Sie auf den Text, den Sie ändern möchten, und geben Sie Ihre
eigene Formulierung ein.

Telefonieren mit dem Headset

Sie können auch dann ein Gespräch entgegennehmen, wenn Sie mit Ihrem
iPhone über das Headset gerade Musik hören – und zwar ohne dass Sie Ihr
iPhone dabei zur Hand nehmen müssen.

1. Drücken Sie auf den Mikrofon-Schalter ❶ des Headsets. Dabei wird die
Musikwiedergabe angehalten und das Gespräch angenommen.

2. Mit einem weiteren Druck auf den Schalter legen Sie den Hörer auf und kehren zu Ihrer Musik zurück. Dabei spielt die Musik-App an der Stelle weiter, an der sie angehalten wurde.

3. Möchten Sie beim Musikhören nicht gestört werden, drücken Sie die Taste des Headsets gut zwei Sekunden lang. Lassen Sie die Taste wieder los, kehren Sie zur Musik zurück und der Anrufer landet auf dem Anrufbeantworter.

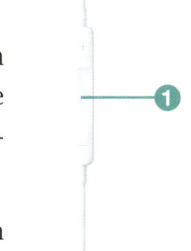

4. Um einen Anrufer abzuweisen, drücken Sie doppelt auf den Schalter, der Anrufer hört nun ein Besetztzeichen.

Während eines Telefonats andere Dinge tun

Eine wirklich praktische Sache beim iPhone ist, dass Sie telefonieren und gleichzeitig andere Dinge tun können, etwa im Internet surfen, E-Mails lesen, Kontaktdaten bearbeiten oder einen Termin eintragen. So lassen sich während eines Gesprächs rasch Informationen nachschlagen, E-Mails lesen oder auch Notizen anlegen.

1. Wenn Sie das Gespräch nicht unterbrechen, sondern weiterplaudern möchten, aktivieren Sie die Freisprechanlage des iPhones. Dazu nehmen Sie das iPhone vom Ohr und tippen auf die Taste **Lautsprecher**, die auf dem Display erscheint.

2. Mit einer Wischgeste nach oben verlassen Sie die Telefon-App und landen wie gewohnt auf dem Home-Bildschirm des iPhones, allerdings ohne dass das Telefonat beendet wird. Nun können Sie die gewünschte App (etwa Safari, Mail oder Notizen) starten.

3. Zur Erinnerung daran, dass Sie nach wie vor telefonisch verbunden sind, wird die Uhrzeit links oben grün und leicht pulsierend hinterlegt ❷. Tippen Sie darauf, kehren Sie zur Telefon-App zurück.

INFO

Auflegen nicht vergessen!

Da Sie die Telefon-App bei einem laufenden Gespräch verlassen können, ohne dass das Gespräch beendet wird, müssen Sie ein Telefonat mit einem Tipp auf den roten Telefonhörer explizit beenden.

Die Anrufliste

Alle Telefonate, die Sie führen, aber auch alle fehlgeschlagenen Anrufe (sei es, dass Sie nicht ans Telefon gegangen sind, sei es, dass Sie Ihren Gesprächspartner nicht erreicht haben) werden in der Anrufliste gespeichert.

Das ist ausgesprochen praktisch, wenn Sie z. B. wissen möchten, wann genau Sie mit jemandem telefoniert haben oder welche Anrufe in Ihrer Abwesenheit eingetroffen sind.

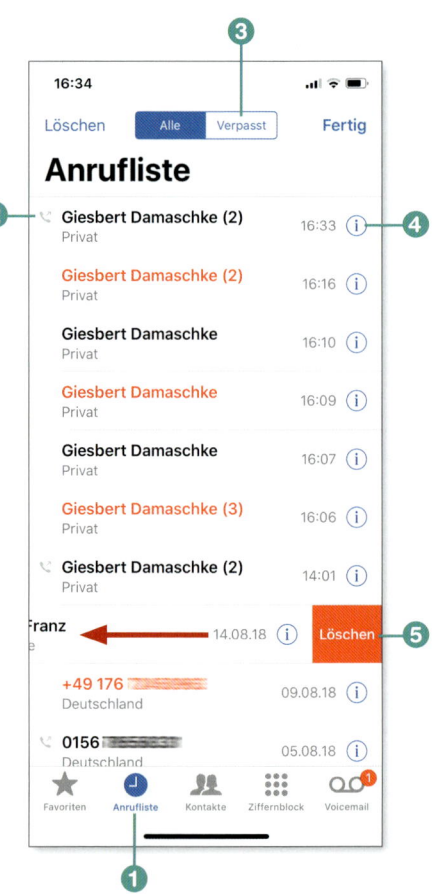

1. Um die Anruferliste einzusehen, tippen Sie in der Telefon-App auf **Anrufliste** ❶. Sie sehen nun eine Übersicht über sämtliche Telefonate und Anrufe. Falls Sie die Telefon-App gerade nicht geöffnet haben, drücken Sie etwas kräftiger auf das Symbol der Telefon-App und wählen im Menü **Letzten Anruf zeigen**.

2. Fehlgeschlagene, verpasste oder abgelehnte Anrufe werden rot, alle übrigen schwarz markiert. Alle ausgehenden Anrufe, die Sie mit dem iPhone getätigt haben, werden mit einem Telefonhörer markiert ❷.

3. Möchten Sie rasch nur die verpassten Anrufe angezeigt bekommen, tippen Sie auf **Verpasst** ❸.

4. Tippen Sie auf das **i** ❹, um sich Details wie Datum, Uhrzeit und Dauer eines Anrufs anzeigen zu lassen. Außerdem erhalten Sie eine Übersicht über alle auf dem iPhone hinterlegten Kontaktdaten der entsprechenden Person. Zudem können Sie hier neue Rufnummern in Ihre Kontakte aufnehmen.

5. Tippen Sie auf den Eintrag oder die angezeigte Rufnummer, um die entsprechende Person an- bzw. zurückzurufen.

TIPP

3D Touch in der Anrufliste

Drücken Sie etwas fester auf einen Eintrag der Anrufliste, rufen Sie über *3D Touch* ein Kontextmenü auf, über das Sie dem Anrufer etwa eine Nachricht oder eine E-Mail schicken können. Bei neuen Rufnummern haben Sie zudem die Möglichkeit, den Anrufer in Ihre Kontakte zu übernehmen.

Die Anruferliste kann im Laufe der Zeit ganz schön anwachsen. Um die Liste zu bereinigen oder auch komplett zu löschen, gibt es verschiedene Möglichkeiten: Möchten Sie einen einzelnen Eintrag löschen, wischen Sie in der Anruferliste von rechts nach links über den Eintrag und tippen danach auf **Löschen** ❺. Um alle Einträge auf einen Schlag loszuwerden, tippen Sie oben rechts auf **Bearbeiten** und anschließend auf **Löschen**.

Der Anrufbeantworter

Anrufer, die Sie nicht erreichen, landen automatisch beim Anrufbeantworter, der beim iPhone *Voicemail* heißt. Auf dem Home-Bildschirm erkennen Sie verpasste Anrufe an der kleinen Ziffer am Symbol der Telefon-App. Auch wenn Ihnen ein Anrufer eine Nachricht auf dem Anrufbeantworter hinterlassen hat, erscheint an der Telefon-App auf dem Home-Bildschirm diese kleine Zahl. Innerhalb der App sehen Sie dann, ob es sich »nur« um einen

verpassten Anruf handelt oder ob der Anrufer auch eine Nachricht hinterlassen hat. Das erkennen Sie dann an der Zahl am Register **Voicemail**.

1. Um eine Voicemail abzuhören, tippen Sie in der Telefon-App auf **Voicemail** ❶. Alternativ können Sie auch etwas fester auf das Symbol der Telefon-App drücken und **Letzte Voicemail anzeigen** wählen.

2. Sie sehen nun sämtliche auf dem iPhone gespeicherten Sprachnachrichten. Eine neue, noch nicht abgespielte Nachricht wird mit einem blauen Punkt ❷ markiert. Tippen Sie die gewünschte Sprachnachricht an.

3. Tippen Sie nun auf die **Wiedergabe**-Taste (die während der Wiedergabe zur **Pause**-Taste ❸ wird), und halten Sie das iPhone ans Ohr. Sie hören nun die entsprechende Nachricht. Möchten Sie das iPhone »auf laut« stellen, tippen Sie auf **Lautsprecher** ❹ und anschließend auf die **Wiedergabe**-Taste.

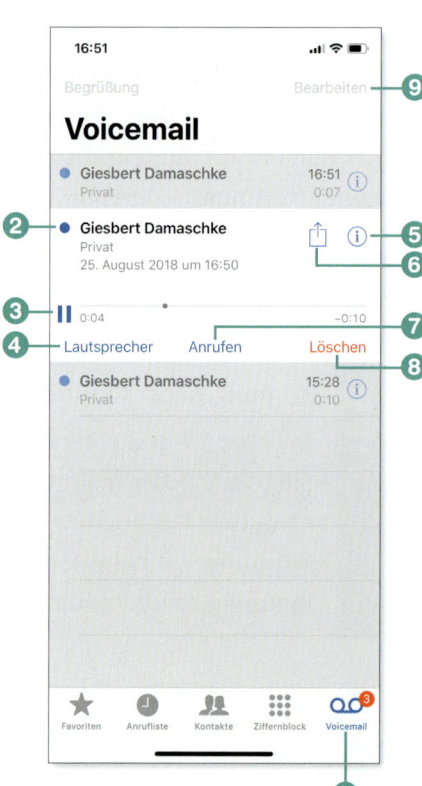

4. Um sich die Kontaktdaten eines Anrufers anzeigen zu lassen, tippen Sie auf das i ❺. Hier können Sie neue Nummern auch gleich als neuen Kontakt aufnehmen oder einem bereits bestehenden Kontakt zuweisen. Die **Teilen**-Taste ❻ bietet Ihnen die Möglichkeit, die Voicemail als Audiodatei weiterzureichen oder in der App *Sprachmemos* zu speichern (diese nützliche App stelle ich Ihnen im Abschnitt »Das iPhone als Diktiergerät« ab Seite 370 vor).

5. Mit einem Tipp auf **Anrufen** ❼ rufen Sie sofort zurück.

Alle Voicemails bleiben auf dem iPhone gespeichert, bis Sie sie manuell löschen. Um eine Nachricht nach dem Abhören zu löschen, tippen Sie auf

Löschen ❽. Eine beliebige Nachricht löschen Sie, indem Sie sie in der Liste der Nachrichten von rechts nach links durchstreichen und auf Löschen tippen. Möchten Sie mehrere Sprachnachrichten in einem Rutsch löschen, tippen Sie in der Listenansicht oben rechts auf Bearbeiten ❾. Suchen Sie dann die entsprechenden Nachrichten per Fingertipp aus und wählen Sie anschließend Löschen.

Die gelöschten Nachrichten werden nicht sofort vom iPhone entfernt, sondern landen in einem Verzeichnis Gelöscht. Von hier aus können Sie die Nachrichten endgültig löschen, noch einmal wiedergeben oder auch wiederherstellen.

TIPP

Den Anrufbeantworter einrichten

Von Haus aus meldet sich Ihr Anrufbeantworter mit einer Standardnachricht Ihres Mobilfunkanbieters, etwa »Guten Tag! Dies ist die Mobilbox von ...«, gefolgt von Ihrer Telefonnummer. Das ist natürlich ein wenig unpersönlich, lässt sich aber problemlos anpassen. Tippen Sie dazu im Register Voicemail oben links auf Begrüßung, und nehmen Sie Ihre eigene Ansage auf. Bevor Sie die Ansage speichern, können Sie sie noch einmal zur Kontrolle abhören.

Favoriten zur Kurzwahl festlegen

Bei Freunden und Bekannten, die Sie häufiger anrufen, ist es natürlich etwas lästig, zuerst in den Kontakten blättern zu müssen, bevor Sie die gewünschte Nummer wählen können. Müssen Sie auch gar nicht. Denn schließlich können Sie beliebige Kontakte den Favoriten hinzufügen, die Ihnen danach auf Fingertipp sofort zur Verfügung stehen.

Zum einen können Sie die Favoriten über das Register Favoriten (❶ auf Seite 136) der Telefon-App festlegen. Tippen Sie hier auf das Pluszeichen ❷, wählen Sie danach den gewünschten Kontakt aus Ihrer Kontaktliste aus. Diese Methode eignet sich vor allem, um im Nachhinein Kontakte zu Favoriten hinzuzufügen.

Legen Sie einen neuen Kontakt an, können Sie ihn aber auch gleich in der Kontakte-App oder im Register **Kontakte** ❸ der Telefon-App hinzufügen. Wischen Sie dazu den Eintrag etwas nach oben, und tippen Sie auf **Zu Favoriten** ❹.

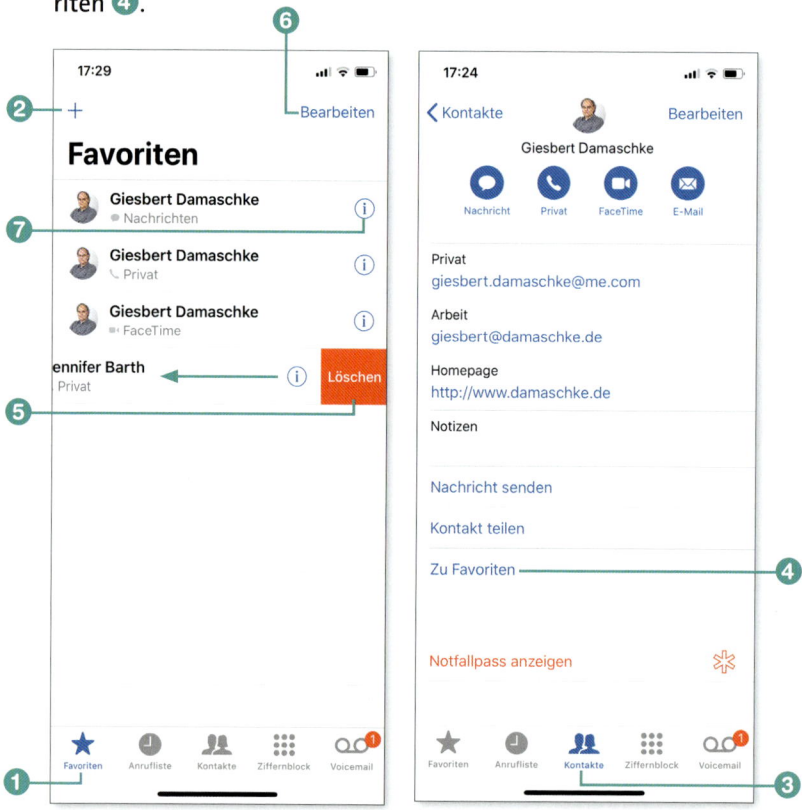

Besonders wichtige Kontakte können Sie als Favoriten markieren und haben sie so immer im raschen Zugriff.

Möchten Sie einen Eintrag aus den Favoriten entfernen, streichen Sie ihn von rechts nach links durch und tippen auf **Löschen** ❺. Um die Reihenfolge der Einträge zu ändern, tippen Sie auf **Bearbeiten** ❻ und verschieben die Einträge nach Wunsch.

Möchten Sie zu einem Eintrag in Ihrer Favoritenliste den kompletten Datensatz in der Kontakte-App sehen (und ggf. bearbeiten), dann tippen Sie nicht auf den Eintrag, sondern auf das blaue **i** ❼.

Video- und Audiotelefonate mit FaceTime

Neben der normalen Telefonfunktion hat das iPhone noch eine weitere, kostenlose Telefoniefunktion zu bieten: FaceTime. Damit können Sie Video- und Audiotelefonate per Internet führen. Das ist eine feine Sache, hat aber eine Einschränkung: FaceTime funktioniert nur zwischen Apple-Geräten, also etwa einem iPhone und einem iPad oder einem iPhone und einem Computer von Apple mit der aktuellen Version des Betriebssystems macOS. Und natürlich benötigen Sie für FaceTime eine Apple-ID.

Die Verbindung bei einem FaceTime-Gespräch wird über die Apple-Server hergestellt, als »Telefonnummer« gilt dabei Ihre Apple-ID. Damit Sie Face-Time nutzen können, müssen Sie es ggf. unter **Einstellungen** ▸ **FaceTime** einschalten (was standardmäßig der Fall ist).

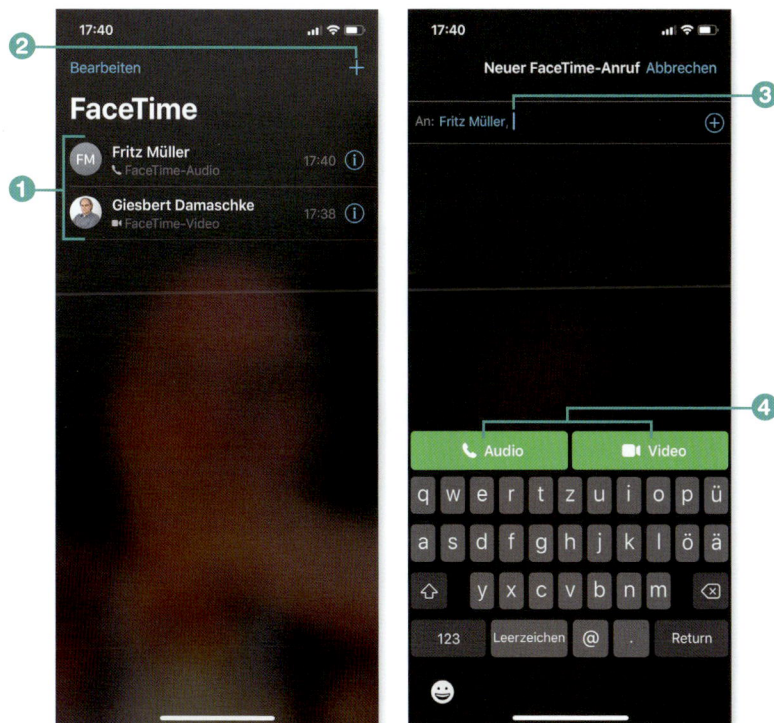

Mit FaceTime führen Sie kostenlose Audio- und Videotelefonate via Internet – allerdings nur zwischen Apple-Geräten.

Um ein FaceTime-Telefonat zu führen, rufen Sie zunächst die FaceTime-App auf. Hier sehen Sie alle bisherigen FaceTime-Telefonate (❶ auf Seite 137). Tippen Sie auf das Pluszeichen ❷, tragen Sie Ihren Gesprächspartner ein ❸ und wählen Sie, ob Sie ein **Audio**- oder ein **Video**-Telefonat führen möchten ❹. Ein Audiotelefonat unterscheidet sich praktisch nicht von einem normalen Telefonat. Zusätzlich gibt es jedoch eine Taste, mit der Sie von Audio zu Video wechseln können.

ACHTUNG

Ist FaceTime wirklich kostenlos?

Die Funktionen, die FaceTime Ihnen zur Verfügung stellt, sind kostenlos. Da FaceTime aber eine Internetverbindung benötigt, kommen im Mobilfunkbetrieb rasch größere Kosten zusammen. Setzen Sie FaceTime am besten nur in einem WLAN ein.

Während eines Videotelefonats sehen Sie auf dem Display drei große Tasten. Über die linke Taste ❺ können Sie ein Videotelefonat mit verschiedenen Effekten aufpeppen. Die rechte Taste ❻ öffnet ein Kontextmenü, in dem Sie das Gespräch etwa vorübergehend stummschalten oder zwischen Front- und Rückseitenkamera wechseln können. Mit einem Tipp auf die große rote Taste ❼ beenden Sie das Gespräch.

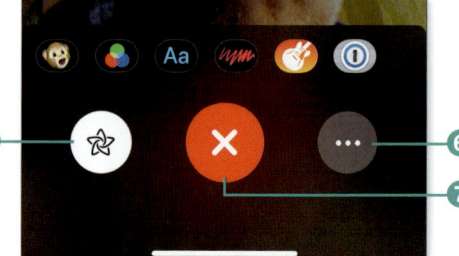

Diese Tasten stehen Ihnen während eines Videotelefonats zur Verfügung.

TIPP

Zwischen Telefonat und Videotelefonat wechseln

Es ist jederzeit möglich, zwischen einem normalen Telefonat über das Mobilfunknetz zur Videotelefonie mit FaceTime zu wechseln (vorausgesetzt, Ihr Gesprächspartner telefoniert auch mit einem iPhone und hat FaceTime aktiviert). Tippen Sie während des Telefonats einfach auf **FaceTime**. Beenden Sie die FaceTime-Verbindung, kehren Sie automatisch zum normalen Telefonat zurück.

Bitte nicht stören

Wenn Sie einmal Ihre Ruhe haben und nicht von Anrufen zur Unzeit gestört werden möchten, müssen Sie Ihr iPhone nicht aus- oder stummschalten. Denn für diesen Fall können Sie das iPhone in den Modus *Nicht stören* versetzen, in dem es keine Anrufe annimmt, sondern jeden Anrufer sofort auf den Anrufbeantworter umleitet. Diesen Modus aktivieren Sie blitzschnell im Kontrollzentrum:

1. Öffnen Sie das Kontrollzentrum mit einer Wischgeste von der oberen rechten Ecke zur Mitte.

2. Tippen Sie auf das Mondsymbol ❶. Die Taste wird nun hervorgehoben, und der Modus *Nicht stören* wird aktiviert.

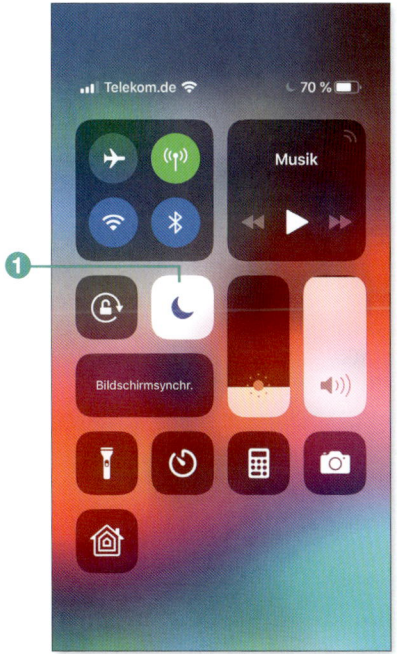

3. Wenn Sie etwas fester auf das Mondsymbol drücken, können Sie festlegen, für wie lange der Modus aktiviert werden soll ❷. (Beim iPhone XR berühren und halten Sie diese Taste.)

4. Um den Modus zu beenden, wiederholen Sie die beiden ersten Schritte.

Besonders praktisch ist, dass Sie den Modus auch zu bestimmten Uhrzeiten automatisch ein- bzw. ausschalten können. So müssen Sie sich nicht mehr darum kümmern, dass Sie etwa zwischen 22:00 Uhr und 7:00 Uhr nicht gestört werden möchten:

1. Öffnen Sie die **Einstellungen**, und tippen Sie im Menü auf **Nicht stören**. Alternativ können Sie auch im Kontrollzentrum etwas fester auf die Mondsichel drücken und **Zeitplan** wählen (❸ auf Seite 139).

2. Aktivieren Sie durch Antippen den Schalter **Geplant** ❹. Daraufhin wird unmittelbar darunter eine weitere Schaltfläche eingeblendet ❺, über die Sie die automatische Ruhezeit einstellen können.

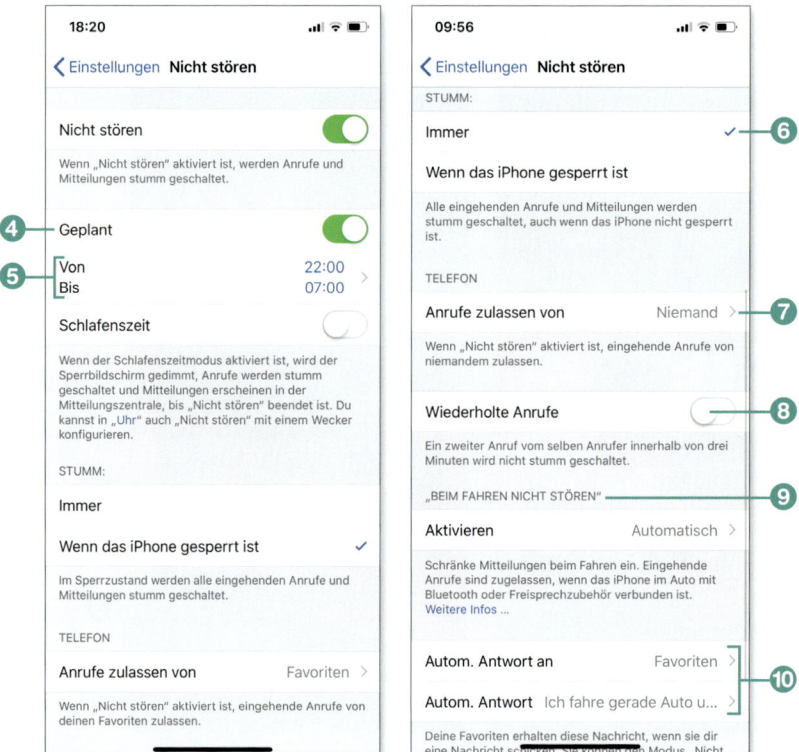

Standardmäßig reagiert das iPhone nun nicht mehr auf Anrufe oder Nachrichten – mit drei Ausnahmen:

- **Aktiviertes iPhone:** Wenn Sie Ihr iPhone aktuell benutzen, greift der Ruhemodus ebenfalls nicht.

- **Favoriten:** Kontakte in Ihren Favoriten werden auch bei aktiviertem Ruhemodus durchgestellt, schließlich handelt es sich hier in der Regel um Ihnen besonders wichtige Personen, deren Anrufe Sie nicht verpassen möchten.

- **Wiederholte Anrufe:** Wer Sie mehrfach kurz nacheinander anruft, der wird vermutlich etwas Wichtiges zu sagen haben – also stellt das iPhone diese Anrufe ebenfalls durch.

Alle drei Punkte können Sie natürlich nach Ihren Wünschen anpassen. Damit Ihr iPhone wirklich vollständig Ruhe gibt, treffen Sie folgende Einstellungen:

- Aktivieren Sie im Abschnitt **Stumm** den Punkt **Immer 6**.
- Tippen Sie auf **Anrufe zulassen von 7**, und wählen Sie **Niemand**.
- Deaktivieren Sie den Schalter **Wiederholte Anrufe 8**.

Eine Besonderheit ist der Modus **Beim Fahren nicht stören 9**, der dafür sorgt, dass Sie nicht von Nachrichten oder Anrufen abgelenkt werden, wenn Sie am Steuer sitzen. Der Modus muss üblicherweise manuell aktiviert werden, lässt sich aber auch automatisieren. Tippen Sie dazu auf **Aktivieren**, und treffen Sie Ihre Wahl. Damit Ihre wichtigsten Kontakte wissen, dass Sie aktuell keine Anrufe entgegennehmen können, verschickt das iPhone auf Wunsch eine entsprechende Nachricht **10**.

Kontakte blockieren

Nicht immer möchte man für einen Kontakt telefonisch oder per Nachricht erreichbar sein. In diesem Fall bietet das iPhone die Möglichkeit, bestimmte Kontakte zu blockieren. Das funktioniert in den Apps *Telefon*, *Nachrichten* und *FaceTime*, wobei das Vorgehen immer gleich ist. Ich erkläre es Ihnen hier am Beispiel der Telefon-App.

1. Wählen Sie in der Telefon-App das Register **Kontakte 1**, und rufen Sie den gewünschten Eintrag mit einem Fingertipp auf.

2. Wischen Sie den Eintrag nach oben, bis Sie ganz unten im Kontaktformular den Eintrag **Anrufer blockieren** ❷ sehen. Tippen Sie darauf, und bestätigen Sie den folgenden Hinweis mit **Kontakt blockieren** ❸.

 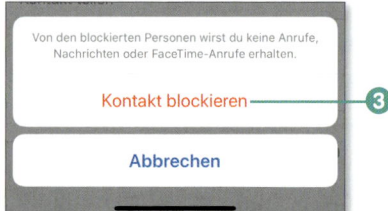

Ein so gesperrter Kontakt kann Sie nun weder per Telefon noch per Face-Time anrufen und Ihnen auch keine Nachricht mehr schicken. Das heißt – so ganz stimmt das nicht: Ein Anruf wird auf den Anrufbeantworter umgeleitet, eine Nachricht landet immer noch auf Ihrem iPhone – aber das iPhone stört Sie nicht mehr mit dem üblichen Hinweis auf eine neue Nachricht. Aber natürlich können Sie jederzeit nachschauen, wer versucht hat, Sie zu erreichen – und ggf. zurückrufen.

Um zu sehen, welche Kontakte Sie gesperrt haben, oder um eine Sperrung aufzuheben, gehen Sie folgendermaßen vor: Rufen Sie **Einstellungen ▸ Telefon ▸ Anrufe blockieren u. identifizieren** auf. Sie sehen nun die Liste aller gesperrten Kontakte. Um eine Sperre aufzuheben, streichen Sie den entsprechenden Eintrag von rechts nach links durch und tippen auf **Blockierung aufheben**. Da die Blockierung systemweit gilt, finden Sie sie auch unter **Einstellungen ▸ Nachrichten ▸ Blockiert** und unter **FaceTime ▸ Nachrichten ▸ Blockiert**.

> **TIPP**
>
> **Nicht gespeicherte Nummern blockieren**
>
> Es kommt hin und wieder vor, dass Sie von lästigen Werbeanrufen gestört werden. Auch diese lassen sich unterdrücken. Öffnen Sie dazu die Telefon-App, und tippen Sie auf **Anrufliste**. Lassen Sie sich bei der betreffenden Nummer über **i** die Details anzeigen. Auch hier finden Sie den Befehl **Kontakt sperren**.

Kapitel 9

Nachrichten verschicken und empfangen

Mit der Nachrichten-App senden und empfangen Sie *SMS*, also die Standard-Kurznachrichten, die jedes Handy und Smartphone beherrscht. Doch die App kann noch mehr. Sie können Anhänge verschicken, Sticker und Animationen einbinden oder auch handschriftliche Notizen nutzen. Damit Sie allerdings alle Möglichkeiten der Nachrichten-App einsetzen können, müssen sowohl Sie als auch der Empfänger eine Apple-ID besitzen und den kostenlosen Dienst *iMessage* aktiviert haben.

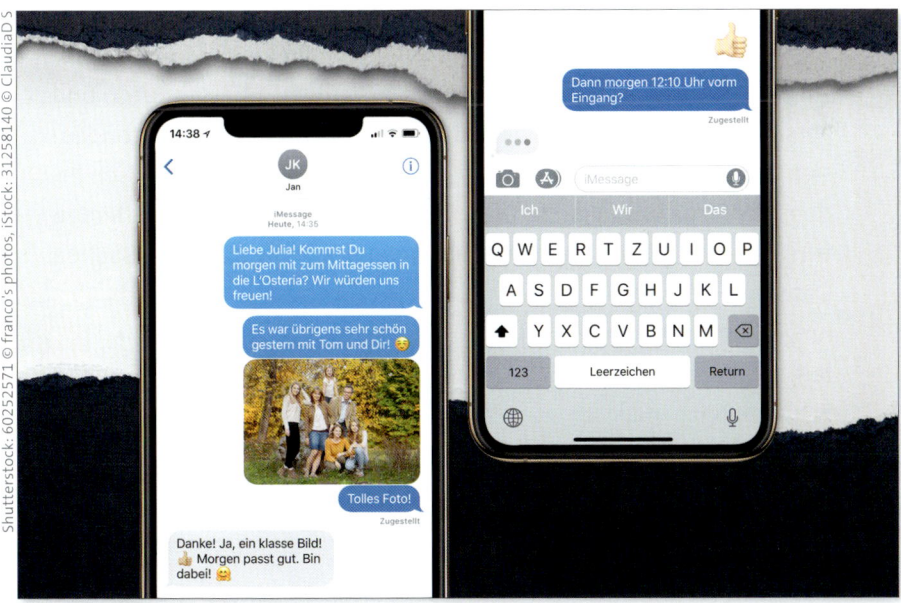

Die Nachrichten-App kümmert sich um Ihre SMS, MMS und iMessages.

SMS, MMS und iMessage

Die Nachrichten-App auf dem iPhone unterstützt drei verschiedene Standards für den Versand und Empfang von Kurz- und nicht ganz so kurzen Nachrichten. Schauen wir uns diese daher einmal genauer an:

- **SMS:** SMS ist die Abkürzung für *Short Message Service* (Kurzmitteilungsdienst). Das ist ein Nachrichtenstandard, der von jedem Handy oder Smartphone unterstützt wird. Eine SMS darf maximal 160 Zeichen lang sein, längere SMS werden auf mehrere Kurznachrichten aufgeteilt. Beim Versand einer SMS können Kosten bei Ihrem Mobilfunkanbieter entstehen.

- **MMS:** MMS (*Multimedia Messaging Service*) ist die in die Jahre gekommene Multimedia-Erweiterung von SMS, die ebenfalls von fast allen Endgeräten verstanden, heute aber kaum noch genutzt wird. Hier können Sie bis zu 30.000 Zeichen Text, Bilder, kurze Videos und Ähnliches mehr verschicken. Doch Vorsicht! MMS können, je nach Mobilfunkanbieter und -vertrag, empfindlich ins Geld gehen!

TIPP

Kostenfallen im Blick behalten: Zeichenanzahl ein, MMS aus

Damit Sie bei einer SMS die Zeichengrenze nicht überschreiten und versehentlich zwei statt einer Kurznachricht versenden, sollten Sie sich die Zeichenzahl einblenden lassen. Außerdem empfehle ich Ihnen, MMS zu deaktivieren. Dieses System ist heute praktisch bedeutungslos und kann unter Umständen deutliche Kosten verursachen.

Dazu rufen Sie **Einstellungen ▸ Nachrichten** auf, aktivieren den Schalter **Zeichenanzahl** ❶ und deaktivieren den Schalter **MMS-Nachrichten** ❷.

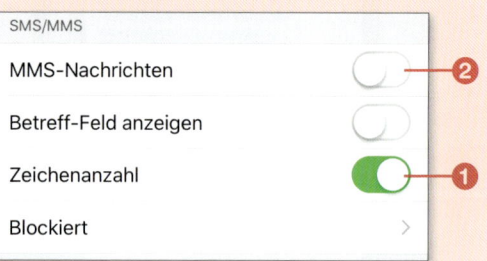

- **iMessage:** Apples kostenloser Nachrichtendienst, der jedoch nur mit Apple-Geräten funktioniert, also mit iPhone, iPad, iPod touch und den Mac-Computern. Sie können mehr oder weniger belie- 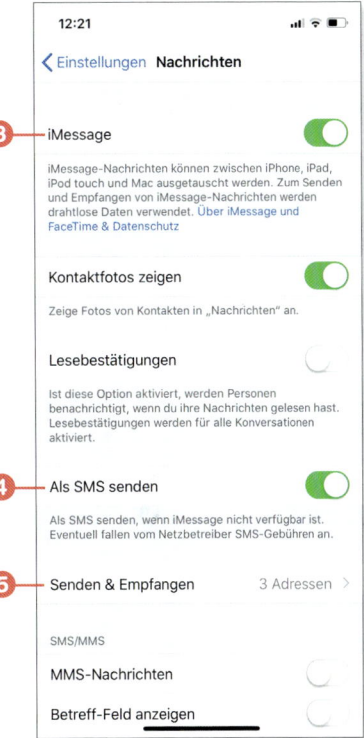 big lange Texte schreiben, Fotos, Videos, Dateien oder Sprachnachrichten verschicken, Ihre Nachrichten mit Stickern und Animationen schmücken und manches mehr. Damit iMessage genutzt werden kann, muss auf allen Endgeräten der Dienst aktiviert sein (also sowohl der Sender als auch der Empfänger müssen den Dienst verwenden). Sobald Sie sich auf dem iPhone bei iCloud angemeldet haben, ist iMessage standardmäßig aktiv, Sie können den Dienst aber auch unter **Einstellungen ▶ Nachrichten** mit dem Schalter **iMessage** ❸ gezielt ein- bzw. ausschalten. Falls iMessage einmal nicht zur Verfügung steht, kann eine iMessage auch als normale SMS verschickt werden. Aktivieren Sie dazu den Schalter **Als SMS senden** ❹.

Unter **Senden & Empfangen** ❺ können Sie festlegen, welche Kontaktdaten Sie für iMessage verwenden möchten. Üblicherweise funktioniert iMessage mit Ihrer Apple-ID und mit Ihrer Telefonnummer.

INFO

Die Kosten von iMessage

Der Dienst iMessage ist kostenlos. Dennoch sehen Sie bei der ersten Aktivierung einen Hinweis, dass Gebühren anfallen können, denn Apple verwaltet iMessage zentral von seinen Servern im Ausland aus (für Europa übrigens fast immer Irland). Damit der Dienst für Ihr iPhone und Ihre Apple-ID auf dem Server aktiviert werden kann, muss Ihr iPhone eine bestimmte SMS an den Server schicken – und dafür kann Ihr Mobilfunkbetreiber die Gebühr für eine Auslands-SMS erheben. Die meisten Betreiber verzichten aber auf diesen Minibetrag.

Nachrichten schreiben, empfangen, beantworten

Das Schreiben einer Nachricht ist denkbar einfach:

1. Rufen Sie vom Home-Bildschirm die Nachrichten-App auf, und tippen Sie oben rechts auf das Symbol für eine neue Nachricht **❶**.

2. Tragen Sie einen Empfänger ein. Wenn der Empfänger bereits in Ihren Kontakten gespeichert ist, tippen Sie auf das Pluszeichen **❷** und wählen ihn aus Ihren Kontakten aus. Wenn Sie die Nachricht an mehrere Empfänger schicken, wiederholen Sie diesen Schritt.

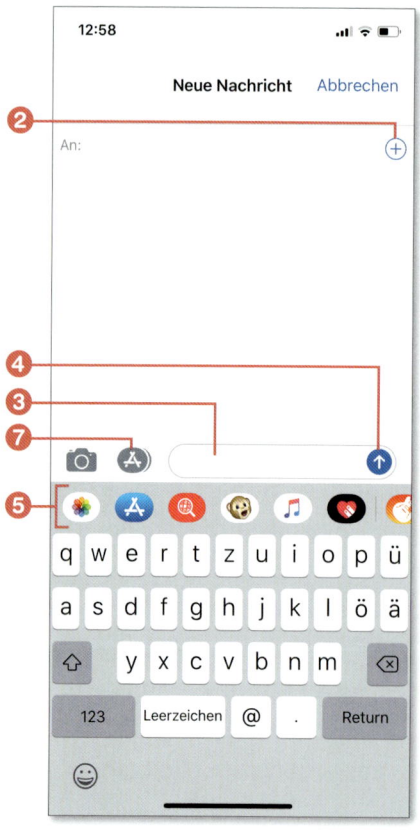

3. Tippen Sie unten in das kleine Textfeld ❸, geben Sie dort Ihre Nachricht ein, und schicken Sie sie mit einem Tipp auf den Pfeil ❹ auf die Reise. Wenn die Nachricht als SMS verschickt wird, ist dieser Pfeil grün, bei einer iMessage ist er blau.

Wie Sie vermutlich beim Tippen gemerkt haben, verändert sich die Tastatur, sobald Sie etwas Text in das Eingabefeld geschrieben haben. Zu Beginn sehen Sie oberhalb der Tastatur eine App-Leiste mit verschiedenen Symbolen ❺ (wischen Sie horizontal über die Leiste, um alle Symbole angezeigt zu bekommen). Sobald Sie Text eingeben, wird diese Leiste durch die vertrauten Vorschläge ersetzt ❻. Durch einen Tipp auf das App-Store-Symbol ❼ lässt sich die App-Leiste wieder einblenden. Sobald Sie etwas mehr Text eingegeben haben, werden die beiden Symbole links neben dem Feld ausgeblendet, um Platz für das Eingabefeld zu schaffen. Mit einem Tipp auf den Pfeil ❽ blenden Sie sie wieder ein. Wie Sie diese Leiste Ihren Wünschen anpassen, lesen Sie im Abschnitt »Die App-Leiste bearbeiten« auf Seite 164.

Trifft eine Nachricht auf Ihrem iPhone ein, informiert Sie Ihr iPhone mit einer Mitteilung. Standardmäßig hören Sie einen Signalton, sehen einen kurzen Hinweis auf dem Bildschirm – der auch im Sperrbildschirm angezeigt wird –, und das Nachrichtensymbol wird um die Zahl der neu eingetroffenen Nachrichten ergänzt. Wie Sie das ändern und nach Ihren Wünschen anpassen, lesen Sie im Abschnitt »Mitteilungen einrichten« ab Seite 79.

Möchten Sie auf eine Nachricht antworten, hängt das Vorgehen ein wenig davon ab, wo Sie die Nachricht beantworten, denn auch hier gibt es verschiedene Möglichkeiten:

- Erscheint ein Hinweis auf eine neue Nachricht auf dem Sperrbildschirm und möchten Sie sie gleich beantworten, drücken Sie etwas fester auf die Mitteilung ❾. Sie können dann sofort eine Antwort schreiben ❿, ohne Ihr iPhone entsperren zu müssen.

- Wenn Sie die Nachrichten-App derzeit nicht geöffnet haben und sich auf dem Home-Bildschirm oder in einer anderen App befinden, erscheint ein Hinweis am oberen Rand des Bildschirms und verschwindet nach ein paar Sekunden wieder. Ziehen Sie diesen Hinweis nach unten, können Sie ebenfalls auf die Nachricht antworten, ohne die Nachrichten-App zu starten.

■ In der Nachrichten-App tippen Sie die neue Nachricht in der Übersicht an, um sie zu lesen, und schreiben dann Ihre Antwort in das Eingabefeld.

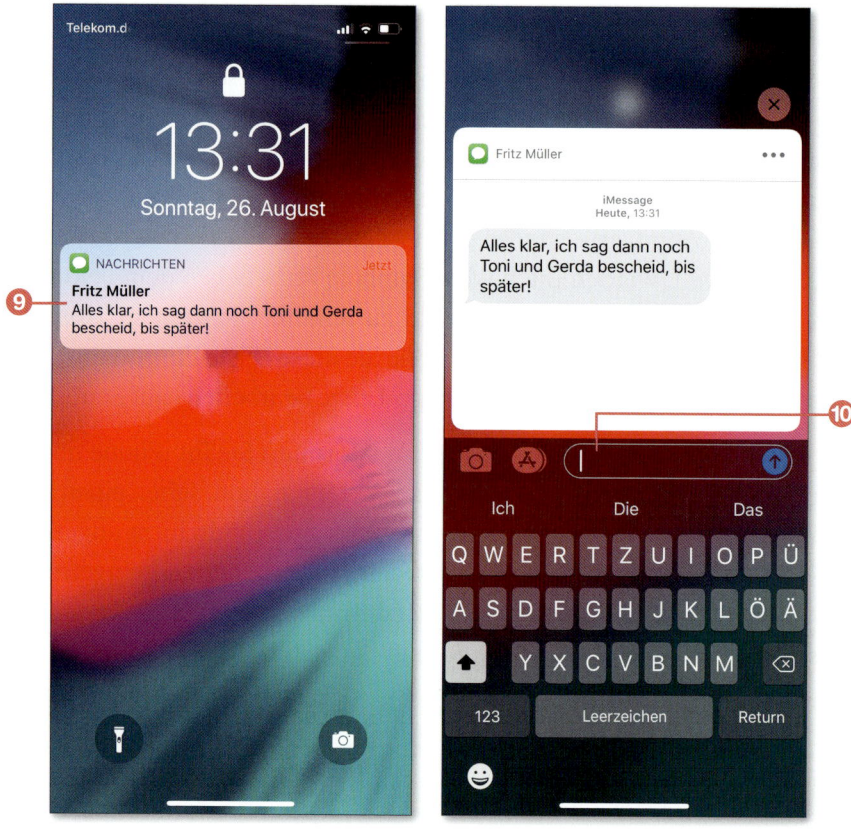

Neue Nachrichten werden üblicherweise auf dem Sperrbildschirm angezeigt und können von dort auch direkt beantwortet werden.

Die Nachrichten werden automatisch als Konversation geordnet. In der Übersicht über alle Nachrichten sehen Sie den Absender und eine Vorschau auf die jüngste Nachricht. Tippen Sie einen Eintrag in der Übersicht an, sehen Sie alle Nachrichten, die Sie diesem Empfänger geschickt bzw. die Sie von ihm erhalten haben. Dabei stehen die Nachrichten, die Sie geschickt haben, rechts, die Antworten links. Die Antworten werden immer auf grauem Hintergrund gezeigt, bei Ihren Nachrichten ist der Hintergrund entweder blau – dann haben Sie eine iMessage geschickt – oder grün, dann war Ihre Nachricht eine normale SMS.

TIPP

Schnelle Nachrichten mit 3D Touch

Sie müssen nicht erst die Nachrichten-App öffnen, um eine neue Nachricht zu schreiben. Stattdessen drücken Sie etwas fester auf das Nachrichten-Symbol auf dem Home-Bildschirm. Sie sehen nun die letzten Empfänger Ihrer Nachrichten und den Menübefehl **Neue Nachricht**. Tippen Sie einen Eintrag an, öffnet sich die Nachrichten-App, und Sie können sofort eine neue Nachricht oder eine Nachricht an einen vorherigen Empfänger schicken.

Nachrichten kopieren, weiterleiten und löschen

Sie können alle Nachrichten, die Sie auf Ihrem iPhone empfangen haben, kopieren, weiterleiten und natürlich auch löschen. Allerdings hat Apple diese Funktionen zum Teil ein wenig versteckt.

1. Um den Text einer empfangenen Nachricht zu kopieren, rufen Sie die Konversation auf, in der sich die Nachricht befindet. Berühren und halten Sie nun die gewünschte Nachricht in der Nachrichten-Ansicht. Der Bildschirm bekommt daraufhin einen leichten Grauschleier, die ausgewählte Nachricht wird hervorgehoben ❶.

2. Am unteren Bildschirmrand wird ein Menü eingeblendet. Tippen Sie hier auf **Kopieren** ❷, um die Nachricht in die Zwischenablage zu übernehmen. Sie können sie nun in eine neue Nachricht oder ein beliebiges Dokument (etwa eine Notiz oder E-Mail) übernehmen.

3. Möchten Sie eine oder mehrere Nachrichten einer Konversation weiterleiten oder löschen, tippen Sie auf **Mehr** ❸.

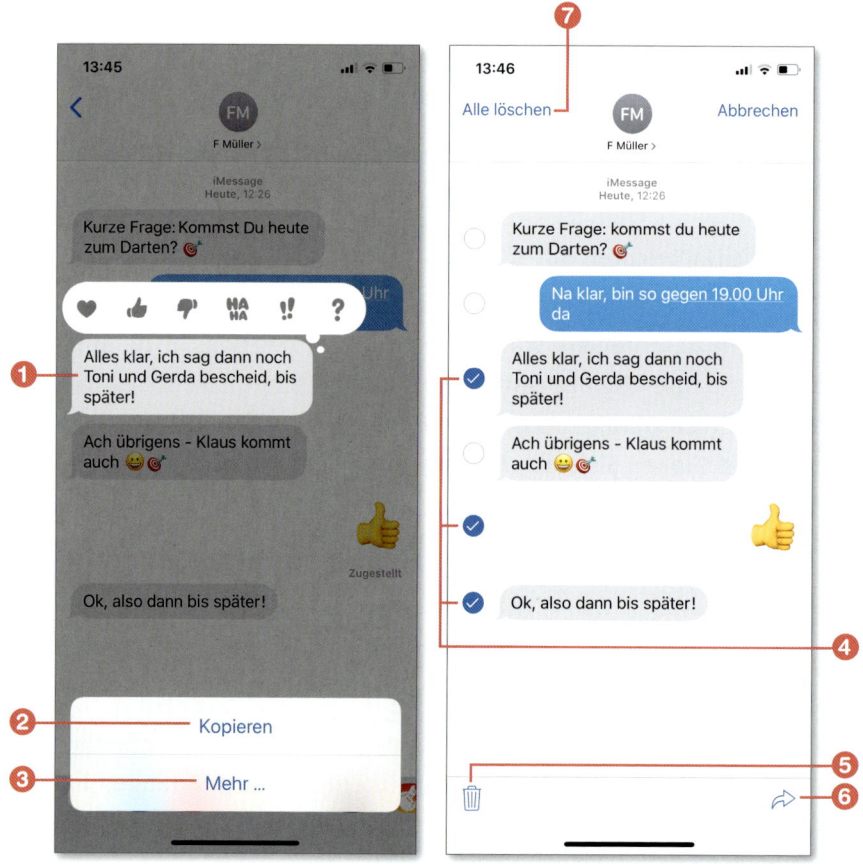

4. Die Ansicht ändert sich daraufhin leicht, und vor den einzelnen Nachrichten werden Kreissymbole eingeblendet. Markieren Sie die gewünschten Nachrichten ❹.

ACHTUNG

Was weg ist, ist weg!

Anders als Sie es etwa von der Mail-App gewohnt sind, hat die Nachrichten-App keinen Papierkorb! Was Sie in der App löschen, ist tatsächlich futsch und kann nicht mehr zurückgeholt werden. Ist Ihnen das nur recht, können Sie in den Nachrichten-Einstellungen (**Einstellungen ▶ Nachrichten ▶ Nachrichten behalten**) auch das automatische Löschen aktivieren. Zur Wahl stehen Ihnen hier die Zeiträume **30 Tage** oder **1 Jahr**. Nachrichten, die älter sind, werden ohne Rückfrage entfernt.

5. Mit einem Tipp auf das Papierkorbsymbol ❺ werden die markierten Nachrichten gelöscht.

6. Tippen Sie auf den geschwungenen Pfeil ❻, um die markierten Nachrichten weiterzuleiten.

7. Ein Tipp auf **Alle löschen** ❼ macht genau das: Er löscht alle Nachrichten der Konversation.

8. Möchten Sie eine Konversation nicht nur leeren, sondern komplett löschen, streichen Sie den entsprechenden Eintrag in der Übersicht über alle Konversationen mit dem Finger durch und tippen Sie auf **Löschen** ❽.

> **TIPP**
>
> **Nachrichten stummschalten**
>
> Standardmäßig informiert Sie das iPhone unverzüglich, wenn eine neue Nachricht eingetroffen ist. Möchten Sie dies bei bestimmten Konversationen nicht, können Sie die Informationen auch ausschalten. Dazu streichen Sie die entsprechende Konversation von rechts nach links durch und wählen **Hinweise ausblenden** ❾.

Fotos, Videos und Sprachnachrichten verschicken

Mit den Nachrichten lassen sich nicht nur normale Texte und Emojis verschicken, sondern natürlich auch Fotos oder Videos. Dabei greifen Sie entweder auf die Bilder zu, die auf Ihrem iPhone bereits gespeichert sind, oder Sie nehmen rasch ein Foto oder Video auf:

1. Tippen Sie auf das Kamerasymbol (❶ auf Seite 152) neben dem Eingabefeld. Falls das Symbol nicht zu sehen ist, tippen Sie auf den kleinen Pfeil links neben dem Eingabefeld.

2. Sie sehen nun das Bild, das die Kamera des iPhones aktuell aufnimmt. Um zwischen der Rück- und Frontkamera zu wechseln, tippen Sie auf

das Kamerasymbol ❷. Hier haben Sie Zugriff auf alle Funktionen der Kamera, können also auch Videos aufzeichnen oder Porträt-Aufnahmen machen (lesen Sie dazu Kapitel 14, »Die Kamera des iPhones verwenden«).

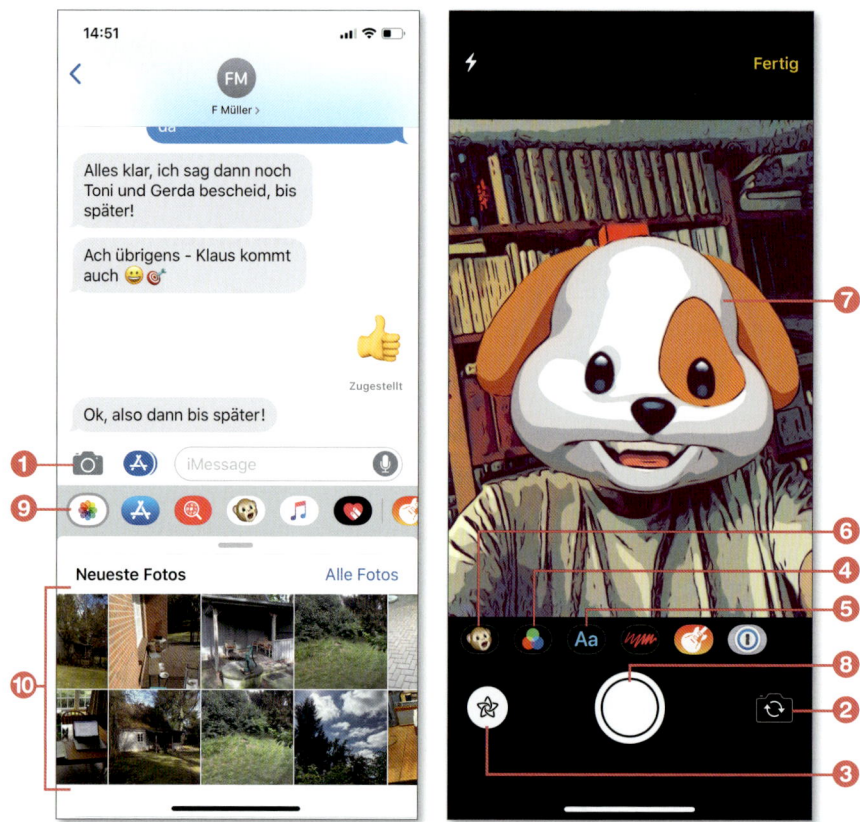

3. Ein Tipp auf die Stern-Taste ❸ bietet Ihnen verschiedene grafische Effekte für Ihre Bilder wie Filter ❹, Text ❺ oder *Animojis* ❻ (lesen Sie dazu den Abschnitt »Die Animojis« ab Seite 157). Alle Effekte werden in Echtzeit auf das Kamerabild angewandt ❼.

4. Nach einem Tipp auf den Auslöser ❽ lässt sich das Bild noch mit den Funktionen der Fotos-App bearbeiten (lesen Sie dazu den Abschnitt »Fotos bearbeiten« ab Seite 286), anschließend können Sie es in Ihre Nachricht übernehmen.

5. Möchten Sie ein bereits auf Ihrem iPhone vorhandenes Bild oder Video in Ihre Nachricht aufnehmen, bietet Ihnen ein Tipp auf das Fotos-Icon ❾ Zugriff auf Ihre Fotomediathek ❿ auf dem iPhone.

> **INFO**
>
> **Effekte für Videos**
>
> Die Animojis und Filtereffekte können auch auf Videoaufzeichnungen angewandt werden – in Echtzeit. Am besten probieren Sie diese ebenso amüsante wie erstaunliche Funktion einfach einmal aus.

Alle von Ihnen hier aufgenommenen Fotos und Videos landen automatisch in der Fotos-App. Haben Sie Bilder oder Videos per Nachricht bekommen, können Sie diese jederzeit im Album **Aufnahmen** der Fotos-App speichern. Dazu berühren und halten Sie das gewünschte Bild bzw. Video und wählen anschließend **Sichern**.

Die Nachrichten bieten Ihnen auch Zugriff auf ein riesiges Archiv von animierten GIFs zu praktisch jedem Thema.

Mit einem Tipp auf die rote Lupe **⑪** können Sie Ihrer Nachricht ein animiertes *GIF* hinzufügen, also eine kleine Animation in einer Endlosschleife. Derartige Minifilme gibt es zu praktisch jedem beliebigen Stichwort in reicher Auswahl. Geben Sie in das Suchfeld **⑫** den gewünschten Begriff ein und wählen Sie ein Bild mit einem Fingertipp aus, um es in Ihre Nachricht zu übernehmen.

INFO

Nur mit iMessage

Der Versand von Fotos, Videos und Sprachnachrichten funktioniert nur dann zuverlässig, wenn Sie und der Empfänger iMessage aktiviert haben. Sie können dazu zwar auch auf MMS-Nachrichten zurückgreifen, sollten aber berücksichtigen, dass dadurch hohe Mobilfunkkosten entstehen können.

Auch der Versand von Sprachaufzeichnungen ist mit der Nachrichten-App möglich. Das ist manchmal ganz praktisch, wenn Sie keine Lust zum Tippen haben oder eine kurze Ansage sehr viel schneller erledigt ist als eine getippte Nachricht.

1. Um eine Sprachnachricht aufzuzeichnen, die verschickt werden soll, berühren und halten Sie das Mikrofonsymbol **❶** im Eingabefeld.

2. Solange Sie das Symbol halten, läuft die Aufzeichnung. Heben Sie den Finger vom Display, wird die Aufzeichnung beendet.

3. Tippen Sie auf die **Wiedergabe**-Taste **❷**, um Ihre Sprachnachricht zur Kontrolle abzuhören.

4. Mit einem Tipp auf den Pfeil **❸** wird die Sprachnachricht verschickt, mit einem Tipp auf das × **❹** löschen Sie sie.

Sprachnachrichten können recht viel Speicherplatz belegen, weshalb iOS eine empfangene Sprachnachricht zwei Minuten nach der Wiedergabe automatisch löscht. Möchten Sie eine Sprachnachricht dauerhaft behalten, tippen Sie auf den Link **Behalten**, der unterhalb einer Sprachnachricht angezeigt wird. Sollen Sprachnachrichten generell aufbewahrt werden, wählen Sie **Einstellungen ▸ Nachrichten** und tippen im Bereich **Audionachrichten** auf **Löschen** und hier auf **Nie**.

Nachrichten mit Stickern und Co. aufpeppen

Wenn Sie und der Empfänger iMessage aktiviert haben, ist noch sehr viel mehr möglich als der Versand von Fotos, Videos und Audioaufzeichnungen per Nachrichten-App. Sie können auch *Sticker* – also kleine Bildchen, lustige Texte und Symbole – verschicken.

> **INFO**
>
> **Apps mit Stickern**
>
> Manche Pakete sind mehr, als sie scheinen – nämlich komplette Apps, deren grafische Elemente als Sticker in der Nachrichten-App auftauchen. Installieren Sie ein solches Paket, installieren Sie automatisch auch die App.

Damit Sie Sticker verschicken können, müssen Sie diese zuerst installieren. Für die Sticker hat Apple einen eigenen App Store eingerichtet, aus dem Sie Stickerpakete auf Ihr iPhone laden. Diese Pakete kosten in der Regel ein wenig Geld, manche sind aber auch kostenlos.

1. Blenden Sie mit einem Tipp auf das App-Store-Symbol (❶ auf Seite 156) neben der Eingabezeile die App-Leiste ein, und tippen Sie hier ebenfalls auf das App-Store-Symbol ❷.

2. Mit einem Tipp auf **Store öffnen** ❸ wechseln Sie innerhalb der Nachrichten-App zum App Store. Hier laden Sie die gewünschten Stickersammlungen auf Ihr iPhone.

3. Die geladenen Sticker werden der App-Leiste hinzugefügt. Wischen Sie von rechts nach links, um durch die installierten Sticker zu blättern.

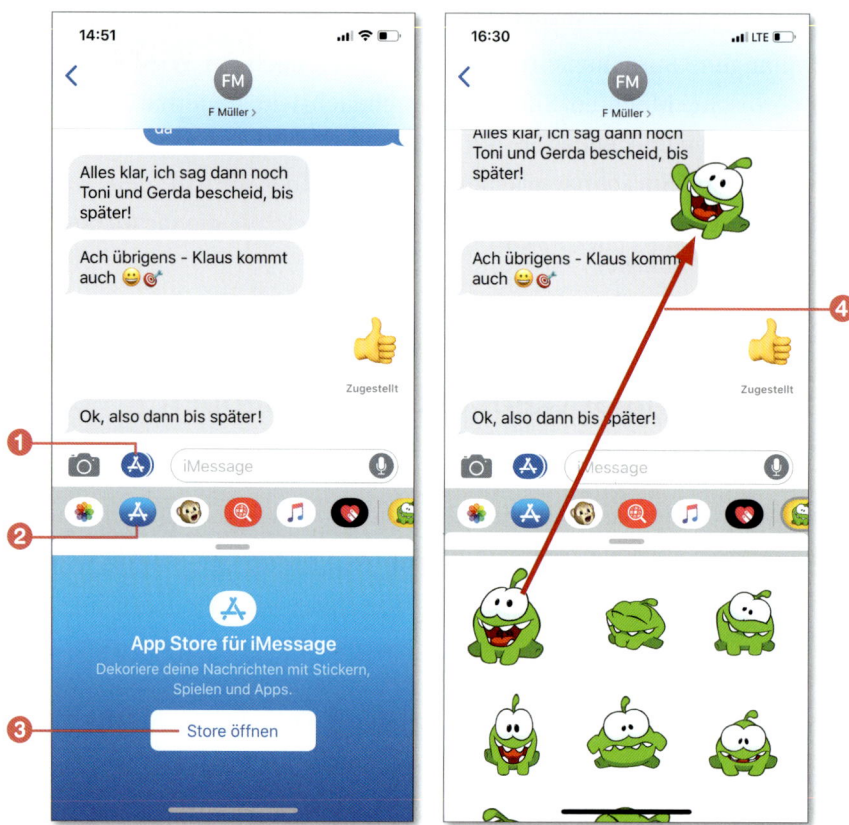

4. Wählen Sie das gewünschte Paket mit einem Fingertipp aus.

5. Mit einem Tipp auf einen Sticker fügen Sie ihn Ihrer Nachricht hinzu. Er wird daraufhin in das Eingabefeld geladen, und Sie können nun noch einen Text hinzufügen und die Nachricht wie gewohnt versenden.

6. Berühren und halten Sie einen Sticker, können Sie ihn an eine beliebige Nachricht anheften ➍.

7. Um von der Stickeranzeige wieder zur Übersicht der Konversation zu gelangen, setzen Sie Ihren Finger oberhalb des Eingabefeldes an und wischen die Stickeranzeige nach unten.

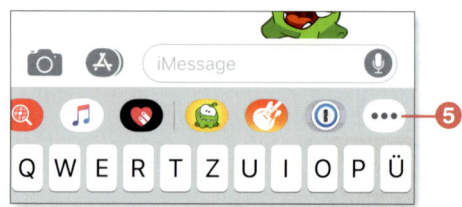

8. Möchten Sie ein Stickerpaket wieder löschen, tippen Sie auf die drei Punkte rechts außen ❺. Sie können nun die Reihenfolge der Stickeranzeige anpassen und einzelne Pakete mit Durchstreichen löschen. Jedes einmal geladene Stickerpaket lässt sich jederzeit erneut kostenlos laden.

TIPP

Tapback: Mit Effekten antworten

Mit *Tapback* bietet iMessage eine kleine Auswahl an Stickern, die Sie als Kommentar direkt an eine Nachricht heften können. Dazu berühren und halten Sie die entsprechende Nachricht und wählen den gewünschten Effekt durch Antippen aus. Ihr gewähltes Symbol erscheint dann beim Empfänger an der entsprechenden Nachricht.

Die Animojis

Das iPhone besitzt für Face ID eine spezielle 3D-Kamera, die sich aber nicht nur für die Gesichtserkennung zum Entsperren des iPhones einsetzen lässt, sondern auch für einen lustigen Effekt, den Apple *Animojis* nennt. Dabei können Sie eine kleine Comic-Figur – Affe, Hund, Katze, Roboter, Alien und andere – Ihre gesprochene Nachricht als kleines Video übermitteln lassen. Dazu tastet die 3D-Kamera Ihr Gesicht ab und überträgt Ihre Lippen-, Kopf- und Augenbewegung auf die Comic-Figur. Und so geht's im Detail:

1. Tippen Sie auf das App-Store-Symbol (❶ auf Seite 158) und anschließend auf das Animoji-Symbol ❷.

2. Sie sehen jetzt die möglichen Animojis. Wischen Sie horizontal über den Bildschirm, um das passende Animoji zu wählen. Mit einer Wischgeste nach oben wird die Auswahl vergrößert.

3. Mit einem Tipp auf die **Aufnahme**-Taste ❸ starten Sie die Aufnahme. Sie können nun einen kleinen, maximal 30 Sekunden langen Clip aufzeichnen. Dabei überträgt das iPhone Ihre Lippen- und Kopfbewegung in Echtzeit auf das Animoji. Achten Sie darauf, dass Sie die Frontkamera des iPhones nicht versehentlich mit Ihrem Finger abdecken.

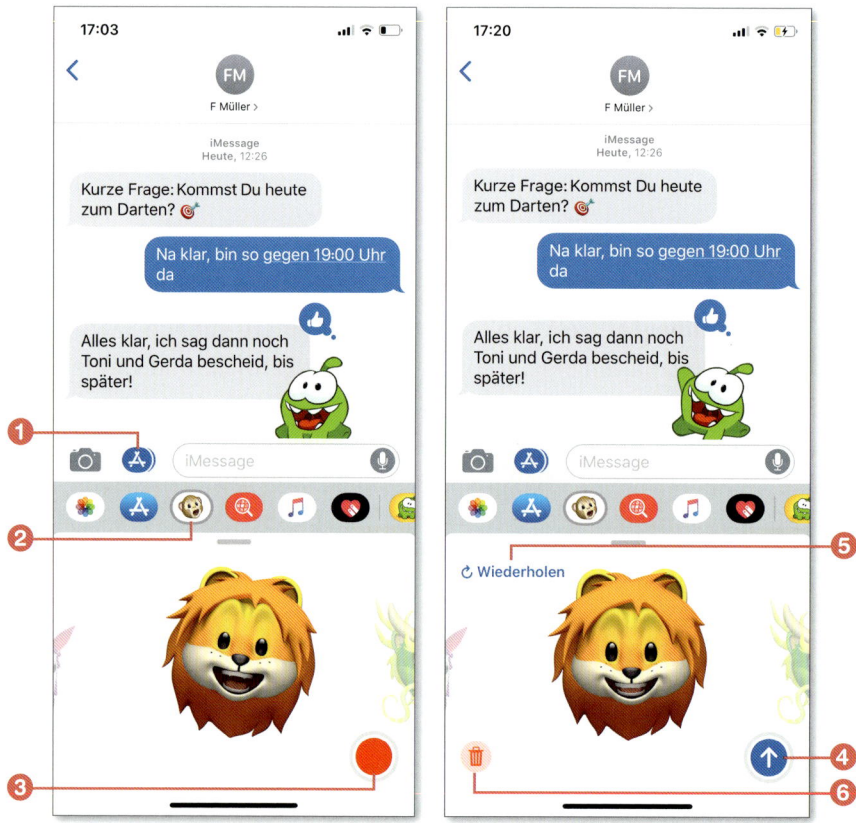

4. Mit einem erneuten Tipp auf die **Aufnahme**-Taste beenden Sie die Aufnahme. Sie wird Ihnen nun zur Kontrolle einmal vorgespielt.

5. Gefällt Ihnen die Animation, schicken Sie sie mit einem Tipp auf den blauen Pfeil ❹ auf die Reise, andernfalls tippen Sie für einen neuen Versuch auf **Wiederholen** ❺ oder löschen die Aufnahme mit einem Tipp auf den Papierkorb ❻.

6. Möchten Sie Ihre Nachricht mit einem anderen Animoji ausprobieren, tippen Sie das gewünschte Animoji an. Ihre Nachricht wird nun mit dem neuen Animoji wiedergegeben.

Ein Animoji lässt sich auch als Sticker verwenden. Dazu starten Sie keine Aufnahme, sondern wählen ein Animoji aus, machen den gewünschten

Gesichtsausdruck (lächeln, zwinkern, schmollen etc.) und ziehen das Animoji an die gewünschte Nachricht.

Doch damit nicht genug – wenn Ihnen die Auswahl an Animojis nicht zusagt, können Sie Ihr ganz persönliches Animoji basteln:

1. Wischen Sie in der Übersicht der Animojis nach links und tippen Sie auf die Plus-Taste.

2. Nun können Sie aus einer Fülle von »Bauteilen« (Kopf, Haare, Ohren, Augen, Nasen, Lippen, Farben, Brille und mehr) ein Animoji zusammenbasteln. Das so erzeugte Animoji wird von Apple *Memoji* genannt.

3. Ein Memoji lässt sich jederzeit bearbeiten. Dazu tippen Sie auf die drei Punkte, die neben einem Memoji angezeigt werden, und wählen anschließend **Bearbeiten**. Hier kann ein Memoji auch verdoppelt oder gelöscht werden.

Animierte Effekte mit Digital Touch

Neben den Stickern bietet das iPhone auch einige vorinstallierte Effekte, die Sie sofort einsetzen können. Diese Effekte nennt Apple *Digital Touch*. Um Digital Touch einzusetzen, tippen Sie auf das Herz (❶ auf Seite 160) in der App-Leiste. Ziehen Sie das Zeichenfeld an der Griffmarkierung ❷ nach oben, um es zu vergrößern. Sie haben nun verschiedene Möglichkeiten:

■ **Scribble:** Sie zeichnen im Feld ❸, wobei Sie zwischen verschiedenen Farben ❹ wählen können. Mit einem Tipp auf den blauen Pfeil ❺ wird Ihre kleine Zeichnung abgeschickt. Der Empfänger sieht nicht nur Ihre Zeichnung, sondern in einer kleinen Animation auch, wie Sie gezeichnet haben.

■ **Tap:** Tippen Sie einmal auf den Bildschirm, erscheint ein Kreis, der langsam zerbröselt. Diese Nachricht wird sofort verschickt.

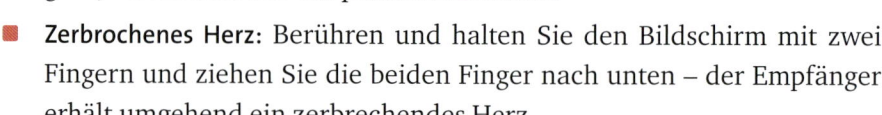

- **Feuerball:** Drücken Sie mit einem Finger auf den Bildschirm, verschicken Sie sofort eine kleine feurige Animation.

- **Kuss:** Ein Zweifinger-Tipp schickt umgehend einen Kussmund auf die Reise.

- **Herzschlag:** Berühren und halten Sie den Bildschirm mit zwei Fingern, verschicken Sie ein pulsierendes Herz.

- **Zerbrochenes Herz:** Berühren und halten Sie den Bildschirm mit zwei Fingern und ziehen Sie die beiden Finger nach unten – der Empfänger erhält umgehend ein zerbrechendes Herz.

Da die meisten Digital-Touch-Nachrichten sofort und ohne Rückfrage verschickt werden, empfehle ich Ihnen, die Effekte zuerst einmal in Nachrichten an sich selbst auszuprobieren. Es wäre ja etwas blöd, wenn Sie einen Herzschlag verschicken möchten und beim Empfänger ein zerbrochenes Herz ankommt.

Handschriftliche Notizen verschicken

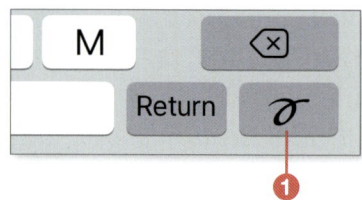

Getippter Text ist eine feine Sache – aber eine kleine handschriftliche Notiz gibt Ihrer Nachricht doch gleich eine persönliche Note. Um eine solche Notiz zu verschicken, müssen Sie Ihr iPhone im Querformat halten:

1. Rechts unten erscheint nun eine spezielle Zeichentaste ❶. Tippen Sie darauf, um den Bildschirm in eine Zeichenfläche zu verwandeln.

2. Im unteren Bereich sehen Sie einige mitgelieferte Notizen (und die, die Sie bereits einmal verschickt haben) ❷.

3. Schreiben Sie mit dem Finger auf dem Display Ihre Nachricht. Haben Sie sich verschrieben, tippen Sie auf **Widerrufen** ❸.

4. Wenn die sichtbare Fläche für Ihren Text nicht ausreicht, wischen Sie mit zwei Fingern horizontal über den Bildschirm und schieben Sie so den Rest der Schreibfläche auf den Bildschirm.

5. Mit **Fertig** ❹ wird Ihre Notiz in die Nachricht übernommen, die Sie nun um weiteren – getippten – Text ergänzen und wie gewohnt auf die Reise schicken können.

6. Möchten Sie zur normalen Tastatur zurückkehren, tippen Sie unten rechts auf das Tastatursymbol ❺.

Möchten Sie eine der bisherigen handschriftlichen Notizen löschen, berühren und halten Sie eine beliebige Notiz und tippen auf das kleine × an der entsprechenden Notiz.

Texteffekte und Hintergründe

Manchmal soll eine Nachricht besonders auffallen. Für diesen Fall bietet iMessage Ihnen eine Reihe von Texteffekten und Hintergrundanimationen. Dabei wird ein Text etwa in einer Sprechblase animiert, über den Bildschirm fliegen Luftballons, oder der Empfänger sieht ein kleines Feuerwerk. Die Animation wird einmal abgespielt, sobald die Nachricht angezeigt wird.

Um eine Nachricht mit einem Effekt auszustatten, gehen Sie folgendermaßen vor:

1. Schreiben Sie Ihre Nachricht, und drücken Sie nun etwas fester – nicht tippen! – auf den blauen **Senden**-Pfeil.

2. Sie können nun einen Sprechblasen-Effekt ❶ oder eine Hintergrundanimation ❷ auswählen. Damit Sie wissen, was Sie verschicken, sehen Sie eine kleine Vorschau. Um eine Animation aus den verschiedenen Hintergründen auszuwählen, wischen Sie einfach horizontal über das Display ❸.

3. Mit einem Tipp auf den blauen Pfeil ❹ schicken Sie Ihre Nachricht samt Effekt ab.

Haben Sie es sich anders überlegt, tippen Sie auf das × ❺, um zur normalen Texteingabe zurückzukehren.

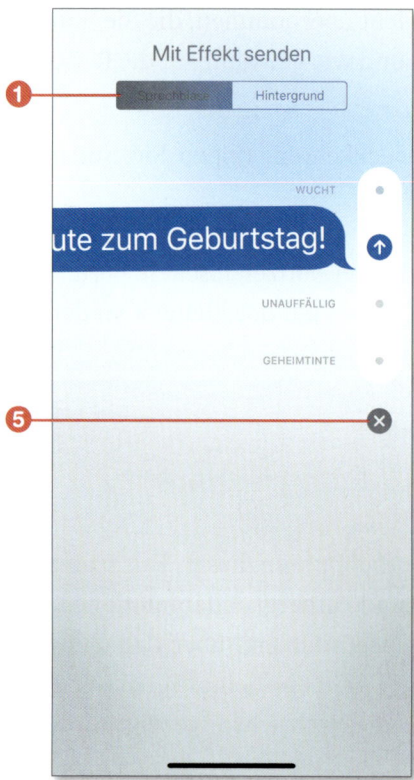

Bilder und Anhänge verwalten

In vielen Konversationen sammeln sich im Laufe der Zeit zahlreiche Bilder und andere Anhänge an. Das ist zwar schön, hat aber den Nachteil, dass jeder Anhang Speicherplatz beansprucht – und der ist je nach Modell auf dem iPhone notorisch etwas knapp. Es empfiehlt sich also, Bilder und andere Anhänge, die Sie nicht mehr benötigen oder die Sie bereits in der Fotos-App gespeichert haben, kurzerhand in der Nachrichten-App zu löschen. Nun können Sie natürlich jede Nachricht mit Anhang einzeln löschen, aber das ist doch eher lästig. Zumal Sie dann womöglich auch noch durch eine längere Konversation wischen müssen, um einen Anhang zu finden. Das geht auch sehr viel schneller und einfacher:

1. Wählen Sie die gewünschte Konversation aus, tippen Sie oben auf den Namen ❶ und anschließend auf i ❷.

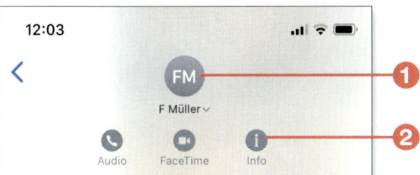

2. Nun sehen Sie auf der Seite **Details** unten zwei Register: **Bilder** ❸ und **Anhänge** ❹, zwischen denen Sie mit einem Fingertipp wechseln.

3. Berühren und halten Sie ein Bild, erscheint ein Kontextmenü. Mit einem Tipp auf **Kopieren** ❺ übernehmen Sie das entsprechende Bild in die Zwischenablage, mit **Löschen** ❻ wird es aus der Konversation entfernt.

4. Möchten Sie ein oder mehrere Bilder speichern oder löschen, tippen Sie auf **Mehr** ❼.

5. Wählen Sie die gewünschten Bilder mit einem Fingertipp aus ❽.

6. Wenn Sie die Bilder behalten möchten, tippen Sie unten auf [x] **Bilder sichern** ❾, um sie an die Fotos-App zu übergeben.

7. Anschließend löschen Sie die markierten Bilder mit einem Tipp auf das Papierkorbsymbol ❿.

Die App-Leiste bearbeiten

Die App-Leiste oberhalb der Tastatur lässt sich problemlos nach Ihren Wünschen anpassen. Sie können die Reihenfolge der Apps festlegen oder Apps, die Sie nicht benutzen, aus der Leiste entfernen. Wenn Sie etwa Digital Touch nicht einsetzen, gibt es auch keinen Grund, warum diese App in der Leiste aufgeführt werden sollte.

1. Schieben Sie die App-Leiste so weit nach links, bis Sie rechts drei Punkte ❶ sehen. Dabei wird die Leiste für einen Moment etwas vergrößert. Tippen Sie auf die drei Punkte.

2. Die Leiste ist in **Favoriten** ❷ und **Weitere Apps** ❸ unterteilt. In der App-Leiste stehen die Favoriten links und sind durch einen senkrechten Strich von den übrigen Apps getrennt.

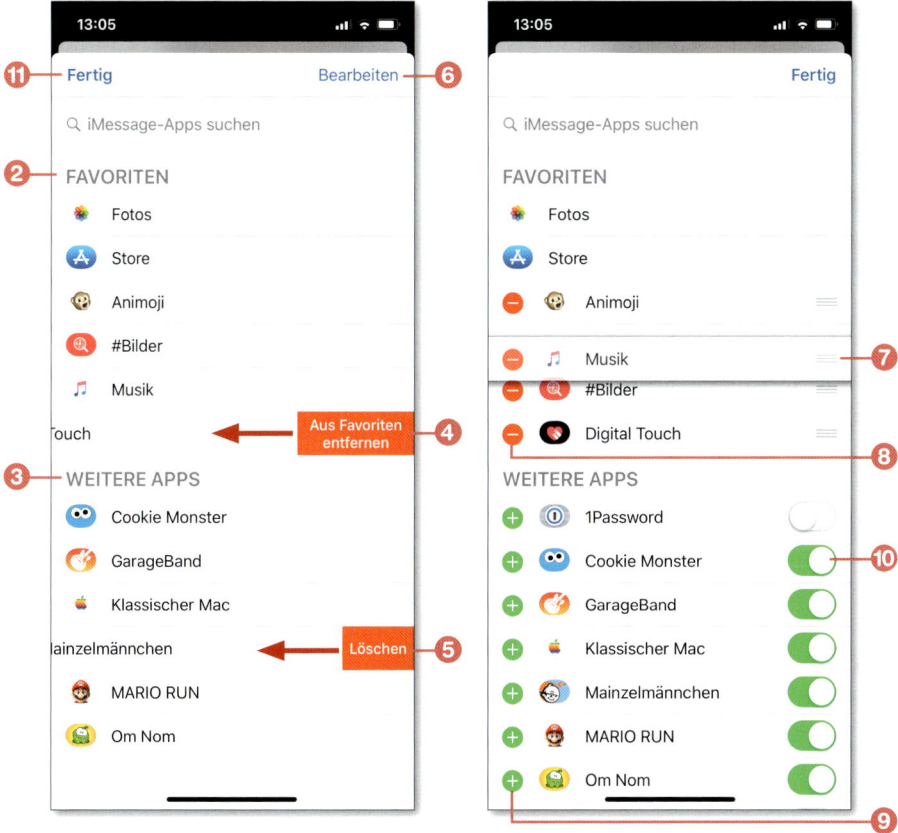

3. Soll eine App nicht in den Favoriten angezeigt werden, streichen Sie sie von rechts nach links durch und tippen auf **Aus Favoriten entfernen** ❹.

4. Um eine App, die Sie aus dem App Store für Nachrichten geladen haben, zu löschen, streichen Sie sie von rechts nach links durch und tippen auf **Löschen** ❺.

5. Um die Reihenfolge zu ändern, Apps in die Favoriten aufzunehmen oder sie auszublenden, tippen Sie oben rechts auf **Bearbeiten** ❻.

6. Über die Griffmarkierung ❼ können Sie nun die Reihenfolge der Favoriten festlegen. Die übrigen Apps werden alphabetisch sortiert.

7. Mit einem Tipp auf das Minuszeichen ❽ entfernen Sie eine App aus den Favoriten, mit einem Tipp auf das Pluszeichen ❾ fügen Sie eine App den Favoriten hinzu.

8. Mit einem Tipp auf den Schalter ❿ blenden Sie eine App aus bzw. ein.

9. Zum Abschluss tippen Sie oben links auf **Fertig** ⓫.

INFO

SMS-Weiterleitung

Wenn Sie mehr als ein Apple-Gerät besitzen – etwa ein iPhone und ein iPad oder ein iPhone und einen Mac-Computer –, werden alle iMessage-Nachrichten zwischen diesen Geräten synchron gehalten. Erhalten Sie auf dem iPhone eine iMessage, erscheint sie auch in der Nachrichten-App auf dem Mac. So können Sie iMessages beantworten, ohne Ihr iPhone zücken zu müssen. Wenn Sie **Einstellungen ▸ Nachrichten ▸ SMS-Weiterleitung** aktivieren, funktioniert das auch mit einer normalen SMS. In diesem Fall schickt das iPhone eine SMS automatisch an den Mac weiter, wo sie in der Nachrichten-App gelesen und beantwortet werden kann. Die Antwort schickt der Mac ans iPhone, das sie dann als normale SMS versendet.

Kapitel 10
Mit Safari ins Internet

Sie möchten unterwegs rasch etwas im Internet nachschlagen, Nachrichten lesen oder sich über aktuelle Sportergebnisse informieren? Kein Problem, schließlich haben Sie mit Safari einen modernen Webbrowser auf Ihrem iPhone, mit dem Sie jederzeit ins Internet kommen. Dabei bietet der Browser neben den gewohnten Standards auch einige pfiffige Zusatzfunktionen. In diesem Kapitel lernen Sie die Möglichkeiten von Safari kennen.

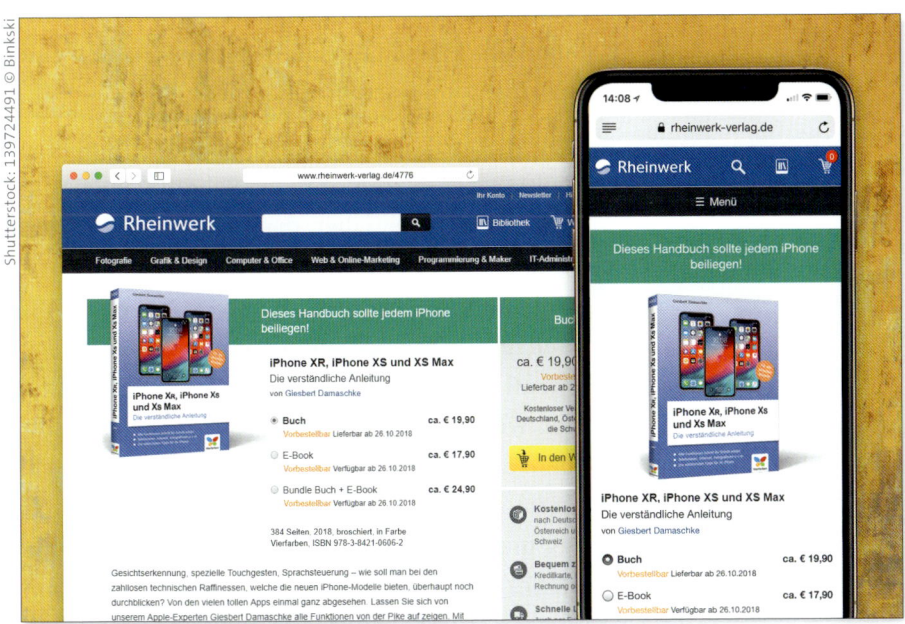

Mit Safari durchstöbern Sie alle Webseiten, die Sie interessieren.

Der Webbrowser Safari im Überblick

Am oberen Rand von Safari sehen Sie ein großes Eingabefeld ❶, auch *Adressleiste* genannt. In dieses Feld geben Sie die Adresse der Webseite ein, die Sie besuchen möchten. Gleichzeitig dient das Eingabefeld als Zugang zu den Suchmaschinen im Internet und für die Suche auf der aktuell angezeigten Webseite. Mit einem Tipp auf die kreisförmige Taste ❷ rechts in der Adressleiste wird die aktuelle Seite erneut geladen. So können Sie etwa bei Ladeproblemen einen neuen Versuch starten oder bei einer Nachrichtenseite den aktuellen Stand abrufen.

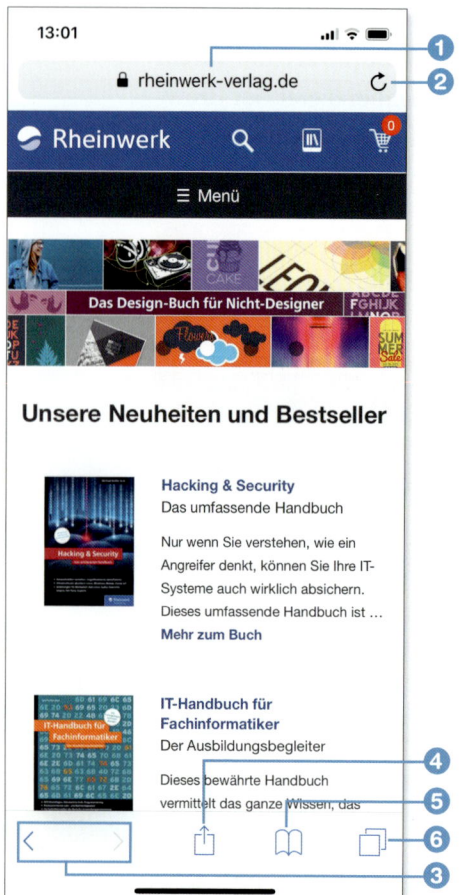

Webseiten werden im Webbrowser Safari angezeigt.

Statt einer Webadresse können Sie hier also auch Ihre Suchbegriffe eingeben und das Internet durchstöbern. Standardmäßig benutzt Safari für Ihre Suchanfragen *Google*. Sie können aber auch mit den Diensten *Bing*, *DuckDuckGo* oder *Yahoo* suchen (mehr zum Thema Suchmaschinen lesen Sie im Abschnitt »Suchen und Finden mit Safari« ab Seite 173).

Am unteren Bildschirmrand sehen Sie eine Leiste mit verschiedenen Schaltflächen, die sog. *Menüzeile*: Über die beiden Pfeil-Tasten ❸ blättern Sie im *Verlauf* Ihrer aktuellen Surftour durchs Netz zurück bzw. nach vorn. Mit der **Teilen**-Taste ❹ rufen Sie das gleichnamige Menü auf, über das Sie die Adresse der aktuellen Webseite auf verschiedene Weise weitergeben, ausdrucken oder als PDF-Datei speichern können. Das Menü wird Ihnen in diesem Kapitel immer wieder bei der Erledigung verschiedener Aufgaben begegnen. Tippen Sie die Lesezeichen-Taste ❺ an, um auf Ihre Lesezeichen zuzugreifen. Tippen Sie auf **Mehrere Seiten** ❻, erhalten Sie eine Übersicht über alle aktuell geöffneten Seiten. Zwischen diesen können Sie hier auch problemlos wechseln, einzelne oder auch alle geöffneten Seiten schließen. Außerdem können Sie in dieser *Seitenübersicht* neue Seiten öffnen und in den *Privat-Modus* von Safari wechseln (mehr dazu erfahren Sie im Tippkasten »Surfen, ohne Spuren zu hinterlassen« auf Seite 190).

Sobald Sie eine Webseite aufgerufen haben und ein wenig scrollen, wird die Adresszeile oben verkleinert und die Menüzeile unten ausgeblendet. So wird der Platz des iPhones optimal genutzt. Mit einem Tipp auf den oberen oder unteren Bildschirmrand blenden Sie die Leisten wieder ein.

Webseiten aufrufen

Um eine Webseite aufzurufen, sind nur wenige Schritte nötig, und schon haben Sie die gewünschte Information auf Ihrem Bildschirm:

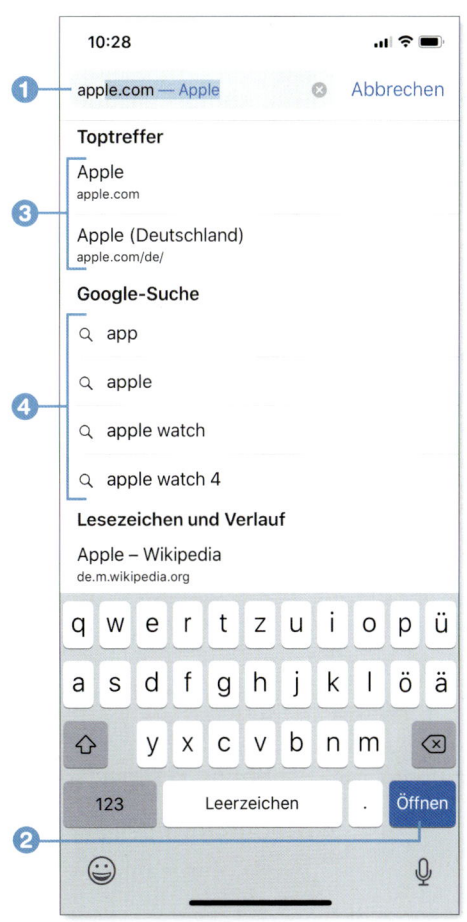

1. Tippen Sie in das Eingabefeld, daraufhin wird automatisch die Bildschirmtastatur eingeblendet.

2. Geben Sie nun die gewünschte Adresse ❶ über die Tastatur ein, und tippen Sie abschließend auf **Öffnen** ❷.

3. Bereits während Sie die Adresse eintippen, durchsucht Safari den *Verlauf* ❸ (die Liste aller bisher von Ihnen aufgerufenen Seiten) und blendet zudem in Echtzeit passende Suchbegriffe ein ❹. Mit einem Tipp auf einen Eintrag öffnet Safari die entsprechende Seite. So können Sie besuchte Webseiten schnell erneut aufrufen oder eine Suche im Internet starten.

Safari stellt eine Webseite zuerst möglichst vollständig dar. Damit erhalten Sie zwar einen guten Eindruck von der kompletten Webseite,

bei Webseiten, die nicht für die Darstellung auf einem Smartphone optimiert sind, können Sie aber Probleme bekommen, die Inhalte gut zu erkennen.

Doch keine Sorge: Tippen Sie doppelt auf den Teil der Webseite, den Sie
genauer betrachten möchten, also z. B. einen Artikel oder ein Foto, und Safari zoomt dann so weit heran, bis das gewünschte Element möglichst groß
– und das heißt oft bildschirmfüllend – dargestellt wird. Wenn das nicht
funktioniert, ziehen Sie die Seite mit den Fingern auf. Legen Sie dazu Dau-
men und Zeigefinger auf den Bereich des Bildschirms, den Sie vergrößern
möchten, und bewegen Sie die Finger auseinander.

> **INFO**
>
> **Blättern mit Wischgeste**
>
> Sie müssen nicht unbedingt auf die Pfeile unten links in der Menü-
> zeile tippen, um im Verlauf vor- und zurückzublättern. Stattdessen
> können Sie auch die aktuell gezeigte Webseite mit einem Finger
> nach links oder rechts schieben.

Viele Webseiten enthalten nicht nur Text, sondern auch zahlreiche Bilder,
Werbebanner und andere Elemente, die bei der Lektüre eines längeren Textes stören können. Wenn Sie diese Inhalte ausblenden möchten, bietet Ihnen Safari mit der *Reader-Ansicht* eine pfiffige Funktion. Hierbei extrahiert
Safari den eigentlichen Text aus einer Webseite und stellt ihn in gut lesbarer
Form dar. Störende Elemente lassen sich so schnell ausblenden. Zwar gibt
es Webseiten, vor deren Struktur auch der Reader kapitulieren muss, aber
im Großen und Ganzen arbeitet er zuverlässig.

1. Falls die Reader-Ansicht verfügbar ist, blendet Safari links neben der
Adresse der Seite ein Listensymbol ❶ ein. Zudem wird in der Adresszeile kurz der Text **Reader-Ansicht verfügbar** ❷ angezeigt.

2. Mit einem Tipp auf das Symbol wechseln Sie in die Reader-Ansicht, das
Symbol wird daraufhin dunkel unterlegt ❸. Mit einem erneuten Tipp
darauf verlassen Sie diese Ansicht wieder.

3. Durch Tippen auf ᴀA ❹ öffnen Sie ein Menü, über das Sie die Schriftgröße, -farbe und die -art ändern können.

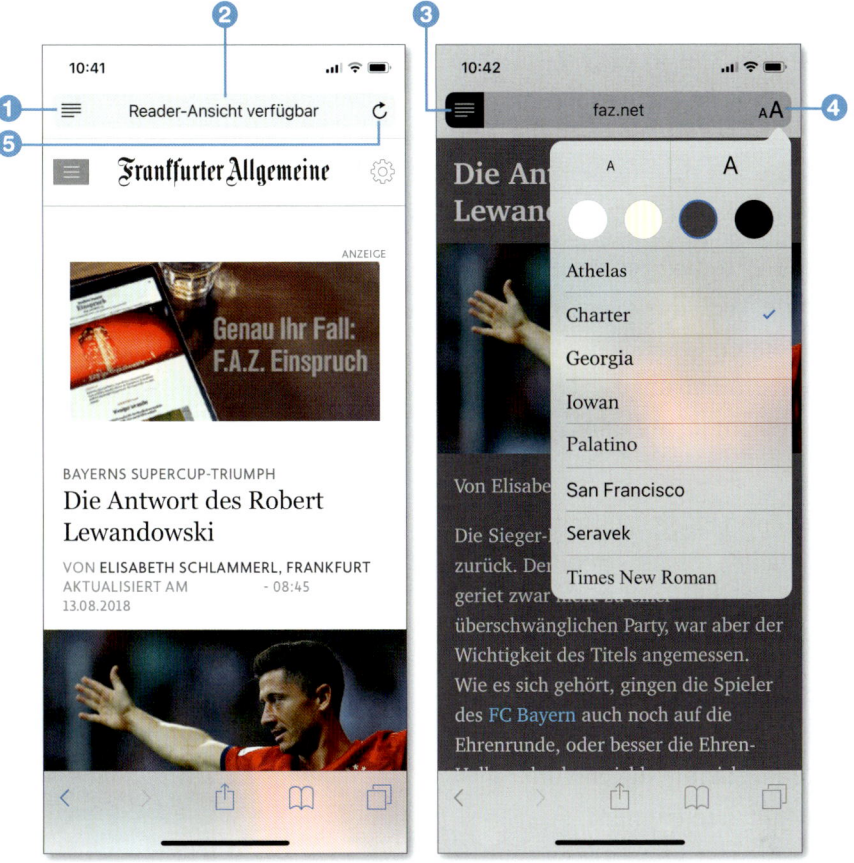

Um die Reader-Ansicht wieder auszuschalten und zur ursprünglichen Darstellung zurückzukehren, tippen Sie das Listensymbol einfach erneut an.

Desktop-Version anfordern

Viele Webseiten liegen in verschiedenen Ausführungen vor: einmal optimiert für die Darstellung auf großen Bildschirmen (Desktop-Rechnern), einmal für den kleinen eines Smartphones oder Tablets. Beim Aufruf der Seite entscheidet dann der Webserver, welche Version er ausliefert. Sie können aber auch explizit die Desktop-Version anfordern. Tippen Sie dazu auf die **Teilen**-Taste, und wählen Sie im Menü **Desktop-Site anfordern**. Etwas schneller geht das, wenn Sie in der Adressleiste die Taste zum erneuten Laden ❺ berühren und halten und im Menü die entsprechende Option antippen.

Mehrere Seiten gleichzeitig öffnen

Wenn Sie eine neue Webseite öffnen, die aktuelle aber nicht verlieren möchten, öffnen Sie auf dem Computer die neue Webseite in einem neuen Tab oder Fenster. Das geht auch mit Safari auf dem iPhone:

1. Tippen Sie unten rechts in der Menüzeile auf das Symbol für **Mehrere Seiten** ❶. Falls die untere Menüleiste nicht angezeigt wird, tippen Sie einmal auf den unteren Rand.

2. Sie sehen nun eine gestaffelte Darstellung aller bisher geöffneten Tabs. Um einen neuen Tab zu öffnen, tippen Sie in der Fußzeile auf das Pluszeichen ❷.

3. Es wird ein neuer leerer Tab geöffnet, in dem Sie nun die gewünschte Seite aufrufen können.

4. Um zwischen verschiedenen Tabs zu wechseln, tippen Sie in der gestaffelten Darstellung auf die gewünschte Seite ❸.

5. Um einen Tab zu schließen, tippen Sie in der Übersicht auf das × ❹ links außen oder schieben die Seite einfach nach links aus dem Bildschirm ❺.

6. Möchten Sie die Tab-Ansicht verlassen, ohne zu einer anderen Seite zu wechseln, tippen Sie unten rechts auf **Fertig** ❻.

TIPP

Alle Tabs auf einmal schließen

Wenn Sie viele Tabs geöffnet haben, ist das Schließen der einzelnen Tabs eine etwas langwierige Angelegenheit. Mit einem einfachen Trick können Sie aber auch alle aktuell geöffneten Webseiten auf einen Streich schließen. Berühren und halten Sie dazu das Symbol **Mehrere Seiten** (❶ auf Seite 172). Nun können Sie entweder den aktuellen Tab ❼ oder alle Tabs schließen ❽. (In der Tab-Ansicht berühren und halten Sie dazu die Schaltfläche **Fertig** (❻ auf Seite 172).)

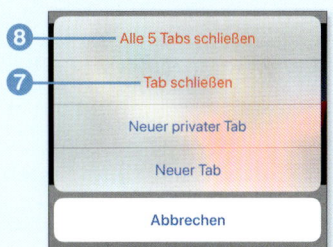

Suchen und Finden mit Safari

Das Tolle am Internet ist, dass Sie hier Informationen zu allen, aber auch wirklich allen Themen finden. Vorausgesetzt, Sie wissen, wie Sie sie suchen. Dafür gibt es die Suchmaschinen.

1. Um im Internet zu suchen, tippen Sie in das Adressfeld und geben den Suchbegriff ❶ ein.

2. Dabei unterstützt Sie die Suche mit Suchvorschlägen aus der eingestellten Suchmaschine ❷ und den Treffern, die die iPhone-interne Suche liefert. In der Regel sind das Einträge im Online-Lexikon *Wikipedia* ❸, hier können aber auch Treffer aus der Karten-App, dem App Store oder dem Kinoprogramm auftauchen. Zudem wird die aktuell geöffnete Seite nach dem eingegebenen Begriff durchsucht ❹.

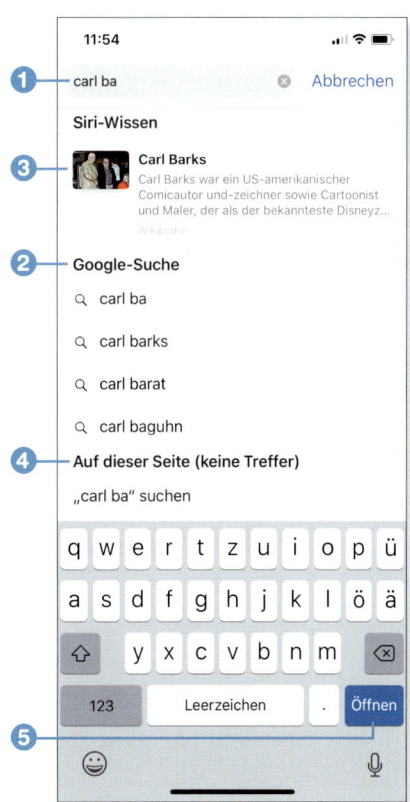

3. Bei umfangreichen Trefferlisten verdeckt die Tastatur einen Teil des Bildschirms. Wischen Sie einmal nach oben, um sich die komplette Liste anzeigen zu lassen.

4. Tippen Sie auf einen der Suchvorschläge, um die entsprechenden Seiten zu öffnen. Wenn nichts Passendes dabei ist, tippen Sie auf der Tastatur auf **Öffnen** (**5** auf Seite 173), um die vollständige Trefferliste Ihrer gewählten Suchmaschine angezeigt zu bekommen.

> **TIPP**
>
> **Suchmaschine festlegen**
>
> Standardmäßig benutzt Safari zur Suche Google – aber das muss nicht sein. Soll Safari lieber auf eine andere Suchmaschine zugreifen, wählen Sie **Einstellungen ▸ Safari ▸ Suchmaschine**. Hier können Sie zwischen Google, Yahoo, Bing und DuckDuckGo wählen.

Doch Safari kann nicht nur im Internet, sondern auch auf der aktuell angezeigten Webseite nach Stichwörtern suchen:

1. Tippen Sie auf die **Teilen**-Taste, und wählen Sie im folgenden Menü **Auf der Seite suchen** **1**.

2. Nun wird die Tastatur eingeblendet; oberhalb der Tastatur erscheint eine Navigationsleiste mit einem Eingabefeld. Geben Sie Ihren Suchbegriff in das Eingabefeld ein, und tippen Sie auf **Suchen**.

3. Treffer zu Ihrem Suchbegriff werden auf der Seite gelb hervorgehoben **2**. Die Tastatur wird ausgeblendet und nur noch die Navigationsleiste angezeigt. Im Suchfeld erscheinen die aktuelle Position und die Anzahl der Treffer, etwa **15 von 54** **3**.

4. Mit den Pfeil-Tasten springen Sie von einem zum nächsten Treffer **4**.

Der Suchbegriff lässt sich übrigens jederzeit anpassen. Tippen Sie in das Eingabefeld **5**, wird die Tastatur erneut eingeblendet, und Sie können einen neuen Suchbegriff eingeben. Haben Sie die gewünschte Stelle gefunden, beenden Sie die Suche, indem Sie in der Navigationsleiste auf **Fertig** **6** tippen.

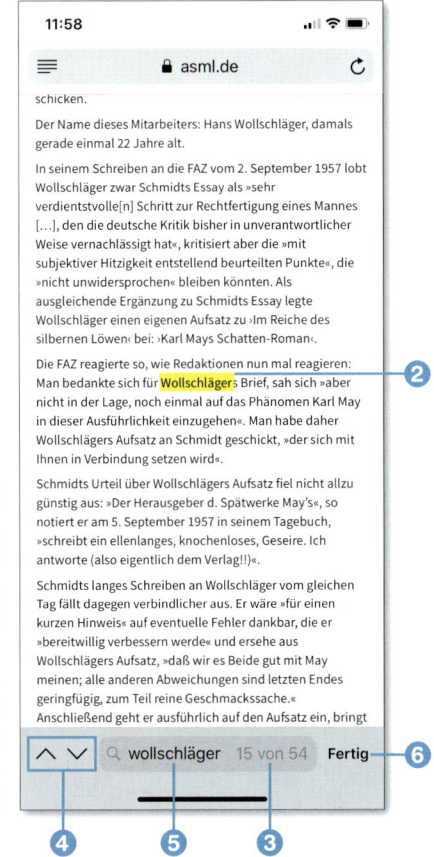

Schnelle Website-Suche

Websites, die eine Suchfunktion bieten – etwa Wikipedia –, können direkt durchsucht werden, ohne sie zuerst explizit aufzurufen. Haben Sie bereits einmal die Suchfunktion auf der Seite genutzt, können Sie die Seite beim nächsten Mal durch Eingabe der ersten drei, vier Buchstaben, gefolgt vom Suchbegriff durchsuchen. Nach der Eingabe von »wiki apple« schlägt Ihnen Safari dann z. B. **Auf wikipedia.de nach „Apple" suchen** vor.

Links auf Webseiten aufrufen

Möchten Sie einem Link auf einer Webseite folgen, machen Sie genau das, was Sie auch am Computer tun: Sie klicken ihn an. Auf dem iPhone heißt das aber natürlich: Sie tippen ihn mit dem Finger an. Dabei kennt Safari neben den üblichen Links zu anderen Webseiten noch einige Sonderfälle, die es lohnen, sich genauer anzuschauen, da sie eine große Hilfe sein können:

- Bei einer als Link ausgeführten E-Mail-Adresse auf einer Webseite öffnet ein Tipp auf die Adresse das E-Mail-Programm, in dem die Adresse bereits als Empfänger übernommen wurde.

- Sobald Safari auf einer Webseite eine Telefonnummer erkennt, wird sie ebenfalls als Link dargestellt. Tippen Sie diesen Link an, können Sie die Telefonnummer anrufen. Das funktioniert recht zuverlässig, allerdings hält Safari gelegentlich auch normale Ziffern für eine Telefonnummer und stellt sie als Link dar.

- Zudem gibt es spezielle Links, die bestimmte Apps auf dem iPhone öffnen. Bei einem Tipp auf diesen Link verlassen Sie Safari und wechseln zu dieser Applikation. Beispiele dafür sind etwa Links zu bestimmten Apps im App Store oder Adressdaten, die Sie zu der Karten-App leiten.

Wenn Sie einen Link berühren und halten, öffnet Safari ein Kontextmenü zu diesem Link, das Ihnen weitere Möglichkeiten bietet. Der Inhalt des Kontextmenüs hängt dabei von der Art des Links ab:

Bei einem normalen Link zu einer anderen Webseite haben Sie hier etwa die Möglichkeit, den Link wie gewohnt – also im aktuellen Tab – oder in einem neuen Tab zu öffnen ❶. Hier können Sie die verlinkte Seite zur *Leseliste* hinzufügen ❷ (was es damit auf sich hat, erfahren Sie im nächsten Abschnitt) oder die *URL* (Internetadresse) des Links kopieren ❸, um ihn etwa in eine Notiz zu übernehmen. Zudem lässt sich ein Link über Nachrichten, Mail oder andere Wege an andere Apps durchreichen ❹, ohne dass Sie die verlinkte Webseite zuerst aufrufen müssen.

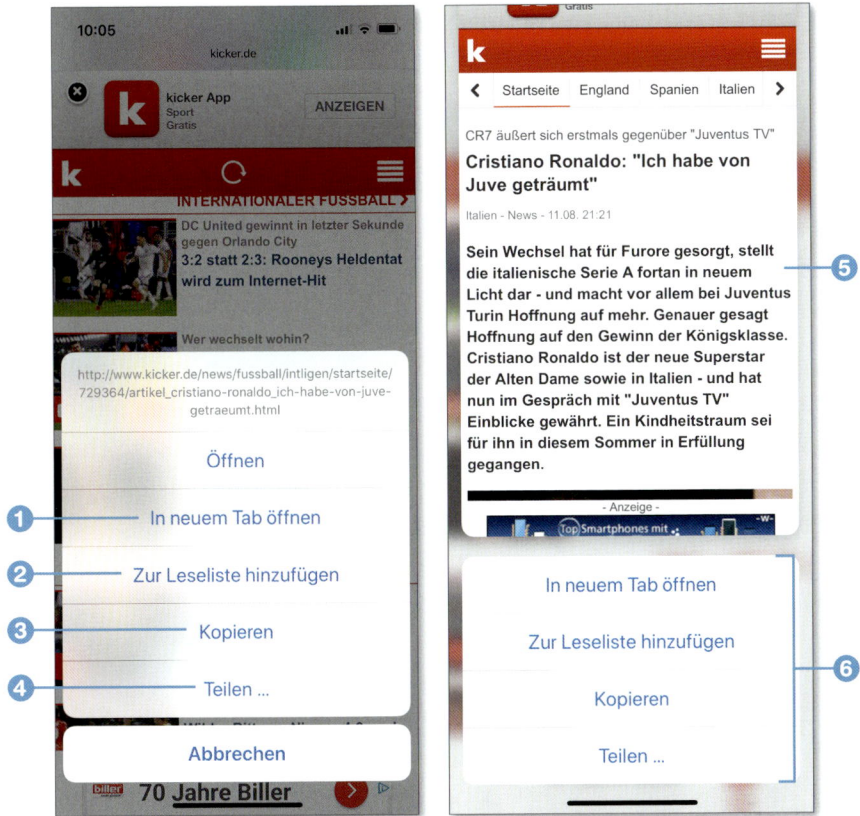

Links auf Webseiten lassen sich auch in neuen Tabs öffnen
oder der Leseliste hinzufügen.

Dank *3D Touch* ist es auch möglich, einen raschen Blick auf eine verlinkte Webseite zu werfen, ohne diese eigens zu öffnen. Dazu tippen Sie den Link nicht an, sondern drücken darauf. Safari blendet daraufhin eine Vorschau auf die verlinkte Seite ein, ohne sie tatsächlich zu öffnen ❺. Drücken Sie etwas fester auf die Vorschau, öffnet Safari die Seite im aktuellen Tab.

Alternativ dazu ziehen Sie den Finger, ohne ihn vom Display zu heben, nach oben. Sie können nun die Vorschau in Ruhe betrachten. Unterhalb der Vorschau blendet Safari das Kontextmenü zu diesem Link ein ❻. Ziehen Sie die Vorschau nach unten, wird sie geschlossen, und Sie befinden sich wieder auf der Ausgangsseite.

Lesezeichen und Leseliste verwenden

Beim Surfen im Internet werden Sie sicherlich immer wieder auf wichtige oder interessante Seiten stoßen, die Sie sich gern merken und später noch einmal aufrufen möchten. Dazu legen Sie in Safari ein Lesezeichen an.

1. Haben Sie momentan eine Seite geöffnet, die Sie gern jederzeit schnell wiederfinden möchten, um sie erneut aufzurufen, dann tippen Sie in der Menüzeile von Safari auf die **Teilen**-Taste.

2. Im folgenden Menü haben Sie verschiedene Möglichkeiten, ein Lesezeichen zu speichern. Lesezeichen, die Sie schnell im Zugriff haben möchten, sollten Sie **Als Favorit sichern** ❶. Die hier eingetragenen Lesezeichen werden automatisch eingeblendet, sobald Sie in die Adressleiste tippen oder eine neue leere Seite in Safari öffnen.

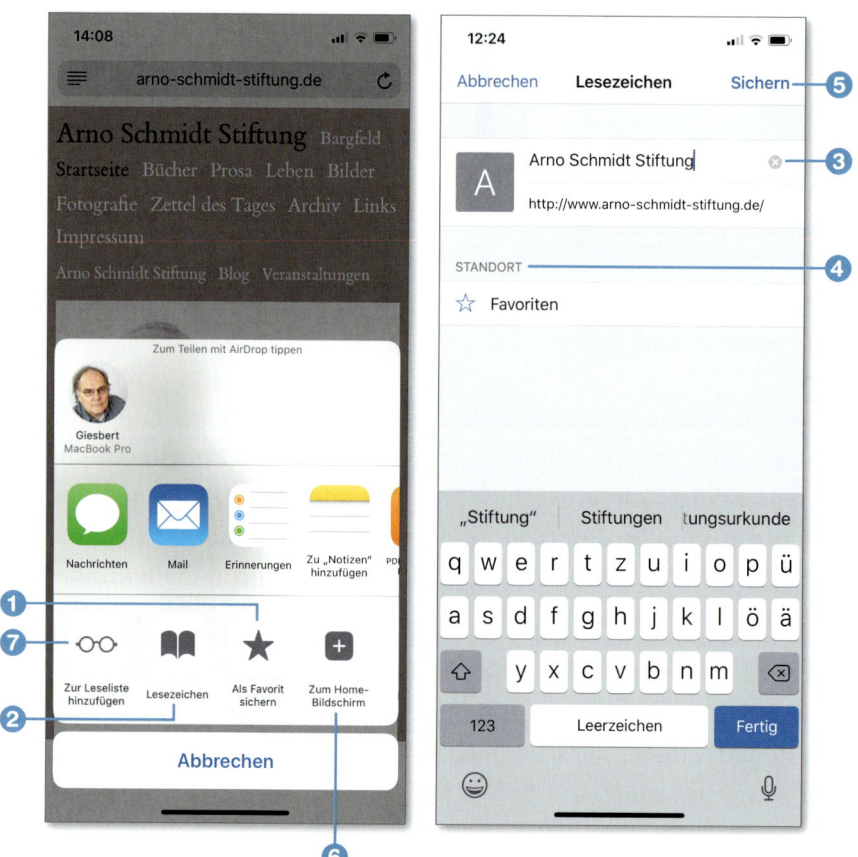

3. Möchten Sie vor dem Speichern des Lesezeichens den Titel oder den Speicherort ändern, wählen Sie die Option **Lesezeichen** ❷.

4. Daraufhin sehen Sie ein kleines Fenster, in dem Sie das Lesezeichen vor dem Speichern bearbeiten können. Standardmäßig übernimmt Safari etwa den Titel der Webseite als Namen für das Lesezeichen – das lässt sich natürlich ändern. Tippen Sie auf das × ❸ hinter dem Namen, wird dieser gelöscht, und Sie können über die Bildschirmtastatur einen eigenen Namen vergeben.

5. Im Bereich **Standort** ❹ passen Sie den Speicherort des Lesezeichens an. Tippen Sie diesen Eintrag an, um einen anderen Ordner zu wählen. (Wie Sie einen Ordner anlegen, erfahren Sie im Abschnitt »Lesezeichen organisieren« ab Seite 180.)

6. Tippen Sie zum Schluss auf **Sichern** ❺, wird das Lesezeichen in Safari gespeichert.

7. Mit der Option **Zum Home-Bildschirm** ❻ wird das Lesezeichen als kleines Symbol Ihrem Home-Bildschirm hinzugefügt. Das Lesezeichen lässt sich von dort mit einem Tipp aufrufen, ohne dass Sie zuvor zu Safari wechseln müssen. Diese Lesezeichen bewegen und löschen Sie genauso wie eine App (lesen Sie dazu den Abschnitt »Den Home-Bildschirm einrichten« ab Seite 44).

Stoßen Sie bei Ihrer Surftour im Netz auf interessante Artikel, die Sie später in Ruhe lesen, für die Sie aber nicht extra ein Lesezeichen anlegen möchten, tippen Sie auf **Zur Leseliste hinzufügen** ❼. Auf Wunsch kann Safari sich hier nicht nur die Webadressen merken, sondern gleich die komplette Seite speichern. So lässt sich ein Eintrag in der Leseliste auch dann aufrufen, wenn Sie aktuell offline sind (etwa im Flugzeug). Beim ersten Mal fragt Safari nach, später lässt sich diese Option unter **Einstellungen ▸ Safari** im Abschnitt **Leseliste** ein- und ausschalten.

> **Alle Artikel in der Leseliste automatisch sichern und dann offline lesen?**
>
> Automatisch sichern
>
> Nicht automatisch sichern

Die Leseliste kann nicht nur Adressen, sondern auch komplette Webseiten speichern.

Lesezeichen und Leseliste sind natürlich kein Selbstzweck, sondern sollen Ihnen dabei helfen, bestimmte Webseiten rasch wiederzufinden. Schauen wir uns also an, wie Sie die gespeicherten Einträge wieder aufrufen.

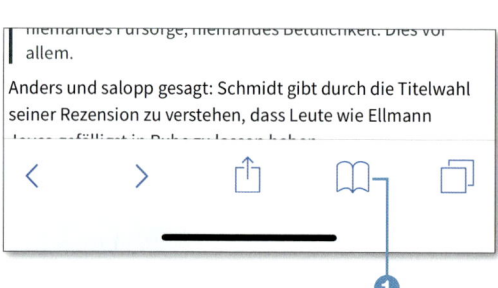

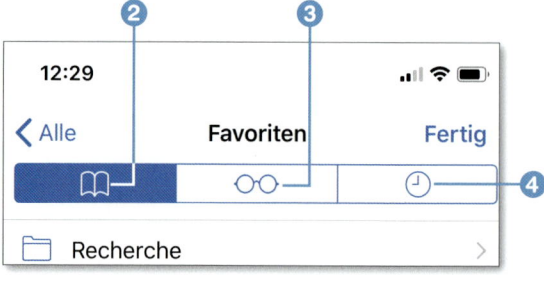

Möchten Sie auf ein gespeichertes Lesezeichen oder die Leseliste zugreifen, tippen Sie in der Menüzeile auf die Schaltfläche **Lesezeichen ❶**. Sie sehen nun Ihre Lesezeichen, die in drei Kategorien aufgeteilt sind, zwischen denen Sie über die drei Schaltflächen wechseln. Über das Buchsymbol ❷ greifen Sie auf die Lesezeichen zu, das Brillensymbol ❸ führt Sie zu Ihrer Leseliste, und ein Tipp auf die Uhr ❹ zeigt Ihnen den Verlauf, also alle von Ihnen bisher besuchten Webseiten.

> **TIPP**
>
> **Schnelle Vorschau auf Lesezeichen**
>
> Nicht immer weiß man, welche Webseite sich hinter einem Lesezeichen verbirgt. Auch hier hilft 3D Touch: Drücken Sie in der Liste etwas fester auf einen Lesezeicheneintrag, erscheint die von den Links auf Webseiten her vertraute Vorschau, ohne dass die Seite tatsächlich aufgerufen wird und Sie die Lesezeichen verlassen.

Lesezeichen organisieren

Für mehr Übersicht in den Lesezeichen sorgen Ordner und Unterordner, in denen Sie die verschiedenen Lesezeichen nach Themen gruppieren können.

1. Rufen Sie zuerst mit einem Tipp auf das Buchsymbol in der Menüzeile die Lesezeichen auf, und tippen Sie unten auf **Bearbeiten ❺**.

2. Um einen neuen Ordner anzulegen, tippen Sie auf **Neuer Ordner** ❻.

3. Über die Griffmarkierung rechts ❼ lassen sich die bestehenden Ordner verschieben und in der gewünschten Reihenfolge anordnen.

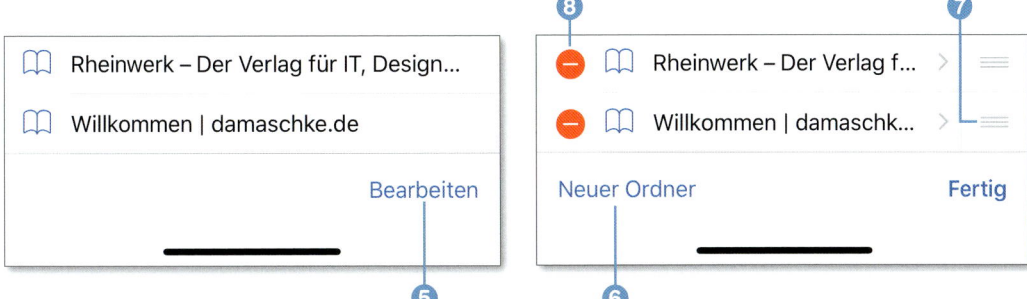

4. Möchten Sie ein Lesezeichen oder einen Lesezeichenordner löschen, tippen Sie auf das rote Minus-Zeichen vor dem Eintrag ❽. Bestätigen Sie das Entfernen, indem Sie am rechten Rand auf die nun eingeblendete Schaltfläche **Löschen** tippen.

Auch die im Ordner gesammelten Lesezeichen können Sie natürlich jederzeit neu organisieren, indem Sie auf die **Bearbeiten**-Taste tippen, die in jedem Ordner unten rechts angezeigt wird. Anschließend tippen Sie ein Lesezeichen an und können nun den Namen und Standort (also den Ordner, in dem das Lesezeichen abgelegt ist) ändern, indem Sie die entsprechenden Einträge antippen.

Um einen Eintrag aus Ihrer Leseliste zu löschen, tippen Sie zunächst auf das Brillensymbol. Streichen Sie den entsprechenden Eintrag von rechts nach links durch, und tippen Sie danach auf **Löschen**.

INFO

Favoriten festlegen

Wenn Sie Ihre Lesezeichen in verschiedenen Ordnern oder Unterordnern verwalten, können Sie in den Safari-Einstellungen festlegen, welchen Ordner Safari bei den Favoriten anzeigen soll, sodass Sie auch diesen im schnellen Zugriff haben. Rufen Sie dazu **Einstellungen ▸ Safari ▸ Favoriten** auf, und wählen Sie den gewünschten Ordner aus der Liste aus.

Bilder und Dateien von Webseiten speichern

Oft stößt man im Internet auf Fotos und Bilder, die man gern seiner eigenen Bildersammlung hinzufügen möchte (beachten Sie dabei aber das Urheberrecht!). Auch das ist mit dem iPhone möglich: Sie können die meisten Bilder von einer Webseite auf dem iPhone speichern, sofern dies vom Webseitenbetreiber nicht unterbunden wird (dann erhalten Sie entweder einen Hinweis oder das Speichern ist schlicht nicht möglich). Ein gespeichertes Bild finden Sie in der Fotos-App, mit der wir uns in Kapitel 15, »Fotos anzeigen und bearbeiten«, beschäftigen.

1. Berühren und halten Sie das Bild, das Sie speichern möchten.

2. Nun wird unterhalb des Bildes ein Kontextmenü gezeigt, über das Sie das Bild mit Tipp auf den Befehl **Bild sichern** ❶ an die Fotos-App übergeben.

3. Tippen Sie im Kontextmenü auf den Befehl **Kopieren** ❷, wird das Bild in der Zwischenablage gespeichert, und Sie können es z. B. in eine Notiz oder E-Mail einfügen.

Ähnlich verfahren Sie auch mit anderen Dateien auf dem iPhone. PDF-Dateien etwa zeigt Safari zwar an, kann sie selbst aber nicht speichern. Das macht aber nichts, denn Sie können diese Dateien von Safari direkt an andere Apps senden.

Rufen Sie einen Link zu einer PDF-Datei in Safari auf, öffnet Safari die Datei und zeigt ihren Inhalt an. Um diese Datei dauerhaft zu speichern, tippen Sie auf die **Teilen**-Taste und wählen die gewünschte App (z. B. Bücher), an die Sie die PDF-Datei weitergeben möchten. Das funktioniert auch mit ZIP-Dateien (komprimierte Dateien), mit denen Safari überhaupt nichts anzufangen weiß und die nur mit einem Symbol angezeigt werden. Hier tippen Sie auf den Link zur ZIP-Datei und reichen die Datei anschließend über die **Teilen**-Taste an die passende App weiter, z. B. *Dateien*.

Komplette Webseiten als PDF speichern

Safari bietet die Möglichkeit, eine komplette Webseite als PDF zu speichern. Dabei werden lange Webseiten, die im Druck auf mehrere Seiten verteilt würden, in eine lange PDF-Datei umgewandelt. Aktivieren Sie vor der Umwandlung ins PDF zudem den Reader-Modus, verschwinden alle störenden Elemente aus der Seite.

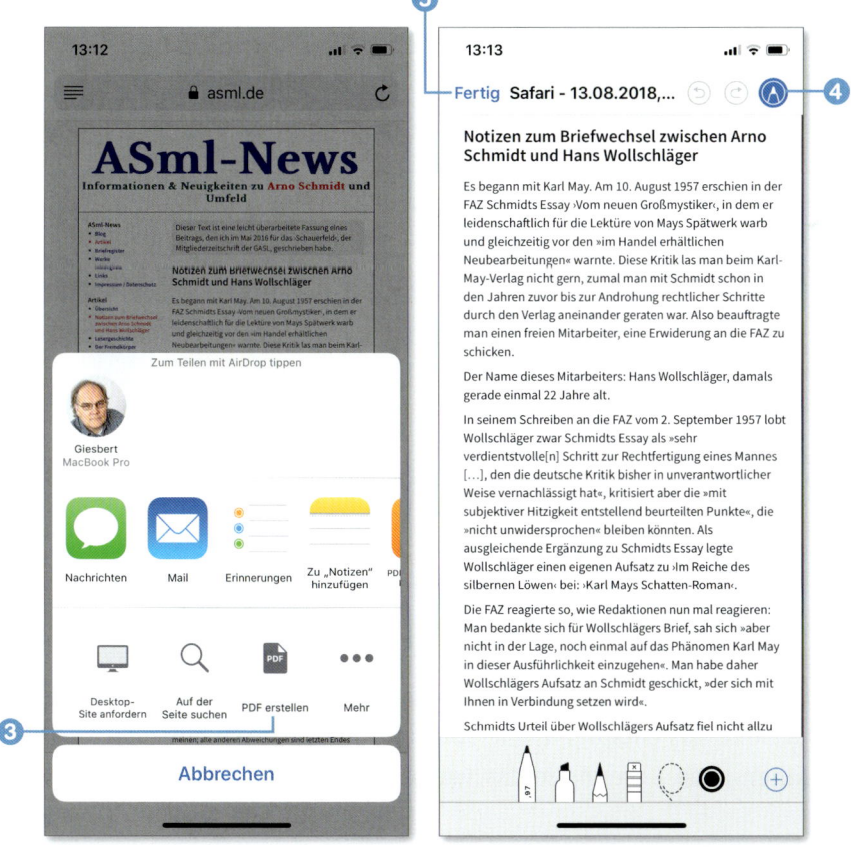

1. Tippen Sie auf das **Teilen**-Symbol, und wählen Sie in der unteren Symbolleiste den Punkt **PDF erstellen** (❸ auf Seite 183).

2. Mit einem Tipp auf das Stiftsymbol ❹ rufen Sie die Markierungen auf und können nun Anmerkungen, Unterstreichungen oder kleine Skizzen in der PDF-Datei anbringen. Zu den Markierungen lesen Sie bitte den Abschnitt »Die Markierungen« ab Seite 92.

3. Über das **Teilen**-Symbol lässt sich die PDF-Datei wie gewohnt an andere Apps auf dem iPhone durchreichen oder per E-Mail, Nachrichten oder AirDrop weitergeben.

4. Ein Tipp auf **Fertig** ❺ schließt die PDF-Datei. Zuvor werden Sie noch einmal gefragt, ob Sie die Datei sichern oder löschen möchten.

> **TIPP**
>
> **Webseiten im größeren Format speichern**
>
> Beim Speichern als PDF wird die Webseite in dem Format gespeichert, in dem sie auf dem iPhone angezeigt wird. Das ist für die Anzeige auf dem iPhone geeignet, kann aber etwa bei der Bearbeitung auf dem Computer oder beim Ausdruck zu Problemen führen. Um die Webseite in einem größeren Format zu speichern, nutzen Sie den **Drucken**-Dialog. Lesen Sie dazu den Abschnitt »Inhalte teilen und drucken« auf Seite 93.

Anmelde-, Formular- und Kreditkartendaten speichern

Der Zugang zu Foren, Onlineshops und ähnlichen Angeboten im Internet wird in der Regel durch die Eingabe eines Benutzernamens und Passwortes geschützt. Wenn Sie nicht ständig diese Daten auf ein Neues eingeben möchten, kann Safari Ihre Eingaben auch speichern und beim nächsten Aufruf einer Seite das entsprechende Formular automatisch ausfüllen. Safari kann Ihnen auch – wenn Sie das wünschen – das Ausfüllen von Kontaktformularen abnehmen oder Ihre Kreditkartendaten automatisch in ein Bestellformular eintragen. Das Speichern dieser Daten ist standardmäßig aktiviert, aber werfen Sie zur Kontrolle ruhig einmal einen Blick in die entsprechenden Einstellungen:

1. Rufen Sie **Einstellungen ▸ Safari** auf.

2. Tippen Sie im Abschnitt **Allgemein** auf die Option **Autom. ausfüllen ❶**.

3. Damit Safari Kontaktformulare automatisch ausfüllt, aktivieren Sie **Kontaktinfo benutzen ❷** und wählen unter **Meine Infos ❸** Ihren Eintrag aus der Kontakte-App aus (mit dieser App beschäftigen wir uns in Kapitel 7, »Kontakte anlegen und verwalten«).

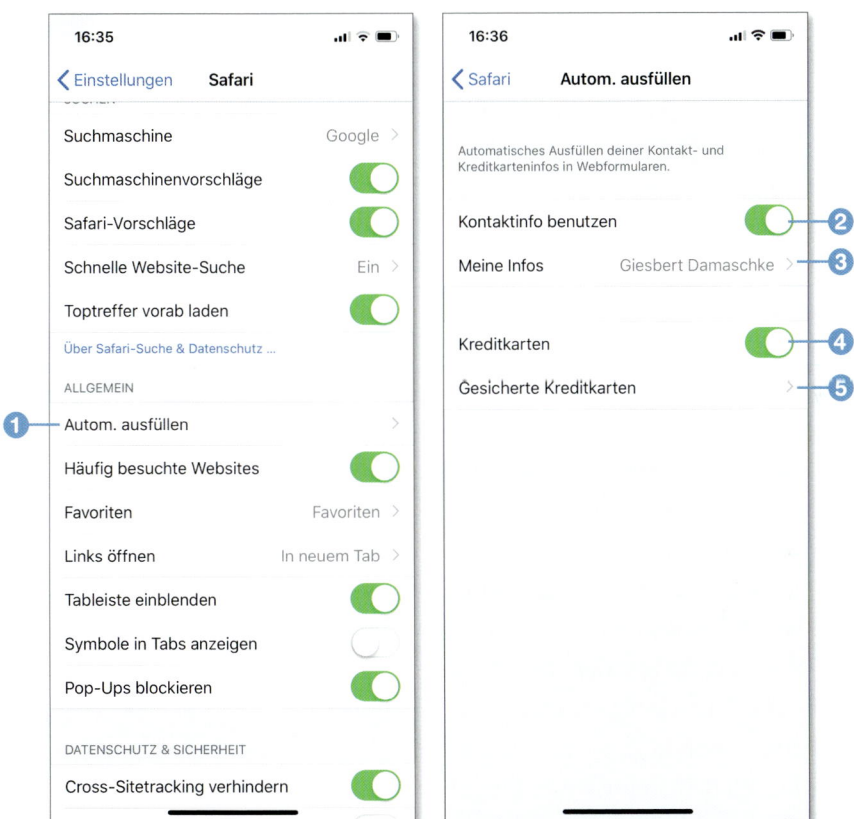

4. Safari kann auch die Daten Ihrer **Kreditkarten ❹** speichern. Unter **Gesicherte Kreditkarten ❺** können Sie die entsprechenden Angaben eintragen. (Der Zugriff auf die Kreditkartendaten ist natürlich nicht für jedermann möglich, sondern über Ihre Codesperre bzw. über Face ID gesichert. Siehe dazu den Abschnitt »Das iPhone in Betrieb nehmen« ab Seite 21.)

5. Damit sich Safari auch Ihre Passwörter merkt, rufen Sie **Einstellungen ▸ Passwörter & Accounts** auf und aktivieren hier den Punkt **Automatisch ausfüllen** ❻. Von nun an werden Sie beim ersten Ausfüllen eines Anmeldeformulars auf einer Webseite von Safari gefragt, ob die Eingaben gespeichert werden sollen.

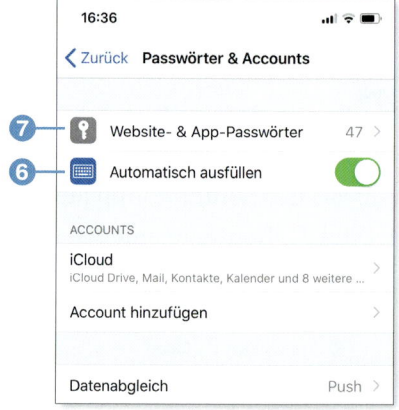

6. Mit einem Tipp auf **Website- & App-Passwörter** ❼ erhalten Sie Zugriff auf alle gespeicherten Passwörter. Natürlich ist der Zugriff auf diese sensiblen Daten ebenfalls mit Ihrem Code bzw. Face ID geschützt.

Webseiten, bei denen Sie individuelle Angaben eintragen können – etwa Ihre Lieferadresse für eine Bestellung –, stellen dafür Formulare bereit. Normalerweise füllen Sie ein Formular aus, indem Sie die einzelnen Eingabefelder der Reihe nach antippen. Dabei blendet Safari eine erweiterte Tastatur ein, die Sie beim Ausfüllen des Formulars unterstützt. Zum einen können Sie sich über die beiden Pfeil-Tasten ❽ von Eingabefeld zu Eingabefeld bewegen, wobei der automatische Eintrag als Korrekturvorschlag ❾ angezeigt wird und mit einem

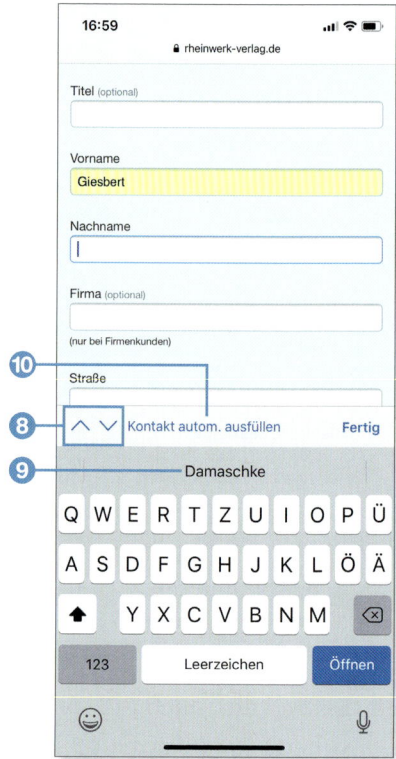

Fingertipp übernommen werden kann. Zum anderen kann Safari nach einem Tipp auf **Kontakt autom. ausfüllen** ⑩, die Felder weitgehend automatisch zu füllen. Vor dem Ausfüllen können Sie sich zur Kontrolle die Daten anzeigen lassen, die Safari eintragen möchte und ggf. korrigieren. Felder, die Safari automatisch ausgefüllt hat, werden gelb markiert ⑪.

> **INFO**
>
> **Kein Standard**
>
> Leider gibt es keinen verbindlichen Standard zur Formulargestaltung auf Webseiten, weshalb Safari mitunter raten muss, welche Daten in welches Feld gehören. Anders gesagt: Das automatische Ausfüllen funktioniert zwar nicht immer – aber doch häufig genug, um es auszuprobieren.

Unerwünschte Inhalte blockieren

Manche Webseiten sind mit Anzeigen und *Tracking-Scripts*, die Ihren Weg durchs Netz protokollieren, derart überladen, dass Sie nicht nur Schwierigkeiten haben, den eigentlichen Inhalt zu erkennen, sondern obendrein auch noch lange warten müssen, bis sich die Seiten endlich aufgebaut haben.

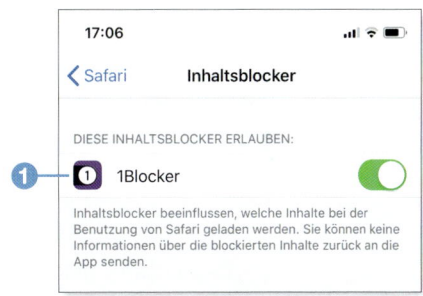

Spezielle Programme blockieren überflüssige Inhalte.

Hier bietet Safari die Möglichkeit, *Inhaltsblocker* zu integrieren. Diese Blocker analysieren den Inhalt einer Seite und schmeißen alles raus, was nicht direkt mit der Seite zu tun hat. Diese Inhaltsblocker sind meist kostenpflichtige Zusatzprogramme, die Sie aus dem App Store beziehen können (wie das geht, erkläre ich Ihnen in Kapitel 17, »Neue Inhalte für Ihr iPhone«). Sobald ein solcher Inhaltsblocker installiert ist, finden Sie unter **Einstellungen ▸ Safari** im Abschnitt **Allgemein** den Punkt **Inhaltsblocker**, über den Sie den jeweiligen Blocker aktivieren können ❶.

Da viele Websites sich über die Anzeigen finanzieren, blockieren manche Anbieter nun ihrerseits Zugriffe, bei denen sie einen Inhaltsblocker erkennen. Es kann Ihnen also passieren, dass Sie mit aktiviertem Inhaltsblocker manche Webseiten nicht mehr zu Gesicht bekommen.

TIPP

Blocker vorübergehend ausschalten

Möchten Sie eine Seite bei aktiviertem Inhaltsblocker in ihrer Originalform laden, berühren und halten Sie das Symbol zum erneuten Laden der Seite. Am unteren Bildschirmrand erscheint daraufhin ein Menü, in dem Sie den Blocker für den erneuten Aufruf der Seite vorübergehend ausschalten.

Schützen Sie Ihre Daten!

Wenn Sie mit Safari im Internet unterwegs sind, hinterlassen Sie unweigerlich Spuren im Netz und auf dem iPhone. Welche Daten Safari speichern soll, lässt sich in den Safari-Einstellungen steuern. Vor allem aber lassen sich sämtliche gespeicherte Daten problemlos löschen.

1. Rufen Sie zunächst **Einstellungen ▸ Safari** auf, und schieben Sie das Menü nach oben, bis Sie den Bereich **Datenschutz & Sicherheit** sehen.

2. Aktivieren Sie den Punkt **Cross-Sitetracking verhindern** ❶, um Datenschnüfflern ein Schnippchen zu schlagen. Auf Webseiten versteckte Tracking-Cookies, die Ihr Nutzungsverhalten protokollieren und so z. B. seitenübergreifende Werbung ermöglichen, werden auf diese Weise blockiert.

3. Den Schalter **Alle Cookies blockieren** ❷ sollten Sie dagegen ausgeschaltet lassen, weil viele Webseiten, beispielsweise solche mit Warenkörben, ganz ohne Cookies nicht mehr richtig funktionieren. Die meisten Cookies sind durchaus nützlich und werden mit dem Schließen des Browsers (Safari) automatisch wieder gelöscht.

4. Ist **Websitetracking ablehnen** ❸ aktiviert, dann »bittet« Safari den Webserver darum, keine Daten zu speichern, anhand derer Sie im Netz verfolgt und erkannt werden können. Ob der Webserver dieser Bitte allerdings nachkommt, steht auf einem anderen Blatt.

5. Die Option **Betrugswarnung** ❹ sollten Sie immer aktivieren. Damit fängt Safari sog. *Phishing-Seiten* ab, also Webseiten, die es darauf anlegen, Ihnen Ihre Zugangsdaten zu kennwortgeschützten Seiten abzuluchsen.

6. Möchten Sie nicht, dass eine Webseite auf Kamera und Mikrofon des iPhones zugreifen kann, schalten Sie den entsprechenden Punkt ❺ aus. Wenn Sie allerdings Webchats oder Ähnliches benutzen, muss diese Option aktiv sein. Natürlich werden Sie vor dem Zugriff noch einmal explizit gefragt, damit eine Webseite Sie nicht unbemerkt ausspionieren kann.

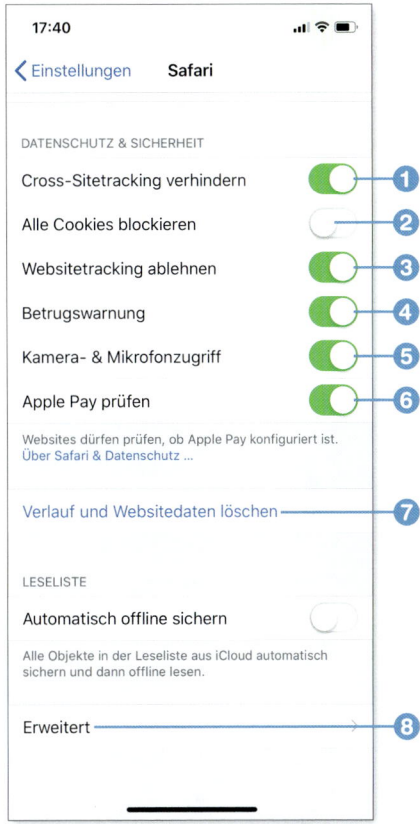

7. Ist **Apple Pay prüfen** ❻ aktiviert, können Sie auf Webseiten im Safari-Browser oder in dafür vorgesehenen Apps, aber auch z. B. in teilnehmenden Geschäften oder an Ticketautomaten bequem mit dem Apple-eigenen Bezahlsystem *Apple Pay* bezahlen (sofern Sie es auf Ihrem Gerät eingerichtet haben). Hierzulande soll Apple Pay ab Ende 2018 genutzt werden können.

8. Tippen Sie auf den Link **Verlauf und Websitedaten löschen** ❼, entfernen Sie die Liste aller bisher besuchten Webseiten, alle Cookies und ähnliche Hinterlassenschaften besuchter Webseiten.

9. Möchten Sie nicht alle, sondern nur die von bestimmten Webseiten gespeicherten Daten löschen, wählen Sie **Erweitert** ❽ und dort den Punkt **Website-Daten**. Hier haben Sie nun die Möglichkeit, Einträge gezielt zu entfernen.

TIPP

Surfen, ohne Spuren zu hinterlassen

Möchten Sie nur bei Ihrem nächsten Ausflug im Internet keine Spuren in Safari hinterlassen, bietet Ihnen Safari eine nützliche Funktion: das *private Surfen*. Tippen Sie in der Menüzeile auf die Schaltfläche **Mehrere Seiten**, und wählen Sie danach unten links **Privat**. Die besuchten Webseiten werden daraufhin nicht im Verlauf und alle anderen Daten nur temporär gespeichert. Zur Kennzeichnung des privaten Modus wird die Menüleiste von Safari dunkelgrau.

Safari schneller einsetzen

Sie müssen Safari nicht explizit aufrufen, um auf die wichtigsten Funktionen des Browsers zuzugreifen – das geht auch direkt vom Home-Bildschirm aus. Drücken Sie etwas fester auf das Safari-Symbol, werden Ihnen folgende Optionen geboten:

Safari bietet dank 3D Touch auch Kurzbefehle.

- **Leseliste anzeigen:** Mit einem Tipp wechseln Sie sofort zur Leseliste.

- **Lesezeichen anzeigen:** Ein Tipp und Safari zeigt Ihnen Ihre Lesezeichen.

- **Neuer privater Tab:** Nach einem Tipp wechselt Safari in den Modus **Privat**.

- **Neuer Tab:** Ein Fingertipp genügt, um einen neuen leeren Tab zu öffnen.

Kapitel 11
E-Mails schreiben und empfangen

Mit der Mail-App auf Ihrem iPhone haben Sie jederzeit vollen Zugriff auf Ihre elektronische Post. Sie können E-Mails empfangen, verwalten und schreiben – also mit Ihren E-Mails all das tun, was Sie auch im Mailprogramm am Computer erledigen. Damit Sie die App *Mail* nutzen können, müssen Sie zuerst einen *E-Mail-Account* auf dem iPhone eingerichtet haben. Haben Sie das noch nicht erledigt, erfahren Sie im Abschnitt »Ein Konto für Mail, Kontakte und Kalender einrichten« ab Seite 68, wie das geht. In diesem Kapitel erfahren Sie, wie Sie das Programm für Ihre Zwecke einsetzen.

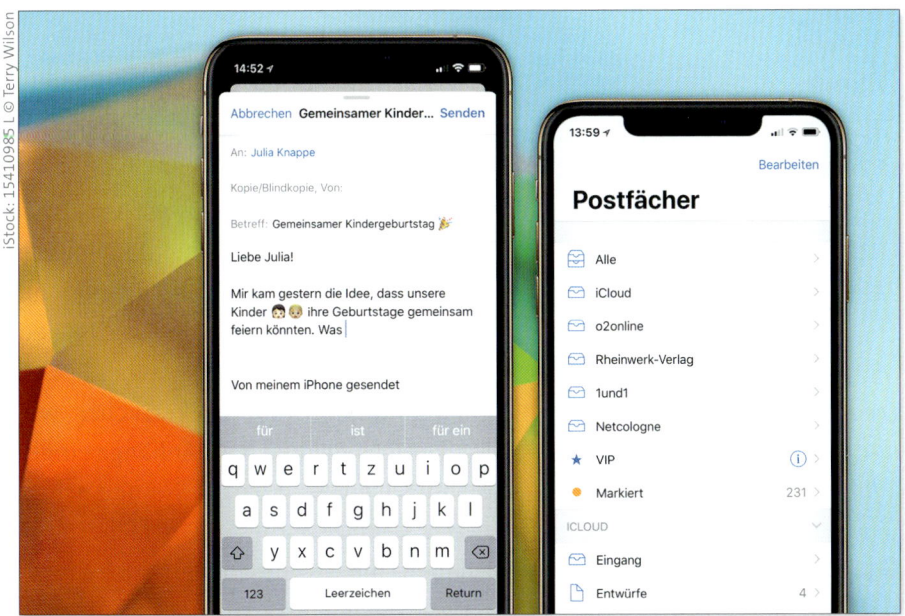

Mit der Mail-App senden und empfangen Sie E-Mails,
wann immer Sie möchten.

Die Mail-App im Überblick

Die Mail-App präsentiert sich beim ersten Start sehr übersichtlich mit der Ansicht aller Postfächer. Rufen Sie die Mail-App später erneut auf, wird sie Ihnen immer in dem Zustand bzw. mit dem Postfach angezeigt, in dem Sie die App verlassen haben.

Standardmäßig gibt es eine Handvoll Postfächer, deren Namen wie **Eingang** ❶ oder **Gesendet** ❷ selbsterklärend sind. Zusätzlich gibt es das Postfach **VIP** ❸, in dem E-Mails von Absendern angezeigt werden, die Sie als besonders wichtig markiert haben (wie das geht, erfahren Sie im Abschnitt »Wichtige E-Mails nicht verpassen« ab Seite 210).

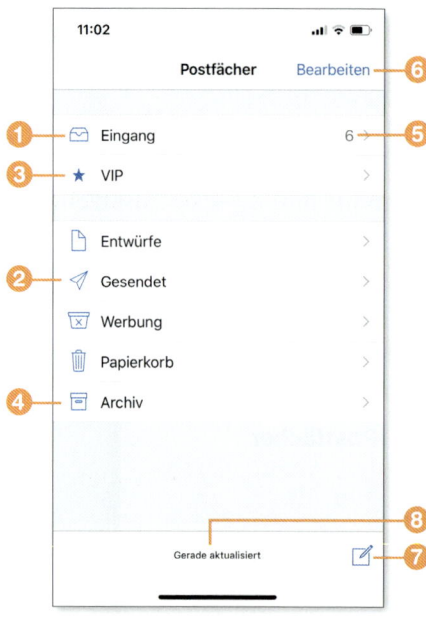

Je nach E-Mail-Anbieter kann es sein, dass sich Ihr Bildschirm ein klein wenig unterscheidet und bei Ihnen weitere Postfächer angezeigt werden, bei Google heißt das Postfach **Archiv** ❹ z. B. **Gesamte E-Mail**.

Ist in einem Postfach eine ungelesene E-Mail vorhanden, wird dies durch eine Ziffer ❺ angezeigt. Zu einem Postfach wechseln Sie, indem Sie es antippen.

Über die Schaltfläche **Bearbeiten** ❻ verwalten Sie Ihre Postfächer. Tippen Sie darauf, können Sie festlegen, dass im oberen Bereich der Postfachliste neben den beiden Standardpostfächern **Eingang** und **VIP** weitere Postfächer wie **Markiert**, **Ungelesen** oder **Anhänge** eingeblendet werden. Wie die Namen schon sagen, werden in diesen Postfächern die E-Mails angezeigt, die Sie markiert haben, die ungelesen sind oder die einen Dateianhang besitzen.

Die Mail-App organisierte Ihre elektronische Post in verschiedenen Postfächern.

Die Taste **Neue Mail** ❼ sehen Sie in der Mail-App immer in der Fußzeile. Tippen Sie darauf, öffnet sich ein neues leeres E-Mail-Formular, und Sie können gleich mit Ihrer Nachricht beginnen. In der Fußzeile sehen Sie außerdem, wann das iPhone zuletzt E-Mails abgerufen hat ❽.

TIPP

Neue E-Mail mit 3D Touch

Dank *3D Touch* können Sie auch rasch eine neue E-Mail schreiben, ohne zuerst die Mail-App zu öffnen. Drücken Sie etwas fester auf das Mail-Symbol auf dem Home-Bildschirm, und wählen Sie im Menü den Befehl **Neue E-Mail**.

E-Mails schreiben, speichern und senden

So viel zu den Menüs der Mail-App, aber nun möchten Sie sicher endlich loslegen. Eine E-Mail zu schreiben ist denkbar einfach:

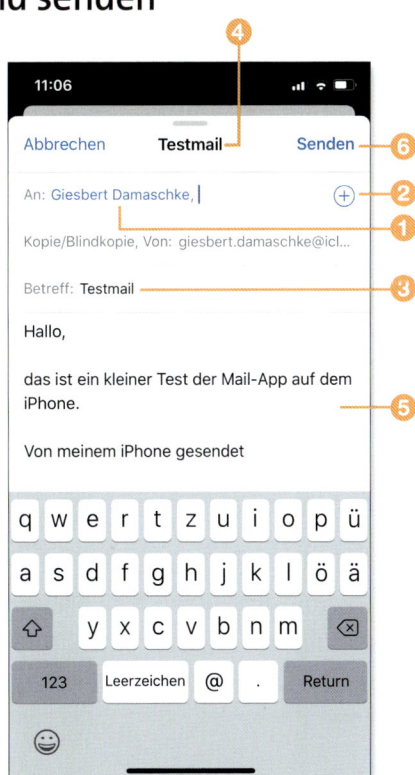

1. Tippen Sie auf das Symbol **Neue Mail**, das Sie in der App Mail immer unten rechts sehen, ganz gleich, wo Sie sich in der App aktuell befinden.

2. Daraufhin öffnet sich ein neues E-Mail-Formular, und die Bildschirmtastatur wird eingeblendet. Geben Sie in das Feld **An** ❶ die E-Mail-Adresse bzw. den Namen des Adressaten ein. Letzteres funktioniert nur dann, wenn Sie ihn bereits Ihren Kontakten hinzugefügt (lesen Sie dazu den Abschnitt »Kontakte

auf dem iPhone anlegen« ab Seite 116) oder bereits eine E-Mail von ihm erhalten haben.

3. Noch bequemer geht das, wenn Sie ihn gleich aus Ihren Kontakten wählen. Tippen Sie dazu auf das blaue Pluszeichen ❷, und wählen Sie den gewünschten Kontakt aus der Liste.

4. Tippen Sie als Nächstes in die Betreffzeile ❸, und geben Sie Ihrer E-Mail einen passenden Titel. Der Betreff erscheint als Titel in der Kopfleiste der E-Mail ❹.

5. Ihre Nachricht ❺ geben Sie schließlich in den leeren Bereich des E-Mail-Formulars ein.

6. Mit einem Tipp auf **Senden** ❻ schicken Sie Ihre elektronische Post auf die Reise. Gleichzeitig wird eine Kopie der Nachricht im Postfach **Gesendet** gespeichert.

INFO

E-Mails formatieren

Sie können in Ihren E-Mails auch Formatierungen wie Fett, Unterstrichen oder Kursiv einsetzen. Wie Sie diese Formatierungen bei der Texteingabe ein- und ausschalten, lesen Sie im Abschnitt »Text formatieren« ab Seite 105.

Sie müssen Ihre E-Mail nicht an einem Stück schreiben, sondern können jederzeit unterbrechen und Ihre E-Mail als Entwurf speichern. Dafür bietet die Mail-App zwei Möglichkeiten.

Möchten Sie nur rasch etwas in einer anderen E-Mail nachsehen, ziehen Sie die Mail an der Griffmarkierung ❶ von oben nach unten. Die Nachricht wird daraufhin mit ihrer Betreffzeile am unteren Bildschirmrand abgelegt ❷, und Sie haben freien Zugriff auf Ihre Postfächer und E-Mails. Um die E-Mail weiterzuschreiben, tippen Sie einfach auf die Betreffzeile und öffnen so Ihre aktuelle Mitteilung.

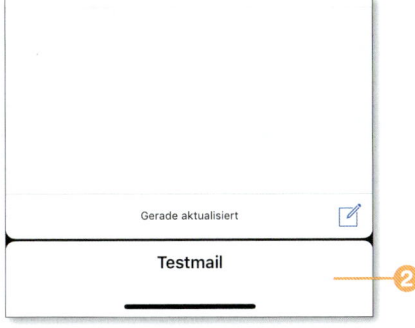

Sie können das Schreiben einer E-Mail jederzeit problemlos unterbrechen, ohne Ihren Text zu verlieren.

Und die zweite Möglichkeit: Um das Schreiben zu unterbrechen und zu einem späteren Zeitpunkt fortzusetzen, tippen Sie im E-Mail-Formular auf **Abbrechen** ❸. Damit erscheint am unteren Bildschirmrand ein Menü, in dem Sie den **Entwurf löschen** oder auch den **Entwurf sichern** können ❹. Der aktuelle Stand der angefangenen E-Mail wird im Postfach **Entwürfe** gespeichert. Möchten Sie die E-Mail weiter bearbeiten, tippen Sie im Postfach **Entwürfe** auf den entsprechenden Eintrag.

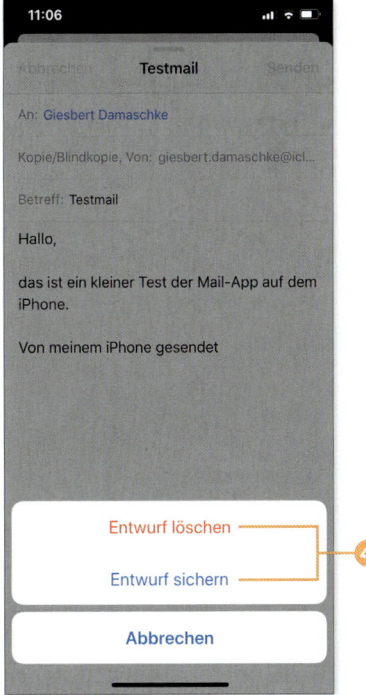

Allen E-Mails, die Sie vom iPhone aus verschicken, verpasst die Mail-App automatisch die letzte Zeile **Von meinem iPhone gesendet**. Wenn Sie nicht unbezahlt Werbung für Apple machen, sondern Ihre E-Mails mit einer etwas sinnvolleren Aussage beenden möchten (etwa mit einem Verweis auf Ihren Wohnort oder Ihre Webadresse), dann sollten Sie diese sog. *Signatur* anpassen. Dazu wählen Sie **Mail** ▸ **Einstellungen** ▸ **Signatur**.

Brechen Sie eine E-Mail ab, können Sie sie als Entwurf speichern oder einfach löschen.

Tippen Sie in das Textfeld, um den Text zu ändern. Wenn Sie überhaupt keine Signatur haben möchten, dann löschen Sie den Inhalt komplett.

> **ACHTUNG**
>
> **Der Betreff ist wichtig!**
>
> Lassen Sie die Betreffzeile nicht leer! Sie ist nicht nur für den Empfänger wichtig, sondern auch für automatische Filter, die eingehende E-Mails als reguläre E-Mails oder als *Spam*, also als unerwünschte Werbung, einsortieren. Eine leere Betreffzeile kann unter Umständen dafür sorgen, dass Ihre E-Mail automatisch als Werbemüll einsortiert wird und der Empfänger sie womöglich nie zu Gesicht bekommt.

E-Mails empfangen, lesen, beantworten, weiterleiten

Wie im Abschnitt »Ein Konto für Mail, Kontakte und Kalender einrichten« ab Seite 68 beschrieben, schaut das iPhone in regelmäßigen Abständen nach, ob neue elektronische Post eingetroffen ist. Sie müssen sich also nicht um den Empfang von E-Mails kümmern – das macht Ihr iPhone automatisch. Wann ein Postfach zuletzt aktualisiert wurde, sehen Sie unten in der Postfachübersicht.

Möchten Sie auf Nummer sicher gehen (oder unterstützt Ihr E-Mail-Anbieter den automatischen Abruf nicht), können Sie das iPhone anweisen, nach neuen E-Mails zu suchen. Dazu ziehen Sie die Postfachübersicht nach unten und lassen sie wieder los.

Ziehen Sie den Posteingang nach unten, um manuell Post abzurufen.

Das funktioniert natürlich auch, wenn Sie sich in einem Postfach befinden, allerdings wird dann nur dieses eine Postfach aktualisiert.

Konversationen

Manche E-Mails sind Antworten auf andere E-Mails. Mail fasst solche zusammengehörenden Mails standardmäßig als *Konversation* zusammen, die im Postfach nur einen Eintrag belegen. Diese Einträge werden mit einem blauen Doppelpfeil markiert. Tippen Sie einen solchen Eintrag an, werden alle E-Mails im Zusammenhang gezeigt. Bei sehr regen Mailwechseln sorgt diese Funktion für mehr Übersicht im Postfach, sie kann aber auch etwas verwirrend sein. Unter **Einstellungen ▸ Mail** können Sie diese Ansicht über den Schalter **Nach Konversation** ein- und ausschalten. Standardmäßig komprimiert die Mail-App bereits gelesene Mails in einer Konversation auf wenige Zeilen. Möchten Sie die kompletten Mails sehen, schalten Sie **Gelesene Nachr. reduzieren** aus. Soll in einer Konversation die **Neueste Nachricht ganz oben** erscheinen, aktivieren Sie den entsprechenden Schalter. Ist **Vollständige Konversationen** aktiviert, werden auch E-Mails eingeblendet, die sich in anderen Postfächern befinden, etwa im Postfach **Gesendet**.

Oben sehen Sie nun einen sich drehenden gestrichelten Kreis ❶. An diesem Symbol erkennen Sie, dass das iPhone gerade einen Blick in Ihr Postfach auf dem Server Ihres E-Mail-Anbieters wirft und nach neuen E-Mails schaut. (Wie Sie die Mail-App über neu eingetroffene E-Mails informieren soll, können Sie – wie im Abschnitt »Mitteilungen einrichten« ab Seite 79 erläutert – unter **Einstellungen ▸ Mitteilungen** festlegen.)

Haben Sie eine neue E-Mail erhalten, tippen Sie das Postfach an, in dem sie sich befindet. Neue, ungelesene E-Mails werden im Postfach zur besseren Orientierung durch einen kleinen blauen Punkt ❷ markiert. Im Postfach sehen Sie außerdem standardmäßig bereits einige Zeilen der E-Mail als Vorschau ❸. Manchmal reicht das schon, um zu entscheiden, ob Sie eine E-Mail öffnen möchten oder nicht.

1. Um eine E-Mail zu öffnen, tippen Sie sie in der Liste an. Sie wird Ihnen nun bildschirmfüllend angezeigt, sodass Sie sie in Ruhe lesen können.

2. Um von der E-Mail zurück zum Postfach zu wechseln, tippen Sie oben links auf den Pfeil ❹.

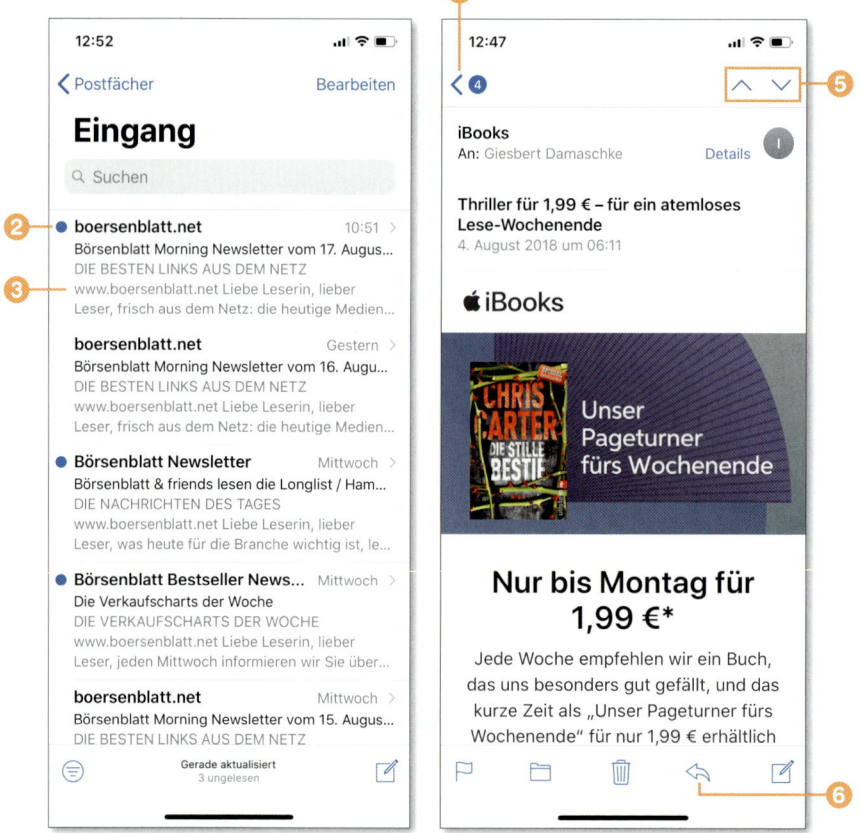

3. Über die Pfeile oben rechts ➎ können Sie die nächste bzw. vorherige E-Mail öffnen, ohne vorher zum Postfach wechseln zu müssen.

4. Möchten Sie auf eine E-Mail antworten, tippen Sie in der Fußzeile auf den Pfeil ➏ und wählen im folgenden Menü **Antworten**. Mit **Weiterleiten** schicken Sie die E-Mail an einen anderen Empfänger. Falls eine E-Mail an mehrere Empfänger geschickt wurde, erscheint hier zusätzlich die Option **Allen antworten**.

> **TIPP**
>
> **Vorschau einstellen**
>
> Wie viele Zeilen im Postfach von einer E-Mail als Vorschau gezeigt werden, können Sie übrigens selbst festlegen. Wählen Sie dazu **Einstellungen ▸ Mail ▸ Vorschau**, und tippen Sie auf die gewünschte Zeilenanzahl. Sie können zwischen **Keine** und **5 Zeilen** wählen.

Die Funktionen der übrigen Symbolschaltflächen in der Fußzeile werde ich Ihnen im Laufe des Kapitels vorstellen, an dieser Stelle aber schon mal ein kurzer Überblick:

➊ **Fahne:** Mit einem Tipp darauf lässt sich eine Mail markieren.

➋ **Ordner:** Verschieben Sie die E-Mail in ein anderes Postfach.

➌ **Papierkorb:** Die E-Mail wird gelöscht, also in das Postfach **Papierkorb** verschoben.

Über die Menüleiste sind die wichtigsten Funktionen von Mail jederzeit erreichbar.

➍ **Pfeil:** Mit dieser Schaltfläche können Sie eine E-Mail beantworten oder weiterleiten.

➎ **Neue Mail:** Das ist die vertraute Schaltfläche, die Sie zu einem neuen E-Mail-Formular bringt.

Postfach filtern

Standardmäßig sehen Sie sämtliche E-Mails eines Postfachs, wobei die noch nicht gelesenen E-Mails mit einem blauen Punkt markiert sind. Möchten Sie nur die ungelesenen E-Mails sehen, tippen Sie im Postfach unten auf das Filtersymbol ❻. Tippen Sie auf den aktuellen Filter ❼ – hier: **Ungelesen, Anhänge** –, können Sie den Filter ein wenig anpassen und sich etwa nur ungelesene E-Mails mit einem Dateianhang oder von einem VIP-Absender anzeigen lassen. Die verschiedenen Optionen lassen sich kombinieren. Um den Filter auszuschalten, tippen Sie erneut auf das Filtersymbol.

Gefiltert nach:
Ungelesen, Anhänge

Dateien per Mail verschicken und empfangen

Wie Sie es vermutlich von Ihrem Computer gewöhnt sind, können Sie auch mit der Mail-App Dateien – etwa ein Dokument, ein Foto oder ein Video – als Dateianhang per E-Mail verschicken. Das geht zum einen direkt aus der jeweiligen App – also z. B. Fotos – über die **Teilen**-Taste. In diesem Fall wird eine neue leere E-Mail angelegt, der die Datei als Anhang beigegeben ist.

Aber natürlich können Sie auch in Mail direkt einer E-Mail, die Sie gerade schreiben, einen Anhang hinzufügen. Dabei gibt es zwei Möglichkeiten:

1. Mail greift auf die Dateien-App zu und fügt das gewünschte Dokument von dort hinzu (die App stelle ich Ihnen im Abschnitt »Die Dateien« ab Seite 91 vor).

2. Mail greift auf die Fotos-App zu und übernimmt ein Foto oder Video. Die Fotos-App lernen Sie in Kapitel 15, »Fotos anzeigen und bearbeiten«, kennen.

Um einer E-Mail eine Datei oder ein Foto/Video anzuhängen, gehen Sie folgendermaßen vor:

1. Berühren und halten Sie den Bildschirm an der Stelle im E-Mail-Formular, an der Sie die Datei, das Foto oder das Video gerne einfügen möchten.

2. Tippen Sie im Kontextmenü auf den Pfeil nach rechts ❶, oder wischen Sie über das Menü von rechts nach links, bis Sie die Optionen **Foto od. Video einfügen** ❷ bzw. **Anhang hinzufügen** ❸ sehen. Tippen Sie darauf.

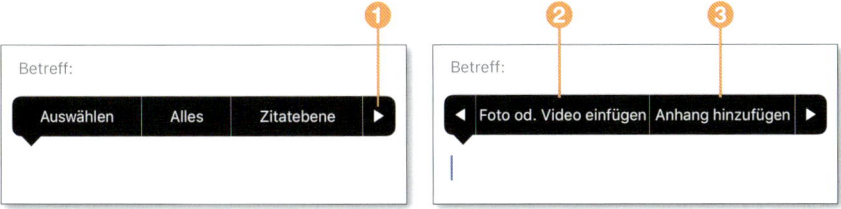

3. Sie sehen nun, je nach vorheriger Wahl, die Alben-Übersicht der Fotos-App oder den Inhalt der Dateien-App.

4. Wählen Sie den gewünschten Anhang per Fingertipp aus.

5. Wenn Sie ein großes Foto verschicken, bietet Ihnen die Mail-App an, das Foto zu komprimieren ❹. Dabei leidet zwar die Bildqualität, aber wenn ein Foto nur auf dem relativ kleinen iPhone-Display betrachtet werden soll, sind die Unterschiede zum Original praktisch nicht zu erkennen.

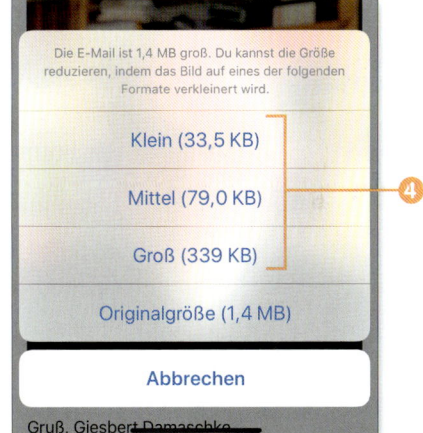

6. Möchten Sie statt einer Datei oder eines Fotos/Videos direkt in Mail eine Zeichnung als Anhang einfügen, ist auch das problemlos möglich. Tippen Sie dazu einfach im Kontextmenü auf den Pfeil nach rechts, bis der Punkt **Zeichnung einfügen** erscheint. Sie können nun mit den Markierungen eine Zeichnung erstellen (lesen Sie dazu bitte »Die Markierungen« ab Seite 92).

Sie können mit der Mail-App natürlich nicht nur Dateien verschicken, sondern auch empfangen. Solche Dateien werden im Postfach mit einer Büroklammer markiert.

Normalerweise werden Dateianhänge automatisch geladen, wenn Sie eine E-Mail öffnen. Falls das einmal nicht der Fall sein sollte – etwa bei großen Dateianhängen –, dann sehen Sie in der E-Mail eine Taste für den Dateianhang. Tippen Sie dieses an, wird der Anhang geladen.

Sie können das Laden des Anhangs anstoßen.

Manche Formate kann Mail von Haus aus anzeigen – z. B. Fotos oder PDF-Dateien –, andere müssen Sie antippen. In diesem Fall erscheint das **Teilen**-Menü, und Sie können die Datei an eine App weitergeben, die damit etwas anfangen kann. So lassen sich etwa *E-Pub-Dateien* (also elektronische Bücher), die Sie als Dateianhang bekommen haben, an die Bücher-

App weitergeben, die ich Ihnen in Kapitel 16, »Musik, Filme und mehr auf dem iPhone«, vorstelle. Dateien, die die Mail-App anzeigen kann, haben ebenfalls ein **Teilen**-Menü, über das Sie beispielsweise ein Foto an die Fotos-App übergeben können.

Fotos und PDF-Dateien lassen sich direkt in der Mail-App mit verschiedenen Auszeichnungen wie Markierungen, kleinen Zeichnungen oder Texten versehen (mehr zu den Markierungen lesen Sie im gleichnamigen Abschnitt ab Seite 92). Lassen Sie sich die Datei dazu mit einem Fingertipp anzeigen, und tippen Sie anschließend auf das Stiftsymbol ❶. Nachdem Sie Ihre Markierungen angebracht haben, tippen Sie erneut auf das Stiftsymbol. Ihre Änderungen werden übernommen, und Sie können die bearbeitete Datei wie gewohnt über das **Teilen**-Menü speichern.

Fotos können direkt in Mail mit Anmerkungen und Markierungen versehen werden.

Tippen Sie auf **Fertig** ❷, werden Sie gefragt, ob Sie die bearbeitete Datei als Antwort verschicken möchten. So ist es etwa möglich, in einer PDF-Datei Anmerkungen anzubringen und diese sofort an Ihren E-Mail-Partner als Antwort zu schicken.

TIPP

Tracking verhindern

Manche E-Mails laden Bilder aus dem Internet nach. Das ist zwar einerseits ganz hübsch, ist aber andererseits nicht unproblematisch. Denn bei diesem Nachladen hinterlassen Sie eine Datenspur, an der der Absender erkennt, dass Sie seine Mail abgerufen haben. Das ist oft harmlos, aber wenn Sie eine Spam-Mail oder die E-Mail eines Betrügers geöffnet haben, werden Sie von diesen Absendern in Zukunft sehr viel mehr unerwünschte Post bekommen. Daher sollten Sie unter **Einstellungen ▶ Mail** die Option **Entfernte Bilder laden** ausschalten. Die Mails werden nach wie vor angezeigt, aber Sie können entscheiden, ob bei einer harmlosen E-Mail die Bilder nachträglich geladen werden sollen – oder nicht.

E-Mails organisieren

Bei einer großen Anzahl E-Mails in einem Postfach verliert man schon mal den Überblick. Hier empfiehlt es sich, wichtige E-Mails zu markieren oder nach der Lektüre erneut als ungelesen auszuzeichnen. Lassen Sie sich die beiden intelligenten Postfächer **Markiert** und **Ungelesen** anzeigen (lesen Sie dazu den Abschnitt »Die Mail-App im Überblick« ab Seite 192), haben Sie wichtige E-Mails sofort im Blick. Um eine E-Mail zu markieren, gibt es verschiedene Wege:

- Die aktuell angezeigte E-Mail lässt sich nach einem Tipp auf das Fähnchensymbol in der Fußleiste mit den Befehlen **Markieren** oder **Als ungelesen markieren** kennzeichnen.

■ Das geht auch mit beliebigen E-Mails im Postfach. Schieben Sie dazu die E-Mail nach links, bis das Menü mit Fähnchen und Papierkorb erscheint. Tippen Sie auf das Fähnchensymbol ❶, um die E-Mail im nächsten Schritt zu markieren.

Mit horizontalen Wischgesten lassen sich Mails rasch organisieren.

■ Soll eine E-Mail im Postfach als ungelesen oder gelesen markiert werden, ziehen Sie sie nach rechts und tippen anschließend links auf den Briefumschlag ❷. Haben Sie es besonders eilig, geht das Markieren als ungelesen oder gelesen auch noch schneller, indem Sie die E-Mail schwungvoll von links nach rechts ziehen. Der Status wechselt daraufhin zwischen gelesen und ungelesen.

INFO

Markierungsstil ändern

Standardmäßig werden Mails mit einem orangefarbenen Punkt markiert. Wenn Sie möchten, können Sie unter **Einstellungen ▶ Mail ▶ Markierungsstil** statt eines Punktes eine kleine Fahne wählen.

Neben den Markierungen sorgen aber vor allem eigene Postfächer für mehr Übersicht und Ordnung im Posteingang. Sie können dann zusammengehörende E-Mails in einem Verzeichnis sammeln und alle Nachrichten übersichtlich sortieren:

1. Um ein neues Postfach anzulegen, tippen Sie in der Übersicht über alle Postfächer auf **Bearbeiten**.

2. Tippen Sie nun unten rechts in der Fußzeile auf **Neues Postfach** ❶.

3. Geben Sie dem Postfach einen Namen ❷, und wählen Sie den Ort, an dem das Postfach gespeichert werden soll ❸. Sie können auch Postfächer in Postfächern anlegen und so hierarchische Strukturen aufbauen.

4. Schließen Sie den Vorgang durch Tippen auf **Sichern** ❹ ab.

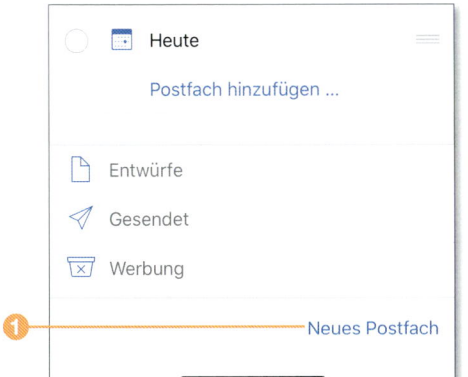
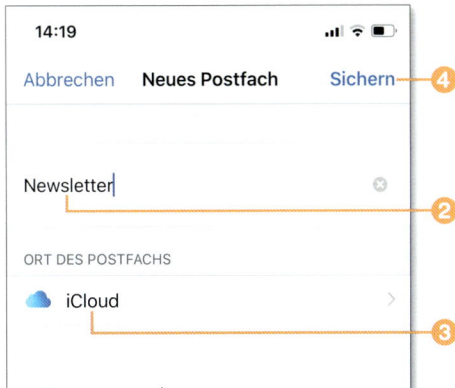

Wenn Sie dann Ihre E-Mails in ein bestimmtes (selbst angelegtes) Postfach verschieben möchten, haben Sie verschiedene Möglichkeiten:

- Eine aktuell angezeigte E-Mail verschieben Sie mit einem Tipp auf das Ordnersymbol in der unteren Symbolleiste. Wählen Sie anschließend das gewünschte Postfach.

- Um eine E-Mail direkt von einem in das andere Postfach zu verschieben, ziehen Sie den entsprechenden Eintrag im Postfach nach links, bis Sie rechts das Kontextmenü sehen. Hier tippen Sie auf **Mehr** ❺ und wählen im folgenden Menü **E-Mail bewegen** ❻. Wählen Sie nun das Zielpostfach durch Antippen aus, wird die E-Mail unmittelbar verschoben.

- Möchten Sie gleich mehrere E-Mails auf einmal verschieben, tippen Sie im Postfach auf **Bearbeiten**, markieren die gewünschten E-Mails mit einem Fingertipp ❼ und wählen anschließend **Bewegen** ❽.

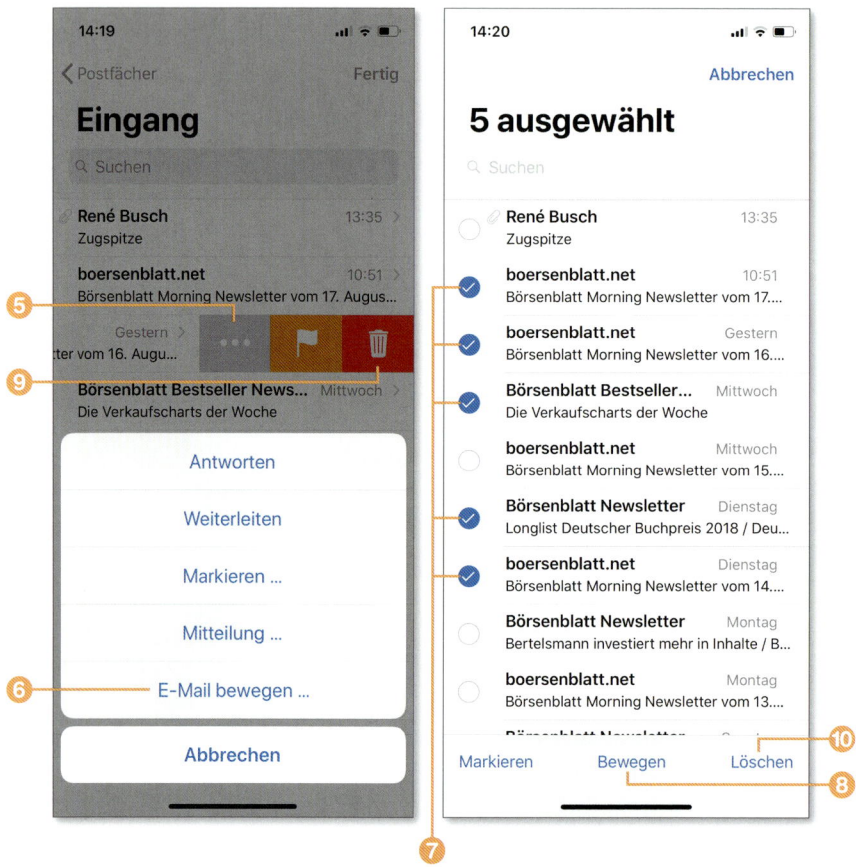

E-Mails lassen sich einzeln oder auch gleich in einem Schwung in ein anderes Postfach schieben, markieren oder löschen.

Je länger und intensiver Sie die Mail-App benutzen, desto voller werden Ihre E-Mail-Postfächer. Auch von allen gesendeten Mails benötigt man nicht zwingend eine Kopie. Da heißt es dann Abschied nehmen und weg damit. Sie sollten also ab und an auch mal ein paar E-Mails löschen:

- Eine E-Mail, die Sie sich aktuell anzeigen lassen, löschen Sie mit einem Tipp auf das Papierkorbsymbol in der Fußleiste.

- Eine einzelne E-Mail in einem Postfach schieben Sie von rechts nach links und tippen hier ebenfalls auf den Papierkorb ⑨. Ziehen Sie die E-Mail etwas schwungvoller nach links, wird sie automatisch in den Papierkorb verschoben.

- Um mehrere E-Mails in einem Postfach zu löschen, tippen Sie auf **Bearbeiten**, anschließend markieren Sie die gewünschten E-Mails mit einem Fingertipp und wählen **Löschen** ❿.

TIPP

Löschen bestätigen

Standardmäßig verschiebt die Mail-App eine E-Mail, die Sie gelöscht haben, sofort in den Papierkorb. Möchten Sie hier noch einmal eine Sicherheitsabfrage einbauen, um zu verhindern, dass Sie im Überschwang eine E-Mail versehentlich löschen, wählen Sie **Einstellungen ▸ Mail** und aktivieren hier den Schalter **Löschen bestätigen**.

E-Mails werden nicht sofort auf Nimmerwiedersehen entfernt, sondern landen vorerst im Papierkorb. Von dort können Sie sie wieder zurückholen, indem Sie sie in den Posteingang oder einen anderen Ordner verschieben. Wie lange Ihre E-Mails im Papierkorb verbleiben, hängt von Ihrem E-Mail-Anbieter ab. Um den Papierkorb manuell zu leeren, wählen Sie ihn in der Übersicht aller Postfächer an, tippen oben rechts auf **Bearbeiten** und anschließend auf **Alle löschen**.

E-Mails suchen

Manchmal kann es schon etwas schwieriger sein, rasch eine bestimmte E-Mail zu finden. Hier unterstützt Sie die Mail-App mit einer Suchfunktion. Das Eingabefeld für die Suche steht Ihnen am oberen Rand der jeweiligen Postfachübersicht zur Verfügung, wird standardmäßig aber nicht angezeigt.

1. Am Kopf jedes Postfachs sehen Sie ein Feld **Suchen** ❶. Falls es bei Ihnen nicht angezeigt wird, ziehen Sie den Bildschirm nach unten, bis Sie es sehen.

2. Tippen Sie in das Eingabefeld, und legen Sie fest, ob **Alle Postfächer** ❷ oder das **Aktuelle Postfach** ❸ durchsucht werden sollen.

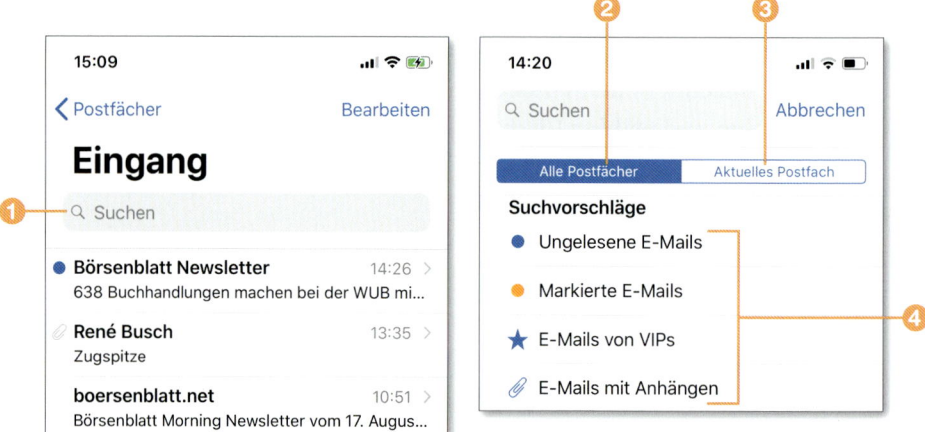

3. Mail bietet Ihnen bereits einige Suchvorschläge wie **Ungelesene E-Mails** und **E-Mails mit Anhängen** ❹ an. Ist das passende Suchkriterium nicht dabei, geben Sie Ihren Suchbegriff ein.

4. Schon während der Eingabe bietet Ihnen Mail mögliche Treffer an, die nach verschiedenen Oberbegriffen wie **Personen** ❺ oder **Betreff** ❻ geordnet sind. Tippen Sie hier z. B. im Abschnitt **Personen** auf einen Namen, werden E-Mails gesucht, bei denen der gesuchte Name als Absender oder Empfänger auftaucht.

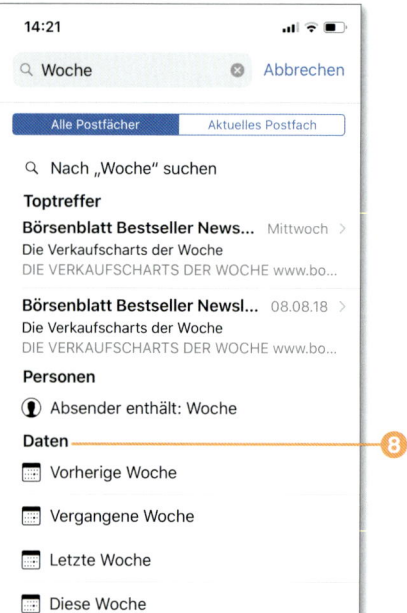

5. Um eine Volltextsuche über alle Inhalte (Namen, Betreffzeilen, E-Mail-Text) nach dem gesuchten Begriff durchzuführen, tippen Sie auf **Nach „[Ihr Suchbegriff]" suchen** ❼.

6. Es lassen sich auch E-Mails eines bestimmten Zeitraums suchen. Dazu geben Sie als Suchbegriff etwa »Tag«, »Gestern«, »Vorgestern«, »Woche«, »Monat« oder »Jahr« ein. Die Mail-App blendet daraufhin im Abschnitt **Daten** ❽ passende Vorschläge wie **Diesen Monat** oder **Vorherige Woche** ein.

7. Schließlich zeigt Mail Ihnen alle Treffer an. Dabei wird der aktuelle Suchbegriff im Suchfeld markiert. Tippen Sie im Suchfeld neben den Suchbegriff, können Sie Ihre Suche durch weitere Begriffe verfeinern, also sich z. B. alle E-Mails anzeigen lassen, die aus der aktuellen Woche stammen und den Begriff »Apple« im Absender enthalten ❾.

TIPP

Schnelle Suche mit 3D Touch

Befinden Sie sich derzeit nicht in der Mail-App, können Sie die Suche auch dank 3D Touch zügig starten, indem Sie etwas fester auf das Mail-Symbol auf dem Home-Bildschirm drücken. Im Kontextmenü können Sie direkt zur Suche springen, ohne die App erst eigens öffnen zu müssen.

Werbung entsorgen

Nicht alle E-Mails, die einem so ins Postfach purzeln, möchte man tatsächlich auch haben, nur zu oft handelt es sich dabei um unerwünschte Werbung. Die Mail-App selbst kann Werbung nicht aussortieren – das übernehmen die Filter Ihres E-Mail-Anbieters. Im Idealfall erkennen diese Filter Werbung automatisch und legen Werbemails nicht in Ihren Posteingang, sondern in das Postfach **Werbung** (❶ auf Seite 210).

Leider sind diese Filter nicht perfekt, und ihnen unterlaufen gelegentlich Fehler. Da wird dann Werbung als E-Mail in den normalen Posteingang einsortiert und umgekehrt eine reguläre E-Mail als vermeintliche Werbung aussortiert. Wenn Sie also eine E-Mail vermissen, von der Sie genau wissen, dass Sie sie bekommen haben müssten, sollten Sie einmal einen Blick in das Postfach **Werbung** werfen und eine E-Mail von dort ggf. in den Posteingang verschieben.

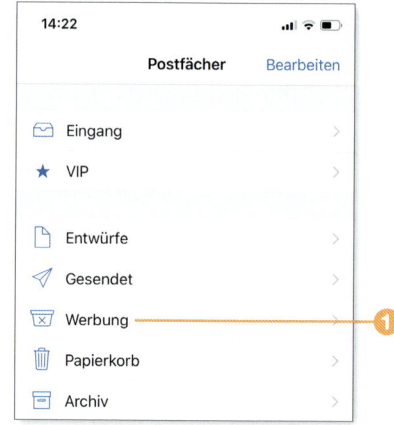

Wenn Spam-Mails vorab herausgefiltert werden, landen sie im Ordner »Werbung«.

Werbemails, die in Ihrem Posteingang landen, sollten Sie nicht einfach löschen, sondern in das Postfach **Werbung** verschieben. Damit greifen Sie den Filtern Ihres E-Mail-Anbieters ein wenig unter die Arme und helfen ihnen dabei, in Zukunft Werbung besser zu erkennen. Dabei verschieben Sie die Mails wie im Abschnitt »E-Mails organisieren« ab Seite 203 gezeigt. Eine E-Mail, die Sie aktuell geöffnet haben, können Sie etwas schneller als Werbung entsorgen: Tippen Sie dazu auf das Fähnchen links unten, und wählen Sie In „Werbung" bewegen.

Damit Sie das Postfach **Werbung** besser überblicken können, sollten Sie es regelmäßig leeren. Dazu öffnen Sie das Postfach, tippen oben rechts auf **Bearbeiten** und anschließend unten rechts auf **Alle löschen**.

Wichtige E-Mails nicht verpassen

Manche E-Mails von bestimmten Absendern sind Ihnen sicherlich wichtiger als andere. Damit Sie diese E-Mails sofort im Zugriff haben und sie nicht erst in einem überfüllten Posteingang suchen müssen, bietet die Mail-App Ihnen die Möglichkeit, bestimmte Absender als VIP auszuzeichnen. E-Mails von diesen Absendern werden automatisch im Postfach **VIP** angezeigt. So markieren Sie einen Kontakt als besonders wichtig:

1. Lassen Sie sich eine E-Mail der für Sie bedeutsamen Person anzeigen, und tippen Sie auf den Absendernamen ❷.

2. Wählen Sie nun **Zu VIP hinzufügen** ❸.

3. Wenn Sie nun das VIP-Postfach auswählen, sehen Sie automatisch alle E-Mails des als VIP markierten Absenders.

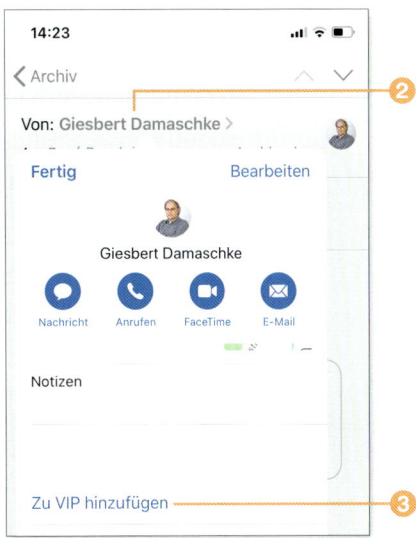

Sie müssen aber nicht darauf warten, dass Ihnen ein VIP-Kontakt zuerst eine E-Mail schickt, damit Sie ihn als VIP markieren können. Vorausgesetzt, die Person ist in Ihren Kontakten eingetragen, geht das auch direkt über das VIP-Postfach:

1. Lassen Sie sich Ihre Postfächer anzeigen, und tippen Sie auf das i ❹ beim Eintrag **VIP**. Wenn Sie noch keinen VIP-Kontakt eingetragen haben, erscheint hier kein i, tippen Sie in diesem Fall einfach auf das Postfach.

2. Tippen Sie nun auf **VIP hinzufügen** ❺. Es werden Ihnen jetzt alle Kontakte gezeigt, aus denen Sie die gewünschte Person mit einem Fingertipp auswählen.

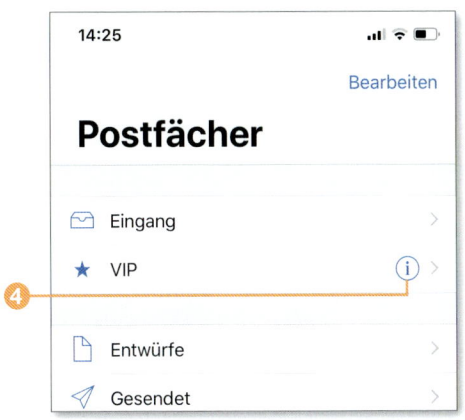

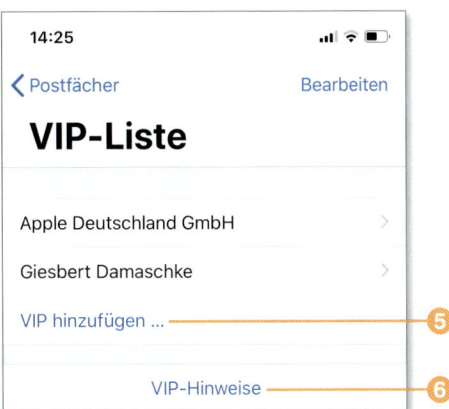

In Ihrer VIP-Liste lässt sich ein Kontakt auch einfach wieder zu einem normalen E-Mail-Partner degradieren. Streichen Sie dazu den entsprechenden Eintrag einfach von rechts nach links durch, und bestätigen Sie mit **Löschen**.

Üblicherweise signalisiert Mail eine neu eingetroffene E-Mail mit einem Ton. Damit Sie VIP-Mails bereits beim Empfang von normalen Mails unterscheiden können, ist es möglich, VIP-Mails eine eigene Mitteilung zuzuweisen, etwa einen bestimmten Ton samt Banner auf dem Bildschirm. Tippen Sie dazu in der VIP-Liste auf **VIP-Hinweise** ❼.

Nicht immer muss es gleich ein VIP sein, über dessen E-Mails Sie möglichst schnell informiert werden möchten. Mitunter warten Sie auch händeringend auf eine Antwort. Auch in diesem Fall kann Sie Mail explizit auf entsprechende E-Mails hinweisen:

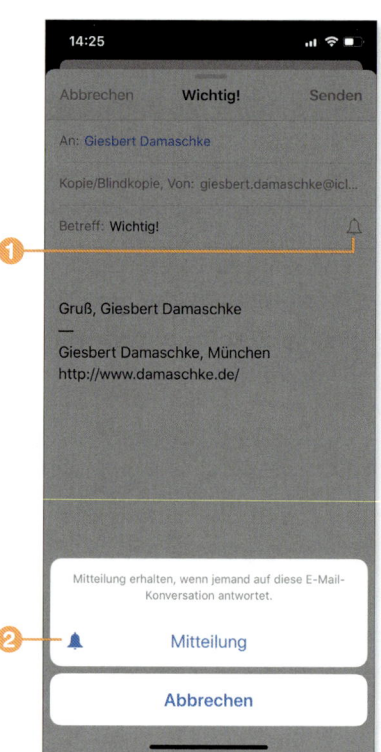

1. Tippen Sie beim Verfassen einer wichtigen E-Mail auf das Glockensymbol ❶ in der Betreffzeile.

2. Wählen Sie **Mitteilung** ❷. Sobald eine Antwort auf Ihre E-Mail eintrifft, blendet Mail auf dem Home-Bildschirm eine entsprechende Mitteilung ein.

3. Die Mitteilungen gelten für die gesamte Konversation, wenn Sie also eine weitere Antwort erhalten, werden Sie auch darüber informiert.

Um die Mitteilungen für diese E-Mails zu beenden, lassen Sie sich eine Antwort anzeigen, tippen auf das Fähnchensymbol in der Fußzeile und wählen **Mitteilungen stoppen**.

Kapitel 12
Mit Kalender Termine verwalten

Ein Kalender ist ein Standardprogramm, das auch auf dem iPhone nicht fehlen darf. In der Kalender-App tragen Sie Ihre Termine ein, notieren wichtige Ereignisse und lassen sich an Geburtstage erinnern. Kalendereinträge lassen sich problemlos mit einem Kalender auf Ihrem Computer oder Terminen, die Sie in einem Onlinekalender verwalten, abgleichen, sodass Sie unterwegs immer auf dem aktuellen Stand sind. Auch das Teilen eines Kalenders oder seine Veröffentlichung im Internet ist dank iCloud ein Kinderspiel.

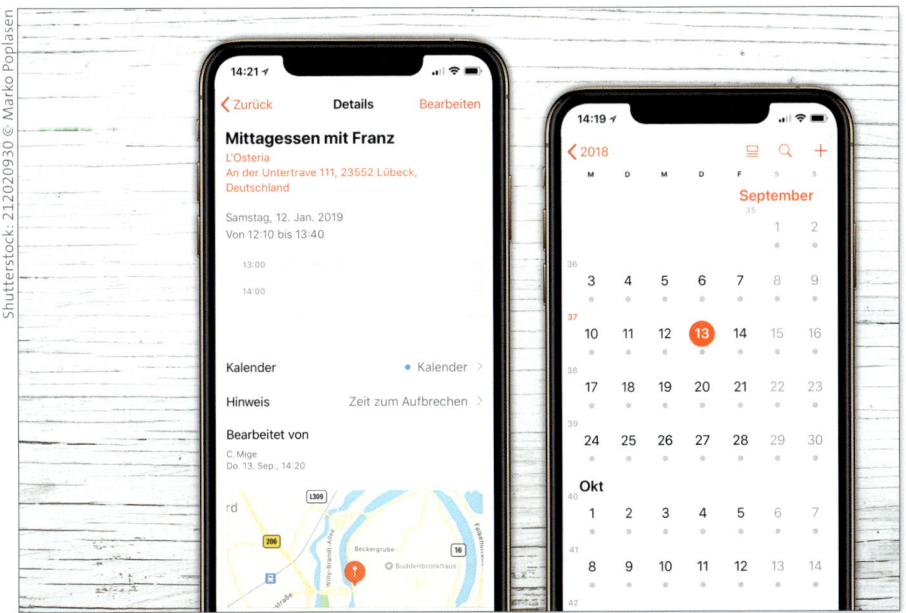

Speichern Sie Ihre Termine und Geburtstagserinnerungen auf dem iPhone.

INFO

Termine abgleichen

Um die Termine auf Ihrem iPhone mit denen auf Ihrem Computer oder bei einem Anbieter wie Apple, Google oder Microsoft abzugleichen, stehen Ihnen die Möglichkeiten zur Verfügung, die in Kapitel 4, »Alles zu Internetverbindung, Apple-ID und iCloud« beschrieben werden.

Die Ansichten der Kalender-App

Samstag
7

Der Kalender bietet verschiedene Ansichten, damit Sie jederzeit schnell zu einem gewünschten Datum wechseln können. Standardmäßig startet der Kalender in der Tagesansicht mit der Anzeige des aktuellen Datums, beim nächsten Start übernimmt er die Einstellung, die Sie zuletzt gewählt haben.

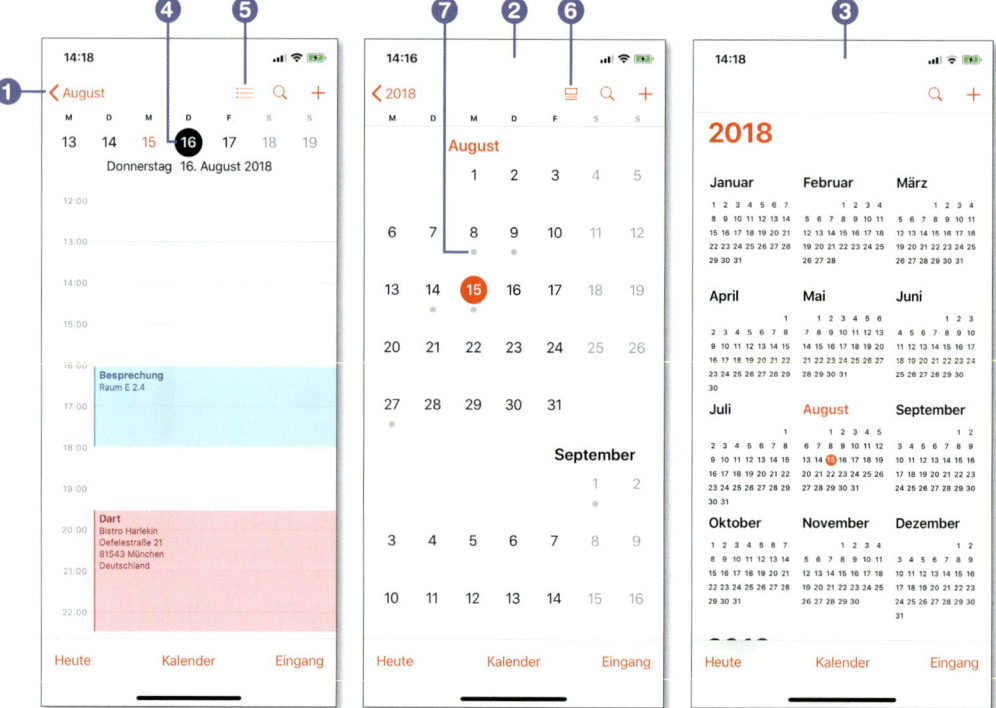

Hier sehen Sie die drei Standardansichten des Kalenders: Tag, Monat, Jahr.

Die jeweilige Kalenderansicht wählen Sie mit einem Tipp auf den Pfeil oben links ❶ aus. Von der *Tagesansicht* gelangen Sie so zur *Monatsübersicht* ❷ und von dort zu den *Jahren* ❸. Um von der Jahresansicht aus wieder die Monatsübersicht einzublenden, tippen Sie ein Datum an. Ein erneuter Tipp auf das Datum zeigt Ihnen dann die Tagesansicht. Das aktuelle Datum wird in der jeweils gewählten Ansicht farbig markiert ❹.

Sie können durch Wischgesten das angezeigte Datum bzw. den angezeigten Zeitraum ändern. Wischen Sie dazu in der Tagesansicht horizontal über den Bildschirm, in der Monats- und Jahresansicht vertikal.

Wenn Sie das iPhone ins Querformat drehen, sehen Sie eine Wochenübersicht. Hier verschieben Sie die Anzeige mit einer horizontalen Wischbewegung.

Die Wochenansicht im Querformat

In der Monats- und Tagesübersicht wird Ihnen darüber hinaus oben ein Listensymbol angezeigt, mit dessen Hilfe sich die Darstellung ändern lässt:

- In der Tagesansicht zeigt Ihnen der Kalender nach einem Tipp auf das Listensymbol ❺ Ihre Termine als Liste – und zwar nicht nur die Termine, die für das gewählte Datum eingetragen sind, sondern alle Termine, die im Kalender gespeichert sind. So erhalten Sie eine übersichtliche Darstellung Ihres kompletten Terminkalenders.

- In der Monatsansicht wird nach einem Tipp auf das Listensymbol ❻ der Bildschirm zweigeteilt. In der oberen Hälfte sehen Sie den aktuell gewählten Monat, in der unteren Hälfte die Termine, die für diesen Monat eingetragen sind. (In der Monatsansicht selbst werden die Tage mit Termin durch einen grauen Punkt **7** markiert.)

TIPP

Schneller Einblick mit 3D Touch

Dank 3D Touch können Sie in der Monatsansicht rasch einen Blick auf die Termine werfen, ohne die Monatsansicht verlassen zu müssen – drücken Sie einfach etwas fester auf das entsprechende Datum, und lassen Sie den Finger auf dem Display. Daraufhin wird eine Vorschau mit Termindetails angezeigt. Möchten Sie zu dem angezeigten Datum wechseln, drücken Sie noch einmal etwas fester auf diese Vorschau.

Die Tab-Leiste am unteren Bildschirmrand ist in der Tages-, Monats- und Jahresansicht identisch, Sie sehen hier drei Schaltflächen:

1 Mit einem Tipp auf **Heute** wechseln Sie zum aktuellen Tagesdatum. Tippen Sie den Link in der Jahresansicht an, wird die Monatsansicht geöffnet, in der das aktuelle Datum

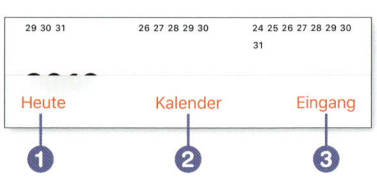

markiert ist. Ein erneuter Tipp auf **Heute** öffnet dann die Tagesansicht.

2 Arbeiten Sie mit verschiedenen Kalendern – mehr dazu im Abschnitt »Mit mehreren Kalendern arbeiten« ab Seite 221 –, legen Sie über die Schaltfläche **Kalender** fest, welche Kalender angezeigt werden sollen.

3 Tippen Sie auf **Eingang**, werden Ihnen diejenigen Termine angezeigt, zu denen Sie andere eingeladen haben. Hier können Sie dann einen Termin zu- oder auch absagen.

Um auch die Kalenderwochen zu sehen, rufen Sie **Einstellungen ▸ Kalender** auf und aktivieren dort den Schalter **Kalenderwochen**. Nun werden in der Wochen- und Tagesansicht die Kalenderwochen **4** angezeigt.

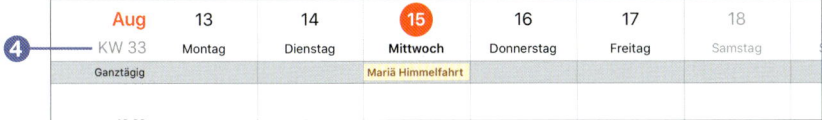

Bei Bedarf lässt sich auch die Kalenderwoche einblenden.

Termine auf dem iPhone eintragen

Um einen Termin – oder, wie es beim iPhone heißt, ein *Ereignis* – einzutragen, gibt es verschiedene Möglichkeiten:

- Sie tippen auf das Pluszeichen, das in der Tages-, Monats- und Jahresansicht oben rechts angezeigt wird.

- In der Tages- und Wochenansicht lässt sich 3D Touch nutzen. Drücken Sie etwas fester auf das Display, um einen neuen Termin einzutragen. Der neue Eintrag wird schwebend angezeigt und lässt sich zum gewünschten Zeitpunkt verschieben.

- Ebenfalls dank 3D Touch können Sie aber auch direkt vom Home-Bildschirm aus einen neuen Termin anlegen. Drücken Sie dazu etwas fester auf das Kalender-Symbol, und wählen Sie im folgenden Menü **Ereignis hinzufügen**.

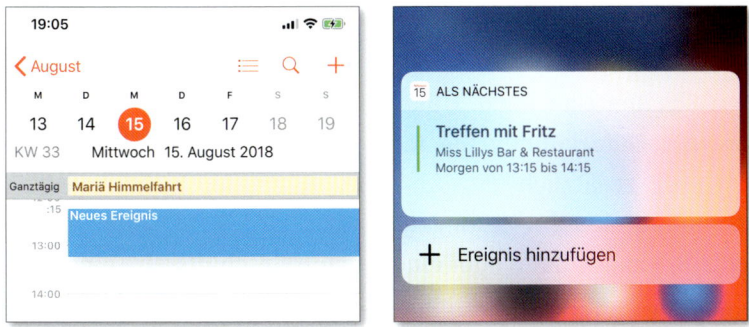

Einen neuen Termin können Sie auf unterschiedlichen Wegen eintragen.

In allen Fällen öffnet sich ein leeres Terminformular, in das Sie nun alle Details des neuen Ereignisses eintragen können. Lassen Sie sich von den vielen Feldern nicht abschrecken, sondern füllen Sie einfach nur die Felder aus, die für Sie wichtig sind.

❶ Tippen Sie in das Feld **Titel**, um eine Bezeichnung für das Ereignis einzugeben. Diese wird Ihnen dann später in der Kalenderansicht zum Termin angezeigt.

❷ Im Feld **Ort** können Sie einen realen Ort (etwa: »München Hauptbahnhof«), aber auch eigene Bezeichnungen (»Raum 3.13«) eintragen. Reale Orte kann das iPhone benutzen, um etwa Wegstrecken zu berechnen.

❸ Um **Beginn** und **Ende** eines Termins einzutragen, tippen Sie die entsprechenden Felder an und geben die Zeiten ein. Mit einem erneuten Tipp auf **Beginn** bzw. **Ende** schließen Sie die Eingabe ab.

❹ Wenn sich ein Termin über den ganzen Tag erstreckt, aktivieren Sie den Schalter **Ganztägig**. Über **Beginn** und **Ende** können Sie in diesem Fall zusätzlich ein Anfangs- und Enddatum festlegen und so z. B. einen Urlaub oder eine längere Geschäftsreise eintragen.

❺ Regelmäßige Termine (etwa »jeden 1. Montag im Monat«, »alle 14 Tage«) legen Sie mit einem Tipp auf **Wiederholen** fest.

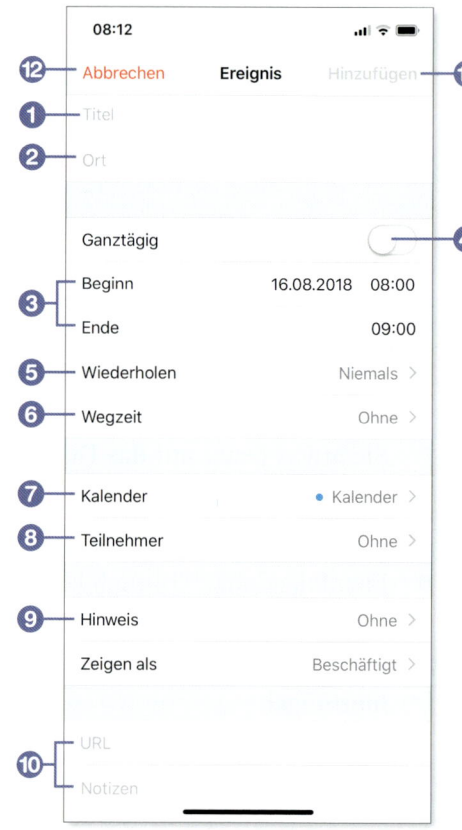

Das Terminformular kann viele Informationen aufnehmen.

6 Wenn Sie für den Termin eine Fahrtzeit einkalkulieren müssen, können Sie sie unter **Wegzeit** eintragen, die das iPhone dann z. B. bei einer Erinnerung an den Termin berücksichtigt (das funktioniert natürlich nur, wenn Sie im Feld **Ort** einen Ort eingetragen haben, den die Karten-App des iPhones erkannt hat).

7 Verwenden Sie mehrere Kalender, können Sie unter **Kalender** festlegen, in welchem Ihrer Kalender der neue Termineintrag erscheinen soll. Mehr dazu erfahren Sie im Abschnitt »Mit mehreren Kalendern arbeiten« ab Seite 221.

8 Mit einem Tipp auf **Teilnehmer** lassen sich Termine mit mehreren Personen planen. Hier geben Sie die E-Mail-Adresse der Teilnehmer ein. Diese erhalten daraufhin eine Einladung im Kalender bzw. eine E-Mail und können den Termin dann in ihren Kalender übernehmen.

9 Möchten Sie sich an einen Termin erinnern lassen, tippen Sie auf **Hinweis** und wählen den gewünschten Zeitpunkt (z. B. **2 Stunden vorher**). Sie können pro Termin zwei Erinnerungen anlegen und sich so etwa am Vortag und eine Stunde vor dem Termin erinnern lassen.

10 In den Feldern **URL** und **Notizen** können Sie Webadressen und Notizen zum Termin hinterlegen.

Nach einem Tipp auf **Hinzufügen** **11** wird der Eintrag im Kalender gespeichert. Haben Sie es sich anders überlegt, reicht ein Tipp auf **Abbrechen** **12**, und schon wird Ihre bisherige Eingabe verworfen.

INFO

Zugriff auf Ortsdaten

Damit der Kalender die Fahrtstrecke zu einem Auswärtstermin berechnen kann, benötigt die App Zugriff auf die Ortungsdienste des iPhones. Die App fragt daher beim ersten Start nach, ob Sie diesen Zugriff erlauben. Falls Sie diese Anfrage verneint haben, können Sie Ihre Entscheidung jederzeit unter **Einstellungen ▸ Datenschutz ▸ Ortungsdienste** ändern. Lesen Sie dazu auch den Abschnitt »Die Ortungsdienste anpassen« ab Seite 88.

Kalendereinträge suchen und bearbeiten

Nach Terminen suchen

Bei einem vollen Terminkalender kann es schon einmal passieren, dass Sie einen bestimmten Termin nicht auf Anhieb wiederfinden. Hier hilft die Suchfunktion des Kalenders, die Sie mit einem Tipp auf das Lupensymbol ❶ in der Symbolleiste aufrufen. Die Bildschirmtastatur und ein Eingabefeld am oberen Bildschirmrand werden eingeblendet. Tippen Sie das gesuchte Stichwort ein. Der Kalender zeigt Ihnen blitzschnell die passenden Einträge. Dabei werden auch die Notizen zu einem Termin durchsucht, Sie können also zusammenhängende Termine mit einem bestimmten Stichwort markieren und sie über dieses Stichwort schnell auffinden.

Manchmal wird ein Treffpunkt verlegt, ein Termin verschoben oder komplett abgesagt, oder Sie erhalten nachträglich eine wichtige Information, die Sie sich zu einem bereits eingetragenen Ereignis notieren möchten. Kein Problem, Termine lassen sich auch schnell und unkompliziert in der App bearbeiten.

Soll der Termin in einen anderen Kalender ❷ verschoben, mit einem Hinweis versehen ❸ oder gelöscht ❹ werden, tippen Sie auf den entsprechenden Link (bevor ein Termin gelöscht wird, fragt die Kalender-App übrigens noch einmal nach).

Um Termindetails zu ändern – also etwa Titel, Ort, Uhrzeit, Datum –, tippen Sie auf **Bearbeiten** ❺. Ihnen wird dann wieder das Eingabeformular angezeigt, das Sie bereits beim Anlegen eines Termins kennengelernt haben.

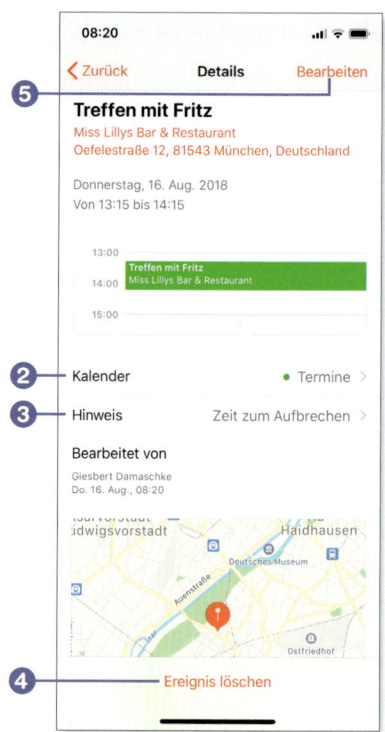

Termine lassen sich jederzeit problemlos bearbeiten.

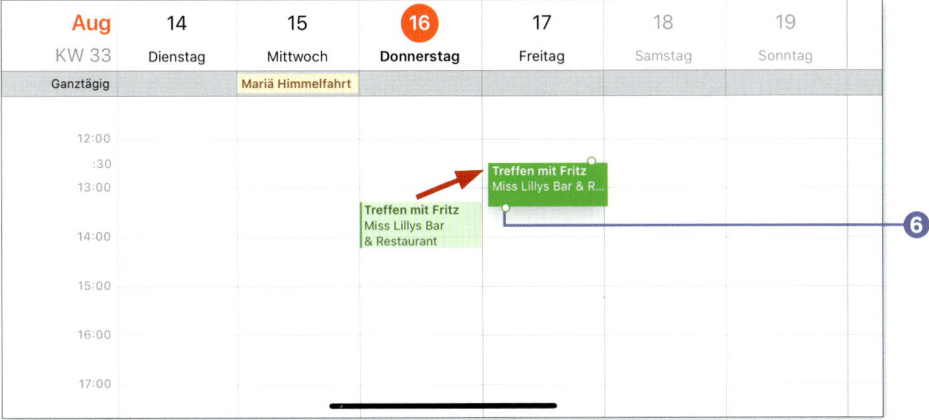

Termine können Sie auch einfach mit dem Finger verschieben.

Hat sich nur der Zeitpunkt eines Termins geändert, lässt sich die Verschiebung in der Tages- und Wochenansicht sehr einfach umsetzen. Berühren und halten Sie den Eintrag, den Sie verschieben möchten. Der Eintrag wird daraufhin schwebend und mit Griffpunkten ❻ dargestellt. Sie können den Eintrag nun verschieben und über die Griffpunkte Beginn und Ende des Termins korrigieren. In der Wochenansicht ist es auch möglich, den Termin auf einen anderen Tag zu schieben.

Mit mehreren Kalendern arbeiten

Mit der Kalender-App bleiben Sie nicht auf einen Kalender beschränkt, es lassen sich damit problemlos auch mehrere Kalender verwalten. Sie können einen neuen Kalender mit dem iPhone anlegen. Die unterschiedlichen Kalender können gezielt ein- oder ausgeblendet werden, wodurch sich etwa private und berufliche Termine sauber trennen lassen. Zudem ist es möglich, Kalender von Kollegen oder Bekannten für die gemeinsame Nutzung einzubinden oder im Internet publizierte Kalender zu abonnieren (etwa die Spielpläne der Bundesliga oder die Ferientermine der verschiedenen Bundesländer).

Standardmäßig bietet Ihnen die Kalender-App einen Kalender für Ihre Termine, der auf den schlichten Namen **Kalender** hört. Damit werden Sie wohl nicht allzu weit kommen – die Möglichkeit, private und geschäftliche Termine zu trennen, sollte es schon geben. Doch keine Sorge, Sie können nicht nur den Standardkalender nach Ihren Wünschen umbenennen, sondern auch eigene Kalender mit eigenen Bezeichnungen und verschiedenen Farben anlegen. Wenn Sie etwa für berufliche Termine die Farbe Rot und für private Termine Grün wählen, sehen Sie bereits auf einen Blick, was Ihnen ein Tag an Terminen zu bieten hat:

1. Um einen neuen Kalender anzulegen, tippen Sie in der Kalender-App unten auf **Kalender**.

2. Sie sehen nun alle bereits vorhandenen Kalender. Tippen Sie einen Kalender an, um ihn ein- oder auszublenden ❶.

3. Um einen weiteren Kalender anzulegen, tippen Sie auf **Hinzufügen** ❷.

4. Geben Sie einen Namen für Ihren Kalender ein, legen Sie eine Farbe fest, und speichern Sie den neuen Kalender mit einem Tipp auf **Fertig** oben rechts.

5. Möchten Sie einen Kalender im Nachhinein bearbeiten, um z. B. die Bezeichnung zu ändern oder eine andere Farbe zuzuweisen, tippen Sie auf das **i** ❸ neben dem gewünschten Kalender. Hier können Sie über **Kalender löschen** den Kalender auch entfernen. Doch Vorsicht! Löschen Sie nicht leichtsinnig einen Kalender – denn damit verschwinden auch alle in ihm gespeicherten Termine aus der Kalender-App!

6. Mit einem Tipp auf **Fertig** ❹ in der Übersicht über Ihre Kalender kehren Sie zur Kalenderanzeige zurück.

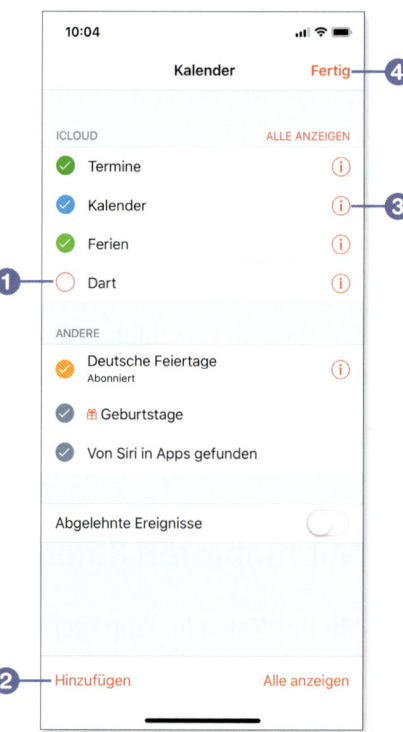

Kalender abonnieren

Es gibt eine Reihe von Anbietern, die Termine für alle möglichen Veranstaltungen als Kalenderdatei im Internet bereitstellen. Diese Kalender werden häufig regelmäßig aktualisiert, z. B. der Tourneeplan einer Band oder die Termine für Sportveranstaltungen. Damit Sie immer auf dem neuesten Stand sind, können Sie diese Kalender abonnieren. Die Termine tauchen dann in der Kalender-App auf und werden automatisch via Internet immer aktuell gehalten.

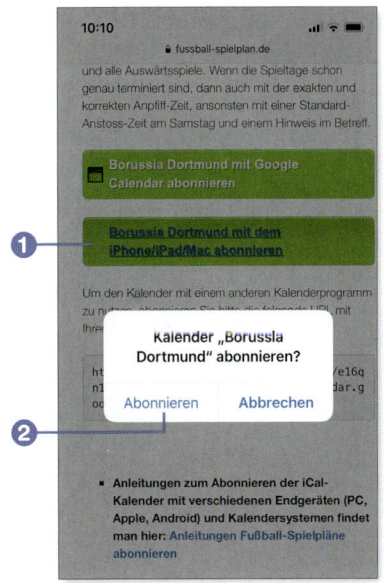

Am einfachsten fügen Sie einen solchen Kalender hinzu, wenn Sie auf der Webseite des Anbieters den entsprechenden Link anklicken. Ich zeige Ihnen das generelle Verfahren einmal an einem einfachen Beispiel:

1. Rufen Sie auf dem iPhone die Website *www.fussball-spielplan.de* auf. Hier finden Sie die Spielpläne für alle Vereine der Fußballbundes- und Regionalliga.

2. Suchen Sie sich den Spielplan der gewünschten Mannschaft aus. Hier finden Sie den Link **[Name der Fußballmannschaft] mit dem iPhone/iPad/Mac abonnieren** ❶. Tippen Sie diesen Link an.

3. Es erscheint eine Abfrage, ob Sie den Kalender abonnieren möchten. Tippen Sie auf **Abonnieren** ❷.

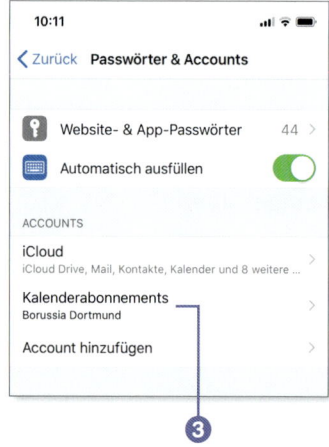

Der Spielplan wird automatisch als eigener Kalender der Kalender-App hinzugefügt. Der Anbieter des Spielplans aktualisiert den Kalender regelmäßig, trägt neue Termine ein und fügt Ergebnisse von Spielen hinzu. So bleiben Sie bei Ihrem Lieblingsverein (oder auch der gesamten Bundesliga) immer auf dem Laufenden.

Ein solcher Kalender wird auf dem iPhone als eigener Account behandelt. Sie finden ihn unter **Einstellungen** ▸ **Passwörter & Accounts** ❸. Hier lässt sich der Kalender auch wieder löschen bzw. das Abonnement beenden.

Kalender gemeinsam nutzen

Wenn Sie Ihre Kalender über iCloud verwalten, haben Sie die Möglichkeit, einen Kalender im Internet zu veröffentlichen oder einen Kalender zur gemeinsamen Nutzung mit anderen Personen freizugeben (vorausgesetzt, diese Personen sind ebenfalls bei iCloud angemeldet):

1. Tippen Sie dazu in der Fußzeile der Kalender-App auf **Kalender** und anschließend in der Kalenderübersicht auf das rote **i** neben dem Kalender, den Sie freigeben möchten.

2. Sie können den Kalender nur für bestimmte Personen freigeben oder ihn für jeden im Internet veröffentlichen. Tippen Sie auf **Neue Person** ❶, geben Sie im nächsten Fenster die E-Mail-Adresse der gewünschten Person ein, und tippen Sie anschließend auf **Hinzufügen**.

3. Nun legen Sie die Zugriffsrechte der eingeladenen Person fest. Standardmäßig hat jeder Teilnehmer Lese- und Schreibrechte im Kalender, kann Beiträge also nicht nur sehen, sondern auch verändern und neue Termine eintragen. Um das zu ändern, tippen Sie bei der entsprechenden Person auf **Anzeigen u. bearbeiten** ❷.

4. Über den Schalter **Bearbeitung zulassen** ❸ können Sie nun den Schreibzugriff aus- und natürlich auch wieder einschalten.

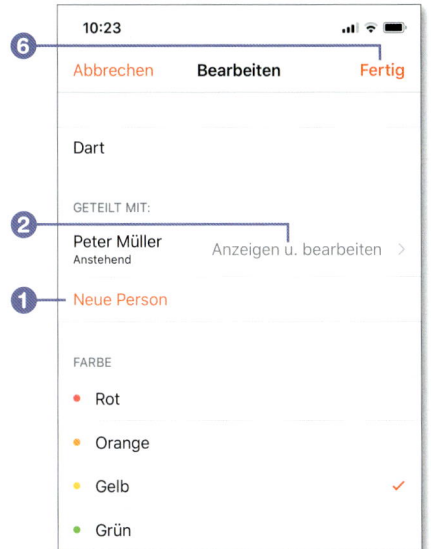
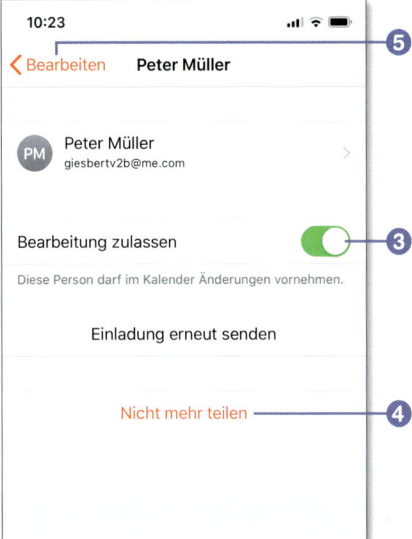

5. Hier können Sie außerdem über die Taste **Nicht mehr teilen** ❹ den Zugriff für die Person ganz ausschalten.

6. Mit einem Tipp auf **Bearbeiten** ❺ kehren Sie zur vorherigen Bildschirmseite zurück, wo Sie über **Fertig** ❻ den Vorgang abschließen. Das iPhone verschickt nun eine Einladung an die hinzugefügte Person.

Sie können einen Kalender aber nicht nur bestimmten Personen aus Ihren Kontakten freigeben, sondern ihn auch im Internet veröffentlichen, wo er von anderen Anwendern abonniert werden kann. In diesem Fall wird ein Kalender schreibgeschützt veröffentlicht; die Abonnenten benötigen zum Abonnieren keinen iCloud-Account, sondern lediglich ein Kalenderprogramm, das den Standard *CalDAV* unterstützt (was praktisch jedes Kalenderprogramm tut).

1. Rufen Sie über die Schaltfläche **Kalender** in der Fußzeile die Kalenderübersicht auf.

2. Tippen Sie in der Übersicht auf das **i** hinter dem Kalender, den Sie veröffentlichen möchten.

3. Wischen Sie das folgende Fenster ein wenig nach oben, bis Sie den Schalter **Öffentlicher Kalender** ❼ sehen. Schalten Sie ihn ein.

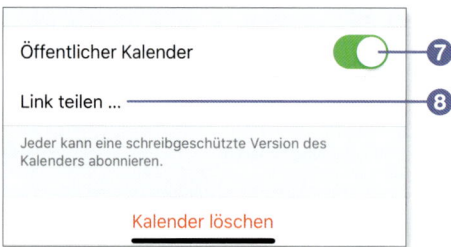

4. Der Kalender wird daraufhin auf die Server kopiert und so im Internet veröffentlicht. Gleichzeitig wird **Link teilen** ❽ angezeigt. Tippen Sie darauf, können Sie den Link zu Ihrem Kalender über die üblichen Wege weitergeben, also etwa per E-Mail oder als Nachricht verschicken.

Um die Veröffentlichung zu beenden, tippen Sie erneut auf den Schalter **Öffentlicher Kalender**.

Kapitel 13
Notizen und Erinnerungen

Ob Einkaufszettel, Telefonnotiz, Aufgabenliste oder gar der Entwurf für den nächsten Bestseller – mit den Apps *Notizen* und *Erinnerungen* stehen Ihnen auf dem iPhone zwei flexible Apps zur Verfügung, mit denen Sie keine Aufgabe mehr vergessen und Ihnen keine Idee mehr verloren geht, weil Sie sie sofort notieren können.

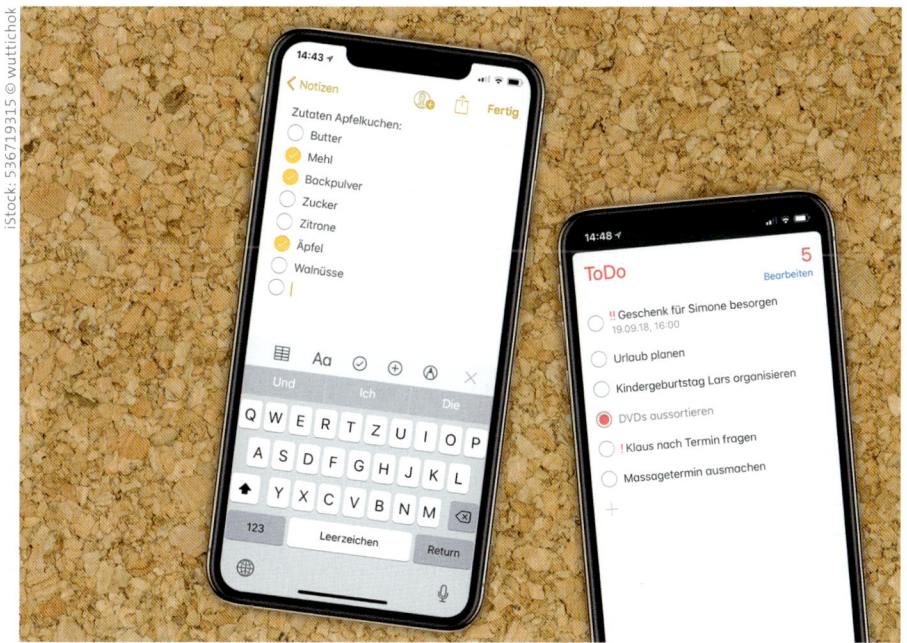

Ganz gleich, ob Einkaufszettel, To-do-Liste oder Erinnerungsskizze – mit den Apps Notizen und Erinnerungen ist alles schnell festgehalten.

Eine Notiz anlegen

Mit der Notizen-App spendiert Apple dem iPhone einen kleinen, aber feinen Notizblock, der blitzschnell zur Verfügung steht und alle Eingaben automatisch speichert. Sie können beliebig viele Notizen anlegen, Notizen mit Zeichnungen und Dateianhängen versehen, die App als Dokumentenscanner benutzen, Notizen in Ordnern verwalten, dank iCloud Notizen gemeinsam mit anderen bearbeiten und sensible Informationen vor allzu neugierigen Zeitgenossen verbergen.

INFO

Automatisches Speichern

Sie müssen sich nicht darum kümmern, Ihre Notizen zu speichern – das übernimmt das iPhone automatisch. Sobald Sie die Tastatur ausblenden – wischen Sie dafür etwas oberhalb der Tastatur nach unten –, das Programm beenden, zur Übersicht über Ihre Notizen wechseln oder eine neue Notiz anlegen, wird die aktuelle Notiz gespeichert. Anders gesagt: Es ist praktisch unmöglich, eine Notiz zu verlieren, das iPhone sichert jede noch so unbedeutende Änderung.

Der Einsatz der Notizen-App ist simpel: Starten, notieren, fertig. Die App startet immer mit der zuletzt gewählten Notiz, ist anfangs also leer.

1. Um eine Notiz anzulegen, tippen Sie unten rechts auf das Symbol für **Neue Notiz** ❶.

2. Daraufhin wird die Tastatur eingeblendet, und eine blinkende Schreibmarke (der *Cursor*) wartet auf Ihre Eingabe.

3. Über der Tastatur sehen Sie die Kurzbefehlleiste mit fünf Symbolen ❷, über die Sie die Notiz formatieren, aber auch Zeichnungen, Bilder und Scans einfügen können.

4. Damit Sie mehr Platz auf dem Bildschirm haben, können Sie die Symbole mit einem Tipp auf das graue × ❸ ausblenden. Die Taste wird dann zu einem Pluszeichen ❹, über das Sie die Symbole wieder einblenden.

5. Tippen Sie oben links auf den Pfeil ❺, wird Ihre Notiz automatisch gespeichert, und Sie sehen die Übersicht über alle vorhandenen Notizen.

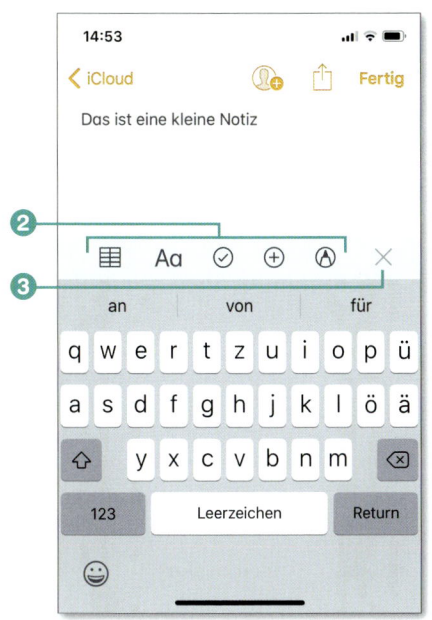
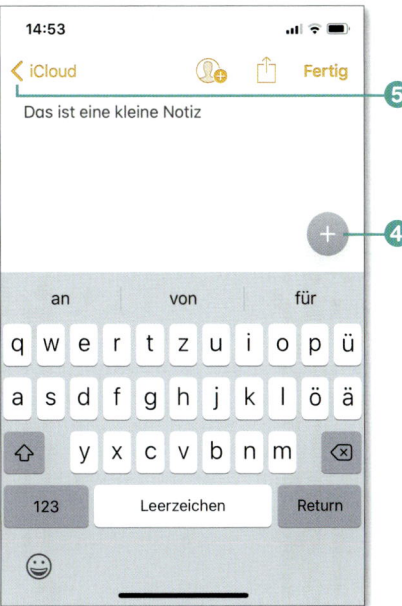

Tippen Sie eine Notiz in der Übersicht an, wird sie geöffnet, und Sie können sie weiter bearbeiten oder einfach auch nur lesen. Um eine Notiz zu bearbeiten, tippen Sie einmal auf den Bildschirm.

INFO

Schneller mit 3D Touch

Bei flüchtigen Gedanken, die es festzuhalten gilt, kommt es manchmal auf jede Sekunde an. Wenn Sie rasch eine Notiz anlegen möchten, können Sie sich einen Fingertipp sparen – dazu müssen Sie die Notizen-App nämlich nicht erst starten. Stattdessen drücken Sie auf dem Home-Bildschirm etwas fester auf das App-Symbol. Im folgenden Kontextmenü können Sie Ihre zuletzt bearbeitete Notiz ⑥ mit einem Tipp öffnen, oder eine der Optionen darunter ⑦ wählen.

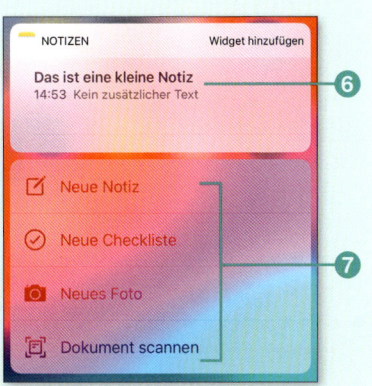

Die Reihenfolge der Notizen ändern

Standardmäßig sortiert die App Ihre Notizen chronologisch, die neuesten oder zuletzt bearbeiteten Notizen stehen dabei oben. Das ist normalerweise sinnvoll, da Sie so die jüngsten Notizen immer im raschen Zugriff haben. Aber natürlich lässt sich die Reihenfolge auch ändern:

1. Rufen Sie **Einstellungen** ▸ **Notizen** auf und tippen Sie dort auf **Sortieren nach** ❶.

2. Hier können Sie nun wählen, ob die Notizen absteigend chronologisch nach **Bearbeitungsdatum** ❷ bzw. **Erstellungsdatum** ❸ oder alphabetisch nach **Titel** ❹ sortiert werden sollen.

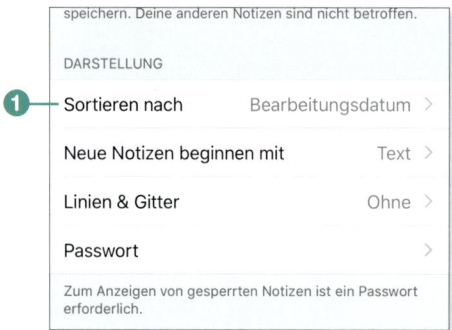

Manche Notizen sind wichtiger als andere und sollen immer ganz oben stehen. Auch das ist möglich:

1. Wischen Sie mit dem Finger von links nach rechts über die entsprechende Notiz.

2. Am linken Rand erscheint nun das Symbol einer Pinnnadel ❺. Wenn Sie darauf tippen, wird oben ein neuer Bereich **Angeheftet** ❻ erzeugt, in den die Notiz einsortiert wird. Für diesen Schritt gibt es auch eine Abkürzung: Wischen Sie die Notiz von links nach ganz rechts, wird die Notiz sofort angeheftet.

3. Um eine Notiz aus dem Bereich zu entfernen und wieder normal einzusortieren, wischen Sie sie erneut von links nach rechts.

Notizen formatieren

Bei längeren Notizen sorgen die Formatierungsmöglichkeiten der Notizen-App für mehr Übersicht und Struktur. Diese Formate rufen Sie durch Tippen auf die Taste **Aa** ❶ auf. Daraufhin erscheint die Formatierungsleiste.

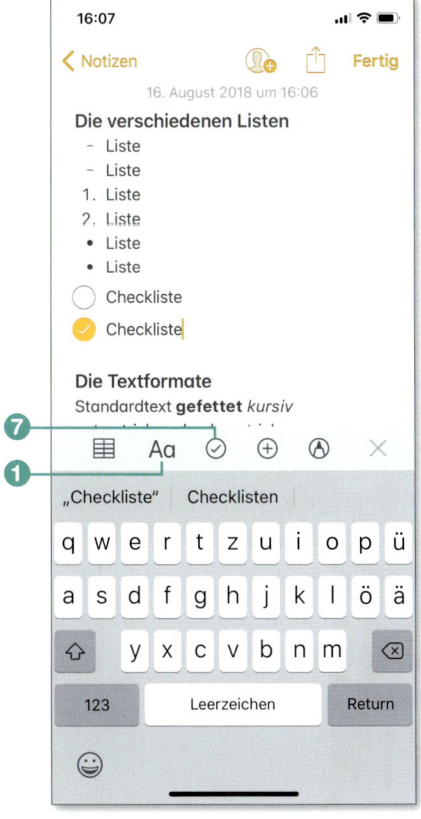

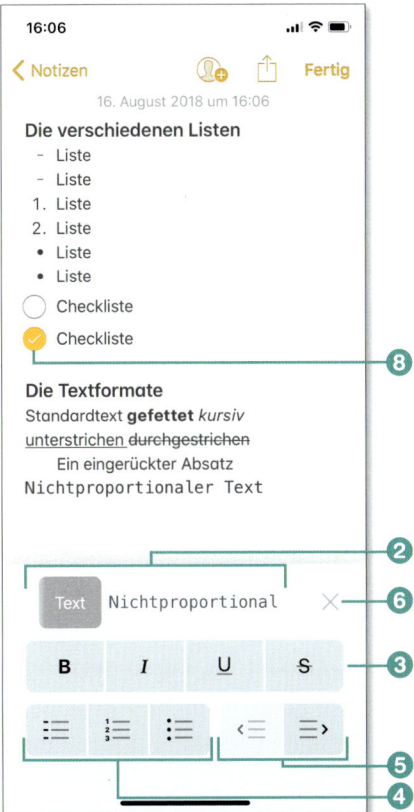

1. In der ersten Zeile legen Sie das Absatzformat ❷ fest: **Titel**, **Überschrift**, **Text** oder **Nichtproportional**. (Wischen Sie horizontal über diese Zeile, um die verschiedenen Formate angezeigt zu bekommen.)

2. In der zweiten Zeile stehen die Textformate ❸: **B** (bold, fett), **I** (italic, kursiv), **U** (unterstrichen) und **S** (durchgestrichen).

3. In der dritten Zeile können Sie eines von drei Listenformaten ❹ wählen und Absätze ein- oder ausrücken ❺.

4. Treffen Sie Ihre Wahl, und schließen Sie die Formatierungsleiste mit einem Tipp auf das × ❻.

5. Checklisten ❼, deren Punkte Sie mit einem Fingertipp als erledigt ❽ markieren, sind ebenfalls möglich.

TIPP

Notizen aus anderen Apps erzeugen

Einige Apps bieten die Möglichkeit, die aktuellen Inhalte als Notiz zu speichern, etwa Safari, Karten oder Fotos, aber auch Apps von anderen Anbietern. Dazu tippen Sie in der App auf das **Teilen**-Symbol und wählen **Zu „Notizen" hinzufügen**.

Tabellen hinzufügen

Sie können Ihren Notizen auch Tabellen hinzufügen. Dazu tippen Sie auf das Tabellensymbol ❶ in der Kurzbefehlleiste. Daraufhin wird an der aktuellen Cursorposition eine Tabelle mit zwei Zeilen und zwei Spalten hinzugefügt. Tippen Sie in eine Zelle, um dort Text einzugeben. Nach einem Tipp auf **Weiter** ❷ springt der Cursor zur nächsten Zelle. Haben Sie die letzte Zelle erreicht, wird eine weitere Zeile hinzugefügt. Den Text in einer Zelle können Sie wie im Abschnitt »Text formatieren« ab Seite 105 beschrieben formatieren, also fetten, kursiv setzen und unterstreichen ❸.

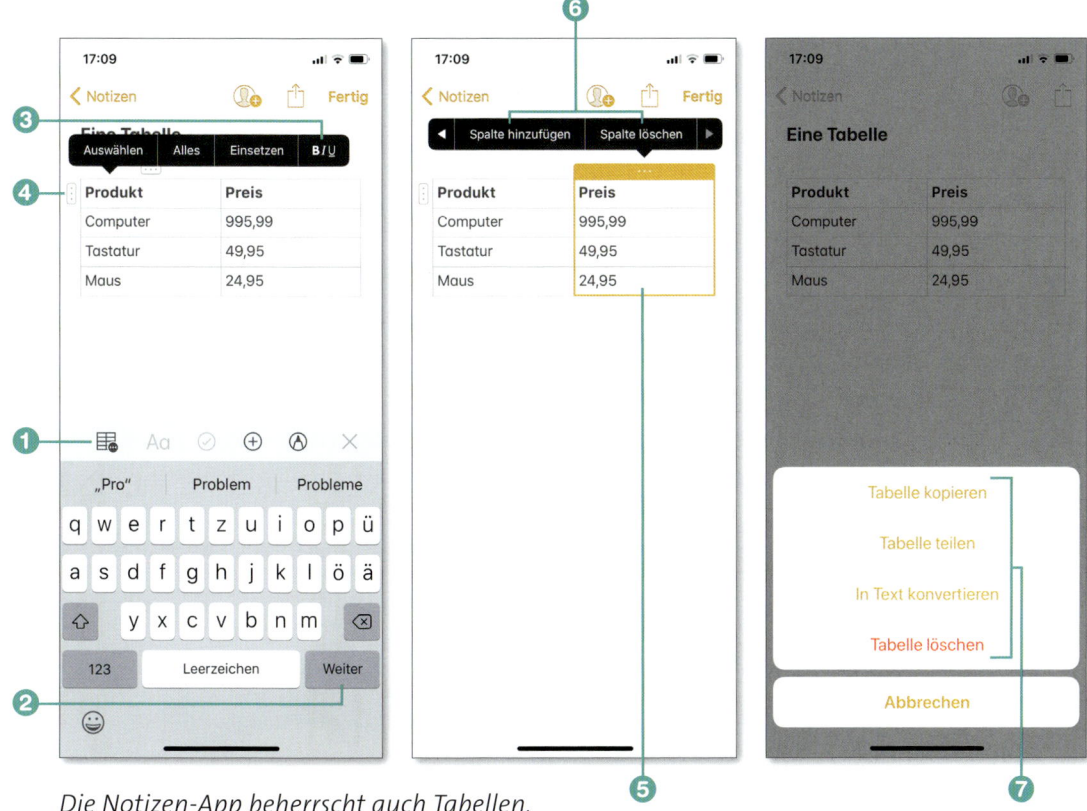

Die Notizen-App beherrscht auch Tabellen.

Die Standardform mit zwei Spalten ist in der Regel etwas arg sparsam, aber keine Sorge, es lassen sich jederzeit neue Spalten hinzufügen. Tippen Sie in eine Zelle, werden bei der aktuellen Zeile und aktuellen Spalte kleine Symbole ❹ eingeblendet. Tippen Sie ein solches Symbol an, wird die aktuelle Zeile bzw. Spalte markiert ❺ und das Kontextmenü eingeblendet. Hier lassen sich nun Spalten oder Zeilen hinzufügen und löschen ❻. Dabei werden die Spaltenbreiten automatisch angepasst, damit die komplette Tabelle angezeigt werden kann.

Um eine Tabelle zu kopieren, zu teilen, in Text umzuwandeln oder zu löschen, tippen Sie in eine Zelle und wählen anschließend erneut das Tabellensymbol. Ein Kontextmenü ❼ wird eingeblendet, in dem Sie die gewünschte Aktion wählen. Reichen Sie die Tabelle über **Tabelle teilen** weiter, wird die Tabelle automatisch in Text umgewandelt.

Fotos und Zeichnungen einfügen

Sie können mit den Notizen nicht nur Text notieren, sondern auch Fotos in Ihre Notiz einfügen oder kleine Skizzen anfertigen. Und das geht so:

1. Um ein Foto an der Cursorposition einzufügen, tippen Sie auf das Pluszeichen ❶ in der Kurzbefehlleiste.

2. Sie haben nun die Möglichkeit, direkt mit dem iPhone ein Foto oder Video aufzunehmen ❷ oder ein Objekt aus Ihrer Fotomediathek ❸ auszuwählen (die Fotos-App stelle ich Ihnen in Kapitel 15, »Fotos anzeigen und bearbeiten«, vor). Dabei ist es auch möglich, mehrere Fotos oder Videos auf einen Streich einzufügen.

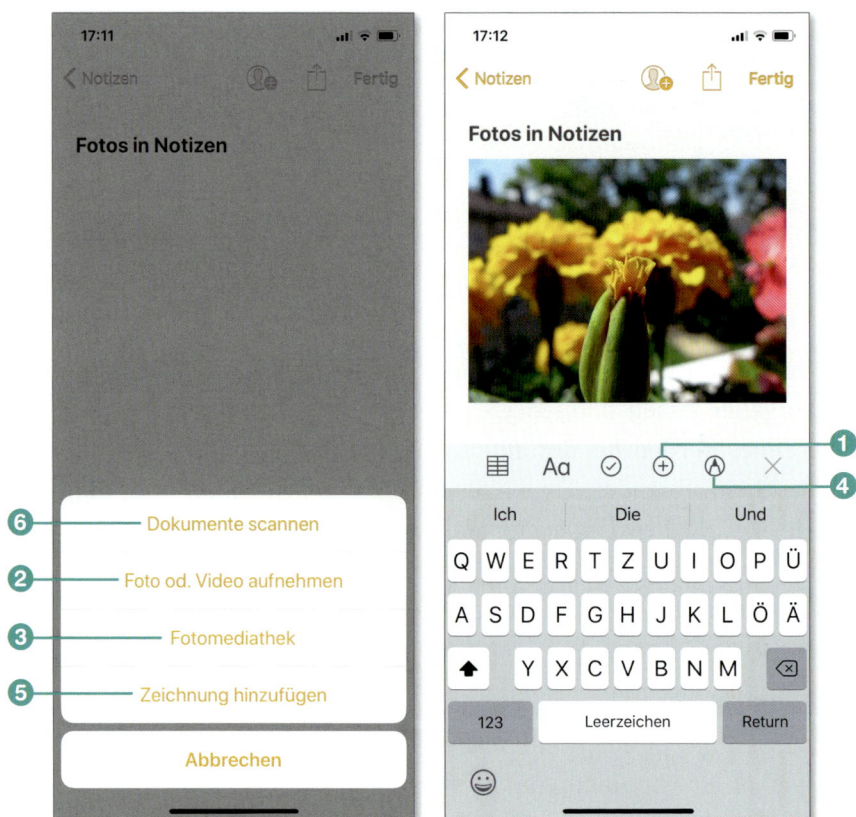

Möchten Sie eine Zeichnung oder handschriftliche Notizen hinzufügen, haben Sie zwei Möglichkeiten:

- **In die Notiz integriert:** Tippen Sie auf das Stiftsymbol ❹, um eine Zeichnung oder handschriftliche Notiz als Bestandteil der Notiz aufzunehmen. In diesem Fall startet Notizen eine abgespeckte Version der Markierungen, die ich Ihnen im Abschnitt »Die Markierungen« ab Seite 92 vorstelle.

- **Als Anhang:** Tippen Sie auf das Pluszeichen und anschließend auf **Zeichnung hinzufügen** ❺. Der komplette Bildschirm wird zu einer Zeichenfläche, und die App stellt Ihnen einige Werkzeuge wie verschiedene Stifte, ein Lineal und eine Farbauswahl zur Verfügung. Diese Zeichnung wird der Notiz als Anhang beigefügt.

> **TIPP**
>
> **Gitter und Linien**
>
> Wenn Sie auf Ihrem iPhone handschriftliche Notizen anlegen möchten, dann können Sie sich als Hilfestellung Gitter oder Linien einblenden lassen. Wählen Sie dafür **Einstellungen ▸ Notizen ▸ Linien & Gitter**.

Dokumente scannen

Die Notizen-App kann auch als Dokumentenscanner eingesetzt werden. Dabei wird das entsprechende Dokument nicht einfach nur abfotografiert, sondern das Foto anschließend begradigt und je nach Einstellung Schwarz-Weiß oder in Graustufen umgewandelt. Das Dokument selbst wird als PDF-Datei der Notiz als Anhang beigefügt, kann aber auch an andere Apps durchgereicht oder in der Dateien-App gespeichert werden. Zudem ist es möglich, das Dokument mit den Markierungen zu bearbeiten, um etwa ein Formular direkt am iPhone auszufüllen (mehr zu den Markierungen lesen Sie im Abschnitt »Die Markierungen« ab Seite 92).

TIPP

Gut und glatt

Damit ein Dokumentenscan gut gelingt, benötigen Sie vor allem zwei Dinge: gutes Licht und einen ebenen Untergrund, auf dem Sie das zu scannende Dokument glatt und ohne Knick ausbreiten können. Natürlich funktioniert der Scan auch bei zerknittertem Papier und mäßigem Licht – aber das Ergebnis bleibt dann deutlich hinter den Möglichkeiten zurück.

1. Tippen Sie in der Kurzbefehlleiste einer Notiz auf das Pluszeichen, und wählen Sie **Dokumente scannen** (❻ auf Seite 234). Nun wird die Kamera aktiviert.

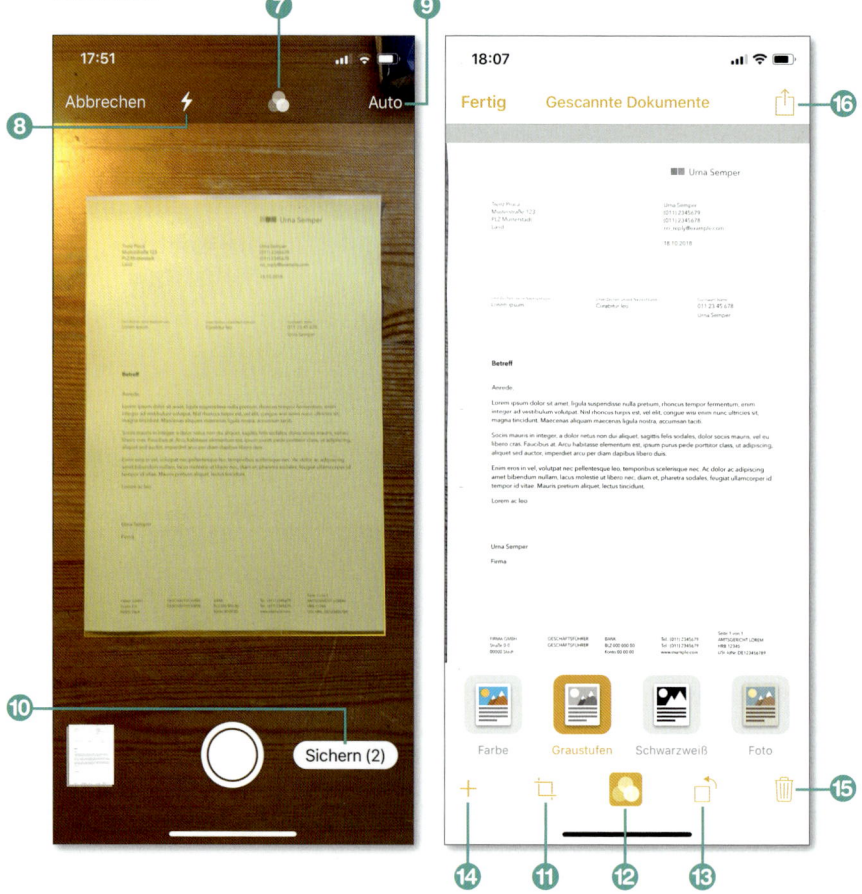

2. Standardmäßig nimmt das iPhone das Dokument in Farbe auf. Das lässt sich später ändern, aber Sie können auch schon vor der Aufnahme den Modus nach **Schwarzweiß** oder **Graustufen** ändern. Tippen Sie dafür auf das Filtersymbol **7**.

3. Der Blitz wird üblicherweise automatisch eingeschaltet, wenn das Umgebungslicht etwas zu schwach ist. Mit einem Tipp auf das Blitzsymbol **8** können Sie den Blitz aber auch generell aktivieren oder komplett ausschalten.

4. Richten Sie Ihr iPhone auf das Dokument. Standardmäßig erkennt das iPhone, wenn es das Dokument vollständig erfasst, und fotografiert es automatisch. Falls das wegen ungünstiger Lichtverhältnisse nicht funktioniert, tippen Sie auf **Auto** **9** und markieren Sie die vier Ecken des Dokuments manuell.

5. Wenn Sie ein mehrseitiges Dokument scannen, wiederholen Sie Schritt 2. Sobald alle Seiten fotografiert wurden, tippen Sie auf **Sichern** **10**. Das Dokument wird nun der Notiz als Anhang hinzugefügt.

6. Um ein gescanntes Dokument nachträglich zu bearbeiten, tippen Sie es in der Notiz an. Sie können es nun beschneiden **11**, einen Filter anwenden **12**, es drehen **13** oder um eine weitere Seite ergänzen **14**.

7. Falls das Dokument nicht mehr benötigt wird oder der Scan wiederholt werden soll, löschen Sie es mit einem Tipp auf den Papierkorb **15**.

8. Möchten Sie das Dokument weitergeben, an eine andere App durchreichen, in den Dateien speichern oder mit Markierungen versehen, tippen Sie auf die **Teilen**-Taste **16**.

Anhänge verwalten

Die Notizen-App verwaltet Skizzen, Fotos, gescannte Dokumente, Webadressen und Karten als Anhang zu einer Notiz, die Sie sich alle im Überblick anzeigen lassen können. Das ist eine hilfreiche Funktion, wenn Sie rasch einen bestimmten Anhang suchen.

Tippen Sie in der Übersicht über Ihre Notizen auf das Anhang-Symbol ❶. Sie sehen nun alle in den Notizen gespeicherten Anhänge. Einen Anhang öffnen Sie mit einem Fingertipp. Dabei werden Fotos und Skizzen direkt in der Notizen-App angezeigt, alle anderen Anhänge werden an die entsprechenden Apps durchgereicht. Tippen Sie also etwa auf eine angehängte Webadresse, wird die entsprechende Seite in Safari geöffnet.

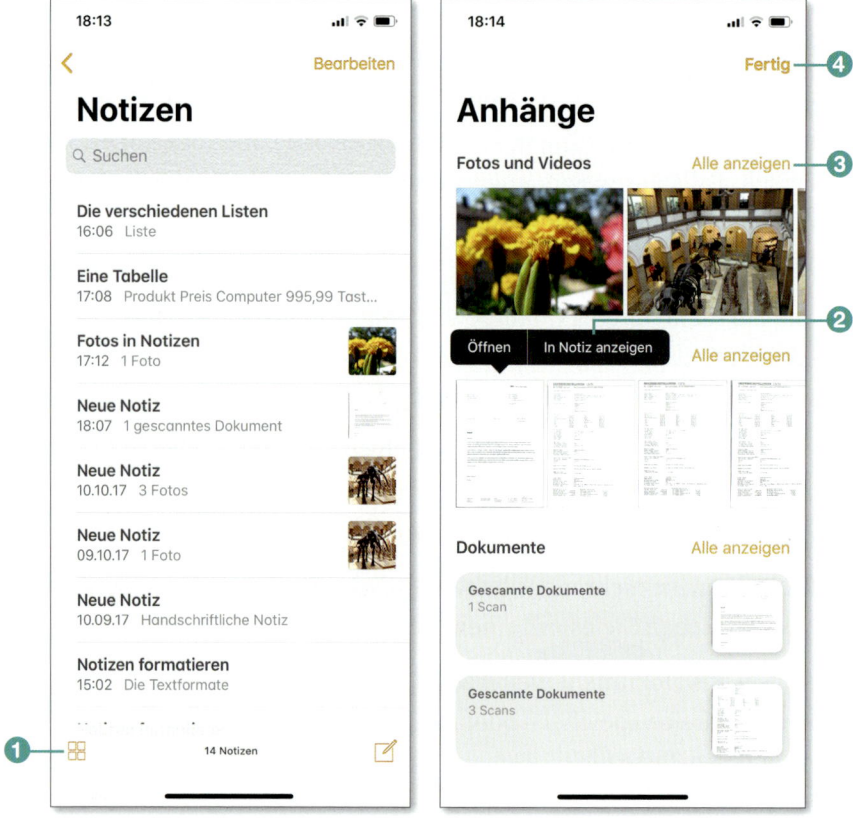

Durch Tippen auf das Anhangsymbol erhalten Sie eine Übersicht über alle gespeicherten Anhänge in Ihren Notizen.

Um sich die zum Anhang gehörende Notiz anzeigen zu lassen, berühren und halten Sie den Anhang in der Übersicht und wählen **In Notiz anzeigen** ❷. Wenn Sie sehr viele Anhänge einer Kategorie haben, stellt die Notizen-App zuerst nur die ersten zwei, drei davon dar. Mit einem Tipp auf **Alle anzei-**

gen ❸ erhalten Sie eine Übersicht über sämtliche Anhänge der entsprechenden Kategorien. Mit einem Tipp auf **Fertig** ❹ kehren Sie zu den Notizen zurück.

Vorschau mit 3D Touch

Dank 3D Touch können Sie sich einen Anhang auch rasch anzeigen lassen, ohne zu der entsprechenden Notiz zu wechseln oder die Notizen-App zu verlassen. Drücken Sie in der Übersicht etwas fester auf einen Anhang, wird eine Vorschau eingeblendet. Sobald Sie den Finger vom Display nehmen, wird die Vorschau wieder geschlossen. Schieben Sie die Vorschau nach oben, bleibt sie erhalten, zudem haben Sie nun die Möglichkeit, zur entsprechenden Notiz zu wechseln oder den Anhang zu öffnen. Um die Vorschau zu schließen, wischen Sie sie nach unten.

Notizen verwalten und löschen

Je mehr Notizen Sie anlegen, desto umfangreicher wird die Liste der gespeicherten Notizen und desto eher verlieren Sie den Überblick. Da empfiehlt es sich, Notizen in Ordnern zu verwalten. Das erledigen Sie in der Notizenübersicht:

1. Falls Sie aktuell eine Notiz geöffnet haben, tippen Sie oben links auf den Pfeil, um die Übersicht anzeigen zu lassen.

2. Tippen Sie in der Übersicht unten rechts auf **Neuer Ordner** (❶ auf Seite 240) und geben Sie dem Ordner einen Namen.

3. Sie wechseln zu diesem Ordner, indem Sie ihn antippen. Alle Notizen, die Sie nun neu anlegen, werden in diesem Ordner gespeichert.

4. Um eine Notiz in einen Ordner zu verschieben, wischen Sie Ihren Eintrag in der Übersicht von rechts nach links und tippen auf das Ordnersymbol ❷. Anschließend wählen Sie den gewünschten Ordner.

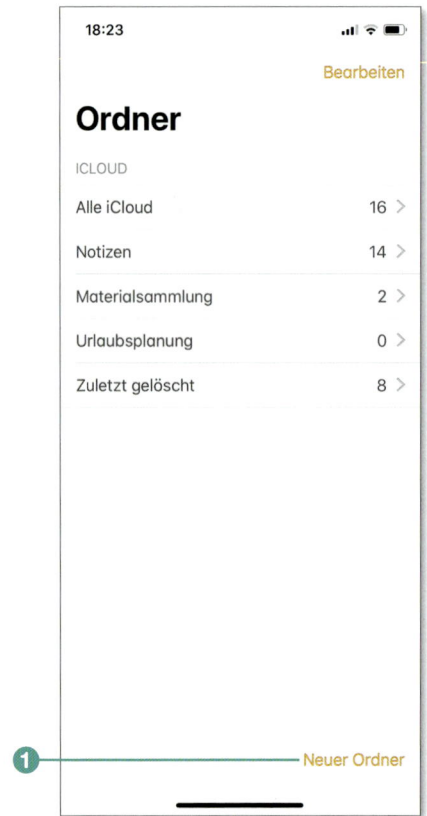

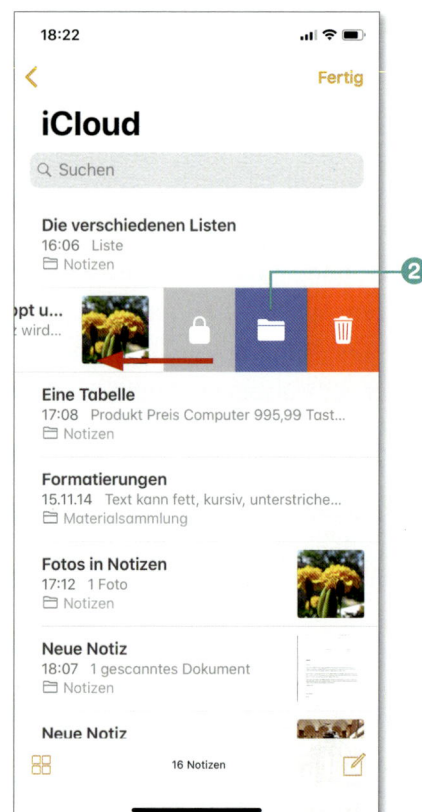

Ordner und Notizen lassen sich, wenn Sie sie nicht mehr benötigen, auch sehr einfach wieder löschen. Einen Ordner löschen Sie, indem Sie ihn in der Übersicht von rechts nach links durchstreichen. Nach einem Tipp auf **Löschen** können Sie wählen, ob Sie den Ordner samt Notizen oder nur den Ordner löschen möchten. In letzterem Fall landen die im Ordner enthaltenen Notizen im allgemeinen Ordner **Notizen**.

Beim Löschen von Notizen haben Sie verschiedene Möglichkeiten:

- Um die aktuell angezeigte Notiz zu löschen, tippen Sie unten links auf den Papierkorb.
- Eine einzelne Notiz löschen Sie in der Übersicht, indem Sie sie von rechts nach links durchstreichen und dann auf den Papierkorb tippen.

Alle gelöschten Notizen landen zuerst in einem digitalen Papierkorb, in dem sie 30 Tage lang aufbewahrt werden – erst danach werden sie endgültig von Ihrem iPhone entfernt.

> **TIPP**
>
> **Mehrere Notizen bewegen oder löschen**
>
> Wenn Sie mehrere Notizen auf einen Streich verschieben oder löschen möchten, tippen Sie in der Übersicht oben rechts auf **Bearbeiten**. Um die gewünschte Aktion auf sämtliche Notizen anzuwenden, wählen Sie **Alle bewegen** oder **Alle löschen**. Geht es Ihnen nur um bestimmte Notizen, markieren Sie die Notizen jeweils mit einem Fingertipp und wählen anschließend **Bewegen** bzw. **Löschen**.

Der Papierkorb befindet sich auf der obersten Ebene der Notizen. Tippen Sie also ggf. ein- oder zweimal auf den Pfeil links oben, bis Sie die Übersicht Ordner ❸ sehen.

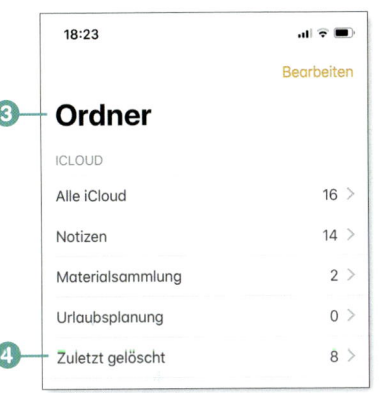

Wenn Sie auf den Eintrag **Zuletzt gelöscht** ❹ tippen, sehen Sie alle in den letzten 30 Tagen gelöschten Notizen. Sie lassen sich nun wie gezeigt in einen beliebigen anderen Ordner bewegen, um sie wiederherzustellen. Möchten Sie die Notizen im Papierkorb hingegen sofort löschen, tippen Sie auf **Bearbeiten** und wählen dann unten rechts **Alle löschen**.

Gelöschte Notizen werden 30 Tage lang aufgehoben.

Notizen sperren

Sensible oder private Notizen können Sie mit einem Passwort vor allzu neugierigen Zeitgenossen schützen. Das geht so:

1. Öffnen Sie zunächst die Notiz, die Sie für den unbefugten Zugriff sperren möchten.

2. Tippen Sie auf die **Teilen**-Taste ❶, und wählen Sie **Notiz sperren** ❷.

3. Legen Sie nun ein Passwort fest. Die Notiz wird mit dem Passwort versehen, aber noch nicht gesperrt.

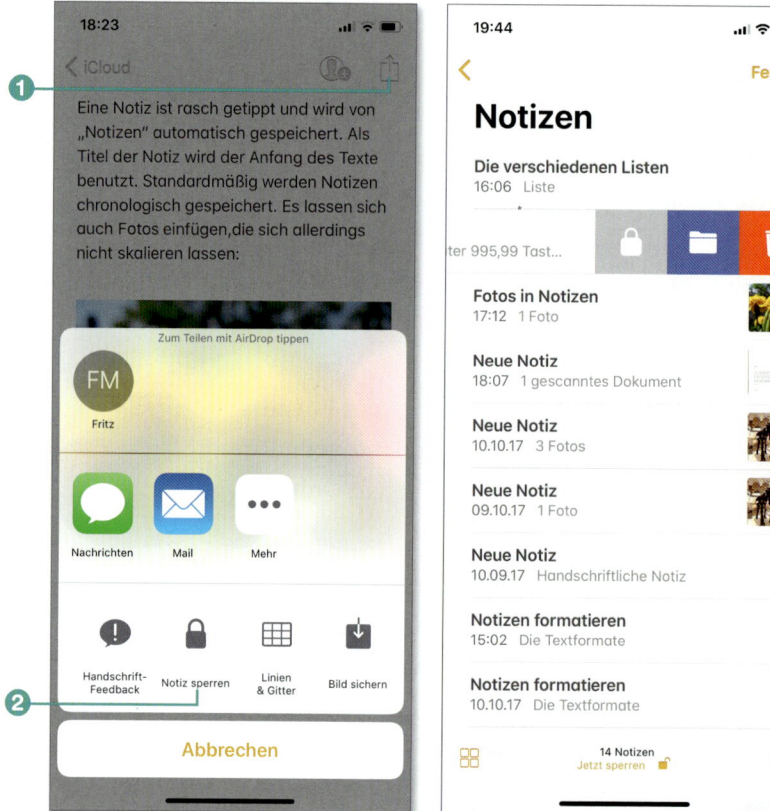

4. Um die Notiz endgültig zu sperren, tippen Sie auf das Schloss, das nun in der Symbolleiste angezeigt wird. Die Notiz kann jetzt nur noch über das festgelegte Kennwort bzw. über Face ID geöffnet werden.

5. Um eine Notiz direkt in der Übersicht zu sperren, schieben Sie sie nach links und tippen auf das Schloss. Um die Sperre zu aktivieren, öffnen Sie die Notiz und tippen oben rechts auf das Schloss.

6. Beim Aufrufen der Notiz wird Ihnen zukünftig immer der Dialog zur Passworteingabe angezeigt.

Um die Sperre wieder zu entfernen, lassen Sie sich die Notiz anzeigen, entsperren sie und wählen im **Teilen**-Menü den Punkt **Sperre entfernen**.

> **INFO**
>
> **Ein Passwort für alle**
>
> Das Kennwort, das Sie festlegen, gilt in Zukunft für alle weiteren
> Notizen, die Sie sperren möchten.

Natürlich lässt sich ein vergebenes Kennwort nachträglich ändern. Rufen Sie dazu **Einstellungen ▸ Notizen** auf, und wählen Sie hier den Menüpunkt **Passwort**. Auf der folgenden Seite können Sie über den Befehl **Passwort ändern** die gewünschte Änderung vornehmen, Face ID nachträglich ein- oder ausschalten oder das Passwort zurücksetzen.

> **TIPP**
>
> **Gemeinsame Notizen**
>
>  Sie können Notizen nicht nur für sich allein auf Ihrem iPhone bearbeiten, sondern mit anderen Personen teilen, um via iCloud gemeinsam an einer Notiz zu arbeiten. Das funktioniert allerdings nur zwischen iOS-Geräten und einem Computer von Apple, auf dem mindestens OS X El Capitan installiert sein muss. Um eine Notiz für andere freizugeben, tippen Sie auf das kleine Männchen in der Symbolleiste und wählen einen Weg, wie Sie den Link zur Notiz weitergeben möchten, etwa per E-Mail oder als Nachricht. Der Empfänger kann dann diesen Link antippen und die freigegebene Notiz ebenfalls sehen und bearbeiten. Um die Freigabe aufzuheben, tippen Sie erneut auf das Männchen und wählen **Nicht mehr teilen**.

Aufgaben verwalten mit Erinnerungen

Mit der App *Erinnerungen* hat Apple dem iPhone eine kleine Aufgabenverwaltung mitgegeben. Die Erinnerungen werden wie in einem stilisierten Block notiert und in verschiedenen Listen geordnet. Standardmäßig gibt es die Liste **Erinnerungen ❶**, unter **Geplant ❷** finden Sie alle Aufgaben, die mit einem Termin versehen sind.

Eine neue *Aufgabe* oder, wie Apple es nennt, eine neue *Erinnerung* ist rasch angelegt:

1. Tippen Sie in die Zeile mit dem Pluszeichen ❸. Der Cursor erscheint, die Tastatur wird eingeblendet, und Sie können sofort loslegen.

2. Notieren Sie Ihre Aufgabe, und tippen Sie abschließend auf **Return** ❹.

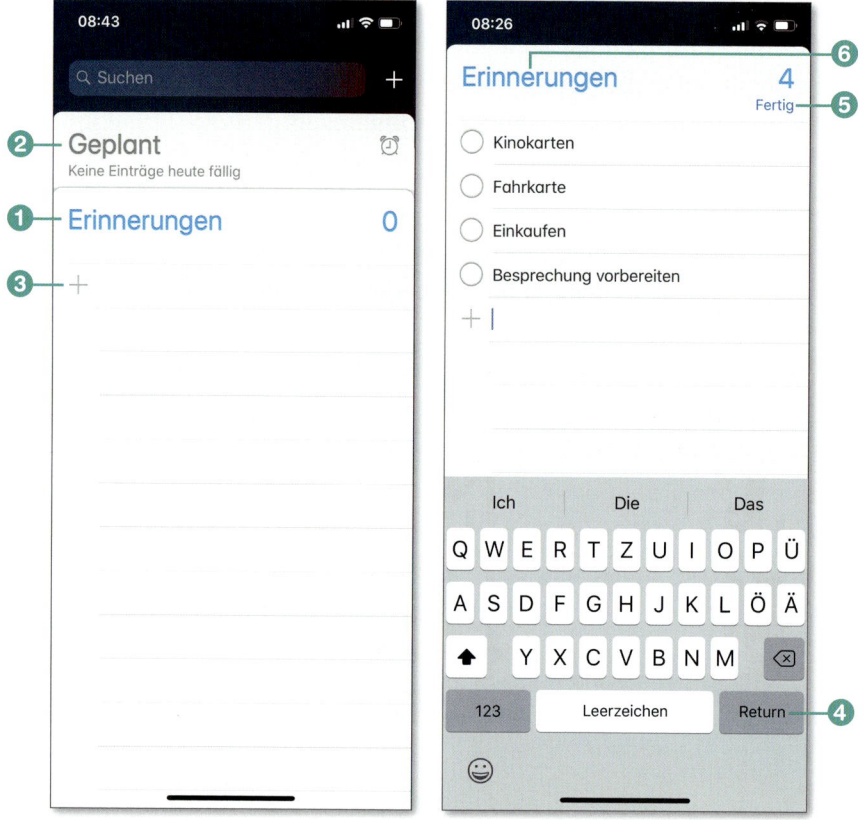

3. Die Schreibmarke springt in die nächste Zeile, und Sie können weitere Aufgaben erfassen.

4. Mit einem Tipp auf **Fertig** ❺ schließen Sie die Eingabe ab.

5. Tippen Sie auf den Namen ❻ der Liste (in diesem Beispiel also auf **Erinnerungen**), kehren Sie zur Übersicht über Ihre Aufgabenlisten zurück.

TIPP

Erinnerungen aus anderen Apps erzeugen

Wie die Notizen-App arbeitet auch die App Erinnerungen mit anderen Apps auf dem iPhone zusammen. Möchten Sie direkt aus einer App heraus eine Erinnerung anlegen, tippen Sie auf die **Teilen**-Taste und wählen **Erinnerungen**. Auf dem iPhone funktioniert das von Haus aus mit den Apps Safari und Karten, aber auch Anbieter anderer Apps können diese Zusammenarbeit nutzen.

Die Einträge in einer Aufgabenliste werden in der Reihenfolge angezeigt, in der Sie sie notiert haben. Das lässt sich natürlich ändern:

1. Berühren und halten Sie den entsprechenden Eintrag. Er wird schwebend dargestellt ❼ und kann nun an die gewünschte Position geschoben werden.

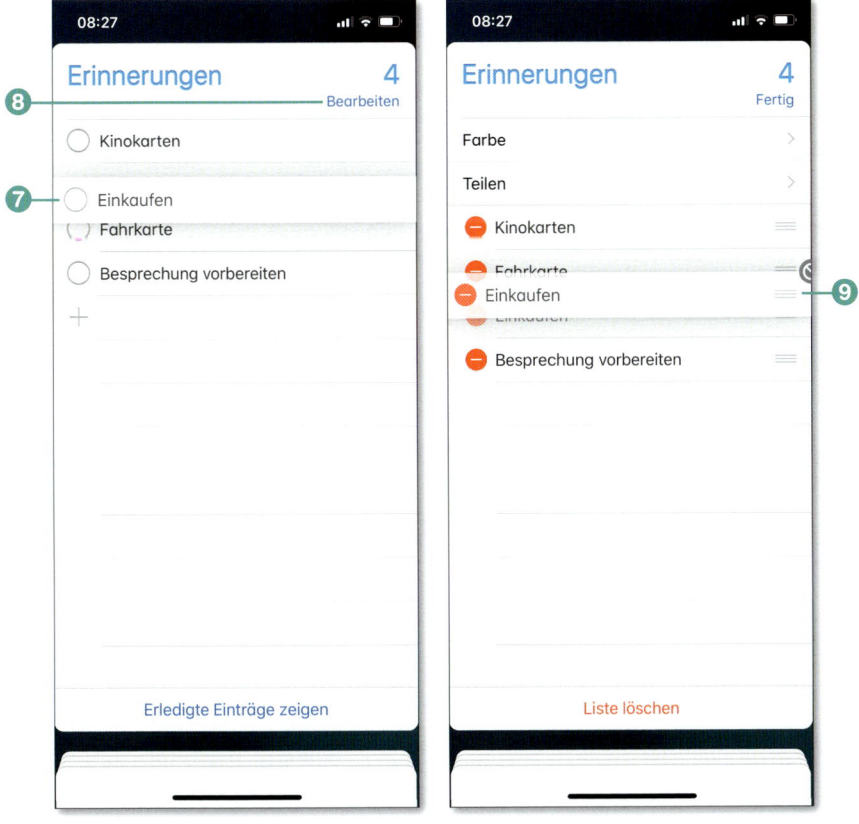

2. Alternativ dazu tippen Sie auf **Bearbeiten** ⑧ und verschieben den Eintrag über die Griffmarkierung ⑨.

3. Um den Text einer Erinnerung zu ändern, tippen Sie einfach den entsprechenden Eintrag an. Die Tastatur wird eingeblendet und Sie können den Text wunschgemäß ändern.

TIPP

Schneller mit 3D Touch

Drücken Sie auf dem Home-Bildschirm etwas fester auf das Symbol der App, werden Ihnen zum einen die fälligen Aufgaben gezeigt, zum anderen können Sie eine neue Notiz in einer der vorhandenen Listen anlegen.

Erinnerungen mit Details versehen

Ein rascher Eintrag ist schnell erstellt, aber oft benötigt man mehr Platz zur Beschreibung einer Aufgabe als die eine Zeile, die die App standardmäßig bietet. Kein Problem, Sie können jede notierte Aufgabe während der Erfassung und auch nachträglich um diverse Details erweitern:

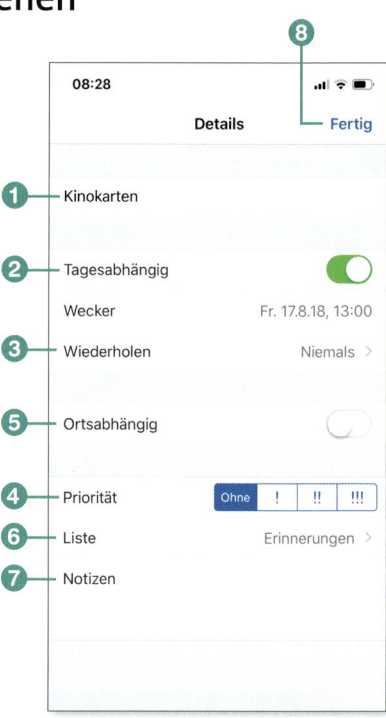

1. Tippen Sie die entsprechende Aufgabe an, und öffnen Sie anschließend mit einem Tipp auf das **i** das Dialogfenster **Details**.

2. Sie haben nun verschiedene Anpassungsmöglichkeiten. Mit einem Tipp auf den aktuellen Text des Eintrags ① können Sie diesen ändern.

3. Tippen Sie auf den Schalter **Tagesabhängig** ❷, legen Sie einen Termin fest, an dem Sie die App an diese Aufgabe erinnert (Sie sehen – die App trägt ihren Namen zu Recht). Zusätzlich können Sie mit einem Tipp auf **Wiederholen** ❸ regelmäßig zu erledigende Aufgaben anlegen. Wichtigen Aufgaben können Sie in dem gleichnamigen Bereich eine entsprechende **Priorität** ❹ zuweisen.

4. Wenn Sie **Ortsabhängig** ❺ aktivieren, können Sie festlegen, ob Sie Ihr iPhone beim Erreichen oder Verlassen eines bestimmten Ortes an eine Aufgabe erinnern soll. Verlassen Sie zum Beispiel Ihr Büro, kann das iPhone Sie daran erinnern, dass Sie noch einkaufen wollten.

5. Mit einem Tipp auf **Liste** ❻ ordnen Sie die Aufgabe in eine andere Liste ein. Lesen Sie dazu den Abschnitt »Mit mehreren Aufgabenlisten arbeiten« ab Seite 248.

6. Wenn Sie einmal etwas mehr Text für Ihre Aufgabe benötigen, können Sie einen Eintrag jederzeit um beliebige **Notizen** ❼ erweitern.

7. Bestätigen Sie Ihre Änderungen mit einem Tipp auf **Fertig** ❽.

Aufgaben erledigen und löschen

Aufgaben sind natürlich nicht dazu da, um fein säuberlich eingetragen zu werden – sie müssen auch erledigt und gelöscht werden. Das ist ausgesprochen einfach: Tippen Sie dazu in den Kreis vor einer Aufgabe. Der Kreis wird ausgefüllt ❶, und die Aufgabe ist damit schon als erledigt markiert. Die entsprechend markierten Einträge werden beim nächsten Aufruf der Liste ausgeblendet.

Um eine Aufgabe zu löschen, streichen Sie sie von rechts nach links durch und tippen dann auf **Löschen** ❷. Ein Tipp auf **Mehr** ❸ zeigt Ihnen die Details zu diesem Eintrag.

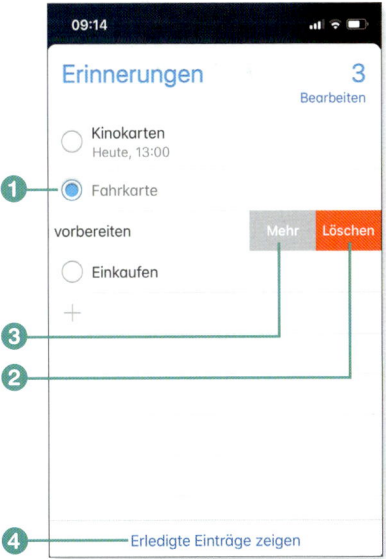

Sobald Sie eine Aufgabe erledigt haben, erscheint unten der Link **Erledigte Einträge zeigen** ❹. Mit einem Tipp darauf sehen Sie alle erledigten Aufgaben – allerdings nur aus der aktuell gewählten Liste.

Um sich alle erledigten Einträge aus allen Listen anzeigen zu lassen, tippen Sie zuerst auf **Planmäßig** und dort auf **Erledigte Einträge zeigen**. Leider gibt es keine Möglichkeit, alle erledigten Aufgaben mit einem Streich zu löschen.

> **ACHTUNG**
>
> **Was weg ist, ist weg!**
>
> Anders als in der App Notizen erfolgt das Löschen in der App Erinnerungen ohne Netz und doppelten Boden. Eine gelöschte Aufgabe kann nicht wiederhergestellt werden, sondern verschwindet sang- und klanglos im digitalen Orkus.

Mit mehreren Aufgabenlisten arbeiten

Die Aufgaben bzw. Erinnerungen werden in verschiedenen Listen verwaltet. So können Sie die verschiedenen Aufgaben nach Projekten in entsprechenden Listen sortieren und kommen bei Ihren Listen nicht durcheinander.

Um eine neue Liste anzulegen, tippen Sie oben in der Übersicht über Ihre Listen auf das Pluszeichen ❶ und wählen **Liste** ❷. Geben Sie der Liste nun noch einen Namen ❸ und wählen Sie eine Farbe ❹. Um der Liste sofort neue Einträge hinzuzufügen, tippen Sie auf das Pluszeichen ❺. Mit einem Tipp auf **Fertig** ❻ speichern Sie die Liste und kehren zur Übersicht zurück.

Die Listen werden in der Reihenfolge gespeichert, in der Sie sie anlegen, wobei die neuesten Listen zu Beginn stehen. Möchten Sie das ändern, berühren und halten Sie einen Eintrag und verschieben Sie ihn an die gewünschte Position.

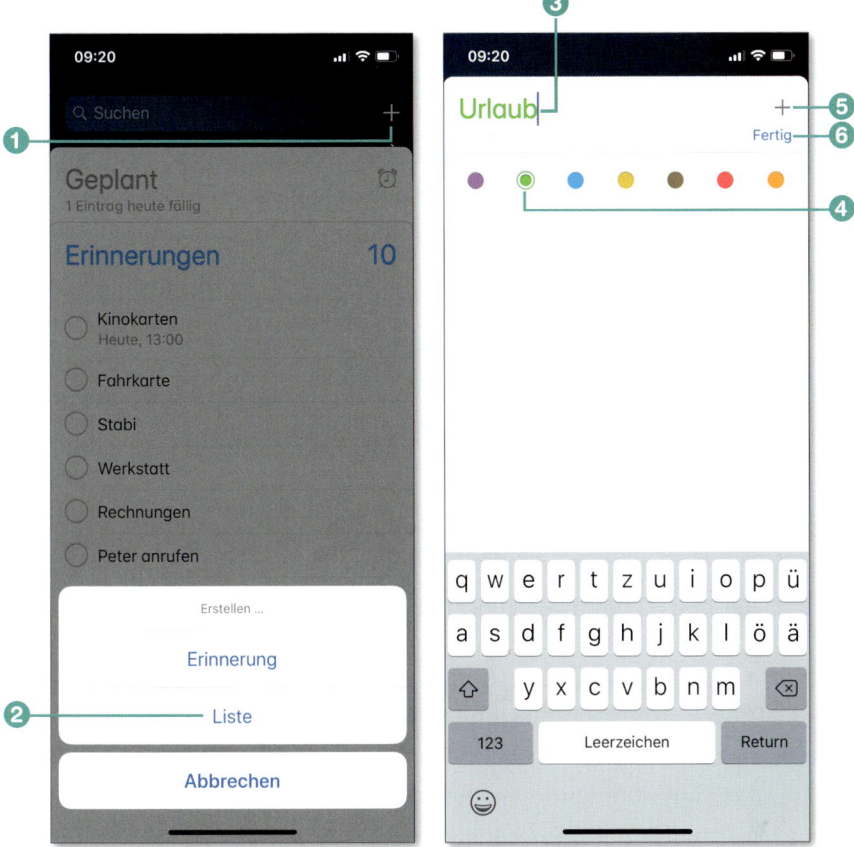

*Sie können beliebig viele Aufgabenlisten erzeugen und so Ordnung
in Ihr Tagwerk bringen.*

Eine neue Aufgabe wird in die jeweils aktuelle Liste eingetragen, aber natürlich können Sie eine Aufgabe auch nachträglich verschieben. Sobald Sie
mehr als eine Liste verwalten, werden die Details eines Eintrags um ein entsprechendes Feld **Liste** ergänzt, über das Sie den Eintrag einer anderen Liste
zuweisen können.

Aufgaben gemeinsam erledigen

Eine Aufgabenliste kann via iCloud mit anderen gemeinsam geführt werden. Dazu tippen Sie in einer Liste auf **Bearbeiten** und wählen den Menüpunkt **Teilen**. Geben Sie die Namen der anderen Teilnehmer an, die daraufhin automatisch informiert werden und der Liste beitreten können (sie müssen natürlich auch iCloud nutzen). Haben Sie die *Familienfreigabe* aktiviert, wird automatisch die Liste **Familie** für alle Mitglieder der Freigabe angelegt. Um eine Liste nicht mehr zu teilen, streichen Sie den Namen der Person von rechts nach links durch und tippen auf **Löschen**.

Notizen und Erinnerungen synchronisieren

Sie können Ihre Notizen und Erinnerungen auch mit anderen Geräten synchronisieren. Das funktioniert allerdings nur via Internet und mit einem iCloud-Account (siehe Kapitel 4, »Alles zu Internetverbindung, Apple-ID und iCloud«). Aktivieren Sie unter **Einstellungen ▸ [Ihr Account] ▸ iCloud** die entsprechenden Schalter bei **Erinnerungen** bzw. **Notizen**. Ihre Einträge werden automatisch via Internet auf den Apple-Servern gespeichert.

Um die Einträge nun auf Ihren Computer zu bekommen, aktivieren Sie in den iCloud-Einstellungen auf dem jeweiligen Gerät die entsprechenden Punkte. Beim Mac finden Sie die Einstellungen unter **Systemeinstellungen ▸ iCloud**, unter Windows in der **iCloud-Systemerweiterung**. Die Notizen und Erinnerungen stehen auf dem Mac dann in den gleichnamigen Programmen bereit, unter Windows werden sie im iCloud-Abschnitt von Outlook verwaltet.

Kapitel 14
Die Kamera des iPhones verwenden

Alle iPhone-Modelle besitzen hervorragende Kameras, die nicht nur sehr gute Fotos und Videos machen, sondern darüber hinaus mit verschiedenen Betriebsmodi aufwarten, die Ihnen helfen, noch bessere Fotos zu schießen. Neben der Kamera auf der Rückseite steht Ihnen auch eine Frontkamera zur Verfügung, mit der Sie rasch ein *Selfie* aufnehmen können. Die Kamera arbeitet eng mit der *Fotos*-App zusammen, die ich Ihnen im nächsten Kapitel vorstelle.

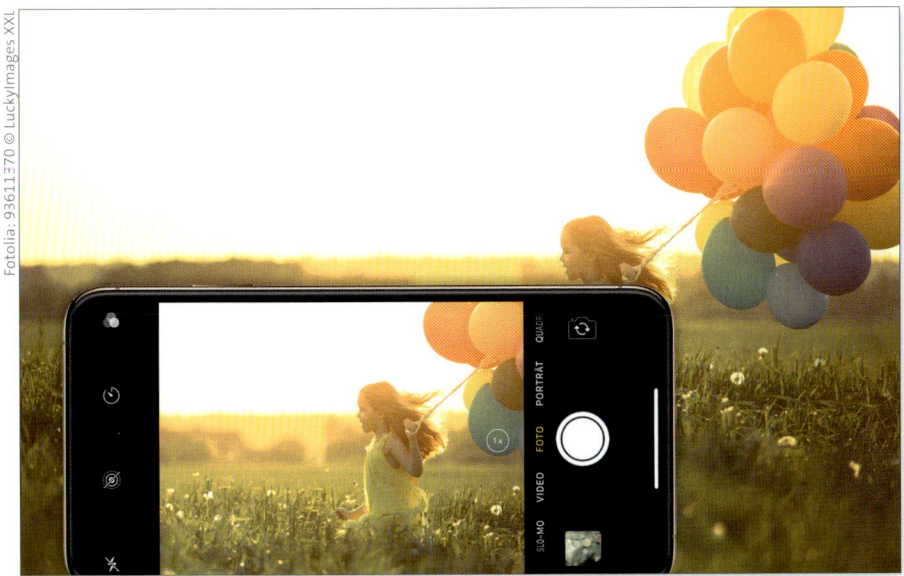

Fotolia: 93611370 © LuckyImages XXL

Ihr iPhone eignet sich dank der verbauten Kamera auch als idealer »Immer-dabei-Fotoapparat«.

Die Kamera aktivieren und Fotos machen

Zur Kamera wechseln Sie, wenig überraschend, mit einem Tipp auf das Kamerasymbol auf dem Home-Bildschirm. Doch oft muss es schnell gehen, damit Sie eine Szene rasch in einem Schnappschuss festhalten können. Daher können Sie den Weg zur Kamera auch abkürzen.

*Für den schnellen Zugriff steht die Kamera im Sperrbildschirm (links)
und im Kontrollzentrum (rechts) bereit.*

■ **Sperrbildschirm:** Sie müssen Ihr iPhone noch nicht einmal entsperren, um rasch ein Foto machen zu können. Heben Sie Ihr iPhone hoch, wechselt es vom Stand-by-Betrieb zum Sperrbildschirm. Drücken Sie hier etwas fester auf das Kamerasymbol im Sperrbildschirm ❶.

- **Kontrollzentrum:** Auch das Kontrollzentrum bietet Ihnen einen schnellen Zugriff auf die Kamera. Wischen Sie dazu von rechts oben nach unten. Tippen Sie auf das Kamerasymbol ❷, um die Kamera zu aktivieren.

- **3D Touch:** Möchten Sie auf eine Kamerafunktion wie Selfie, Video, QR-Code-Scanner oder Porträt-Aufnahme zugreifen, müssen Sie dazu nicht erst in der Kamera-App zur gewünschten Funktion wechseln, das geht dank 3D Touch auch schneller. Drücken Sie etwas fester auf das Kamerasymbol und tippen Sie die gewünschte Funktion an (die verschiedenen Funktionen und Aufnahmemodi lernen Sie im nächsten Abschnitt ab Seite 256 kennen).

INFO

Ortsdaten in Fotos

Beim ersten Aufruf fragt die Kamera nach, ob sie auf die Standortdaten zugreifen darf. Dieser Zugriff ist sinnvoll, da so die GPS-Daten des iPhones als Bestandteil des Fotos gespeichert werden. Sie selbst bekommen davon nichts mit, Sie sehen einfach nur das Foto, das Sie gemacht haben. Aber Apps wie etwa *Fotos* auf dem iPhone oder ein Fotoprogramm auf dem Computer können diese Daten aus dem Foto auslesen und Ihre Bilder dann z. B. auf einer Karte lokalisieren oder Ihnen rasch alle Fotos zeigen, die Sie an einem bestimmten Ort aufgenommen haben. Sie können den Zugriff jederzeit unter **Einstellungen ▸ Datenschutz ▸ Ortungsdienste ▸ Kamera** widerrufen und ihn natürlich auch erneut erlauben.

Da das iPhone zwei Kamerasysteme besitzt – eines auf der Rück- und eines auf der Vorderseite –, können Sie in der Kamera-App natürlich zwischen beiden Kameras wechseln. Standardmäßig ist die Rückseitenkamera aktiv. Mit einem Tipp auf das Kamerasymbol (❸ auf Seite 254) wechseln Sie zwischen Vorder- und Rückseitenkamera. Dabei merkt sich das iPhone die zuletzt gewählte Einstellung.

So schnell und einfach, wie Sie die Kamera aufrufen, schießen Sie auch ein Foto – Sie tippen einfach auf den weißen Auslöser ❹. Alternativ können Sie das iPhone auch wie eine klassische Kleinbildkamera halten, ohne mit komplizierter Fingerakrobatik auf den Auslöser tippen zu müssen. Das iPhone macht nämlich auch dann ein Foto, wenn Sie auf den Lautstärkeregler drücken – und dieser Regler ist beim Querformat genau an der Stelle, an der sich bei klassischen Kameras der Auslöser befindet.

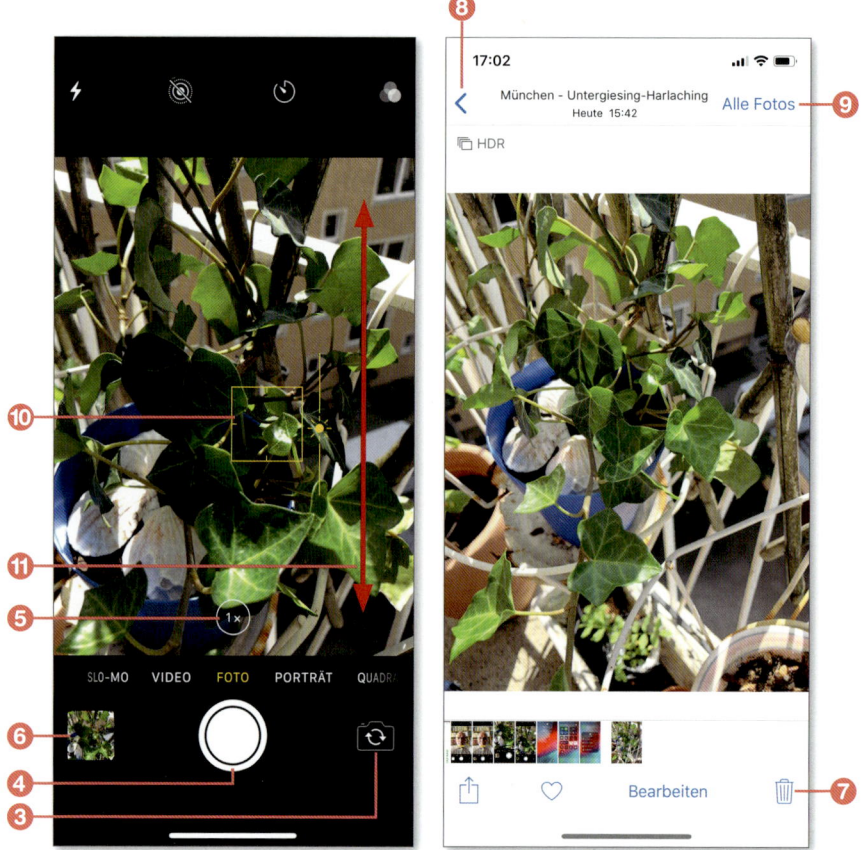

Die Kamera bietet einen Auto-Fokus, Sie können den Fokus mit einem Fingertipp auch selbst setzen.

TIPP

Optischer Zoom

Das iPhone besitzt ein Teleobjektiv, mit dem ein optischer Zoom möglich ist. Den Zoom schalten Sie mit einem Tipp auf **1x** ❺ ein, ein erneuter Tipp schaltet ihn wieder aus.

Um das gerade aufgenommene Foto zu kontrollieren, tippen Sie auf die kleine Vorschau ❻. Damit wechselt die Kamera vorübergehend zur Fotos-App. Falls das Menü der Fotos-App nicht angezeigt wird, tippen Sie einmal auf den Bildschirm.

Hier können Sie nun Ihre jüngsten Aufnahmen begutachten und bei Bedarf auch sofort löschen. Tippen Sie dazu auf das Papierkorbsymbol ❼. Mit einem Tipp auf den Pfeil links oben ❽ kehren Sie zur Kamera zurück. Tippen Sie hingegen auf **Alle Fotos** ❾, verlassen Sie die Kamera-App und wechseln zur Fotos-App. Mehr dazu erfahren Sie in Kapitel 15, »Fotos anzeigen und bearbeiten«.

Üblicherweise fokussiert die Kamera automatisch und kümmert sich auch um die Beleuchtung. Beides können Sie aber auch beeinflussen:

1. Tippen Sie auf die Stelle, auf die sich die Kamera fokussieren soll.

2. Es erscheint ein gelbes Quadrat mit einem Sonnensymbol am rechten Rand ❿. Die Kamera ist nun auf die gewünschte Stelle fokussiert.

3. Möchten Sie auch die Belichtung anpassen, wischen Sie vertikal über den Bildschirm ⓫. Die Helligkeit wird nun erhöht bzw. verringert.

TIPP

Fotos mit Raster

Damit gerade Linien auch gerade bleiben, können Sie sich als Hilfsmittel ein Raster zur Ausrichtung Ihrer Fotos einblenden. Wählen Sie dazu **Einstellungen ▸ Kamera**, und tippen Sie dort auf den Schalter **Raster**.

Aufnahmemodi und Einstellungen der Kamera

Das iPhone kann nicht nur einfache rechteckige Bilder aufnehmen, sondern beherrscht darüber hinaus einige spezielle Modi. Welcher Modus

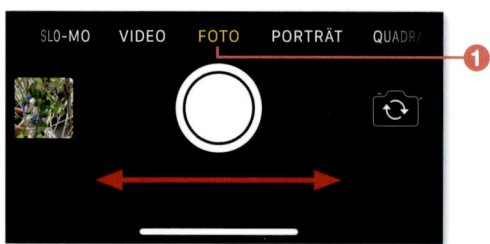

gerade aktiv ist, sehen Sie am unteren
Bildschirmrand. Der aktive Modus wird
mittig angezeigt und gelb markiert ❶.
Sie wechseln zwischen den verschiedenen Modi, indem Sie horizontal über
den Bildschirm wischen. Folgende Modi
bietet die iPhone-Kamera:

- **Foto:** Das ist der Standardmodus, in dem das iPhone genau das macht,
  was der Modus verspricht: es nimmt ein rechteckiges Bild auf.

- **Porträt:** Ein spezieller Modus für Porträt-Aufnahmen. Lesen Sie dazu
  den Abschnitt »Panorama- und Porträt-Aufnahmen« auf Seite 260.

- **Quadrat:** Statt des üblichen, rechteckigen Bildes wird eine quadratische
  Aufnahme gemacht.

- **Pano:** In diesem Modus können Sie Panorama-Aufnahmen machen,
  um etwa möglichst viel von einer Landschaft aufs Bild zu bekommen.
  Diesen Modus stelle ich Ihnen ebenfalls im Abschnitt »Panorama- und
  Porträt-Aufnahmen« vor.

INFO

Einstellungen beibehalten

Standardmäßig kehrt die Kamera bei jedem neuen Aufruf zum
Modus **Foto** zurück. Möchten Sie, dass sich die Kamera den einmal
gewählten Modus (etwa: **Quadrat**) für die nächste Aufnahme merkt,
wählen Sie **Einstellungen ▸ Kamera ▸ Einstellungen beibehalten** und
aktivieren Sie dort den Schalter **Kameramodus**.

Neben diesen vier Foto-Modi gibt es noch drei Modi für Video-Aufnahmen:

- **Video:** Das iPhone nimmt ein Video in dem Format auf, das in **Einstellungen ▸ Kamera** festgelegt ist.

- **Slo-Mo:** Slo-Mo ist die Abkürzung *Slow Motion*, also für Zeitlupe. In diesem Modus können Sie schnelle Bewegungen im Video einfangen und verlangsamen.

- **Zeitraffer:** Dieser Modus ist gewissermaßen das Gegenteil der Zeitlupe. Hier werden sehr lange Vorgänge – etwa ein Sonnenuntergang – im Video stark beschleunigt.

In welchem Format die Kamera Fotos und Video aufzeichnet, legen Sie unter **Einstellungen** ▸ **Kamera** fest. Unter **Video** bzw. **Slo-Mo aufnehmen** ❷ stellen Sie die Auflösung und Framerate (also die Anzahl der Bilder pro Sekunde, *frames per second*) ein, mit denen die Kamera Ihre Videos aufzeichnen soll. Denken Sie daran, dass Aufnahmen in bester Qualität (4K, 60 fps) enorm viel Speicherplatz benötigen.

Unter **Einstellungen** ▸ **Kamera** ▸ **Formate** ❸ stellen Sie ein, in welchem Dateiformat Ihre Fotos und Videos gespeichert werden sollen. Standardmäßig ist hier das relativ neue Format HEIF bzw. HEIV aktiviert. Die Abkürzungen stehen für *High Efficiency Image File Format* und *High Efficiency Video Coding*. Dabei handelt es sich um sehr effiziente Dateiformate, die Bild- und Videodateien stark komprimieren, ohne dass es zu sichtbaren Verlusten kommt. Aufnahmen in diesem Format benötigen gut 40 Prozent weniger Speicherplatz als die traditionellen Aufnahmen.

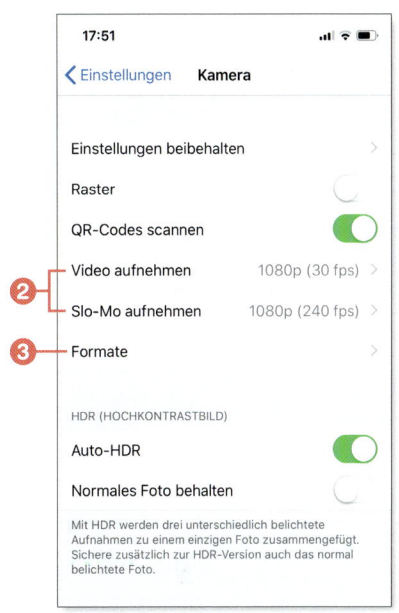

Sie legen fest, in welchem Format die Kamera Videos und Fotos aufnimmt.

Moderne Computer kommen problemlos mit diesem Format zurecht, bei älteren Modellen, die HEIF/HEIV nicht unterstützen, werden die Dateien vor der Übertragung vom iPhone an den PC automatisch in die alten, weitverbreiteten Formate umgewandelt. Auf dem iPhone bleiben sie aber im neuen Format gespeichert. Wenn Sie mit älteren Computern arbeiten und auf Nummer sicher gehen möchten, aktivieren Sie unter **Formate** die Option **Maximale Kompatibilität**.

Weitere Aufnahmeeinstellungen vornehmen

Die Kamera macht nicht einfach nur Fotos, sondern beherrscht noch ein paar Tricks wie Serienbilder, HDR oder Live-Fotos. Folgende Einstellungen können Sie vornehmen:

❶ **Blitz:** Standardmäßig entscheidet das iPhone automatisch, ob bei einem Foto geblitzt werden soll oder nicht. Tippen Sie auf das Blitzsymbol, können Sie den Blitz auch dauerhaft ein- bzw. ausschalten. Wenn beim Tipp auf den Auslöser der Blitz aktiv wird, erscheint ein gelbes Blitzsymbol am oberen Rand.

❷ **HDR:** Üblicherweise sehen Sie diese Schaltfläche nicht, denn standardmäßig ist unter **Einstellungen** ▸ **Kamera** der Schalter **Auto-HDR** aktiviert. Hier entscheidet das iPhone selbst, ob es eine HDR-Aufnahme machen soll oder nicht. Wenn Sie das lieber selbst entscheiden möchten, deaktivieren Sie diesen Schalter. Dann sehen Sie den Link **HDR** in der Kamera, über den Sie HDR ein- und ausschalten, aber auch den automatischen Modus aktivieren können.

Filter können Ihr Foto noch interessanter machen.

❸ **Live:** Live-Fotos sind eigentlich keine reinen Fotos, sondern kleine Filmchen, mit denen sich bewegte Szenen einfangen lassen. Dabei werden zu dem eigentlichen Foto kurze Sequenzen vor und nach dem Druck auf den Auslöser hinzugefügt. Ein solches Bild sieht aus wie ein normales Foto, drücken Sie etwas fester darauf, wird die Animation abgespielt. Diese Funktion schalten Sie mit einem Tipp auf das Kreissymbol ein oder aus. Ist die Funktion aktiv, wird der Kreis gelb markiert.

④ **Selbstauslöser:** Auch auf einen Selbstauslöser müssen Sie nicht verzichten. Tippen Sie auf das Symbol, können Sie wählen, ob das iPhone drei oder zehn Sekunden nach dem Tipp auf den Auslöser ein Foto schießen soll.

⑤ **Filter:** Die Kamera kann schon während der Aufnahme einen von neun Filtern auf ein Foto anwenden.

INFO

Was ist HDR?

Bei einem normalen Foto ist es praktisch unmöglich, den Vorder- und Hintergrund gleichmäßig zu belichten. Mit HDR soll dieses Problem gelöst werden. HDR steht für *High Dynamic Range*, also für Hochkontrastbild. In diesem Modus nimmt das iPhone blitzschnell unterschiedlich belichtete Fotos auf und setzt daraus schließlich ein gleichmäßig belichtetes HDR-Foto zusammen. Standardmäßig speichert das iPhone lediglich diese HDR-Aufnahme und löscht das normale Foto. Möchten Sie beide Versionen zum Vergleich haben, aktivieren Sie unter **Kamera ▸ Einstellungen** den Schalter **Normales Foto behalten**.

Neben diesen fünf Möglichkeiten, die Aufnahme zu beeinflussen, bietet die Kamera weitere Besonderheiten:

■ **Serienbild:** Berühren und halten Sie den Auslöser, macht das iPhone nicht einfach nur ein Foto, sondern wechselt in den *Burst*-Modus. Dabei schießt das iPhone zehn Fotos in der Sekunde. So können Sie bei einem bewegten Motiv später den besten Schnappschuss auswählen und die restlichen Bilder löschen. Wie Sie Serienbilder bearbeiten, erfahren Sie im Abschnitt »Serienfotos auswählen« ab Seite 290.

■ **Digitaler Zoom:** Setzen Sie zwei Finger auf das Display und ziehen Sie sie auseinander, zoomt das iPhone an das Motiv heran. Einen digitalen Zoom sollten Sie allerdings nur in Ausnahmefällen einsetzen, da hier die Bildqualität leidet. Denn im Unterschied zu einem optischen Zoom fängt ein digitaler Zoom nicht mehr Bildinformationen ein, sondern vergrößert lediglich die Bildpunkte. Normalerweise ist es sinnvoller, ein Foto ohne digitalen Zoom aufzunehmen und den gewünschten Ausschnitt später in der Fotos-App festzulegen.

TIPP

Die Kamera als Lupe verwenden

Der digitale Zoom der Kamera bringt Ihnen zwar bei einer Aufnahme nicht wirklich viel, aber dafür lässt er sich hervorragend als Lupe einsetzen. Dazu müssen Sie aber nicht extra die Kamera-App starten, denn Apple hat diese Funktion von Haus aus eingebaut (allerdings ein wenig versteckt). Wählen Sie **Einstellungen ▶ Allgemein ▶ Bedienungshilfen ▶ Lupe**, und aktivieren Sie dort den Schalter **Lupe**. Wenn Sie nun dreimal rasch hintereinander die Stand-by-Taste drücken, aktivieren Sie die Lupe.

Panorama- und Porträt-Aufnahmen

Bei einer Panorama-Aufnahme werden mehrere Einzelbilder zu einem großen Bild zusammengefügt. So lassen sich etwa Bergketten, Straßenzüge und andere Dinge fotografieren, die für eine Aufnahme zu breit sind.

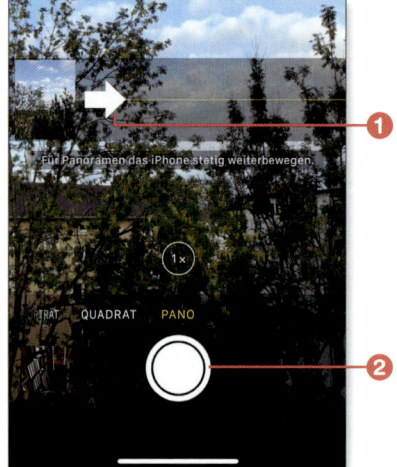

1. Panorama-Aufnahmen sind nur im Hochformat möglich. Dabei erscheinen auf dem Bildschirm eine gelbe Linie und ein dicker weißer Pfeil ❶. Tippen Sie auf den Auslöser ❷, beginnt die Panorama-Aufnahme.

2. Bewegen Sie das iPhone nun gleichmäßig von links nach rechts, um das Panorama aufzunehmen. Achten Sie darauf, dass der weiße Pfeil auf der gelben Linie bleibt. Links neben dem Pfeil sehen Sie das bereits aufgezeichnete Panorama. Falls Sie zu schnell werden, erscheint der Hinweis **Verlangsamen**. Wenn Sie die Bewegungsrichtung ändern, wird die Aufnahme abgebrochen.

3. Mit einem erneuten Tipp auf den Auslöser beenden Sie die Aufnahme.

Bei Porträt-Aufnahmen nutzt die Kamera die automatische Gesichtserkennung. In diesem Modus fokussiert die Kamera automatisch auf das Gesicht, während der Hintergrund etwas verschwommen aufgenommen wird (der sog. *Bokeh*-Effekt; *boke* ist japanisch für »unscharf, verschwommen«). So wird die Aufmerksamkeit des Betrachters automatisch auf die porträtierte Person gerichtet.

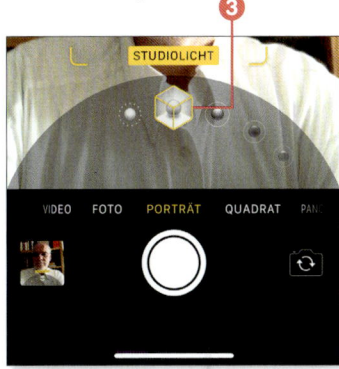

Bei der Aufnahme können Sie über das untere Auswahlmenü verschiedene Lichteffekte einstellen ❸. Zur Auswahl stehen **Natürliches Licht**, **Studiolicht**, **Konturenlicht**, **Bühnenlicht** und **Bühnenlicht Mono**. Bei Letzterem wird eine Schwarz-Weiß-Aufnahme mit harten Kontrasten vor schwarzem Hintergrund gemacht, womit sich dramatisch betonte Porträt-Aufnahmen anfertigen lassen. Um ein Gespür für die unterschiedlichen Effekte zu bekommen, gibt es nur eins: Probieren Sie es einfach aus.

Für Porträts gibt es verschiedene Lichteffekte.

Ein Video aufzeichnen

Bei einem Video können Sie zwischen **Zeitraffer** (❶ auf Seite 262), **Slo-Mo** ❷ (Abkürzung für *Slow Motion*, also Zeitlupe) und einem normalen **Video** ❸ wählen. Zwischen diesen Modi wechseln Sie mit einer horizontalen Wischbewegung über den Bildschirm.

1. Die Aufnahme startet mit einem Tipp auf den Auslöser ❹, der bei einer Video-Aufnahme rot wird.

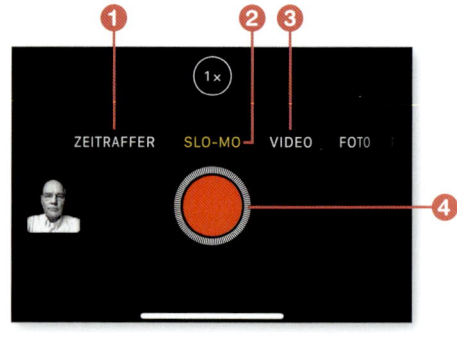

2. Mit einem erneuten Tipp auf den Auslöser stoppt die Aufnahme, und das Video wird gespeichert, es ist also nicht möglich, eine Aufnahme zu pausieren.

3. Während der Aufnahme wird die Dauer des Films ❺ eingeblendet.

4. Zudem sehen Sie einen zweiten, diesmal weißen Auslöser ❻. Mit einem Tipp darauf wird ein Standbild gemacht, ohne die Video-Aufnahme zu unterbrechen.

5. Während der Aufnahme können Sie – wie bei einem Foto – den Zoom benutzen sowie Fokus und Helligkeit festlegen.

Fotos und Videos auf den Computer übertragen

Alle Fotos und Videos, die Sie mit dem iPhone gemacht haben, lassen sich problemlos auf Ihren PC oder Mac übertragen. Schließen Sie das iPhone per USB-Kabel an, wird es wie eine normale digitale Kamera behandelt. So gehen Sie dann weiter vor:

- **Mac:** Wenn Sie einen Mac verwenden, startet beim Anschluss einer digitalen Kamera standardmäßig das Programm *Fotos*, mit dem Sie Bilder vom iPhone importieren, verwalten und bearbeiten können. Alternativ dazu lassen sich die Bilder auch mit dem Programm *Digitale Bilder* importieren.

- **Windows:** Bei einem Windows-PC werden Sie beim Anschluss eines iPhones üblicherweise gefragt, wie Windows mit dem Gerät kommunizieren soll. Hier bietet es sich an, das Standardprogramm *Fotos* auszuwählen.

INFO

iTunes ist nicht geeignet

Erfahrungsmäßig versuchen manche Anwender, Bilder vom iPhone mit dem Programm iTunes auf den Rechner zu kopieren – aber das funktioniert nicht. Für den Import von Bildern wird iTunes nicht benötigt bzw. ist nicht dafür geeignet. (Um Bilder vom Computer aufs iPhone zu spielen, wird allerdings iTunes genutzt, siehe den Abschnitt »Fotos mit iCloud oder iTunes übertragen« ab Seite 266.)

Die Kamera als QR-Code-Scanner

Die Kamera kann nicht nur Fotos und Videos aufnehmen, sondern Ihnen auch als QR-Code-Scanner dienen. *QR* steht für *Quick Response*, also für schnelle Antwort. QR-Codes sind kleine, schwarz-weiß gemusterte Quadrate, die man immer wieder u. a. in Anzeigen, auf Verpackungen oder in Zeitschriften sieht. In diesem Muster können beliebige Informationen – meist Internet- oder E-Mail-Adressen – codiert werden.

Erkennt das iPhone einen QR-Code, wird er standardmäßig automatisch ausgewertet. Am oberen Bildschirmrand erscheint dann eine Mitteilung, die Ihnen verrät, welche Informationen in diesem Code enthalten sind, also etwa die Adresse einer Webseite ❶ oder die Kontaktdaten einer Person ❷.

Tippen Sie auf die Mitteilung, werden die Informationen an die passende App übergeben, es wird also etwa die Webseite in Safari geöffnet oder die Kontaktdaten werden in die Kontakte-App übernommen. (Wenn Sie damit ein wenig herumexperimentieren möchten, können Sie etwa unter *www.qrcode-generator.de* beliebige QR-Codes erzeugen und sie mit Ihrem iPhone einscannen.)

Die Kamera des iPhones wertet standardmäßig QR-Codes aus.

Die beschriebene automatische Erkennung kann allerdings etwas stören, wenn Sie häufig Gegenstände fotografieren, auf denen diese Codes aufgedruckt sind. In diesem Fall deaktivieren Sie unter **Einstellungen ▸ Kamera** den Schalter **QR-Codes scannen**.

Kapitel 15
Fotos anzeigen und bearbeiten

Die Fotos-App verwaltet nicht nur die Fotos, die Sie mit dem iPhone aufgenommen haben, sondern auch die, die Sie aus anderen Apps dort abgelegt oder von Ihrem Computer geladen haben. Kurz: Hier werden alle Bilder gesammelt, die Sie auf die eine oder andere Weise dem iPhone hinzugefügt haben. Sie können die Bilder aber nicht nur betrachten, in Alben organisieren oder als Diashow Freunden und Verwandten präsentieren – Sie können sie auch direkt auf dem iPhone bearbeiten. Alle diese Funktionen werde ich Ihnen in den folgenden Abschnitten vorstellen.

Shutterstock: 112543001 © mythja

Bearbeiten Sie all Ihre Schnappschüsse, Fotos und Diashows in der Fotos-App.

Fotos mit iCloud oder iTunes übertragen

Es gibt verschiedene Wege, wie Fotos und Bilder auf Ihr iPhone gelangen. Am einfachsten ist es natürlich, wenn Sie Fotos mit der Kamera des iPhones aufnehmen. Doch vermutlich haben Sie schon jede Menge Fotos auf Ihrem Computer, die Sie auch gern auf dem iPhone dabeihaben möchten. Um diese Bilder auf Ihr iPhone zu bekommen, gibt es – wie bei fast allen Daten, die Sie zwischen Ihrem Computer und Ihrem iPhone austauschen –, zwei Möglichkeiten: *iCloud* und *iTunes*.

Der Abgleich der Fotos via iCloud ist standardmäßig aktiviert.

Der Abgleich via iCloud ist der von Apple empfohlene und standardmäßig aktivierte Weg, sobald Sie iCloud eingerichtet haben (lesen Sie dazu Kapitel 4, »Alles zu Internetverbindung, Apple-ID und iCloud«). Dabei wird Ihr kompletter Bilderbestand auf die Server von Apple kopiert und von dort an Ihr iPhone und andere Geräte geschickt.

Dieser Weg ist zwar sehr bequem, hat aber einen kleinen Haken. Digitale Bilder benötigen in der Regel sehr viel mehr Speicherplatz, als Apple Ihnen kostenlos zur Verfügung stellt; Sie werden also eher früher als später nicht darum herumkommen, bei Apple zusätzlichen, kostenpflichtigen Speicherplatz zu abonnieren. Beim Einsatz von iCloud zum Abgleich Ihrer Bilder werden daher zwar geringe, aber doch regelmäßige Kosten auf Sie zukommen.

Den Einsatz von iCloud mit Fotos erläutere ich Ihnen im Abschnitt »Das ist iCloud-Fotos« ab Seite 294. Für den Anfang empfehle ich Ihnen, unter **Einstellungen ▸ Fotos** den Schalter **iCloud-Fotos** ❶ vorerst auszuschalten (das lässt sich später jederzeit ändern).

> **INFO**
>
> **iCloud-Fotos und iTunes**
>
> Wenn Sie iCloud-Fotos aktiviert haben, ist der Abgleich Ihrer Bilder via iTunes nicht mehr notwendig und wird daher auch nicht mehr unterstützt.

Die Übertragung Ihrer Fotos vom Computer auf Ihr iPhone mit iTunes funktioniert im Grunde genauso, wie ich es im Abschnitt »Den Datenaustausch per iTunes einrichten« ab Seite 70 beschreibe. Allerdings gibt es hier eine kleine Besonderheit. Üblicherweise werden die Medien (Musik, Filme, Videos), die Sie von Ihrem Computer mit iTunes auf das iPhone übertragen, auch mit iTunes verwaltet. Bei Fotos ist das nicht der Fall, hier greift iTunes auf eine externe Quelle zu. Das Programm selbst dient lediglich als Transportmittel. Sie müssen iTunes also zuerst sagen, aus welcher Quelle Sie Ihre Bilder übertragen möchten. Je nach Quelle (bzw. Programm, das Sie zur Bildverwaltung verwenden) sieht der Bildschirm in iTunes ein wenig anders aus. Ich demonstriere Ihnen das generelle Vorgehen am Beispiel der Fotos-App von macOS:

1. Schließen Sie Ihr iPhone mit dem USB-Kabel an Ihren Computer an, und starten Sie iTunes.

2. Wählen Sie Ihr iPhone aus, und klicken Sie in der Seitenleiste auf die Kategorie **Fotos** ❷.

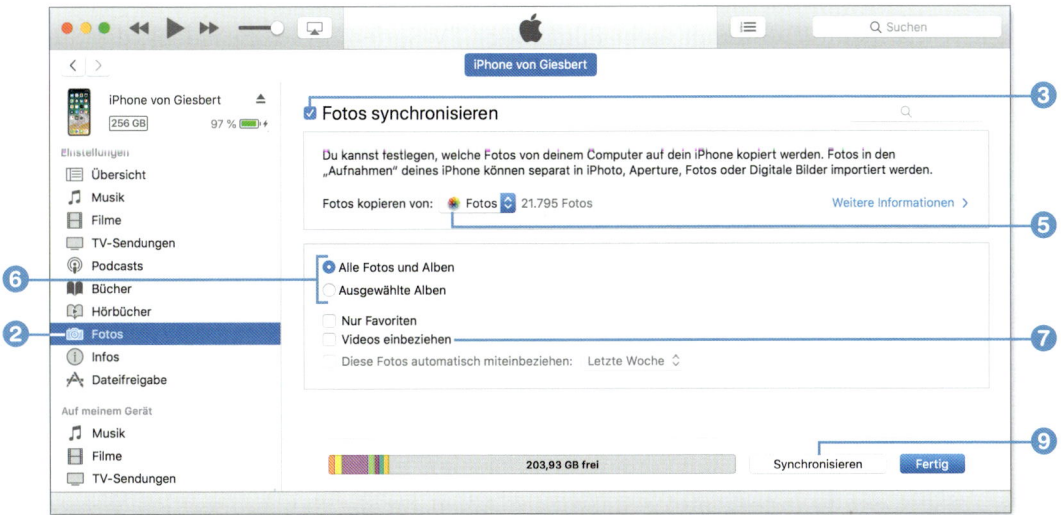

3. Klicken Sie auf das Kästchen **Fotos synchronisieren** ❸ (unter Windows heißt dieser Punkt **Photos synchronisieren**, ❹ auf Seite 268), und legen Sie bei **Fotos kopieren von** ❺ die Quelle Ihrer Bilder fest. Unter macOS kann iTunes auf die Alben und Mediatheken der Programme *iPhoto*,

Aperture und der Fotos-App zugreifen. Es ist aber auch möglich, einen beliebigen Ordner zu wählen.

> **INFO**
>
> **Synchronisierte Fotos löschen**
>
> Fotos, die Sie via iTunes auf das iPhone kopiert haben, lassen sich auch nur noch via iTunes vom iPhone löschen, ein einfaches Löschen auf dem Gerät steht dann nicht zur Verfügung. Mehr dazu lesen Sie im Abschnitt »Fotos ausblenden, löschen und zurückholen« ab Seite 291.

4. Wenn Sie ein von iTunes unterstütztes Programm benutzen, können Sie festlegen, ob Sie **Alle Fotos und Alben** oder nur **Ausgewählte Alben** ⑥ synchronisieren möchten. Wählen Sie einen Ordner als Quelle, legen Sie fest, ob sämtliche in diesem Ordner enthaltenen Unterordner oder nur ausgewählte Ordner berücksichtigt werden sollen.

5. Falls Sie auch vorhandene Videos der Fotos-App zur Verfügung stellen möchten, aktivieren Sie zusätzlich den Punkt **Videos einbeziehen** ⑦. Gemeint sind damit nicht Filme oder TV-Serien, sondern Videos, die Sie mit einer digitalen Kamera oder Ihrem iPhone aufgenommen und in Ihren Bilderordnern gespeichert haben.

6. Unter Windows greift iTunes standardmäßig auf den Ordner **Bilder** ⑧, kann aber auch Aufnahmen aus beliebigen anderen Ordner nutzen.

7. Nach einem Klick auf die Schaltfläche **Synchronisieren** ⑨ werden die ausgewählten Fotos aufs iPhone kopiert (haben Sie Ihre Einstellungen geändert, also z. B. weitere Alben für die Synchronisation ausgewählt, heißt die Schaltfläche **Anwenden**).

Zum Bearbeiten von Alben, die Sie vom Computer übertragen haben, lesen Sie auch den Kasten »Alben vom Computer« auf Seite 277.

INFO

Komprimierung beim Kopieren

Die Bilder, die Sie über iTunes an das iPhone schicken, werden von iTunes für die Darstellung auf dem iPhone-Bildschirm optimiert. Dazu wird ein Foto bei Bedarf in das *JPG-Format* konvertiert und komprimiert, ohne dass es zu visuellen Einbußen kommt. Zum Test habe ich einmal ein altes Foto gescannt und als 6.019 × 5.339 Pixel große *TIFF-Datei* gespeichert. Diese Datei war 14,9 MB groß. Die Datei wurde problemlos auf das iPhone kopiert, war aber nun eine JPG-Datei mit 2.048 × 1.794 Pixeln und belegte nur noch gut 700 KB Speicherplatz. Zu erkennen ist diese radikale Komprimierung bei der Anzeige des Fotos auf dem iPhone nicht.

Die Fotos-App in der Übersicht

Alle Fotos, ganz gleich, ob es sich um Aufnahmen handelt, die Sie direkt mit dem iPhone gemacht, oder um solche, die Sie vom Computer aus übertragen haben, sind über die App Fotos zu erreichen.

1. Die App bietet standardmäßig in der Fußzeile die vier Register **Fotos** ❶, **Für Dich** ❷, **Alben** ❸ und **Suchen** ❹, über die Sie Ihre Fotos in unterschiedlichen Sortierungen aufrufen bzw. Ihren Bilderbestand durchsuchen können. Kümmern wir uns fürs Erste um den wichtigsten Eintrag, **Fotos**.

2. Tippen Sie in der Fußzeile auf **Fotos**, werden sämtliche Bilder, die Sie in der Fotos-App gespeichert haben, anhand von Aufnahme- und Ortsdaten automatisch nach verschiedenen Kriterien sortiert.

3. In der obersten Ebene werden die Bilder nach Jahren ❺ sortiert. Tippen Sie auf die Bilder eines Jahres, wird die Aufteilung verfeinert und in überschaubaren Zeiträumen dargestellt, wobei jetzt auch die Ortsangaben ❻ ausgewertet werden.

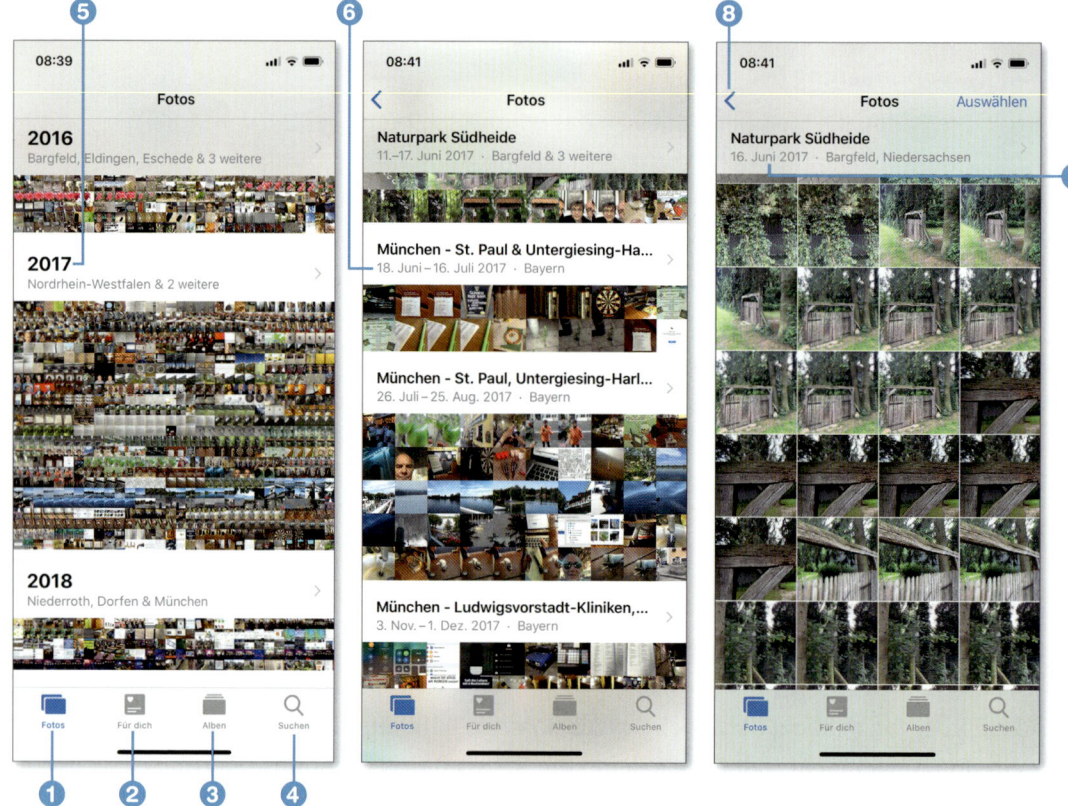

4. Tippen Sie auf die Bilder einer solchen Gruppierung, werden Ihnen Bilder nach einzelnen Tagen ❼ angezeigt (wobei ebenfalls die Ortsangaben berücksichtigt werden), und Sie können mit einem Tipp auf ein Bild dieses aufrufen.

5. Wischen Sie in den verschiedenen Ansichten nach oben oder unten, um weitere Bilder angezeigt zu bekommen. Mit einem Tipp auf den Pfeil ❽ gelangen Sie wieder zurück zur nächsthöheren Ebene.

> **INFO**
>
> ### Der Auswahldialog
>
> In vielen Darstellungen der Fotos-App sehen Sie rechts oben den Link **Auswählen**. Tippen Sie ihn an, können Sie ein Bild oder mehrere Bilder markieren. Die markierten Bilder lassen sich dann auf einen Schwung einem Album zuweisen, löschen oder über die **Teilen**-Taste an andere Apps durchreichen, drucken und anderes mehr.

Fotos und Videos anschauen

Es ist denkbar einfach, ein Foto oder ein Video auf dem iPhone zu betrachten: Sie tippen es einfach an. Oben und unten erscheinen Menüleisten, die Sie mit einem Tipp auf den Bildschirm aus- und auch wieder einblenden können. Die Verteilung der Symbole unterscheidet sich je nachdem, ob Sie das iPhone im Hoch- oder Querformat halten, im Querformat haben Sie mehr Möglichkeiten als im Hochformat.

❶ Ein Tipp auf den Pfeil bringt Sie zur vorherigen Darstellung (also etwa zu dem Album, aus dem das Bild stammt) zurück.

❷ In der Mitte sehen Sie Aufnahmedatum, oder – falls vorhanden – den Ort des aktuell angezeigten Bildes. Im Hochformat sehen Sie ggf. beide Angaben.

❸ Mit einem Tipp auf das Herzsymbol markieren Sie Bilder als *Favoriten*, die von der Fotos-App automatisch in einem eigenen Album gesammelt werden.

❹ Über die **Teilen**-Taste können Sie ein Bild an andere Apps durchreichen (um es etwa in einer E-Mail an Freunde zu verschicken) oder besondere Funktionen der Fotos-App aufrufen.

❺ Ein Tipp auf das Papierkorbsymbol löscht das Bild (lesen Sie dazu den Abschnitt »Fotos ausblenden, löschen und zurückholen« ab Seite 291).

Bilder lassen sich in der Fotos-App nicht nur anzeigen,
sondern auch bearbeiten.

⑥ Über die **Bearbeiten**-Taste wechseln Sie in den Bearbeiten-Modus der App (was die Fotos-App in diesem Modus zu bieten hat, erfahren Sie im Abschnitt »Fotos bearbeiten« ab Seite 286).

⑦ Mit einer horizontalen Wischgeste über das Bild blättern Sie durch alle Bilder in der aktuellen Anzeige.

⑧ Blitzschnell blättern Sie durch eine entsprechende Wischgeste in der Miniaturenleiste, in der Ihnen alle Bilder der gewählten Ansicht verkleinert angezeigt werden.

Tippen Sie das Foto doppelt an oder ziehen Sie es mit zwei Fingern auseinander, zoomen Sie hinein. Mit einem erneuten Doppeltipp gelangen Sie wieder zurück zur normalen Ansicht. Wischen Sie das Bild nach oben, blendet die App weitere Fotos ein, die als »zugehörig« gelten, also etwa Fotos mit ähnlichen Motiven oder gleichen Ortsdaten.

Genauso einfach ist das Betrachten von Videos, die Sie fein säuberlich geordnet im Album **Videos** finden. Tippen Sie das gewünschte Video an und anschließend auf die vertraute **Play**-Taste – fertig.

TIPP

Rascher Zugriff auf Ihre Fotos

Dank 3D Touch können Sie auch rasch vom Home-Bildschirm aus auf bestimmte Fotos zugreifen. Drücken Sie etwas fester auf das Symbol der Fotos-App, haben Sie schnellen Zugriff auf die jüngsten Fotos, Ihre Favoriten und mehr.

Die Alben der Fotos-App

Alle Fotos werden in der Fotos-App auf dem iPhone in Alben organisiert. Die verschiedenen Alben erreichen Sie, wenig überraschend, mit einem Tipp auf **Alben** ①. Die Albenübersicht ist in verschiedene Bereiche gegliedert. Tippen Sie hier auf **Alle anzeigen** ②, um alle Alben eines Bereichs angezeigt zu bekommen.

INFO

Alben und Speicherplatz

Bis auf **Aufnahmen** enthalten alle Alben – wie eine Playlist in der Musik-App – nur Verweise auf die Originaldatei, nicht diese selbst. Sie können also beliebig viele Fotos in beliebig vielen Alben verwalten, ohne nennenswert Speicherplatz zu belegen.

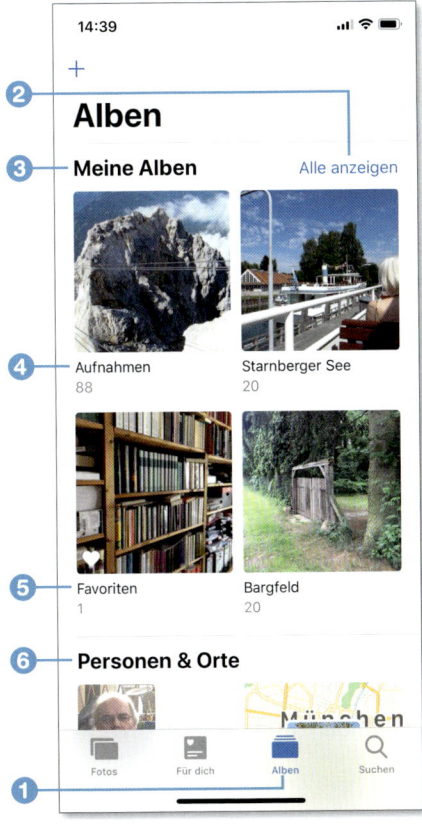

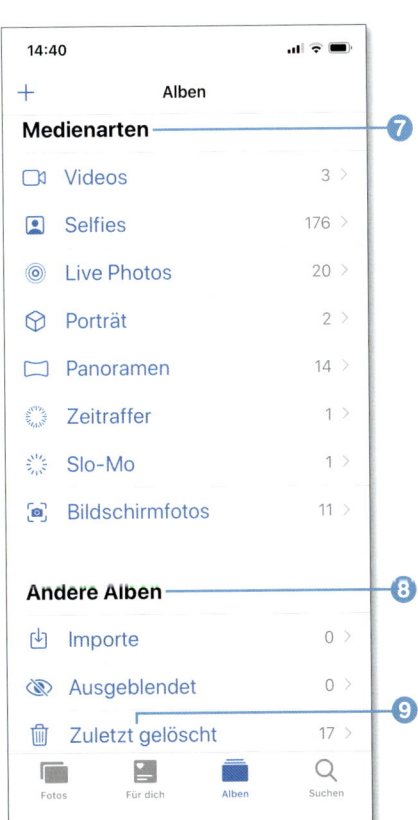

Die Fotos-App verwaltet alle Ihre Bilder in verschiedenen Alben. Natürlich können Sie hier auch eigene Alben anlegen und verwalten.

3 **Meine Alben:** Hier werden alle Ihre Alben gelistet. Dazu gehört zum einen das zentrale Album **Aufnahmen** **4**, in dem sämtliche Fotos aufgeführt werden, die Sie mit dem iPhone gemacht oder die Sie aus einer anderen Quelle (WhatsApp, Mail, Nachrichten o. Ä.) auf Ihr iPhone kopiert haben. Falls Sie iCloud-Fotos aktiviert haben, heißt dieser Bereich **Alle Fotos**.

Daneben gibt es hier das Album **Favoriten** ❺, in dem alle Bilder gezeigt werden, die Sie mit einem Tipp auf das Herzsymbol markiert haben. Bei den im Beispiel zu sehenden Alben **Starnberger See** und **Bargfeld** handelt es sich um Alben, die ich auf dem iPhone angelegt habe. Wie das geht, erfahren Sie im Abschnitt »Fotos in Alben verwalten« auf Seite 275.

❻ **Personen & Orte:** Die Fotos-App besitzt eine automatische Gesichtserkennung. Wie Sie diese Funktion nutzen, um rasch Fotos bestimmter Personen zu finden, erfahren Sie im Abschnitt »Gesichter und Personen« auf Seite 283. Haben Sie der Kamera den Zugriff auf die *Ortungsdienste* erlaubt oder Bilder mit Ortsdaten importiert, kann die Fotos-App Ihre Fotos auf einer Karte anzeigen. Tippen Sie hier auf einen Ort, werden Ihnen alle zugehörigen Bilder angezeigt.

❼ **Medienarten:** Hier finden Sie alle Bilder, die bestimmte Kamerafunktionen nutzen, in eigenen Alben, etwa **Videos**, **Selfies** (Fotos, die Sie mit der Frontkamera aufgenommen haben), **Porträts** und andere mehr.

❽ **Andere Alben:** Hier wird alles gesammelt, was nicht so recht in die anderen Kategorien passt. Besonders wichtig ist hier das Album **Zuletzt gelöscht** ❾, das als Papierkorb der Fotos-App dient. Alle Bilder, die Sie gelöscht haben, landen hier und werden für 30 Tage aufbewahrt. Falls Sie es sich anders überlegt haben, können Sie die Bilder innerhalb dieser 30 Tage wieder zurückholen. Mit diesem Thema beschäftigen wir uns im Abschnitt »Fotos ausblenden, löschen und zurückholen« ab Seite 291.

INFO

Bildschirmfotos

Drücken Sie gleichzeitig kurz auf einen der Lautstärkeregler links sowie auf die Stand-by-Taste rechts, wird ein *Bildschirmfoto* angefertigt (mit dieser Funktion habe ich fast sämtliche Abbildungen in diesem Buch gemacht). Alle Bildschirmfotos werden ebenfalls in einem eigenen Album im Bereich Medienarten gesammelt.

Fotos in Alben verwalten

Erst durch den Einsatz von Alben können Sie die Möglichkeiten der Fotos-App wirklich ausnutzen. Mit Alben ist es problemlos möglich, Bilder nach eigenen Vorstellungen zusammenzufassen und zu ordnen. Da in Alben nur Verweise auf ein Bild zu finden sind und dieses selbst nicht gespeichert ist, lässt sich ein Bild beliebig vielen Alben zuordnen. Es gibt verschiedene Wege, um ein neues Album anzulegen:

- **Leeres Album:** Sie legen ein neues, leeres Album an und fügen anschließend die gewünschten Bilder hinzu. Dazu tippen Sie unter **Alben** oben links auf das Pluszeichen.
- **Ausgewählte Bilder:** Sie markieren in einem bereits bestehenden Album – etwa Aufnahmen – die gewünschten Bilder und erzeugen aus ihnen ein neues Album.

Um ausgewählte Bilder einem (neuen oder bereits bestehenden) Album hinzuzufügen, gehen Sie folgendermaßen vor:

1. Öffnen Sie das Album **Aufnahmen** und tippen Sie oben rechts auf **Auswählen**. Alternativ können Sie auch das Register **Fotos** öffnen, dort den gewünschten Bereich wählen und ebenfalls auf **Auswählen** tippen. Sie können auch nach bestimmten Bildern suchen und bei der Anzeige der gefundenen Fotos auf **Auswählen** tippen. (Zur Suchfunktion lesen Sie bitte den Abschnitt »Fotos suchen« ab Seite 284.)

2. Markieren Sie nun die Bilder, die Sie in einem Album zusammenfassen möchten ❶. Einzelne Bilder wählen Sie mit einem Fingertipp aus, mehrere zusammenhängende, indem Sie das erste Bild berühren und anschließend mit dem Finger über den Bildschirm streichen (nicht wischen oder drücken).

3. Wählen Sie nun in der unteren Menüleiste den Befehl **Hinzufügen** ❷.

4. Nun können Sie die Bilder einem bereits bestehenden Album hinzufügen, indem Sie das entsprechende Album in der Übersicht antippen ❸. Möchten Sie lieber ein leeres Album erstellen, tippen Sie auf **Neues Album** ❹. Die Bilder werden daraufhin in dem neuen Album abgelegt.

5. Geben Sie dem Album im folgenden Dialog einen Namen, und speichern Sie es mit einem Tipp auf **Sichern**.

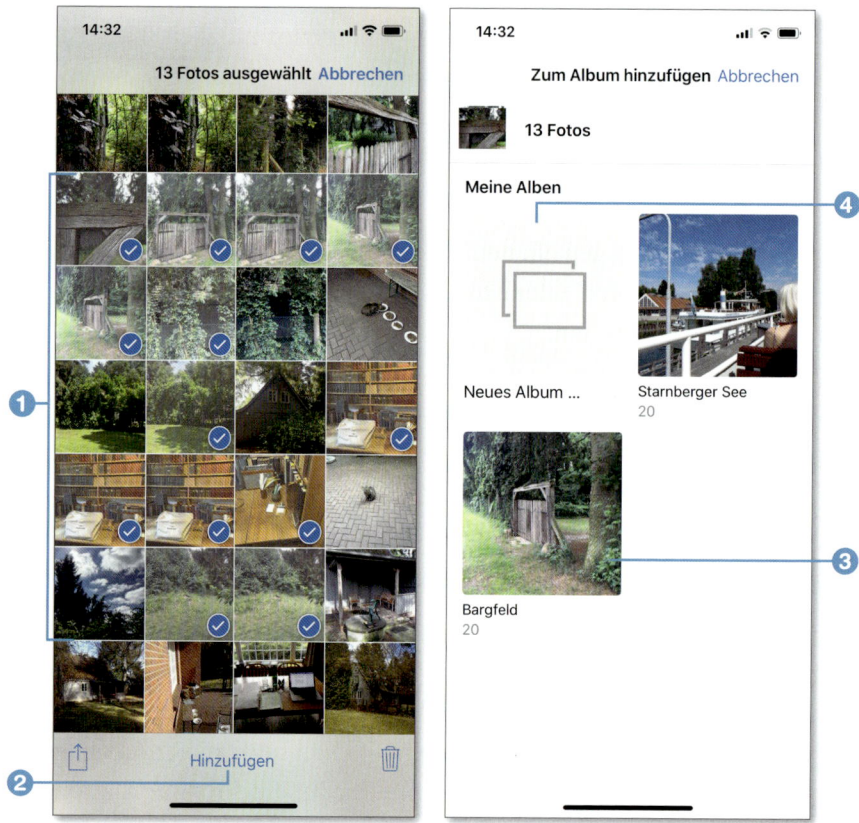

Das Album wird automatisch der Albenübersicht hinzugefügt, und Sie können sich hier jederzeit die neue Zusammenstellung anschauen und auch eine *Diashow* erstellen (mehr dazu im Abschnitt »Eine Diashow anlegen und abspielen« ab Seite 279).

Alben bearbeiten

Die Bilder in einem Album werden in der Reihenfolge sortiert, in der sie hinzugefügt wurden. Die Reihenfolge können Sie aber auch noch nachträglich ändern:

1. Öffnen Sie mit einem Fingertipp das Album, in dem Sie die Reihenfolge der Bilder ändern möchten.

2. Berühren und halten Sie ein Bild, wird es hervorgehoben, und Sie können es an die gewünschte Position im Album schieben ❶.

3. Sie können einem Album jederzeit neue Bilder hinzufügen oder auch Bilder daraus entfernen. Möchten Sie das aktuell angezeigte Bild einem Album hinzufügen, tippen Sie auf die **Teilen**-Taste und wählen anschließend **Zu Album hinzufügen**.

Die Alben werden in der Reihenfolge aufgeführt, in der Sie sie angelegt haben, aber das lässt sich natürlich genauso ändern wie der Name eines Albums. Da Alben und die dort versammelten Bilder nur virtuelle Strukturen sind, also keine echten Bilddateien enthalten, lassen sich die Bilder und auch komplette Alben problemlos löschen, ohne dass Sie Gefahr laufen, Bilder zu verlieren. Ausgenommen sind lediglich die beiden vom iPhone verwaltete Alben **Aufnahmen** und **Favoriten** ❷, die Sie nicht verschieben, umbenennen oder löschen können, und die daher ausgegraut sind.

> **INFO**
>
> **Alben vom Computer**
>
> Alben, die Sie vom Computer auf Ihr iPhone übertragen haben, können Sie nicht bearbeiten. Es ist also nicht möglich, so einem Album weitere Bilder hinzuzufügen, die Reihenfolge zu ändern oder ein solches Album direkt auf dem iPhone zu löschen. Soll so ein Album vom iPhone gelöscht werden, schließen Sie Ihr iPhone an den Computer an und deaktivieren Sie in iTunes die Synchronisation des iPhones mit dem entsprechenden Album.

Um ein Album zu löschen, umzubenennen oder zu verschieben, wählen Sie **Alben**, tippen im Bereich **Meine Alben** auf **Alle anzeigen** und anschließend oben rechts auf **Bearbeiten**. Dann haben Sie folgende Möglichkeiten:

- **Verschieben:** Um die Reihenfolge der Alben zu ändern, berühren und halten Sie ein Album und schieben es an die gewünschte Position.

- **Umbenennen:** Tippen Sie auf den Namen eines Albums ❸, wird die Tastatur eingeblendet, und Sie können ihm nun einen neuen Namen geben.

- **Löschen:** Tippen Sie auf das rote Minuszeichen ❹ und anschließend auf **Album löschen** ❺.

Ganz ähnlich löschen Sie bestimmte Bilder aus einem Album:

1. Lassen Sie sich das entsprechende Album anzeigen, und tippen Sie auf **Auswählen**.

2. Markieren Sie nun die Bilder ❻, die Sie aus dem Album entfernen möchten, und tippen Sie auf den Papierkorb.

3. Es erscheint eine Sicherheitsabfrage. Mit **Aus Album entfernen** ❼ werden die Bilder aus dem Album gelöscht, bleiben aber weiterhin auf dem iPhone; mit **Löschen** ❽ werden die Bilder vom iPhone gelöscht.

Eine Diashow anlegen und abspielen

Die Fotos-App kann beliebige Bilder in einer Diashow abspielen, wobei verschiedene Effekte und Musikuntermalungen zur Verfügung stehen.

1. Öffnen Sie das Album, dessen Bilder Sie als Diashow anzeigen möchten, und tippen Sie auf das Bild, mit dem die Diashow starten soll.

2. Sollen nicht alle, sondern nur ausgewählte Bilder in der Diashow gezeigt werden, tippen Sie auf **Auswählen** und markieren die gewünschten Bilder mit einem Fingertipp.

3. Tippen Sie nun auf die **Teilen**-Taste, und wählen Sie **Diashow** ❶. Das iPhone gibt die Bilder nun in einer Diashow wieder.

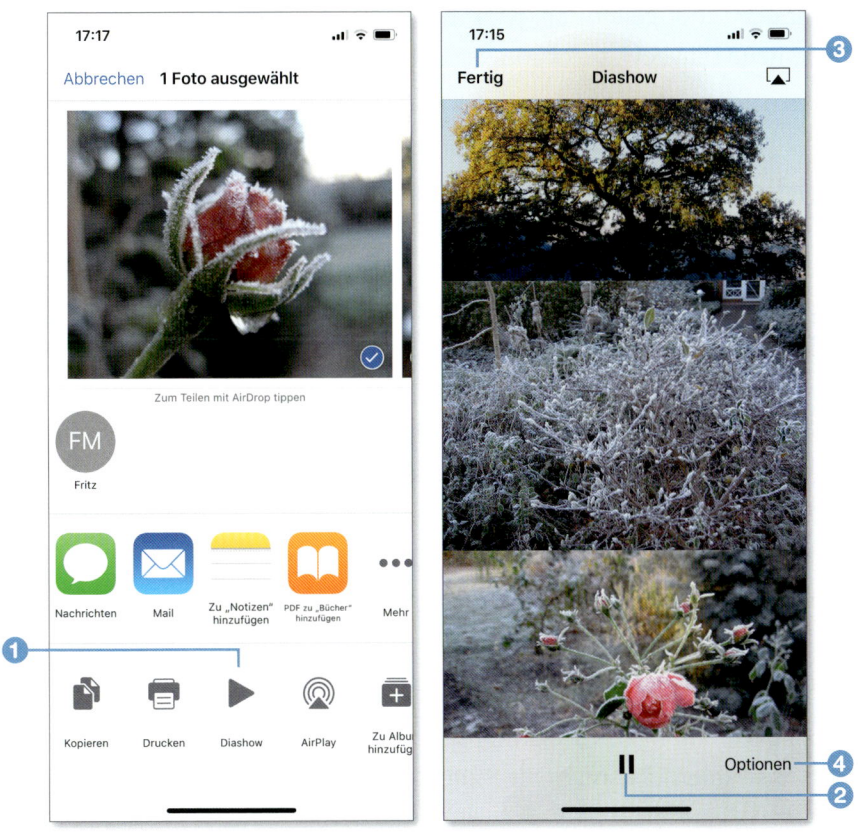

4. Tippen Sie während der Wiedergabe auf den Bildschirm, um die Menüleiste einzublenden.

5. Mit einem Tipp auf die **Play-/Pause**-Taste ❷ wird die Diashow angehalten bzw. fortgesetzt, mit **Fertig** ❸ beendet.

6. Tippen Sie auf **Optionen** ❹, um die Seite **Diashow-Optionen** aufzurufen. Hier können Sie das **Thema** ❺ (also die Art und Weise, wie das iPhone Ihre Bilder präsentieren soll), die **Musik** ❻ und die Geschwindigkeit ❼ festlegen (das Thema *Origami* hat allerdings ein festes Tempo). Soll die Diashow in einer Endlosschleife laufen, aktivieren Sie den Schalter **Wiederholen** ❽. Mit **Fertig** ❾ werden Ihre Einstellungen übernommen und gelten ab jetzt für jede neue Diashow.

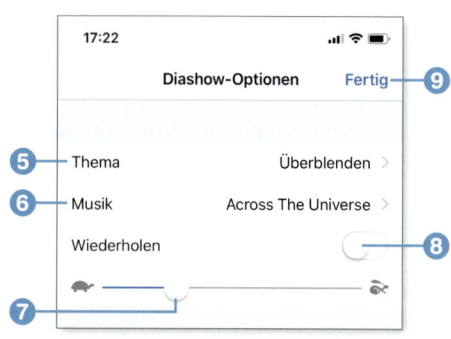

Rückblicke anlegen und bearbeiten

Eine besondere Form der Diashow sind die sog. *Rückblicke*, die im Register **Für dich** verwaltet werden. In einem Rückblick stellt die Fotos-App automatisch Bilder zusammen und zeigt sie in Form eines kleinen Videos mit Musikuntermalung an. Neben den von der App automatisch erzeugten Rückblicken lässt sich auch jede Darstellung im Register **Fotos** und auch jedes Album als Rückblick anzeigen. Um einen Rückblick abzuspielen, tippen Sie auf das entsprechende **Für dich** und anschließend auf einen der vorgeschlagenen Rückblicke.

1. Um ein Album als Rückblick anzulegen, tippen Sie einfach auf den Pfeil ❶ am Namen oder Datum des Albums bzw. Moments (in diesem Beispiel lasse ich mir mein Album *München* als Rückblick anzeigen).

2. Über **Mehr anzeigen** ❷ werden Ihnen alle Bilder im Rückblick gezeigt. Mit **Auswählen** ❸ können Sie Bilder, die Ihnen nicht so gut gefallen, entfernen.

3. Mit einem Tipp auf die **Play**-Taste ❹ startet die Wiedergabe.

4. Möchten Sie den Rückblick dauerhaft speichern, tippen Sie oben rechts auf die **Mehr**-Taste ⑤ und wählen **Zu Rückblicken** ⑥. Der Rückblick kann nun über das Register **Für dich** ⑦ jederzeit abgerufen werden.

5. Tippen Sie während der Wiedergabe auf den Bildschirm, erscheint ein Menü. Hier können Sie die Dauer und den Stil (⑧ auf Seite 282) festlegen. Über die **Play-/Pause**-Taste ⑨ starten Sie die Wiedergabe bzw. unterbrechen sie.

6. Die kleinen Filmchen eines Rückblicks lassen sich problemlos exportieren, also etwa als Video speichern oder per E-Mail verschicken. Tippen Sie dazu auf die **Teilen**-Taste ⑩, und wählen Sie die gewünschte Option.

7. Tippen Sie auf **Bearbeiten** ⑪, können Sie den Rückblickfilm Ihren Wünschen anpassen.

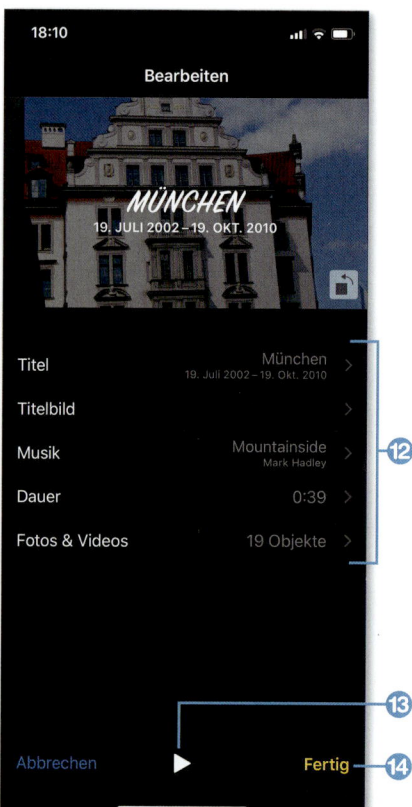

8. Bei der Bearbeitung eines Rückblicks lassen sich der Titel, das Titelbild, die Musikuntermalung, die Dauer und die Fotos festlegen, die in den Film aufgenommen werden sollen ⑫.

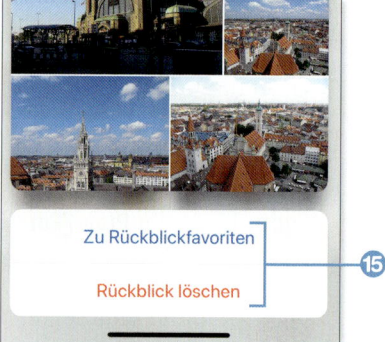

9. Mit einem Tipp auf die **Play**-Taste ⑬ sehen Sie eine Vorschau. Wählen Sie **Fertig** ⑭, werden Ihre Einstellungen übernommen.

Möchten Sie einen Rückblick löschen oder, im Gegenteil, als Favoriten an den Anfang Ihrer Rückblicke setzen, dann drücken Sie etwas fester auf den entsprechenden Rückblick und schieben den Bildschirm ein wenig nach oben. Sie sehen nun eine Auswahl der Bilder des Rückblicks und die beiden Links **Zu Rückblickfavoriten** und **Rückblick löschen** ⑮. Tippen Sie hier die gewünschte Option an. Haben Sie es sich anders überlegt, tippen Sie einfach einmal auf den Bildschirm, um die Anzeige zu schließen.

Gesichter und Personen

Die Gesichtserkennung durchsucht alle Fotos auf Ihrem iPhone nach Gesichtern. Das läuft automatisch ab, sobald Ihr iPhone gesperrt und am Stromnetz angeschlossen ist – also idealerweise, wenn Sie Ihr iPhone über Nacht aufladen.

> **INFO**
>
> **Gesichtserkennung und Datenschutz**
>
> Die automatische Gesichtserkennung lässt sich nicht ausschalten. Damit mit den Daten kein Schindluder betrieben wird, erfolgt die Erkennung ausschließlich auf dem iPhone, die ermittelten Daten werden nicht in die iCloud geladen und verlassen das iPhone nicht.

Was diese Funktion natürlich nicht kann: Sie kann den Gesichtern keine Namen zuweisen – das müssen Sie übernehmen. Dazu öffnen Sie das Album **Personen**. Hier sehen Sie nun alle Gesichter gruppiert, die Fotos aktuell erkannt hat. Um einem Gesicht einen Namen zu geben, tippen Sie eine Person an und wählen **Hinzufügen** ❶.

Bei manchen Gesichtern ist sich die Fotos-App unschlüssig und braucht zur korrekten Zuordnung Ihre Hilfe. In diesem Fall wird die Taste **Prüfen** eingeblendet. Nach einem Tipp darauf können Sie Fotos bei der Zuordnung ein wenig unter die Arme greifen.

Ordnen Sie gruppierten Bildern einen Namen zu.

Auch fehlerhafte Zuordnungen lassen sich leicht beheben. Tippen Sie dazu auf **Auswählen** ❷. Markieren Sie nun die entsprechenden Fotos, und tippen Sie auf die **Teilen**-Taste. Mit einem Tipp auf **Nicht diese Person** ❸ wird der

Mithilfe der Gesichtserkennung lassen sich Fotos leicht gruppieren.

Fehler korrigiert. Die Gesichtserkennung ist lernfähig, je mehr Gesichter korrekt erkannt und je mehr Fehler korrigiert werden, desto zuverlässiger arbeitet sie. Mit einem Tipp auf **Als Schlüsselfoto festlegen** ❹ wählen Sie ein Bild aus, das in der Personen-Übersicht gezeigt werden soll.

Mitunter erkennt die Fotos-App Gesichter derselben Person nicht als zusammengehörig. Sorgen Sie in diesem Fall selbst für Ordnung, und tippen Sie auf **Auswählen**. Markieren Sie nun die entsprechenden Gesichter und tippen Sie auf **Zusammenf.**

Weil die Fotos-App die Personen nach eigenem Gutdünken sortiert, kann es passieren, dass liebe Freunde oder Verwandte weit abgeschlagen hinter entfernten Bekannten eingeordnet werden. Um die Reihenfolge der erkannten Personen zu ändern, berühren und halten Sie die Person und ziehen sie an die gewünschte Position. Besonders wichtige Personen lassen sich durch einen Tipp auf das Herz als Favorit markieren. Diese Personen werden etwas größer und am Anfang der Übersicht angeordnet. Mit einem erneuten Tipp auf das Herz wird diese Markierung wieder aufgehoben.

Möchten Sie eine Person komplett löschen, tippen Sie auf **Auswählen**, markieren die entsprechende(n) Person(en) und wählen **Entfernen**. Alternativ dazu können Sie auch 3D Touch einsetzen: Drücken Sie etwas fester auf eine Person, ziehen Sie den Bildschirm ein Stück nach oben, und wählen Sie **Diese Person entfernen**.

Fotos suchen

Je größer Ihre Fotosammlung auf dem iPhone, desto schwieriger wird es, ein bestimmtes Foto zu finden. Hier springt die leistungsfähige Suchfunktion der App ein, die Sie mit einem Tipp auf **Suchen** ❶ aufrufen. Es werden Ihnen bereits einige mögliche Suchen vorgeschlagen. **Momente** ❷ werden von der Fotos-App automatisch gebildet und fassen ähnliche Fotos zusammen. Dabei erkennt das iPhone etwa anhand der Ortsdaten, ob Sie auf **Reisen** ❸ gewesen sind. Die Ortsangaben in den Bildern werden auch für die automatische Gruppierung nach **Orten** ❹ benutzt. Die **Kategorien** ❺ schließlich fassen Bilder mit ähnlichen Inhalten zusammen (etwa Berge, Gebäude, Tiere, Blumen und dergleichen mehr). Schieben Sie den Bildschirm nach oben, zeigt Ihnen Fotos Ihre zuletzt benutzten Suchbegriffe.

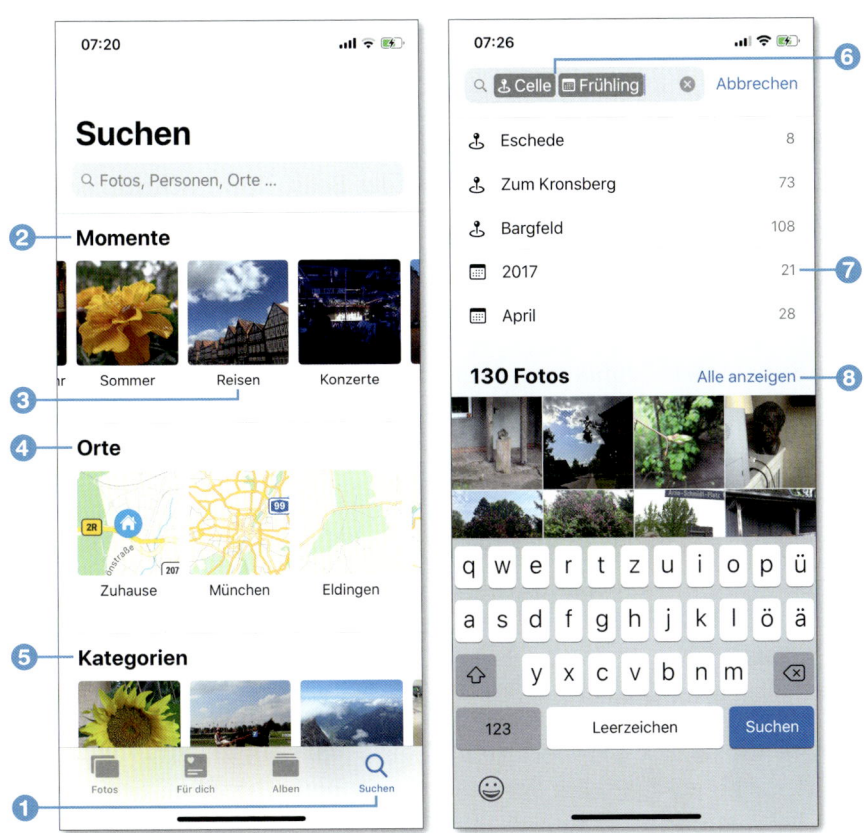

Dank der automatisch angelegten Kategorien können Sie Ihre Fotosammlung nach praktisch jedem Stichwort durchsuchen.

Sobald Sie einen Suchbegriff eintippen, schlägt Ihnen Fotos mögliche Suchbegriffe vor, nach der Eingabe von »hu« etwa *Hund*, *Hütte* oder Orte, die mit

Hu beginnen. Schieben Sie den Bildschirm nach oben, um sämtliche mögliche Kategorien und Orte angezeigt zu bekommen. Mit einem Fingertipp auf einen der Begriffe übernehmen Sie ihn in die Suchabfrage, woraufhin Fotos Ihnen weitere Ergänzungen der Suche vorschlägt. Sie können die Suche nun weiter einschränken, etwa **Celle Frühling 2017** ❻. Rechts sehen Sie, auf wie viele Bilder die Suchkombination zutrifft ❼. Möchten Sie die Bilder angezeigt bekommen, tippen Sie auf **Alle anzeigen** ❽.

Fotos bearbeiten

Die Fotos-App kann Ihnen Ihre Fotos nicht nur anzeigen, Sie haben auch die Möglichkeit, sie zu bearbeiten. Die Bearbeitungen erfolgen nicht-destruktiv, d. h. Ihr Original geht nie verloren und jeder Bearbeitungsschritt lässt sich jederzeit rückgängig machen.

Um ein Foto zu bearbeiten, lassen Sie sich das Foto anzeigen und tippen auf **Bearbeiten**. Sie haben nun folgende Möglichkeiten:

❶ Tippen Sie auf den Zauberstab, übernimmt die Fotos-App die Korrekturen. Das ist vielfach schon ausreichend, um ein Foto aufzuhübschen. Falls Ihnen die Wirkung des Stabes nicht zusagt, schalten Sie ihn mit einem erneuten Tipp aus.

❷ Nach einem Tipp auf das **Zuschneiden**-Symbol können Sie das Bild drehen, begradigen und beschneiden. Erkennt die Fotos-App einen schiefen Horizont in dem Bild, versucht die Software nach Wahl dieser Schaltfläche, das Bild automatisch gerade auszurichten. In den meisten Fällen gelingt das auch ganz gut.

❸ Tippen Sie auf das Filtersymbol, können Sie Ihren Bildern unterschiedliche Effekte hinzufügen. Die Fotos-App bietet neun Farbfilter, um den Eindruck des Fotos zu verändern.

❹ Der Regler öffnet ein Menü, in dem Sie Licht, Farbe und die Schwarz-Weiß-Umwandlung des Bildes steuern. Tippen Sie einen der Punkte an, wird ein Untermenü mit Detailanpassungen geöffnet. Hier können Sie sehr genaue Einstellungen vornehmen. Am besten spielen Sie einfach ein wenig damit herum.

⑤ Die **Mehr**-Taste bietet Zugriff auf evtl. installierte Programme zur Bildbearbeitung. Von hier aus können Sie ein Bild auch an die sog. Markierungen übergeben, die ich Ihnen im gleichnamigen Abschnitt ab Seite 92 vorstelle.

⑥ Mit einem Tipp auf das gelbe Häkchen rechts unten übernehmen Sie Ihre Bearbeitung und schließen diese ab.

⑦ Möchten Sie Ihr Bild doch nicht bearbeiten und zur normalen Fotos-Darstellung zurückkehren, tippen Sie auf das dunkelblaue Kreuz links unten.

Fotos bietet eine erstaunliche Auswahl an Bearbeitungs-möglichkeiten. Das Original kann aber jederzeit wieder-hergestellt werden.

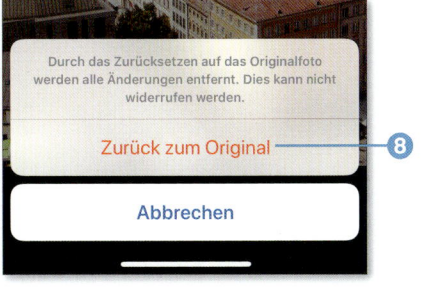

Fotos speichert bearbeitete Bilder gewissermaßen doppelt. Zum einen bleibt die Originaldatei immer erhalten, zum anderen wird in einer zweiten Datei genau festgehalten, welche Bearbeitungen Sie vorgenommen haben. Dadurch ist es Ihnen möglich, jeden Bearbeitungsschritt jederzeit rückgängig zu machen oder anzupassen.

287

TIPP

Ein rascher Vergleich

Da das Original bei allen Bearbeitungen immer erhalten bleibt, ist es kein Problem, rasch den aktuellen Bearbeitungsstand mit dem Original zu vergleichen. Berühren und halten Sie dazu einfach das bearbeitete Bild, wird nun das Original angezeigt. Heben Sie den Finger vom Display, sehen Sie wieder den aktuellen Zustand.

Tippen Sie bei einem bearbeiteten Foto auf die **Bearbeiten**-Taste, erscheint rechts anstelle des Häkchens zur Übernahme Ihrer Bearbeitungen ein roter geschwungener Pfeil. Tippen Sie darauf, können Sie sämtliche Bearbeitungen verwerfen und zum Original zurückkehren (❽ auf Seite 287). Möchten Sie nur eine bestimmte Bearbeitung rückgängig machen oder anpassen, wählen Sie diese aus und setzen Sie sie auf den gewünschten Wert.

TIPP

Porträts bearbeiten

Bei Gesichtern wird als zusätzliches Werkzeug ein Rote-Augen-Filter angezeigt, mit dem Sie den ärgerlichen Rote-Augen-Effekt beheben können, der fast immer dann auftaucht, wenn bei der Aufnahme ein Blitz benutzt wurde. Bearbeiten Sie ein Foto, das Sie im Porträt-Modus der iPhone-Kamera aufgenommen haben, können Sie bei der Bearbeitung den Porträt-Modus nachträglich ändern, etwa von Studio- auf Bühnenlicht. Auch den Bokeh-Effekt können Sie nachträglich bearbeiten.

Videos bearbeiten

Videos, die Sie mit dem iPhone aufgezeichnet haben, können Sie auch auf dem iPhone zurechtstutzen, indem Sie am Anfang und Ende des Clips überflüssige Szenen entfernen. Bei Zeitlupenaufnahmen können Sie überdies festlegen, ab wann die Zeitlupe beginnen und wo sie enden soll.

1. Öffnen Sie das Video, das Sie bearbeiten möchten, und tippen Sie auf Bearbeiten.

2. Unten sehen Sie einen Filmstreifen des Videos ❶, Anfang und Ende sind mit zwei weißen Pfeilen markiert. Berühren Sie einen der beiden Pfeile und bewegen Sie Ihren Finger leicht nach links oder rechts, wird der gesamte Clip mit einer kräftigen gelben Markierung versehen.

3. Ziehen Sie mit dem Finger Anfang ❷ und Ende ❸ der Markierung an die gewünschte Position. Für eine genauere Bildkontrolle berühren und halten Sie die End- bzw. Anfangsmarkierung. Der Filmstreifen zeigt nun eine detailliertere Ansicht, in der Sie die gewünschte Position besser markieren können.

4. Zur Kontrolle, ob der Ausschnitt Ihren Wünschen entspricht, können Sie sich den markierten Bereich wiedergeben lassen, indem Sie auf das Play-Symbol ❹ tippen.

5. Über die Mehr-Taste ❺ lässt sich das Video zur Bearbeitung an eine andere App übergeben. Von Haus aus bietet das iPhone dafür das Videobearbeitungsprogramm *iMovie*, Sie können aber auch andere Apps aus dem App Store installieren.

6. Bei einer Zeitlupenaufnahme erscheint oberhalb des Filmstreifens eine gestrichelte Markierung ❻. Der eng gestrichelte Teil wird in der Originalgeschwindigkeit, der weit gestrichelte Teil in Zeitlupe wiedergegeben. Beginn und Ende der Zeitlupe legen Sie fest, indem Sie die Markierung an die gewünschte Position ziehen.

7. Wenn Sie mit dem Ergebnis zufrieden sind, tippen Sie auf **Fertig** (**7** auf Seite 289). Es erscheint ein Dialog, in dem Sie festlegen, ob Sie das **Original kürzen** oder Ihre Bearbeitung **Als neuen Clip sichern** möchten.

Serienfotos auswählen

Wenn Sie den Auslöser der Kamera gedrückt halten, macht das iPhone in rascher Folge sehr viele Bilder – aber normalerweise möchte man davon nur zwei, drei behalten, der Rest gehört in den Papierkorb. Ein Serienfoto wird zwar nur als ein Bild in **Aufnahmen** und im Album **Serien** gezeigt, aber in Wirklichkeit handelt es sich dabei um sehr viele Fotos.

1. Wie viele Bilder zu einer Serie gehören, verrät Ihnen die Fotos-App, wenn Sie ein Serienbild öffnen **1**.

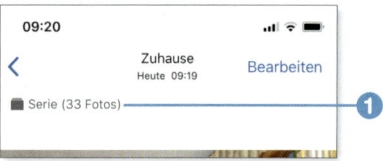

2. Tippen Sie unten auf **Auswählen**, um die einzelnen Schnappschüsse zu sichten.

3. Mit einer horizontalen Wischbewegung blättern Sie durch alle Aufnahmen der Serie, mit einem Fingertipp legen Sie die Aufnahmen fest, die Ihnen gefallen.

4. Tippen Sie anschließend auf **Fertig**.

5. Nun können Sie entscheiden, ob Sie alle Fotos der Serie **2** oder nur Ihre markierten Favoriten **3** behalten möchten. Wählen Sie Ihre Favoriten, werden alle anderen Schnappschüsse aus der Serie gelöscht, und die Serie wird aufgelöst.

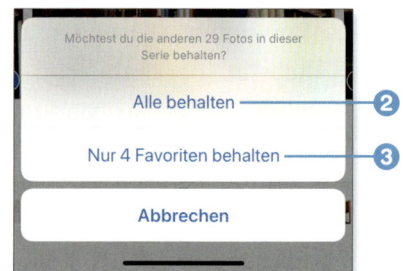

Fotos ausblenden, löschen und zurückholen

Nicht alle Fotos möchte man jederzeit sehen oder dauerhaft behalten. In diesem Fall lassen sich Bilder ausblenden oder auch gleich vom iPhone löschen. Die Bilder landen dann im entsprechenden Album **Ausgeblendet** ❶ bzw. **Zuletzt gelöscht** ❷.

Um ein Foto auszublenden, lassen Sie es sich anzeigen, tippen auf die **Teilen**-Taste und wählen **Ausblenden**. Das funktioniert natürlich auch mit mehreren markierten Bildern.

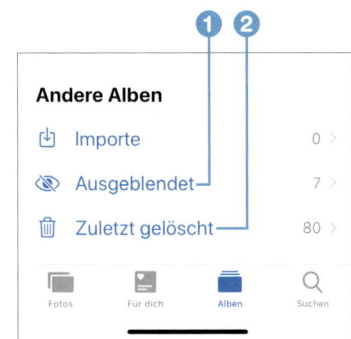

Ausgeblendete Bilder lassen sich jederzeit wieder einblenden. Dazu öffnen Sie das Album **Ausgeblendet**, wählen die gewünschten Fotos aus, tippen auf die **Teilen**-Taste und wählen nun **Einblenden**.

Fotos können vorübergehend ausgeblendet oder gelöscht werden.

Ein einzelnes Bild löschen Sie, indem Sie es sich anzeigen lassen und anschließend auf den Papierkorb tippen. Auch hier können Sie mehrere Fotos markieren und auf einen Schwung in den Papierkorb befördern. Die gelöschten Fotos können innerhalb von 30 Tagen zurückgeholt werden. Um gelöschte Bilder zurückzuholen, öffnen Sie das Album **Zuletzt gelöscht**, wählen die gewünschten Bilder aus und tippen auf **Wiederherstellen**. Wählen Sie hier **Löschen**, werden die Bilder sofort (also noch vor Ablauf der 30 Tage) gelöscht.

ACHTUNG

Vorsicht, Falle!

Ich habe schon zuvor darauf hingewiesen, dass die Fotos, die Sie in Alben verwalten, sich nicht physikalisch in diesem Album befinden, sondern dort nur als Verweis vorhanden sind – die eigentliche Bilddatei liegt immer im Album **Aufnahmen**. Wenn Sie also Bilder aus dem Album **Aufnahmen** löschen, verschwinden diese Bilder auch aus den Alben, denen Sie sie zugeordnet haben.

Fotos im Internet veröffentlichen

Ihre eigenen Fotos auf dem iPhone sind eine feine Sache – aber die Fotos-App kann dank iCloud mehr. Es ist auch möglich, Alben zusammenzustellen und sie für andere im Internet zugänglich zu machen. Die freigegebenen Fotos werden Ihnen im Register **Für dich** der Fotos-App gezeigt. Es gibt verschiedene Wege, Alben zu teilen, ich zeige Ihnen den Standardweg bei der ersten Einrichtung.

1. Um die Funktion nutzen zu können, aktivieren Sie sie zuerst unter **Einstellungen ▸ Fotos** mit einem Tipp auf den Schalter **Geteilte Alben**.

2. Öffnen Sie nun in der Fotos-App das Album mit den Bildern, die Sie freigeben möchten, und markieren Sie die gewünschten Bilder.

3. Tippen Sie auf die **Teilen**-Taste, und wählen Sie **Geteilte Alben**.

4. Geben Sie dem neuen Album, das Sie teilen möchten, einen Namen ❶, und tippen Sie auf **Weiter** ❷.

5. Im folgenden Dialog wird Ihnen angeboten, Personen einzuladen, aber das lässt sich später ebenfalls gezielter erledigen, tippen Sie hier also direkt auf **Erstellen**. Es wird nun ein leeres geteiltes Album angelegt.

6. Um Bilder hinzuzufügen, tippen Sie das neue Album an und tippen im Album auf das Plussymbol ❸ (in diesem Beispiel wurden dem Album bereits einige Bilder hinzugefügt). Nun können Sie aus Ihren Bildbeständen die Fotos auswählen, die Sie in das Album aufnehmen möchten.

> **TIPP**
>
> **Bilder direkt teilen**
>
> Sie müssen nicht erst ein neues Album anlegen, um Bilder teilen zu können, das geht auch über die **Teilen**-Schaltfläche im Auswahldialog. Wählen Sie hier die Option **Geteilte Alben**, können Sie die markierten Bilder einem bestehenden Album zuweisen oder auch direkt ein neues Album mit den markierten Bildern anlegen.

Noch ist das geteilte Album ausschließlich für Sie sichtbar. Sie können es sich z. B. in einem Webbrowser unter *www.icloud.com* ansehen – aber sonst niemand. Das lässt sich natürlich ändern:

1. Öffnen Sie das Album, das Sie mit anderen teilen möchten, und wählen Sie **Personen** (❶ auf Seite 294).

2. Soll das geteilte Album nur für Sie und eingeladene Personen sichtbar sein, müssen diese über einen iCloud-Account verfügen und die **Geteilte Alben** auf ihren Geräten aktiviert haben. Alle Beteiligten können Bilder kommentieren, die Kommentare werden ebenfalls über iCloud auf alle Geräte übertragen. Tippen Sie auf **Einladen** ❷, um Personen aus Ihren Kontakten den Zugriff zu erlauben.

3. Standardmäßig dürfen alle eingeladenen Personen ebenfalls Bilder hinzufügen. Möchten Sie das nicht, deaktivieren Sie den Schalter **Abonnenten können posten** ❸.

4. Soll das Album auch als Webseite via Internet für jedermann zugänglich sein, tippen Sie auf **Öffentliche Website** ④. Es erscheint dann die Taste **Link teilen**, über die Sie den Link zu dieser Webseite erhalten, den Sie etwa via Twitter, E-Mail oder Nachrichten bekannt machen können.

5. Aktivieren Sie **Mitteilungen** ⑤, wenn Sie Ihr iPhone über neue Bilder oder Kommentare in Ihren geteilten Alben informieren soll.

6. Möchten Sie das geteilte Album wieder entfernen, wählen Sie **Geteiltes Album löschen** ⑥.

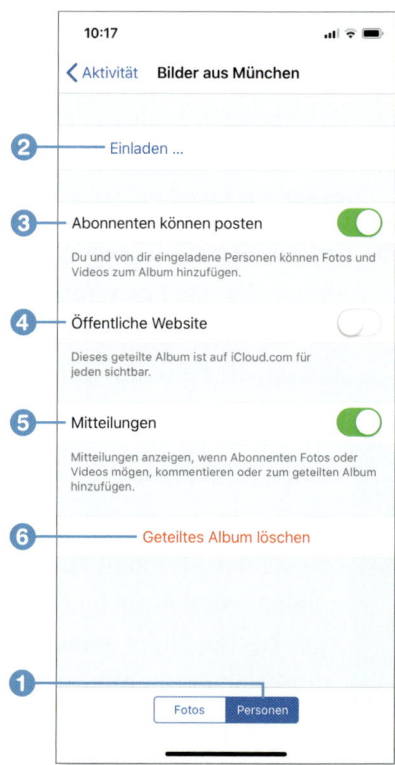

INFO

Öffentliche Website

Haben Sie ein Album als **Öffentliche Website** publiziert, kann es in jedem Browser angezeigt werden. Eine Bearbeitung ist hier aber nicht möglich – die steht nur eingeladenen Personen zur Verfügung.

Das ist iCloud-Fotos

Wenn Sie iCloud nutzen, bietet Ihnen Apple eine besonders bequeme Funktion, mit der Sie den Bilderbestand zwischen Ihrem iPhone und Ihrem Computer synchron halten: *iCloud-Fotos*. Alle Fotos und Videos, die Sie mit dem iPhone machen, werden damit automatisch an Apple-Server geschickt und von dort auf andere Endgeräte wie Ihren Computer oder Ihr iPad kopiert – vorausgesetzt, Sie sind auf diesen Geräten mit derselben Apple- bzw. iCloud-ID angemeldet. Und es funktioniert natürlich auch umgekehrt: Fügen Sie etwa auf dem Computer Ihrer Fotosammlung ein Bild hinzu, landet es via iCloud-Fotos auf den Apple-Servern und kann von dort auf alle anderen Geräte kopiert werden, bei denen iCloud-Fotos aktiviert wurde. Löschen Sie ein Foto auf dem iPhone, verschwindet es auch von Ihrem Computer. Und nicht nur das – auch sämtliche Alben und Strukturen, die Sie in Ihrer Foto-Mediathek anlegen, werden zwischen allen Geräten synchron gehalten.

Die Sache hat nur einen kleinen Haken: Fotos und gerade Videos benötigen sehr viel Platz auf den Servern, sodass Sie mit den kostenlosen 5 GB Speicher, die Apple Ihnen zu iCloud spendiert, nicht auskommen werden und weiteren Speicherplatz kostenpflichtig hinzubuchen müssen.

Der Abgleich Ihres Bilderbestandes zwischen Computer und iPhone kann, je nach Umfang Ihrer Sammlung, beim ersten Mal durchaus mehrere Stunden, mitunter sogar ein paar Tage (!) dauern. Sobald aber der Grundstein gelegt ist, erfolgt der Abgleich in der Regel sehr schnell.

Unter **Einstellungen ▸ Fotos** können Sie die Funktion ein- und natürlich auch wieder ausschalten ❶. Damit der Speicher auf dem iPhone nicht vollständig mit Fotos belegt wird, ist standardmäßig die Funktion **iPhone-Speicher optimieren** ❷ aktiviert.

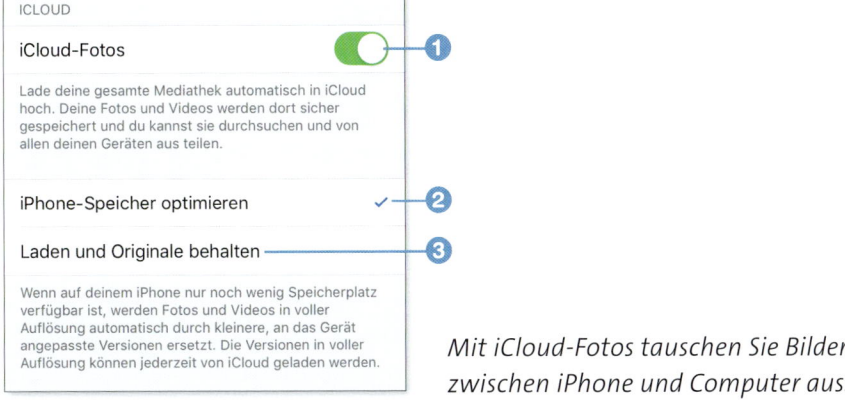

Mit iCloud-Fotos tauschen Sie Bilder zwischen iPhone und Computer aus.

Das bedeutet, dass die speicherfressenden Originalbilder gelöscht und durch reduzierte Vorschaubilder ersetzt werden, wenn der Speicher auf dem iPhone knapp wird – keine Sorge, die Originale bleiben auf den Apple-Servern gespeichert. Wenn Sie ein Vorschaubild öffnen und vergrößern, wird das Original in voller Auflösung auf das iPhone geladen. Falls Sie das nicht möchten und Ihr iPhone über genügend Speicher verfügt (immerhin bietet Apple das iPhone mit bis zu 512 GB Speicher an), können Sie auch die Option **Laden und Originale behalten** ❸ wählen.

Kapitel 16
Musik, Filme und mehr auf dem iPhone

Das iPhone ist nicht nur zum Arbeiten und Kommunizieren da, auch die Unterhaltung kommt nicht zu kurz. Mit der *Musik*-App geben Sie Musik wieder, die *TV*-App macht aus dem iPhone Ihr ganz privates Kino, mit der App *Bücher* lesen Sie elektronische Bücher und hören Hörbücher, und für die Podcast-Freunde gibt es die *Podcasts*-App. In diesem Kapitel stelle ich Ihnen das iPhone als veritable Medienmaschine vor.

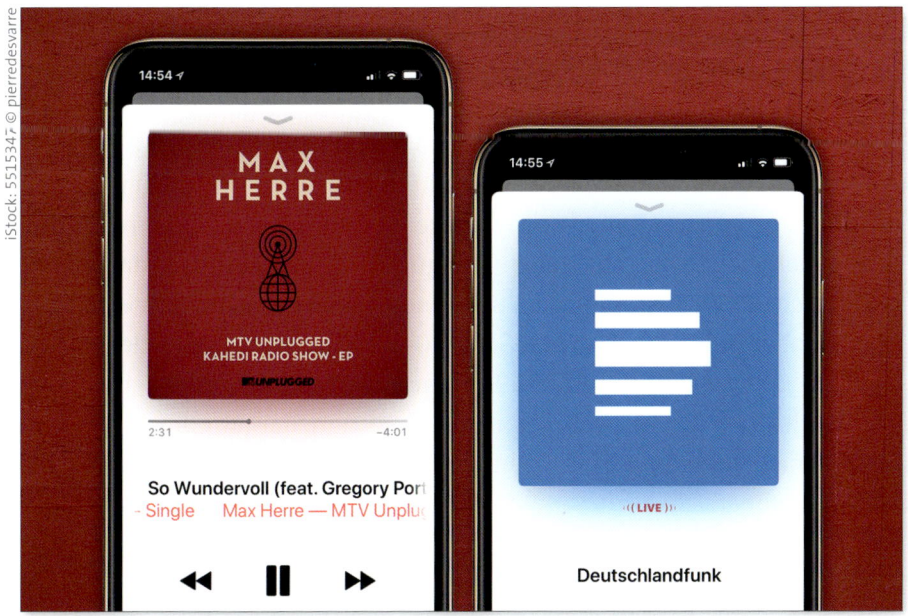

iStock: 551534 © pierredesvarre

Mit Ihrem iPhone genießen Sie Ihre Musik und andere Medien überall.

Musik, Filme und andere Medien aufs iPhone laden

Ganz gleich, ob Sie Musik, einen Film, eine TV-Serie, ein E-Book oder einen Podcast auf Ihr iPhone kopieren möchten – das Vorgehen ist im Prinzip jedes Mal gleich. Generell gibt es zwei Möglichkeiten: Zum einen können Sie die gewünschten Inhalte übers Internet mit der jeweiligen App direkt auf Ihr iPhone laden. In diesem Fall können Sie nur Inhalte laden, die Sie aus Apples verschiedenen Stores beziehen (siehe dazu Kapitel 17, »Neue Inhalte für Ihr iPhone«).

Zum anderen können Sie Ihre Medien auch mit iTunes auf dem Computer verwalten und auf das iPhone übertragen. Sie können dann sowohl auf Inhalte aus den Apple Stores zurückgreifen als auch eigene Inhalte – etwa Musik von einer CD – auf das iPhone laden. (Lesen Sie dazu den Abschnitt »Den Datenaustausch per iTunes einrichten« ab Seite 70.) Eine Ausnahme bilden hier E-Books, die nur über iCloud zwischen den verschiedenen Geräten ausgetauscht werden können.

Die Musik-App im Überblick

Der Bildschirm der Musik-App ist sehr übersichtlich aufgebaut. Die Inhalte der Musik-App werden in der **Mediathek** ❶ verwaltet, also in einer speziell für Musik gedachten Datenbank. Im oberen Bereich der Mediathek-Übersicht sehen Sie die verschiedenen Kategorien ❷ wie **Playlists** – dabei handelt es sich um Wiedergabelisten, mit denen wir uns im Abschnitt »Musik in Wiedergabelisten verwalten« ab Seite 304 beschäftigen –, **Künstler**, **Alben**, **Titel** und **Geladene Musik**. Tippen Sie einen dieser Einträge an, wird Ihnen der Inhalt Ihrer Mediathek entsprechend sortiert dargestellt – in diesem Beispiel nach Künstlern ❸. Tippen Sie hier auf **Mediathek** ❹, gelangen Sie zur Gesamtübersicht zurück.

Im Bereich **Zuletzt hinzugefügt** ❺ sehen Sie die Alben, die Sie kürzlich der Mediathek neu hinzugefügt haben. Hier wechseln Sie mit einem Tipp auf ein Cover zum entsprechenden Album. Schieben Sie den Bildschirm nach oben, um alle in letzter Zeit hinzugefügten Alben zu sehen. Geben Sie aktuell Musik wieder, erscheint im unteren Bereich eine eigene Zeile mit Cover, Titel und einfachen Steuersymbolen **6**.

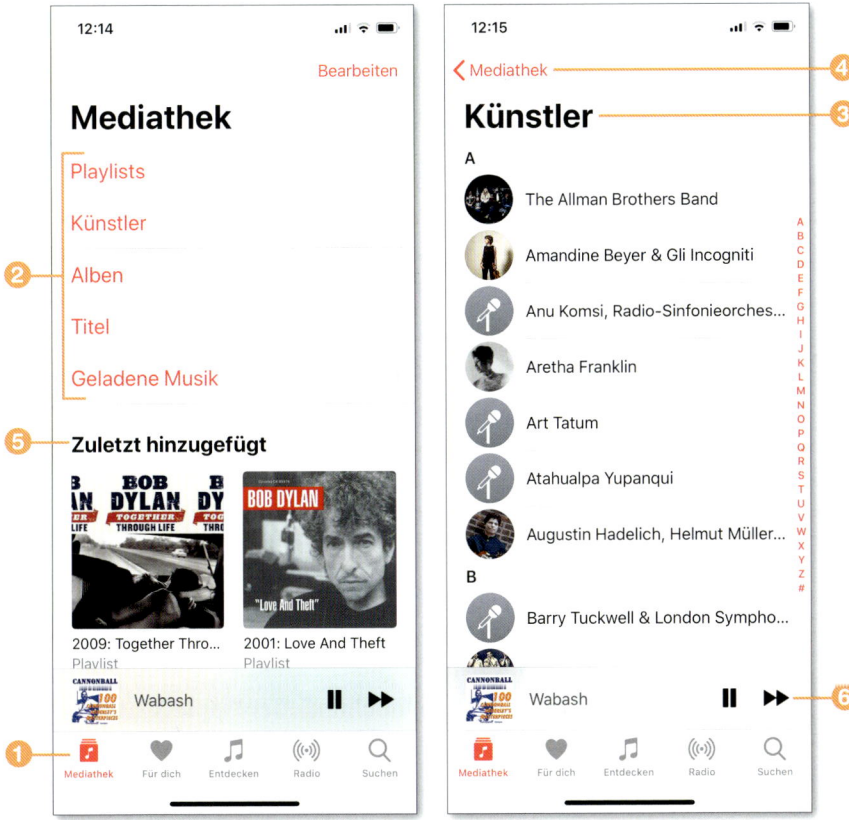

Die Musik-App organisiert Ihren Musikbestand in einer Mediathek, die Sie nach verschiedenen Kategorien durchstöbern können.

INFO

»Geladene Musik«

Beim Punkt **Geladene Musik** handelt es sich um Musik, die als Datei auf Ihrem iPhone vorhanden ist – im Unterschied zu Songs, die Sie via Internet auf Ihr iPhone *streamen*. Wie das geht, erfahren Sie im Abschnitt »Medien aus der Cloud abspielen« ab Seite 322.

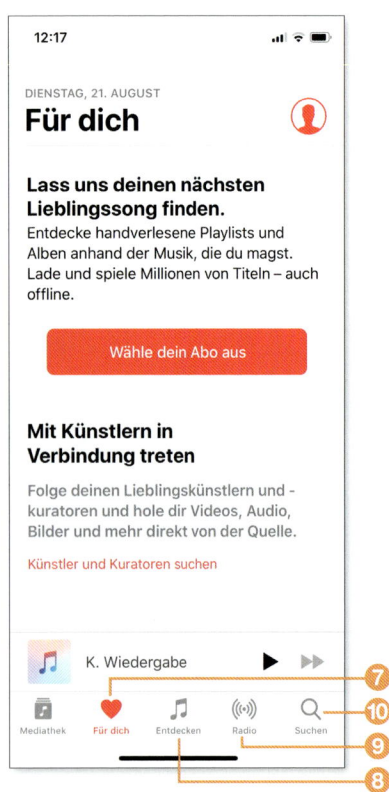

Der kostenpflichtige Abo-Dienst Apple Music

Welche Tasten Sie am unteren Bildschirmrand sehen, hängt davon ab, ob *Apple Music* aktiv ist oder nicht. Standardmäßig ist Apple Music (wie hier) eingeschaltet. Wählen Sie einen der Punkte (etwa **Für dich** ❼), werden Sie aufgefordert, sich bei Apple Music anzumelden. Was es mit diesem Angebot auf sich hat, erfahren Sie im Kasten »Apple Music – Musikstreaming von Apple« auf Seite 324.

Unter **Entdecken** ❽ werden Ihnen neue oder (laut Apple) empfehlenswerte Alben und Künstler gezeigt, deren Musik Sie im iTunes Store kaufen können. Der Punkt **Radio** ❾ bietet Zugriff auf verschiedene Radiosender. Beide Einträge werden letztlich erst interessant, wenn Sie Apple Music abonniert haben, und bleiben hier deshalb ausgespart.

Wenn Sie einen bestimmten Song oder Künstler suchen, tippen Sie auf die Taste **Suchen** ❿. Auf der nächsten Seite erscheint daraufhin ein Eingabefeld, in das Sie den gewünschten Suchbegriff eingeben. Sie können hier noch entscheiden, ob Sie Ihre Mediathek durchsuchen möchten oder Apple Music.

Kategorien verwalten

Welche Kategorien Ihnen die Musik-App in der Mediathek für den schnellen Zugriff anzeigen soll, können Sie selbst festlegen. Tippen Sie dazu auf **Bearbeiten**. Wählen Sie die gewünschten Kategorien mit einem Fingertipp aus bzw. ab. Berühren und halten Sie die Griffmarkierung, können Sie die Einträge verschieben und so die Reihenfolge festlegen. Tippen Sie oben rechts auf **Fertig**, um die Bearbeitung abzuschließen.

Musik wiedergeben

Die Musikwiedergabe auf dem iPhone ist schnell gestartet. Wählen Sie einfach das gewünschte Album oder den gewünschten Song, und tippen Sie ihn an ❶. Möchten Sie ein komplettes Album wiedergeben, wählen Sie **Wiedergabe** ❷; mit einem Tipp auf **Zufällig** ❸ wird ebenfalls das komplette Album wiedergegeben, allerdings in zufälliger Reihenfolge.

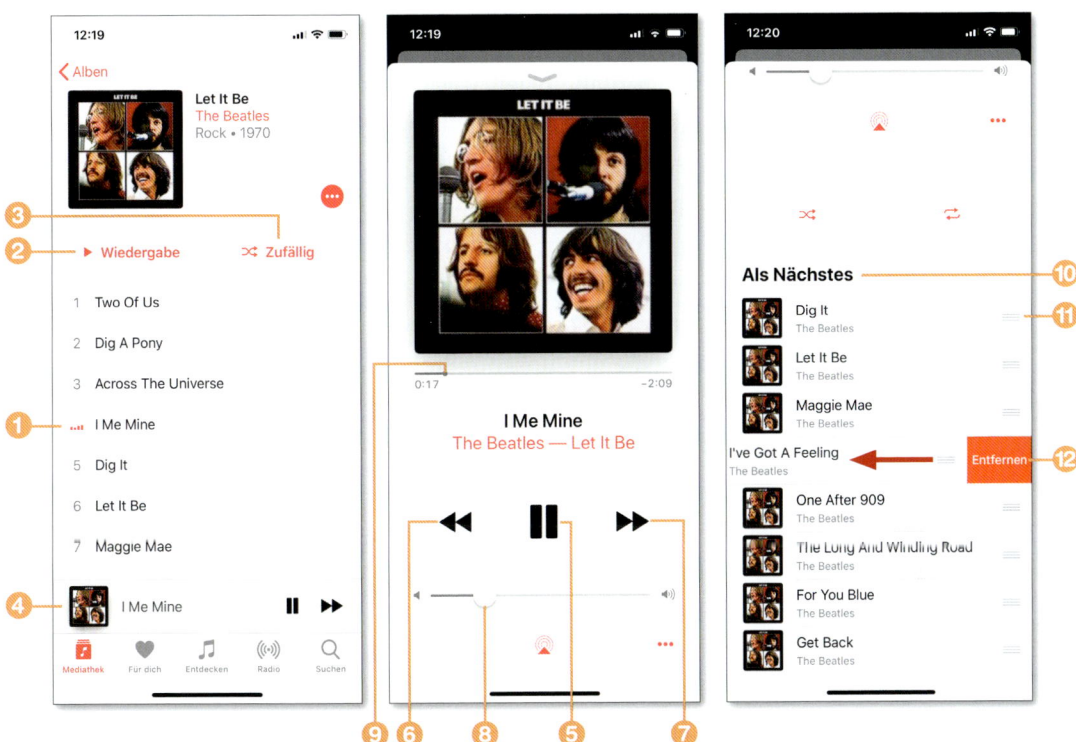

Die Wiedergabe starten Sie in der Musik-App mit einem Fingertipp. Hier lässt sich auch die Reihenfolge der einzelnen Stücke festlegen.

Sobald ein Song wiedergegeben wird, erscheint er in der Musik-App in der Wiedergabezeile ❹. Tippen Sie auf diesen Eintrag, werden das Cover des Albums, der Titel des Songs und einige Steuersymbole gezeigt.

INFO

Es läuft und läuft und läuft …

Sobald die Wiedergabe gestartet wurde, läuft sie bis zum Ende eines Albums oder einer Wiedergabeliste durch. Wählen Sie einen bestimmten Song, wird nicht nur dieser, sondern es werden auch alle folgenden Songs des Albums oder der Wiedergabeliste gespielt. Tippen Sie etwa in der **Titel**-Kategorie auf den ersten Song, gibt das iPhone Ihre komplette Mediathek wieder.

Die Steuerung der Wiedergabe orientiert sich an den von CD- oder DVD-Playern vertrauten Standards. Über die Taste in der Mitte ❺ starten oder pausieren Sie die Wiedergabe, mit den Pfeil-Tasten links und rechts springen Sie einen Song zurück ❻ oder vor ❼. Unten regeln Sie die Lautstärke ❽. Die Zeitleiste zeigt Ihnen den Fortschritt der Wiedergabe an. Möchten Sie schnell an eine bestimmte Position springen, berühren und halten Sie den kleinen grauen Knopf ❾, der daraufhin stark vergrößert und rot wird, und schieben Sie ihn an die gewünschte Stelle.

TIPP

Musikwiedergabe mit dem Headset steuern

Sie können die Wiedergabe auch über den Schalter des Headsets steuern, schließlich wäre es ja sehr lästig, wenn Sie dazu unterwegs immer Ihr iPhone aus der Tasche holen müssten. Die Lautstärke regeln Sie über die Plus- und Minus-Tasten. Mit einem einfachen Druck auf den Schalter pausieren Sie die Wiedergabe bzw. setzen Sie fort. Mit einem Doppelklick springen Sie zum nächsten Titel, mit einem Dreifachklick geht es einen Titel zurück.

Wischen Sie nach oben, sehen Sie unter **Als Nächstes** ❿, welche Titel in welcher Reihenfolge wiedergegeben werden. Die Reihenfolge lässt sich über die Griffmarkierung rechts ⓫ verändern. Möchten Sie einen Titel aus der Liste entfernen, schieben Sie ihn nach links und tippen auf **Entfernen** ⓬. Sobald Sie diese Darstellung nach unten ziehen, wird der Bildschirm wieder freigegeben.

Die Musik wird auch dann wiedergegeben, wenn Sie die Musik-App verlassen oder das iPhone in den Stand-by-Betrieb versetzen. Rufen Sie die Mitteilungszentrale durch eine Wischgeste von oben nach unten auf, um Zugriff auf die Steuerung der Wiedergabe zu bekommen.

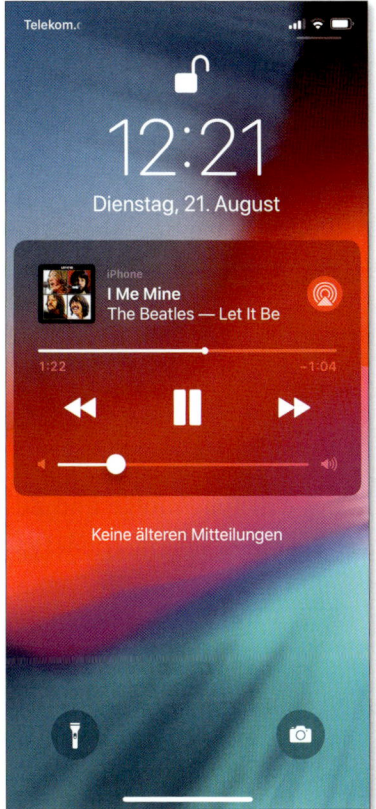 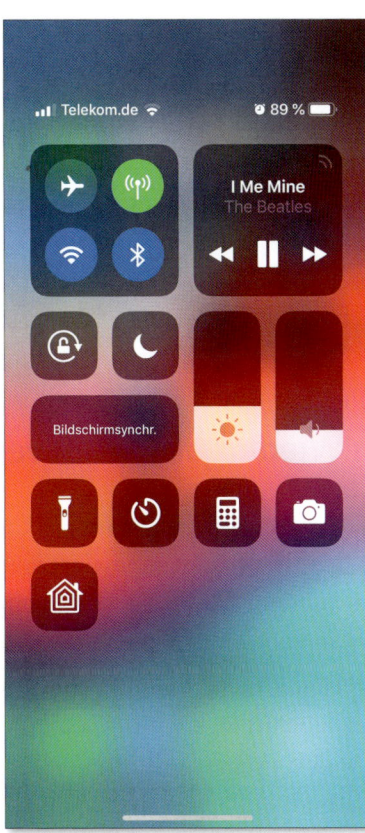

Über den Sperrbildschirm bzw. die Mitteilungszentrale (links) oder das Kontrollzentrum (rechts) haben Sie jederzeit die Kontrolle über die Wiedergabe.

Die Steuerung ist auch über das Kontrollzentrum zu erreichen, ohne die Musik-App zu öffnen. Das Kontrollzentrum rufen Sie mit einer Wischgeste von rechts oben schräg zur Mitte auf. Drücken Sie dort etwas fester auf das Steuerelement, um alle Möglichkeiten angezeigt zu bekommen.

TIPP

Schneller Zugriff auf die letzten Alben

Dank 3D Touch haben Sie auch vom Startbildschirm aus raschen Zugriff auf Ihre Musik. Drücken Sie das Symbol der Musik-App, werden

Ihnen die vier zuletzt gespielten Alben gezeigt. Mit einem Tipp auf ein Albumcover starten Sie die Wiedergabe des Albums. Außerdem können Sie rasch Ihre Mediathek durchstöbern und einen Song gezielt suchen und wiedergeben.

Musik in Wiedergabelisten verwalten

Bei der Wiedergabe von Musik sind Sie nicht auf die Reihenfolge und Zusammenstellung der Alben angewiesen, sondern können sich in Wiedergabelisten (die auf dem iPhone *Playlists* heißen) Ihre ganz persönliche Sammlung zusammenstellen. Dabei enthält eine Playlist nicht die Musikdatei selbst, sondern nur einen Verweis auf diese. Das bedeutet, dass eine Playlist praktisch keinen zusätzlichen Speicherplatz belegt und dass Sie einen Song in beliebig vielen Playlists einfügen können. Und nicht nur das: Wenn Sie einen Song aus einer Playlist entfernen oder gleich die ganze Playlist entsorgen, bleiben die einzelnen Songs der jeweiligen Liste erhalten und werden nicht gelöscht.

Um eine Playlist zu erstellen, gehen Sie folgendermaßen vor:

1. Tippen Sie in der Mediathek auf die Kategorie **Playlists** und hier auf **Neue Playlist** ❶.

2. Geben Sie der Playlist einen Namen ❷, und fügen Sie, wenn Sie möchten, eine **Beschreibung** ❸ hinzu, welche Musik in der Playlist gesammelt wird.

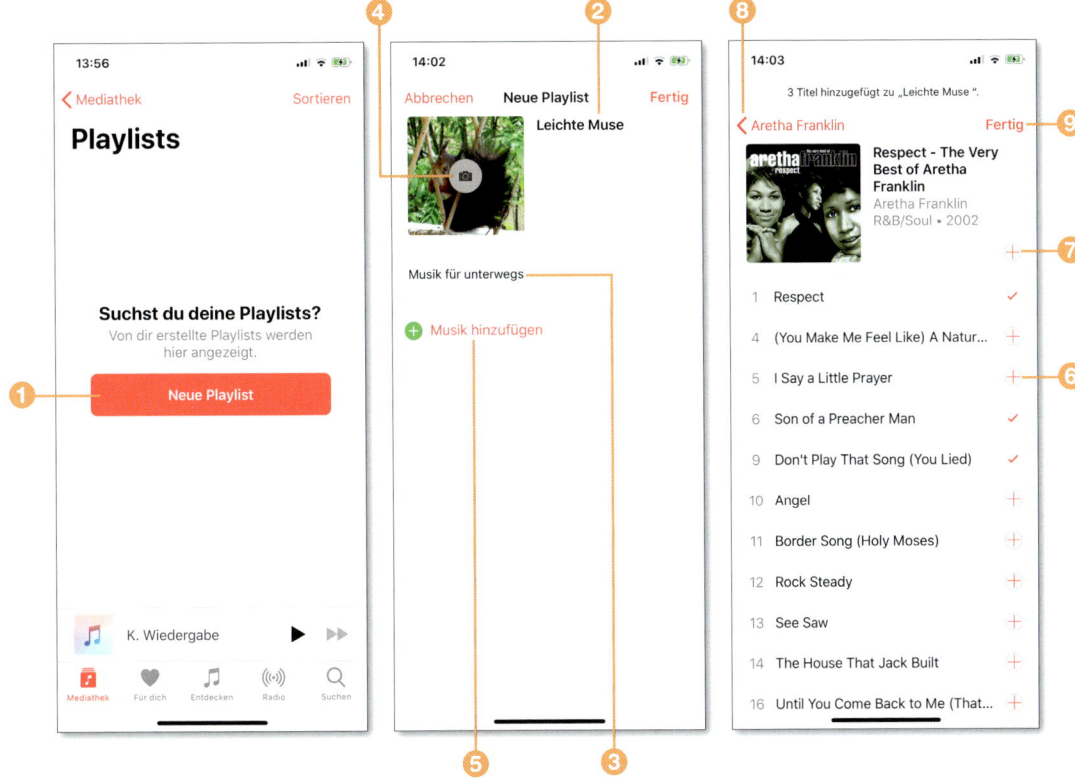

3. Mit einem Tipp auf das Kamerasymbol ❹ können Sie der Playlist ein eigenes Bild zuweisen, andernfalls setzt die Musik-App das Bild aus den Covern der in der Playlist enthaltenen Songs zusammen.

4. Tippen Sie schließlich auf **Musik hinzufügen** ❺, um die Liste mit den gewünschten Titeln zu füllen. Sie sehen nun die vertraute Mediathek-Übersicht, in der Sie gezielt die Songs aussuchen können, die in die Liste aufgenommen werden sollen. In diesem Beispiel wurden Songs aus der **Künstler**-Kategorie ausgewählt, Sie können natürlich auch jede andere Kategorie wählen.

5. Tippen Sie bei jedem gewünschten Song auf das Plussymbol ❻. Möchten Sie gleich ein komplettes Album aufnehmen, tippen Sie auf das obere Pluszeichen ❼.

6. Um Songs aus anderen Kategorien zu wählen, kehren Sie mit einem Tipp auf den Pfeil links oben ❽ zur Mediathek zurück. Soll die Liste gespeichert werden, tippen Sie auf **Fertig** ❾.

Eine Playlist lässt sich natürlich jederzeit bearbeiten. Sie können neue Titel hinzufügen oder auch Titel bzw. die komplette Liste löschen. Da in einer Playlist nur Verweise auf die eigentlichen Song-Dateien, nicht aber diese selbst enthalten sind, besteht nicht die Gefahr, dass Sie versehentlich Ihre Musik vom iPhone löschen.

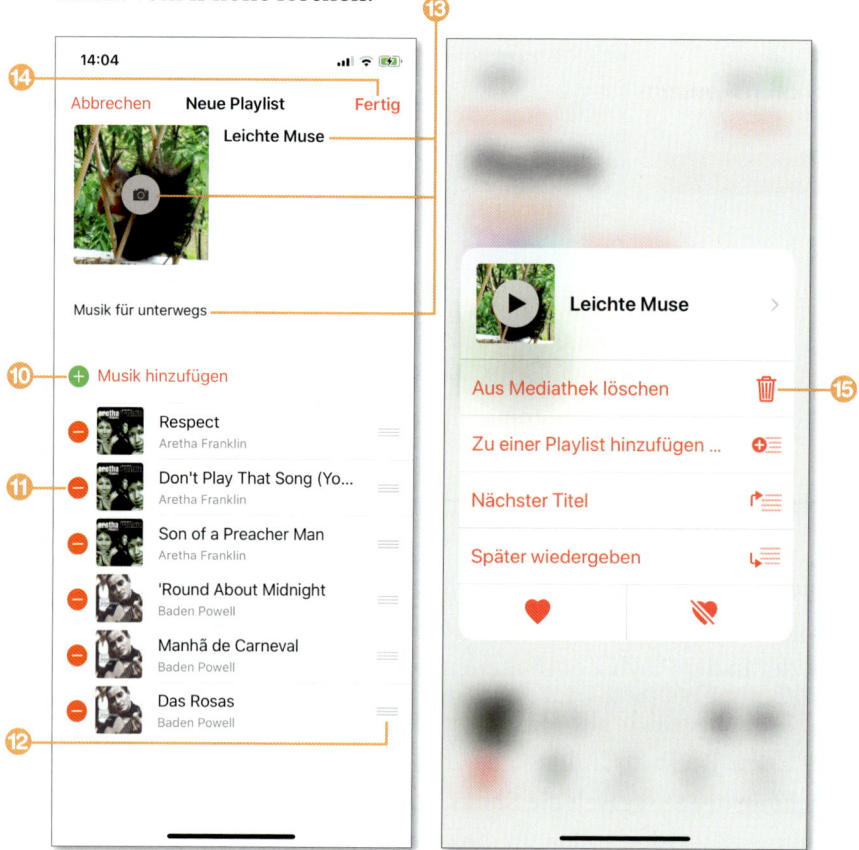

Ihre Playlists können Sie nach Belieben bearbeiten. Beim Löschen von Titeln oder der kompletten Liste geht keine Musik verloren.

Rufen Sie die gewünschte Playlist auf, und tippen Sie oben rechts auf **Bearbeiten**. Sie können nun weitere Musik hinzufügen ⑩, Titel mit einem Tipp auf das rote Minuszeichen ⑪ entfernen und über die Griffmarkierung ⑫ die Reihenfolge ändern. Natürlich lassen sich hier auch der Titel der Playlist, die Beschreibung und das Bild ändern, indem Sie diese Punkte **13** einfach antippen. Mit einem Tipp auf **Fertig 14** verlassen Sie die Bearbeitung und speichern die Liste.

Möchten Sie eine Playlist vom iPhone löschen, lassen Sie sich Ihre Playlists anzeigen und drücken etwas fester auf die Liste, die Sie nicht mehr benötigen. Tippen Sie anschließend auf **Aus Mediathek löschen 15**, und bestätigen Sie die Aktion mit einem Tipp auf **Aus Mediathek löschen** (falls die Playlist nur Titel enthält, die sich als Datei auf Ihrem iPhone befinden) bzw. **Playlist löschen** (wenn es sich um Musik handelt, die Sie via Internet auf Ihr iPhone streamen).

INFO

Musik an die Stereoanlage senden

Haben Sie ein *AirPlay*-fähiges Gerät an Ihre Stereoanlage angeschlossen und befinden sich mit Ihrem iPhone im gleichen WLAN wie dieses Gerät, können Sie Musik von Ihrem iPhone auch über Ihre Anlage abspielen. Tippen Sie dazu auf das AirPlay-Symbol, das in der Musik-App praktisch überall auftaucht, und wählen Sie das gewünschte Endgerät, über das die Musik ausgegeben werden soll.

Musik vom iPhone löschen

Musik, die Sie auf dem iPhone gespeichert haben, verbraucht Speicherplatz. Wenn es also etwas eng wird auf dem iPhone, empfiehlt es sich, Alben und Titel, die Sie nicht ständig dabeihaben müssen, vom iPhone zu löschen.

1. Wählen Sie in der Mediathek die Kategorie **Geladene Musik**, um die Musik zu sehen, die tatsächlich auf Ihrem iPhone als Datei gespeichert ist und Platz verbraucht.

2. Am schnellsten löschen Sie ein komplettes Album oder einen einzelnen Song mit 3D Touch. Drücken Sie etwas fester auf den Song bzw. das Album, und tippen Sie im folgenden Menü auf **Entfernen** (**1** auf Seite 308).

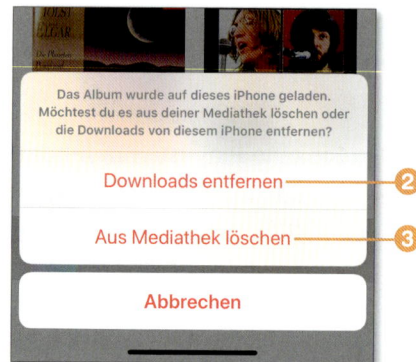

3. Sie werden nun gefragt, ob Sie die **Downloads entfernen** ❷ oder die Musik **Aus der Mediathek löschen** ❸ möchten. Entfernen Sie den Download, bleibt die Musik weiterhin Bestandteil Ihrer Mediathek und kann etwa später erneut geladen oder auch via Internet gestreamt werden. Löschen Sie die Musik dagegen aus Ihrer Mediathek, werden sowohl der Download als auch der Eintrag in der Mediathek gelöscht.

Um herauszubekommen, ob Sie mit einer Löschaktion nennenswert Speicher freiräumen, eignet sich allerdings der Weg über die Einstellungen der Musik-App deutlich besser. Rufen Sie **Einstellungen ▸ Musik** auf, und wählen Sie den Menüpunkt **Musikdownloads** ❹. Hier sehen Sie, welche Musik von welchen Künstlern am meisten Platz verbraucht.

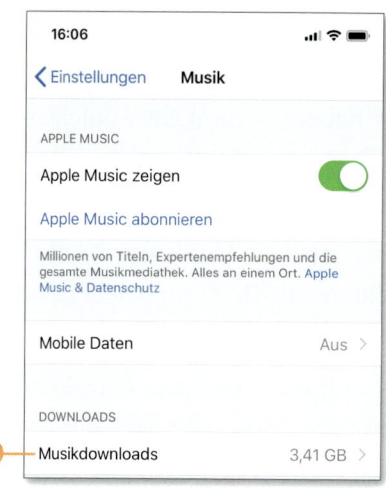
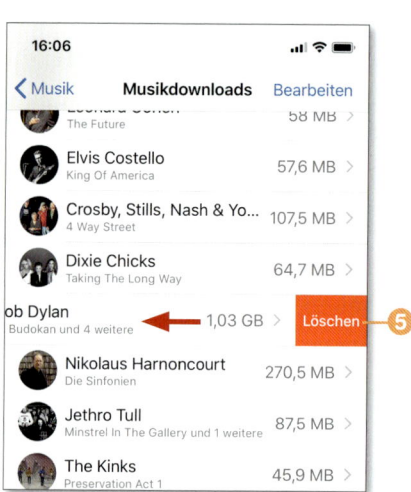

Die größten Speicherfresser können Sie gleich löschen.

Tippen Sie einen Künstler an, werden dessen Alben gezeigt, ein Tipp auf ein Album zeigt alle Songs. In jeder dieser Ansichten lässt sich ein Eintrag löschen, indem Sie ihn von rechts nach links durchstreichen und **Löschen** ⑤ wählen.

Filme und Serien auf dem iPhone

Filme und TV-Serien geben Sie auf dem iPhone mit der TV-App wieder. Die funktioniert im Prinzip wie die Musik-App, ist aber etwas anders aufgebaut. Wie bei der Musik-App können Sie Inhalte entweder als Datei auf dem iPhone speichern oder via Internet auf das iPhone streamen. Diese Videos werden wie gewohnt mit einem Wolkensymbol markiert.

① Über den Punkt **Jetzt ansehen** erhalten Sie raschen Zugriff auf die Filme oder Serien, die Sie aktuell sehen. Zudem soll es möglich sein, hier auf TV-Sender zuzugreifen, allerdings ist diese Funktion hierzulande nur in einer sehr abgespeckten Version verfügbar. Schließlich finden Sie hier auch noch TV- und Filmangebote aus dem iTunes Store.

② Die **Mediathek** versammelt Ihre TV-Sendungen und Filme, die Sie entweder via iTunes oder aus dem iTunes Store geladen haben. Die Mediathek ist in die Rubriken **TV-Sendungen**, **Filme** und **Geladen** unterteilt. Haben Sie zudem selbst gedrehte Videos via iTunes auf das iPhone kopiert, gibt es noch die Kategorie **Eigene Videos**.

③ In der Kategorie **Store** sehen Sie die kostenpflichtigen Angebote verschiedener TV-Sender und Neuerscheinungen aus dem iTunes Store.

④ Mit **Suchen** können Sie Ihre Mediathek und das Video-Angebot im iTunes Store nach Titeln und Namen durchforsten.

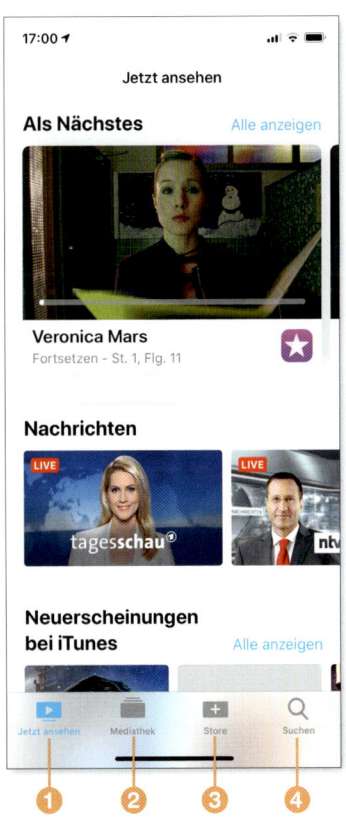

Die Wiedergabe eines Videos ist denkbar einfach: Sie wählen es in der entsprechenden Kategorie aus und tippen auf **Wiedergabe**.

> **INFO**
>
> **Videowiedergabe mit dem Headset steuern**
>
> Wie bei Musik lässt sich auch die Videowiedergabe über den Schalter des Headsets steuern. Die Lautstärke regeln Sie über die Plus- und Minus-Tasten. Mit einem einfachen Druck auf den Schalter pausieren Sie die Wiedergabe bzw. setzen sie fort. Mit einem Doppelklick springen Sie zum nächsten Kapitel des Videos, mit einem Dreifachklick geht es ein Kapitel zurück.

Anfangs werden kurz oben und unten Steuerleisten mit den vertrauten Symbolen eingeblendet, die nach wenigen Sekunden verschwinden. Mit einem Tipp auf den Bildschirm blenden Sie diese Leisten aus, ein erneuter Tipp ruft sie wieder hervor.

Die Elemente zur Wiedergabesteuerung lassen sich mit einem Fingertipp ein- bzw. ausblenden.

Standardmäßig werden Videos so wiedergegeben, dass das komplette Bild gezeigt wird. Das führt oft unvermeidlich dazu, dass Sie rechts und links einen relativ breiten, schwarzen Rand sehen. Um ein Video bildschirmfüllend zu sehen, tippen Sie oben rechts auf die Taste mit dem doppelten Pfeil ❺. Das Bild wird nun vergrößert. Dadurch verschwinden zwar die schwarzen Ränder, aber dafür gehen oben und unten Bildinformationen verloren.

Obendrein macht sich die Notch in diesem Anzeige-Modus etwas störend bemerkbar. Um zur Standarddarstellung zurückzukehren, tippen Sie erneut auf die Pfeil-Taste. Um die Wiedergabe zu beenden, tippen Sie oben links auf **Fertig** ➏ oder verlassen die App.

Um einen Film oder eine Serie vom iPhone zu löschen, wählen Sie **Mediathek ▸ Geladen**. Lassen Sie sich hier mit einem Tipp auf den entsprechenden Eintrag die Details des gewünschten Videos anzeigen. Tippen Sie hier auf **Geladen** ➐, und wählen Sie anschließend **Download entfernen** ➑.

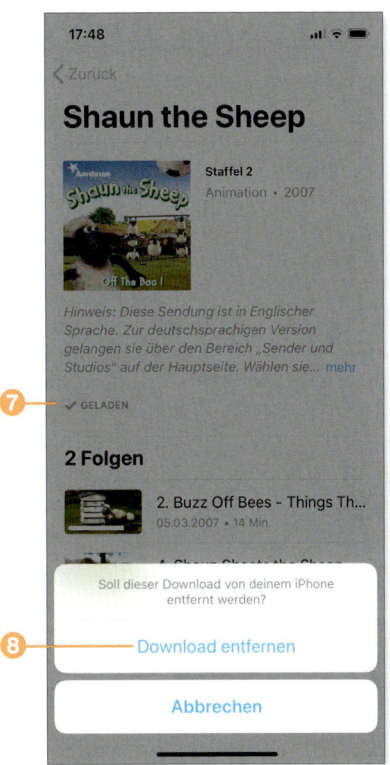

Speicherplatz räumen Sie auch frei, indem Sie geladene Videos wieder löschen.

TIPP

Die Wiedergabe rasch fortsetzen

Wenn Sie die Wiedergabe einer TV-Sendung oder eines Films fortsetzen möchten, müssen Sie dazu nicht extra die TV-App starten – das geht auch mit 3D Touch. Drücken Sie auf das Symbol der TV-App, wird Ihnen die zuletzt gesehen Folge bzw. der zuletzt gesehene

Film gezeigt. Und wenn Sie darauf tippen, geht es bruchlos an der Stelle weiter, an der Sie die Wiedergabe unterbrochen haben.

Podcasts mit dem iPhone hören und verwalten

Podcasts sind Audio- und Videodateien, die Sie aus dem Internet laden und auf dem iPhone hören bzw. sehen können. So stellen etwa fast alle Rundfunksender ihre Beiträge nach der Ausstrahlung als Podcast bereit – darunter auch komplette Hörspiele –, sodass Sie eine Sendung auch nachträglich hören können, wenn Sie sie im Radio verpasst haben sollten. Aber auch andere Anbieter und Privatpersonen produzieren regelmäßig Sendungen, die Sie mit der Podcasts-App beziehen können.

Podcasts lassen sich einzeln laden, aber auch abonnieren, sodass neue Folgen automatisch geladen werden und Sie keine Folge verpassen. Mit der Podcasts-App auf Ihrem iPhone haben Sie Zugriff auf Apples riesiges – und vollständig kostenloses – Podcast-Angebot.

Beim ersten Start fragt die App nach, ob Sie die Synchronisation aktivieren möchten. In diesem Fall werden Podcasts, die Sie auf Ihrem Computer in iTunes abonniert haben, automatisch in der Podcasts-App geladen. Dieser Punkt lässt sich auch jederzeit unter **Einstellungen ▸ Podcasts** ein- oder ausschalten. Die Podcasts-App wird über vier Register gesteuert:

❶ Unter **Jetzt hören** stehen alle von Ihnen abonnierten Podcasts in chronologischer Reihenfolge bereit, die Podcasts mit aktuellen Folgen stehen also am Anfang.

❷ In der **Mediathek** verwalten Sie Ihre Podcasts, laden gezielt frühere Folgen auf Ihr iPhone, beenden Abos, löschen Folgen und Podcasts oder fügen neue Podcasts hinzu, die Sie nicht über Apple abonnieren können.

❸ Möchten Sie im Podcast-Angebot von Apple stöbern, wählen Sie **Entdecken**. Hier werden die verfügbaren Podcasts nach Beliebtheit, Anbieter und Kategorien aufgeführt.

❹ Suchen Sie einen Podcast zu einem bestimmten Thema oder Stichwort, wählen Sie das Register **Suchen**.

❺ Tippen Sie einen Podcast an, werden Ihnen alle Folgen des Podcasts gezeigt, die Sie mit einem Tipp auf das Pluszeichen Ihrer Mediathek hinzufügen können.

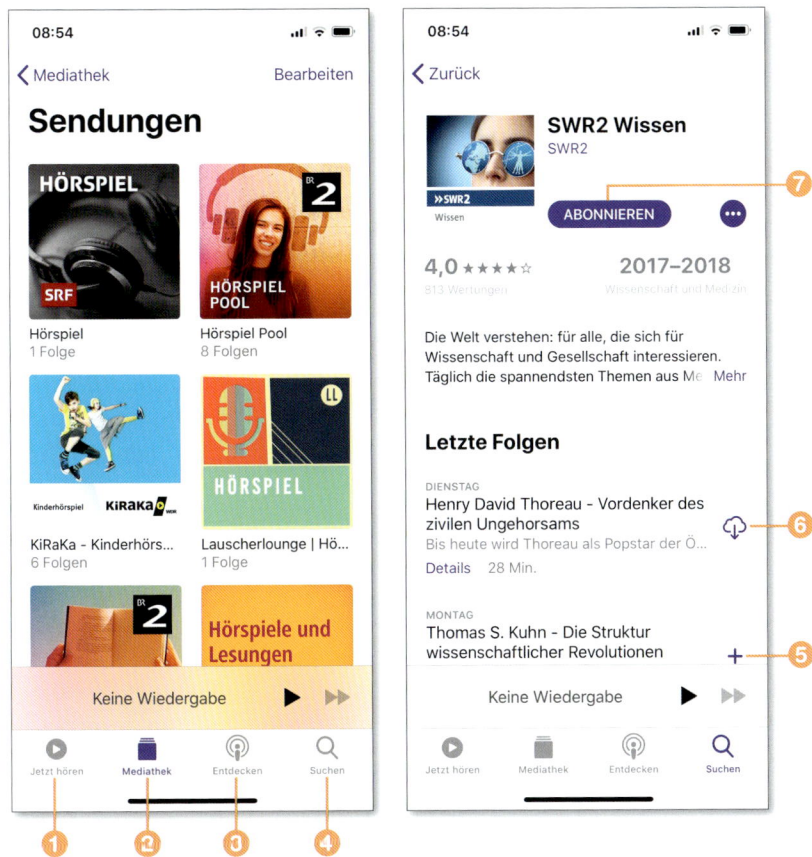

Podcasts sind mehr oder weniger kurze Audio- und Videosendungen, die Sie automatisch auf Ihr iPhone laden können.

6 Tippen Sie auf das Wolkensymbol, wird die Datei physikalisch auf Ihr iPhone geladen und steht Ihnen auch dann zur Verfügung, wenn Sie ausnahmsweise einmal nicht mit dem Internet verbunden sind.

7 Möchten Sie in Zukunft keine Folge eines Podcasts verpassen, tippen Sie auf **Abonnieren**. Ab sofort fügt das iPhone neue Folgen eines Podcasts automatisch Ihrer Mediathek hinzu.

Podcasts werden genauso wiedergegeben wie Musik – Sie tippen dazu die gewünschte Folge einfach an. Wie bei Musik läuft die Wiedergabe auch dann, wenn Sie die App verlassen oder das iPhone in den Stand-by-Betrieb versetzen.

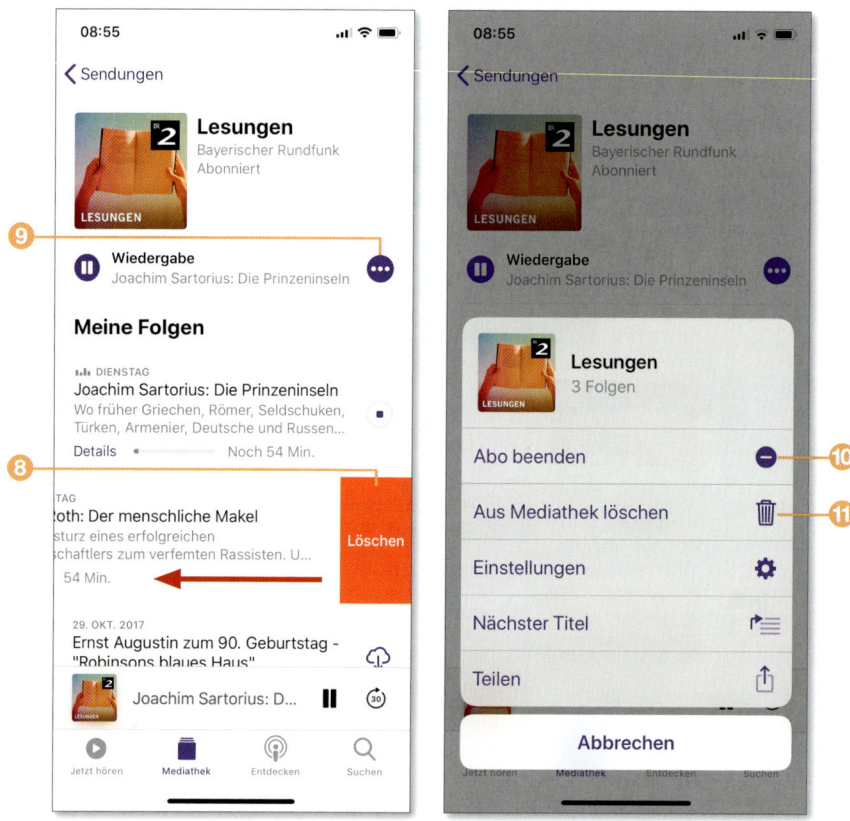

Podcasts werden nach dem Abspielen automatisch gelöscht,
lassen sich aber auch manuell aus der Mediathek entfernen.

Gespielte Folgen werden von der App nach 24 Stunden automatisch gelöscht. Um eine Folge manuell zu löschen, streichen Sie sie von rechts nach links durch und bestätigen mit **Löschen** ❽. Tippen Sie auf die **Mehr**-Taste ❾, können Sie ein **Abo beenden** ❿ oder den Podcast und alle Folgen aus der Mediathek löschen ⓫.

Standardmäßig sucht die Podcasts-App einmal in der Stunde nach neuen Folgen und lädt automatisch alle neuen Folgen. Möchten Sie, dass die App alle noch nicht abgespielten Folgen lädt und nur einmal am Tag nach neuen Folgen sucht (schließlich werden nur wenige Podcasts stündlich aktualisiert), können Sie dies unter **Einstellungen ▸ Podcasts** festlegen.

Elektronische Bücher und Hörbücher mit der Bücher-App

Mit der Bücher-App verwalten und öffnen Sie Ihre elektronischen Bücher auf dem iPhone, wobei Apple darunter sowohl E-Books als auch Hörbücher versteht. Das Programm unterstützt die zwei populären Formate, in denen elektronische Bücher und Dokumente üblicherweise vorliegen:

- EPUB ist die Abkürzung für *Electronic Publication* und beschreibt das Standardformat vieler elektronischer Bücher.

- PDF steht für *Portable Document Format* und bezeichnet einen Standard, mit dem sich beliebige Layouts problemlos auf den unterschiedlichsten Geräten anzeigen lassen. Ganz gleich, ob Sie ein PDF-Dokument auf Ihrem Computer oder Ihrem iPhone betrachten – es wird auf beiden Geräten gleich aussehen.

Außerdem bietet Bücher den Zugang zu Apples digitaler Buchhandlung, dem *Book Store*, den ich Ihnen im Abschnitt »Bücher und Hörbücher aus dem Book Store laden« ab Seite 338 vorstelle. Das Programm wird über fünf Register oder Tabs gesteuert:

① Unter **Jetzt lesen** haben Sie raschen Zugriff auf Ihre aktuelle Lektüre und bekommen Empfehlungen auf Bücher, die Sie interessieren könnten.

② In der **Bibliothek** sind alle Ihre Bücher verzeichnet. Wie Sie Ihre Bücher hier nach Ihren Vorstellungen sortieren, zeige ich Ihnen im nächsten Abschnitt.

③ Im **Book Store** finden Sie jede Menge Lektüre für jeden Geschmack. Hier können Sie sich auch kurze Auszüge als Kostprobe laden.

④ Unter **Hörbücher** greifen Sie auf den Hörbuchbestand des Book Store zu. Auch hier lassen sich kurze Hörproben laden.

⑤ Mit **Suchen** durchstöbern Sie Ihre Bibliothek nach Autoren und Titeln. Außerdem werden Ihnen Treffer aus dem Book Store gezeigt.

Die Bücher-App mit E-Books, PDFs und Hörbüchern

So organisieren Sie Ihre Bibliothek

Je umfangreicher Ihre Bibliothek wird, desto unübersichtlicher wird sie auch. Hier bietet Ihnen Bücher eine Reihe von Möglichkeiten, um für Ordnung zu sorgen.

Standardmäßig sortiert die App Ihre Bücher in der **Bibliothek** ① chronologisch, die neuesten Zugänge stehen also vorn. Möchten Sie das ändern, tippen Sie auf **Sortieren nach**. Hier können Sie nun nach **Titel**, **Autor** oder **Manuell** ② sortieren. Um ein Buch manuell anzuordnen, berühren und halten Sie es und verschieben es an die gewünschte Stelle ❸. Mit einem Tipp auf das Listensymbol ❹ wechseln Sie zwischen Titelbild- und Listendarstellung.

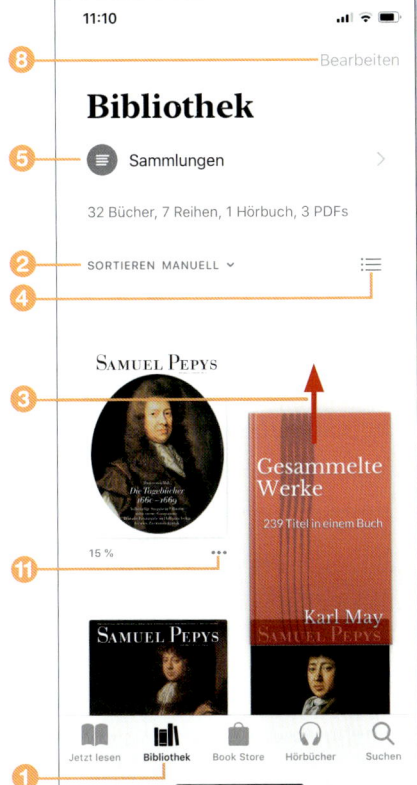 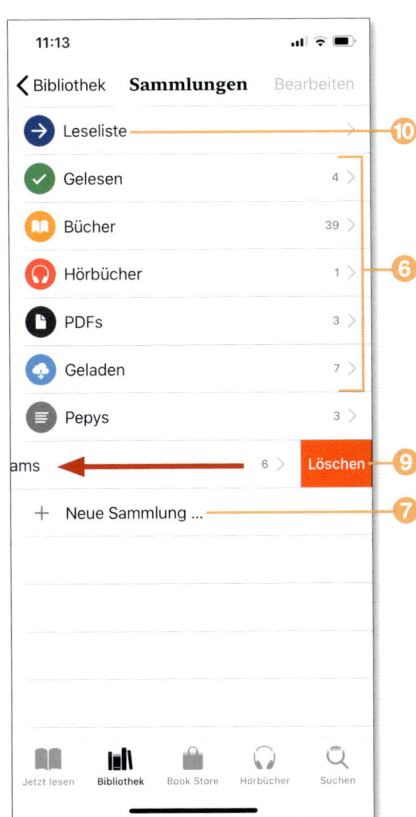

Die Bücher-App bietet Ihnen verschiedene Möglichkeiten,
um für Ordnung in Ihrer Bibliothek zu sorgen.

Die Bücher-App sortiert Ihren Buchbestand automatisch nach Sammlungen ❺, und zwar standardmäßig nach **Gelesen**, **Bücher**, **Hörbücher**, **PDFs** und **Geladen** ❻. Um eine eigene Sammlung anzulegen, tippen Sie auf **Neue Sammlung** ❼. Um Bücher einer neuen Sammlung hinzuzufügen, lassen Sie sich in der Bibliothek Ihre Bücher anzeigen, tippen oben rechts auf **Bearbeiten** ❽ und markieren nun alle gewünschten Titel mit einem Fingertipp. Anschließend wählen Sie **Hinzufügen** und tippen auf die gewünschte Sammlung. Eine Sammlung löschen Sie, indem Sie sie von rechts nach links durchstreichen und auf **Löschen** ❾ tippen. Die in der Sammlung enthaltenen Bücher bleiben weiterhin in Ihrer Bibliothek.

Bücher, die Sie in nächster Zeit lesen möchten, setzen Sie auf die **Leseliste** ❿. Tippen Sie dazu auf die drei Punkte ⓫ beim gewünschten Titel. Es öffnet sich ein Menü, in dem Sie **Zur Leseliste hinzufügen** wählen.

E-Books mit Bücher lesen

Nachdem Sie sich in der Bücher-App zurechtfinden, möchten Sie sicher gleich damit anfangen, unterwegs in Ihren E-Books zu schmökern. Nichts leichter als das:

1. Um ein Buch zu öffnen, tippen Sie es einfach an. Oben sehen Sie ein Menü, unten eine Fortschrittsanzeige. Mit einem Tipp in die Mitte des Bildschirms blenden Sie diese Anzeige aus und auch wieder ein.

2. Sie blättern in einem Buch, indem Sie auf den linken bzw. rechten Rand tippen oder horizontal wischen. Um schnell zu einer bestimmten Stelle im Buch zu gelangen, ziehen Sie die Fortschrittsanzeige an die gewünschte Position.

   Das gewählte Buch wird übrigens immer an der Position bzw. mit der Seite geöffnet, die Sie zuletzt gelesen haben. So können Sie stets ohne lange Suche an der richtigen Stelle mit dem Lesen fortfahren.

3. Ein Tipp auf das Listensymbol ❶ bringt Sie zum Inhaltsverzeichnis des Buches. Hier haben Sie auch Zugriff auf Ihre **Lesezeichen** und **Notizen** ❷ (und ebenfalls hier werden Markierungen aufgeführt, die Sie in dem Buch vorgenommen haben, siehe Schritt 6). Tippen Sie auf **Zurück** ❸, um weiterzulesen.

4. Ein Lesezeichen setzen (und löschen) Sie durch Tippen auf das entsprechende Symbol ❹.

5. Mit einem Tipp auf die Lupe ❺ können Sie das aktuelle Buch nach Stichwörtern durchsuchen.

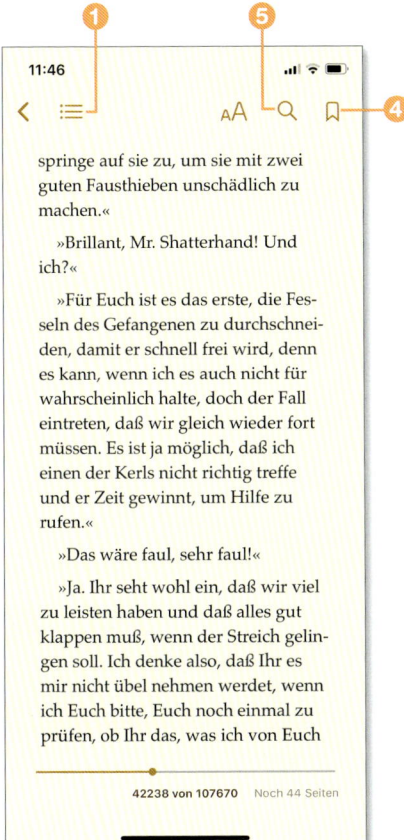

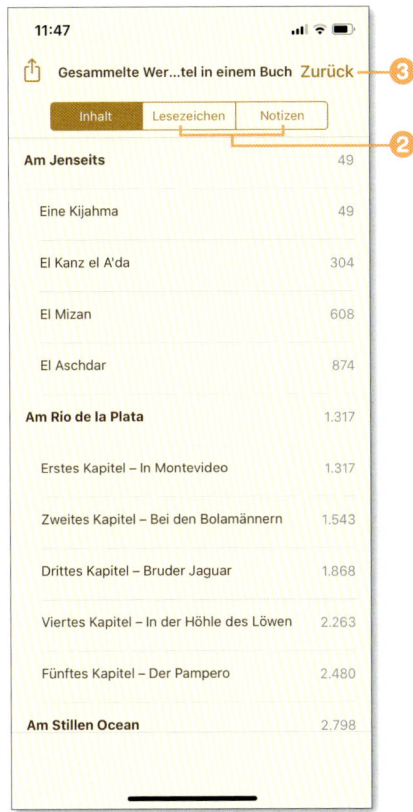

6. Um eine Notiz oder eine farbliche Markierung einzufügen, berühren und halten Sie den entsprechenden Text und wählen im Kontextmenü die gewünschte Option. Hier können Sie auch im aktuell geöffneten Buch nach dem markierten Begriff suchen.

7. Bei einem E-Book lässt sich das Erscheinungs-bild durch Tippen auf die Taste AA ❻ anpassen. Hier ändern Sie Schriftgröße, Schrift und Farb-gebung. Ist der **Nachtmodus** ❼ aktiviert, passt die App die Darstellung dem Umgebungslicht an: Wird es dunkel, wird die Darstellung invertiert.

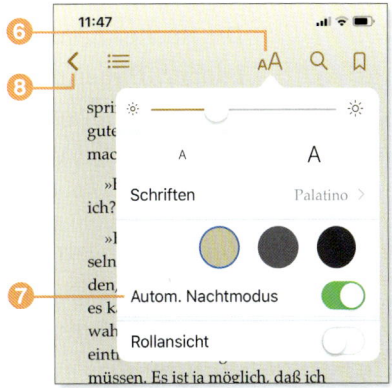

8. Mit einem Tipp auf den Pfeil links oben ❽ kehren Sie zur Übersicht über Ihre Bücher zurück.

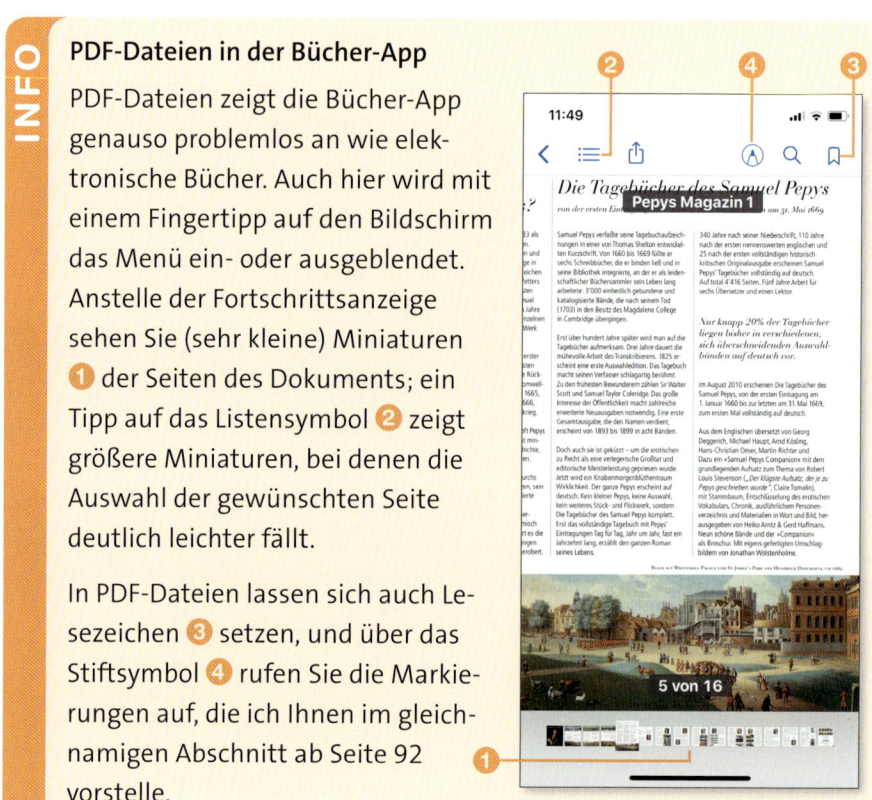

PDF-Dateien in der Bücher-App

PDF-Dateien zeigt die Bücher-App genauso problemlos an wie elektronische Bücher. Auch hier wird mit einem Fingertipp auf den Bildschirm das Menü ein- oder ausgeblendet. Anstelle der Fortschrittsanzeige sehen Sie (sehr kleine) Miniaturen ❶ der Seiten des Dokuments; ein Tipp auf das Listensymbol ❷ zeigt größere Miniaturen, bei denen die Auswahl der gewünschten Seite deutlich leichter fällt.

In PDF-Dateien lassen sich auch Lesezeichen ❸ setzen, und über das Stiftsymbol ❹ rufen Sie die Markierungen auf, die ich Ihnen im gleichnamigen Abschnitt ab Seite 92 vorstelle.

Hörbücher mit dem iPhone hören

Die Bücher-App ist nicht nur für E-Books zuständig, sondern auch für Hörbücher. Dabei unterscheidet sich die Wiedergabe von Hörbüchern kaum von der Wiedergabe von Musik. Tippen Sie ein Hörbuch an, beginnt Bücher sofort mit der Wiedergabe – natürlich an der Position, an der Sie zuletzt unterbrochen haben.

Neben den vertrauten Steuersymbolen gibt es aber einige kleine Besonderheiten. So zeigt Ihnen ein Tipp auf das Listensymbol ❶ oben rechts ein Inhaltsverzeichnis des aktuellen Hörbuches. Mit einem Tipp auf einen Eintrag springen Sie zum gewählten Kapitel. Falls Sie im aktuellen Kapitel zurück oder vorwärts springen möchten, bringt Sie ein Tipp auf die entsprechenden Tasten 15 Sekunden zurück ❷ bzw. vorwärts ❸.

Ein Tipp auf die Mondsichel ❹ öffnet den *Ruhezustandstimer*. Hier können Sie festlegen, dass die Wiedergabe des Hörbuches nach einer bestimmten Dauer automatisch beendet werden soll. So können Sie entspannt beim Einschlafen ein Hörbuch oder Hörspiel hören und müssen keine Angst haben, dass das iPhone die ganze Nacht über ein Hörbuch abspielt.

Über die Ziffern-Taste ❺ können Sie die Wiedergabegeschwindigkeit erhöhen oder verringern. Mit einem Tipp auf die Pfeil-Taste ❻ verlassen Sie das Hörbuch und beenden die Wiedergabe. Verlassen Sie die Bücher-App über die Home-Taste oder versetzen Sie das iPhone mit einem Druck auf die Stand-by-Taste oben rechts am Gerät in den Ruhezustand, wird die Wiedergabe des Hörbuches (wie bei Musik auch) fortgesetzt.

TIPP

Schneller Zugriff auf die aktuelle Lektüre

Dank 3D Touch müssen Sie die Bücher-App nicht extra öffnen, um Ihre aktuelle Lektüre fortzusetzen. Drücken Sie etwas fester auf das

App-Symbol, öffnet sich ein Kontextmenü, in dem die drei zuletzt geöffneten Bücher gezeigt werden. Tippen Sie das gewünschte Buch oder Hörbuch an, um die Lektüre oder die Wiedergabe fortzusetzen. Zudem haben Sie hier die Möglichkeit, direkt im Book Store nach neuer Lektüre zu suchen.

Medien aus der Cloud abspielen

Wie schon erwähnt, müssen Sie Ihre Medien nicht als Datei auf dem iPhone gespeichert haben, sondern können sie während der Wiedergabe aus dem Internet laden. Das gilt auch für Videos und Musik, die Sie im iTunes Store gekauft haben. Die Musik- und Filmdaten werden in Echtzeit via Internet an Ihr iPhone geschickt und dort sofort wiedergegeben. Diesen Vorgang nennt man *Streaming*.

ACHTUNG

Streaming im Mobilfunknetz

Beim Streaming fallen je nach gestreamtem Inhalt mehr oder weniger große Datenmengen an. Bei Musik belastet ein komplettes Album Ihr Datenvolumen durchaus schon mal mit 100 oder 200 MByte, bei Filmen und Videos dagegen erreichen Sie ohne Probleme GByte-Dimensionen. Da genügt es schon, dass Sie zu Beginn des Monats ein wenig Musik hören und ein paar TV-Sendungen streamen, um Ihr Mobilfunkbudget für den Monat komplett zu verbrauchen. Standardmäßig ist daher fürs Streaming der Zugriff auf die Mobilfunkverbindung ausgeschaltet. Es kann aber nicht schaden, das einmal zu kontrollieren. Rufen Sie dazu das Menü **Einstellungen ▶ Musik ▶ Mobile Daten** auf und kontrollieren Sie hier, ob der Schalter **Streaming** ausgeschaltet ist. Für Videos rufen Sie **Einstellungen ▶ TV ▶ iTunes-Videos** auf und achten hier auf den Schalter **Mobile Daten f. Wiedergabe**.

Die Musik- und die TV-App zeigen Ihnen automatisch alle Medien an, die Sie aus dem iTunes Store geladen haben. Bei Songs oder Filmen, die Sie nicht auf Ihrem iPhone gespeichert haben, erscheint am entsprechenden Eintrag ein Wolkensymbol ❶. Daran erkennen Sie, dass dieser Titel für die Wiedergabe aus dem Internet geladen wird. Tippen Sie einen solchen Titel an – den Titel, nicht das Wolkensymbol –, beginnt die Wiedergabe ❷ wie gewohnt, aber der Titel wird nicht auf dem iPhone gespeichert. Möchten Sie einen Titel immer auf dem iPhone abspielen können (und nicht nur, wenn Sie online sind), laden Sie ihn entsprechend mit einem Tipp auf das Wolkensymbol.

Bei Filmen und TV-Serien funktioniert das ähnlich. Auch hier zeigt das Wolkensymbol ❸ an, dass das Video nicht als Datei auf dem iPhone gespeichert ist, sondern nach einem Tipp auf **Wiedergabe** ❹ kontinuierlich aus dem Internet geladen wird. Mit einem Tipp auf das Wolkensymbol laden Sie auch hier die Datei auf Ihr iPhone.

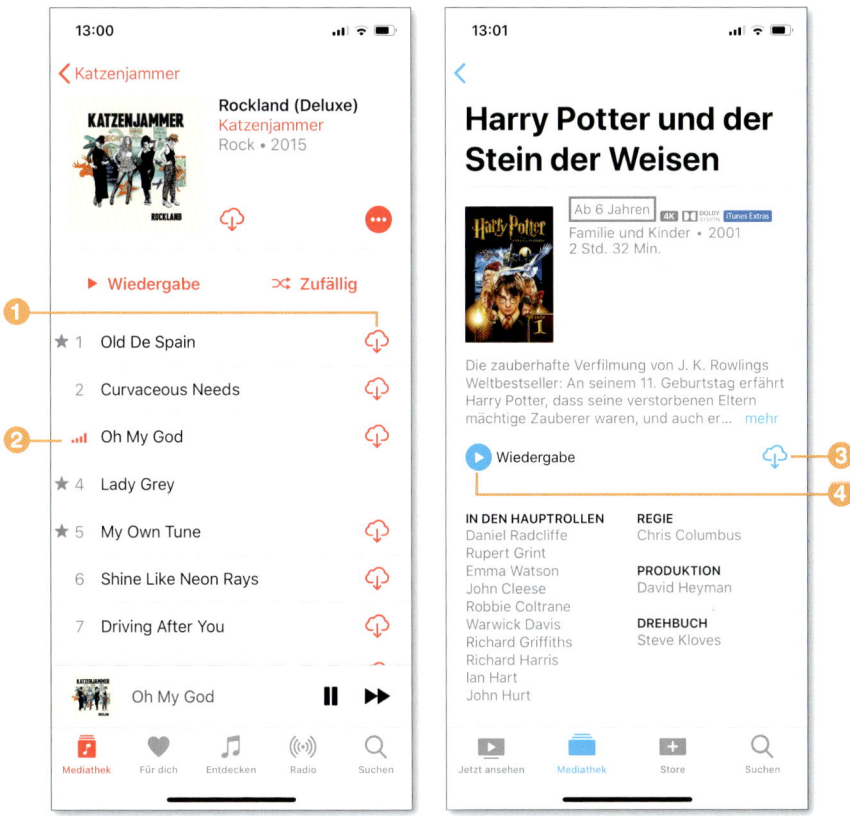

Musik und Filme müssen nicht auf dem iPhone gespeichert sein – sie lassen sich auch direkt aus dem Internet wiedergeben.

INFO

Apple Music – Musikstreaming von Apple

Apple Music ist ein kostenpflichtiger Dienst von Apple, der Ihnen unbegrenzten Zugriff auf nahezu alle Musik im iTunes Store bietet. Ganz gleich, was Sie gerade hören möchten oder wonach Ihnen der Sinn steht – wenn die gewünschte Musik im iTunes Store verfügbar ist, können Sie sie direkt auf dem iPhone abspielen. Zu Apple Music gehört auch die *iCloud-Mediathek*. Damit wird Ihre lokale iTunes-Mediathek von Ihrem Computer an die Server von Apple gesendet und dort gespeichert. Anschließend ist es möglich, diese Musik auf Ihr iPhone zu streamen oder auch als Datei zu laden. Sobald Sie unter **Einstellungen ▸ Musik** die **iCloud-Musikmediathek** aktiviert haben, ist es auch möglich, beliebige Inhalte aus dem iTunes Store lokal zu speichern (also nicht nur zu streamen). Zusätzlich gehören zu Apple Music noch verschiedene Radiosender, die Sie über das Internet empfangen können.

Kapitel 17
Neue Inhalte für Ihr iPhone

Mit dem *iTunes Store* betreibt Apple ein riesiges digitales Kaufhaus, in dem Sie jede Menge neuer Inhalte für Ihr iPhone erhalten, viele davon kostenlos. Hier finden Sie Programme, Musik, Filme, TV-Serien, elektronische Bücher, Hörbücher und Podcasts. Das kaum überschaubare Angebot wird von Apple in verschiedenen Abteilungen aufgeteilt, für die es auf dem iPhone jeweils eine eigene App gibt. In diesem Kapitel erfahren Sie, wie Sie Inhalte aus dem iTunes Store auf Ihr iPhone laden, Apps installieren und auch wieder loswerden.

24 Stunden, 7 Tage die Woche für Sie geöffnet: App Store und iTunes Store.

Apples digitale Kaufhäuser

Apples riesiges Angebot an neuen Inhalten – Apps, Musik, Videos, E-Books, Hörbücher und mehr – wird im iTunes Store verwaltet. Auf Ihrem Computer greifen Sie mit dem Programm iTunes auf das gesamte Angebot zu, auf dem iPhone hat Apple den iTunes Store auf verschiedene Apps verteilt:

- **App Store:** Im App Store finden, kaufen und laden Sie alle Apps, die Sie auf Ihrem iPhone installieren. Über den App Store installieren Sie auch alle Updates zu den installierten Apps (mehr dazu erfahren Sie im Abschnitt »Apps aktualisieren« ab Seite 331).

- **iTunes Store:** Diese App bietet Ihnen Zugriff auf Apples komplettes Kaufangebot an Musik, Filmen und TV-Serien. Die Auswahl ist riesig – die Chancen, dass Sie sich hier auch einen ausgefallenen Musikwunsch erfüllen können, stehen ausgesprochen gut.

- **Book Store:** Elektronische Bücher, sog. *E-Books*, und Hörbücher kaufen Sie bei Apple im Book Store, den Sie über die App *Bücher* erreichen, die ich Ihnen in Kapitel 16, »Musik, Filme und mehr auf dem iPhone« vorstelle.

- **Podcasts:** Ganz gleich, ob Sie Audio- oder Video-Podcasts laden möchten – Sie finden diese Abteilung des iTunes Stores in der App *Podcasts*, die Sie im Abschnitt »Podcasts mit dem iPhone hören und verwalten« ab Seite 312 kennenlernen.

Alle Inhalte, die Sie mit Ihrem iPhone aus den Stores herunterladen, werden sofort auf dem iPhone installiert und stehen damit direkt nach dem Download zur Verfügung.

Alle Einkäufe und Downloads werden mit Ihrer Apple-ID verknüpft. Haben Sie Ihre Kundendaten einmal eingegeben, speichert das iPhone Ihre Apple-ID, und fragt vor einem Download nur noch nach Ihrem Passwort.

TIPP

Einkaufen Face ID

Sie müssen nicht unbedingt Ihr Passwort eingeben, sondern können auch via Face ID bezahlen. Dafür aktivieren Sie unter **Einstellungen ▸ Face ID & Code** den Punkt **iTunes & App Store**. Sobald Sie nun im Store aufgefordert werden, Ihr Passwort einzugeben, drücken Sie zweimal kurz die Stand-by-Taste, um Face ID für den Kauf freizugeben. Die Bestätigung über die Stand-by-Taste ist notwendig, damit Sie nicht versehentlich durch bloßes Anschauen Ihres iPhones einen Artikel aus dem Store laden.

So bezahlen Sie in Apples Kaufhaus

Damit Sie Inhalte aus den Stores laden können, müssen Sie dort mit Ihrer Apple-ID angemeldet sein. Das übernimmt das iPhone bei der Einrichtung üblicherweise automatisch. Falls das nicht der Fall sein sollte, können Sie es unter **Einstellungen ▸ iTunes & App Store** nachholen. Tippen Sie dort auf **Anmelden**, und geben Sie Ihre Apple-ID und Ihr Passwort ein. Hier können Sie unter **Zahlung & Versand** eine Zahlungsart eingeben.

Bei Apple zahlen Sie üblicherweise mit der Kreditkarte, Sie können aber auch einen Account ohne Zahlungsinformationen anlegen, der dann nur für kostenlose Angebote gültig ist.

Haben Sie die Option **Keine** ❶ gewählt, sind Sie auf die kostenlosen Angebote in den Stores beschränkt. Falls Sie doch einmal etwas Kostenpflichtiges laden möchten, können Sie Ihr Konto in dem Fall über eine *iTunes-Geschenkkarte* aufladen. Diese Karten bekommen Sie an vielen Stellen im Einzelhandel. Sie enthalten einen Code, den Sie auf dem iPhone – oder in iTunes auf Ihrem Computer – eingeben. Der mit der Karte verbundene Betrag wird dann Ihrem Konto gutgeschrieben. Diese Geschenkkarten gibt es im Wert von 25, 50 und 100 €.

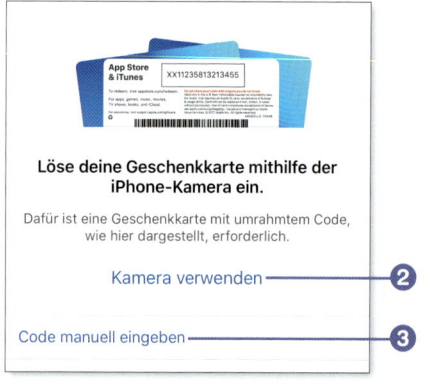

Mit einer Geschenkkarte können Sie Ihr Konto auffüllen, ohne eine Kreditkarte zu benötigen.

Um eine Geschenkkarte auf dem iPhone einzulösen, gibt es verschiedene Möglichkeiten. Wählen Sie etwa **App Store ▸ Heute** oder **iTunes Store ▸ Musik**, und scrollen Sie ans Ende der Seite. Dort finden Sie die Schaltfläche **Einlösen**. Sie können den Code der Karte der Einfachheit halber direkt mit dem iPhone abfotografieren ❷ oder ihn manuell eingeben ❸. Anschließend tippen Sie auf **Einlösen**. Der Betrag der Karte wird sofort Ihrem Konto gutgeschrieben.

> **ACHTUNG**
>
> **Vorsichtig freilegen**
>
> Der Code auf der Geschenkkarte ist durch eine schwarze Schicht abgedeckt, die Sie zuerst wegrubbeln müssen. Dabei sollten Sie Vorsicht walten lassen, andernfalls kann es passieren, dass Sie nicht nur die Abdeckung, sondern auch gleich den Code entfernen und die Karte damit wertlos wird.

Apps laden und installieren

App Store ist die Abkürzung für *Application Store*, was man mit Kaufhaus für Programme übersetzen kann. Im App Store können Sie sämtliche Apps für Ihr iPhone laden.

Das Angebot im App Store ist zwar riesig, aber der Aufbau des App Stores ist dennoch sehr übersichtlich. Unten sehen Sie fünf Schaltflächen, über die Sie im Store stöbern können:

❶ Unter **Heute** werden Ihnen die Neuzugänge und die Apps gezeigt, die Apples App-Store-Team für besonders empfehlenswert hält.

❷ Da die **Spiele** das bei Weitem umfangreichste Angebot im App Store bieten, hat Apple ihnen eine eigene Kategorie spendiert. Zu Beginn werden Ihnen einige Spiele vorgestellt, die neu oder aus Sicht Apples besonders gelungen sind. Scrollen Sie ein wenig nach unten, sehen Sie die beliebtesten Downloads und können sich das Angebot auch nach Kategorien ❸ sortiert anzeigen lassen.

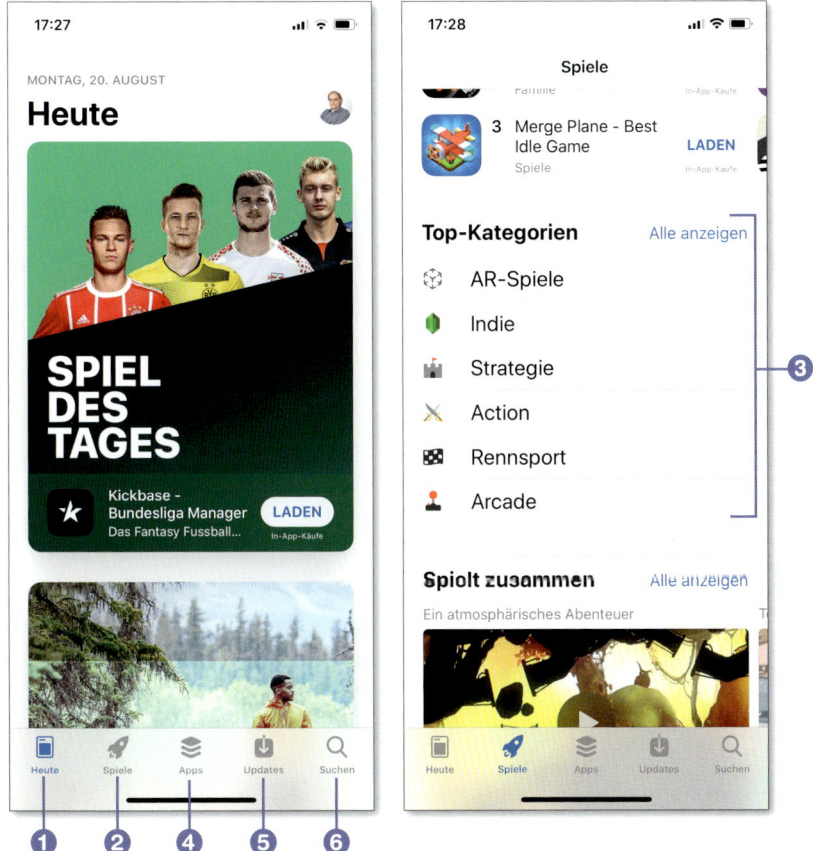

Im App Store finden Sie jede Menge Programme, die Sie auf Ihrem iPhone installieren können. Viele davon sind kostenlos oder finanzieren sich über In-App-Käufe.

❹ Alle übrigen Programme finden Sie unter **Apps**. Der Aufbau entspricht dem der Spiele, auch hier finden Sie also einen bunten Mix aus Empfehlungen, Neuvorstellungen, den beliebtesten Apps und Kategorien.

❺ Gibt es eine neue Version eines installierten Programms, werden sie unter **Updates** aufgeführt (lesen Sie dazu den Abschnitt »Apps aktualisieren« ab Seite 331).

❻ Um im riesigen Angebot nicht nur wahllos zu stöbern, tippen Sie auf **Suchen** und geben Sie Ihren Suchbegriff oder den Namen der App ein, an der Sie interessiert sind. Dabei können Sie den ersten Eintrag in der Trefferliste getrost ignorieren, da es sich hier nur um eine Anzeige handelt, die mit Ihrer Suche nichts zu tun hat.

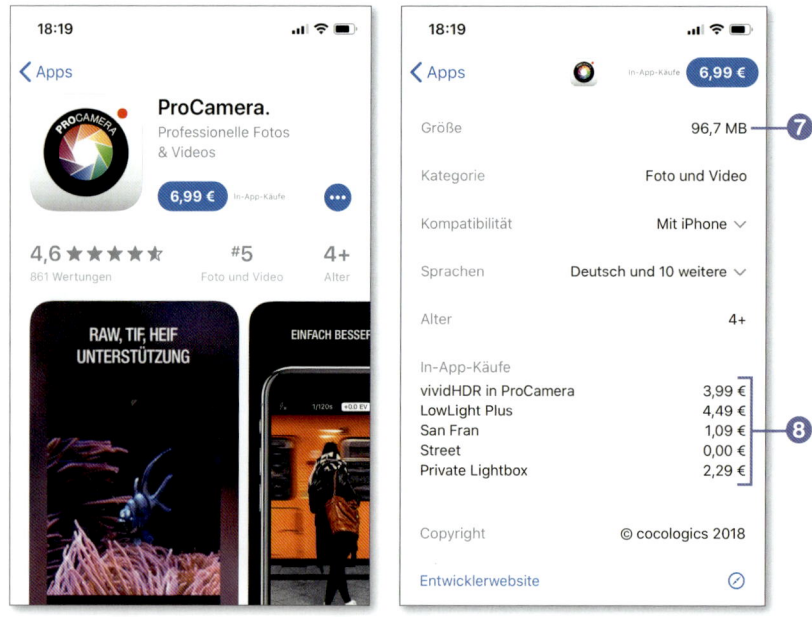

Auf der Detailseite einer App erhalten Sie umfangreiche Informationen zum ausgewählten Programm.

Wenn Sie eine App interessiert, rufen Sie mit einem Tipp auf die App die Detailseite auf. Hier sehen Sie weitere Abbildungen (häufig auch kleine Videos), Bewertungen anderer Anwender, eine Beschreibung der App, technische Daten und Ähnliches mehr. Die Informationen zu einer App sind in der Regel recht umfangreich. Um alles zu sehen, wischen Sie den Bereich nach oben bzw. unten. Vor dem Download sollten Sie unbedingt einen Blick auf die Größe **❼** einer App werfen (diese Information finden Sie am Ende der

Detailseite). Schließlich ist der Speicherplatz auf dem iPhone begrenzt, und es kann passieren, dass der Download aus Platzmangel abgebrochen wird. Auf der Detailseite finden Sie auch Informationen darüber, welche Funktionen über einen In-App-Kauf freigeschaltet werden können **❽**.

INFO

In-App-Käufe

Viele kostenlose oder sehr preisgünstige Apps finanzieren sich durch Werbung oder sind im Funktionsumfang eingeschränkt. Um die App dann ohne Werbung oder in vollem Umfang nutzen zu können, müssen Sie die App später kostenpflichtig freischalten. Diese sog. *In-App-Käufe* erkennen Sie an einer entsprechenden Markierung im App Store.

Gefällt Ihnen eine App, tippen Sie auf die Preisangabe (bei einer kostenlosen App steht an dieser Stelle nur **Laden**) und bestätigen Sie den Download oder Kauf durch Eingabe Ihres Passwortes bzw. per Face ID.

Während des Downloads und der Installation einer App erscheint ihr Symbol auf dem Home-Bildschirm mit einem sich allmählich füllenden Kreis und dem Text **Laden** **❾**. Tippen Sie dieses Symbol an, wird der Download angehalten **❿**, ein erneuter Tipp setzt ihn fort. Nach dem Download wird die App installiert und ist anschließend sofort einsatzbereit.

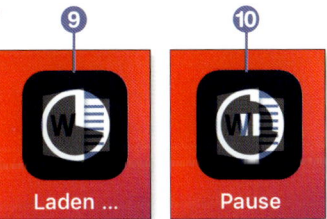

Der Download-Fortschritt wird angezeigt.

Apps aktualisieren

Mit den iPhone-Apps ist es nicht anders als mit anderen Computerprogrammen. Sie werden immer mal wieder überarbeitet und verbessert. In diesen Fällen gibt es auch beim iPhone ein Update des Programms. Über vorhandene Updates informiert Sie der App Store automatisch und zeigt die Zahl der verfügbaren Updates am Symbol der App mit einer kleinen Ziffer an. Alle Aktualisierungen sind kostenlos.

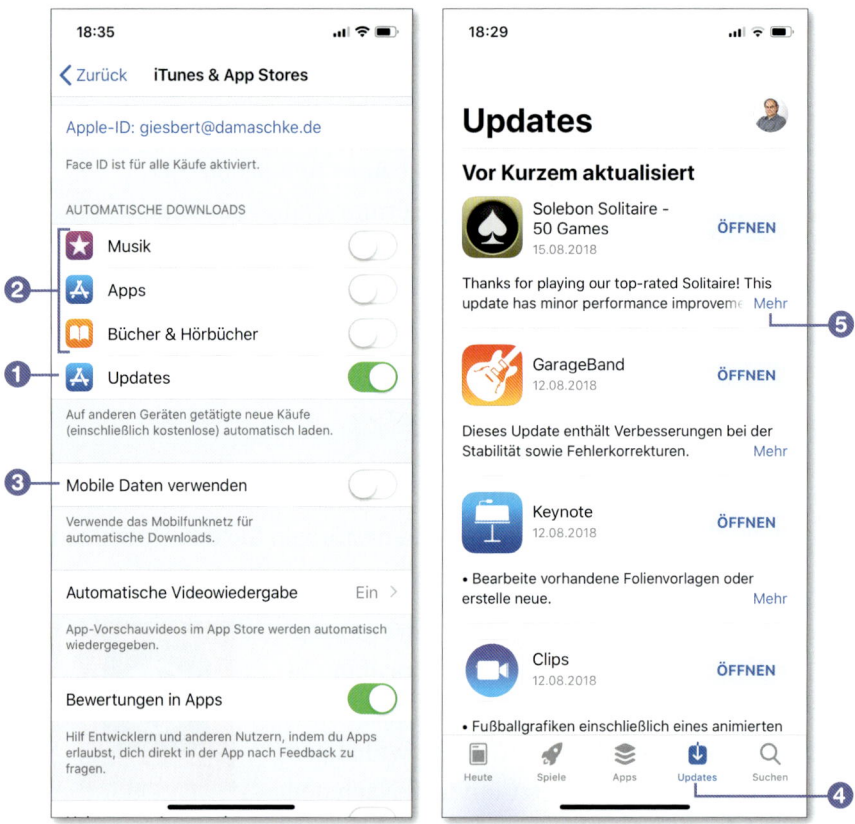

Updates zu installierten Apps sind kostenlos und werden in der Regel automatisch geladen, sobald sich das iPhone in einem WLAN befindet.

Standardmäßig aktualisiert das iPhone Apps automatisch. Möchten Sie kein automatisches Update, deaktivieren Sie in den Einstellungen in der Kategorie **iTunes & App Stores** den Schalter **Updates** ❶. In diesem Abschnitt legen Sie im Übrigen fest, ob Apps und andere Inhalte aus dem iTunes Store, die Sie auf einem anderen Gerät – etwa Ihrem Computer mit iTunes – geladen haben, nach dem Kauf automatisch auf das iPhone geladen werden sollen. Wünschen Sie das nicht, deaktivieren Sie auch diese Schalter ❷. Um Ihr Datenkontingent zu schonen, ist der Schalter **Mobile Daten verwenden** ❸ standardmäßig ausgeschaltet, die automatischen Updates werden also nur dann geladen, wenn Sie in einem WLAN angemeldet sind.

Über anstehende oder kürzlich vorgenommene Updates informiert Sie der App Store im Register **Updates** ❹. Falls Sie die Updates nicht automatisch installieren lassen, können Sie die Updates auch von hier aus starten. Um zu erfahren, was genau da in der neuen Version einer App aktualisiert wurde, tippen Sie auf **Mehr** ❺.

Apps löschen und auslagern

So leicht, wie sich Apps installieren lassen, so leicht lassen sie sich auch wieder löschen. Sie müssen sich dabei keine Sorgen machen, dass eine einmal gekaufte App verloren geht, schließlich lassen sich alle einmal aus dem Store geladenen Inhalte jederzeit erneut kostenlos laden und installieren (lesen Sie dazu den Abschnitt »Inhalte erneut laden« ab Seite 339).

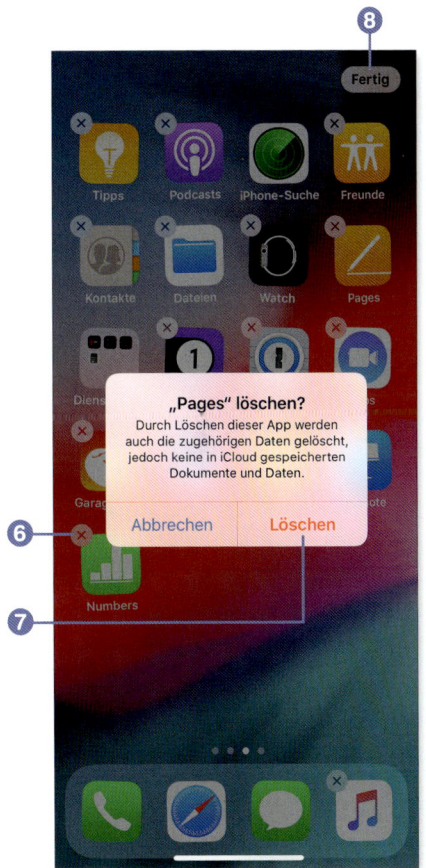

1. Berühren und halten Sie eine beliebige App auf dem Home-Bildschirm, bis die Symbole ihren kleinen Wackeltanz aufführen.

2. Tippen Sie nun bei der App, die Sie entfernen möchten, auf das × ❻.

3. Bestätigen Sie die eingeblendete Sicherheitsabfrage ❼.

4. Beenden Sie diesen »Wackelmodus« mit einem Tipp auf **Fertig** ❽ oder schieben Sie kurz den Bildschirm vom unteren Rand nach oben.

Wenn Sie ein Programm löschen, das auf dem iPhone Daten abgelegt hat – z. B. die Bestenliste in einem Spiel –, werden diese Daten ebenfalls gelöscht und gehen in der Regel verloren. Falls Sie einen iCloud-Account besitzen, können Sie dieses Problem mit etwas Glück umgehen. Denn viele Apps nutzen iCloud, um dort Sicherheitskopien (Backups) lokal gespeicherter Daten zu hinterlegen. In diesem Fall stehen Ihnen die Spielstände und andere gespeicherte Daten nach der Neuinstallation der App wieder zur Verfügung.

Das iPhone bietet noch eine weitere Möglichkeit, nicht oder nur sehr selten benutzte Apps vom iPhone zu entfernen, ohne dass die gespeicherten Daten verloren gehen. Dabei löscht das System Apps, die Sie längere Zeit nicht benutzt haben, automatisch vom iPhone, behält aber deren Daten. Möchten Sie die Verwaltung Ihrer Apps in diesem Punkt dem iPhone überlassen, aktivieren Sie unter **Einstellungen ▸ iTunes & App Store** den Schalter **Unbenutzte Apps auslagern** ❾. Allerdings müssen Sie hier dem iPhone vertrauen, denn Sie können nicht festlegen, wie lange das System warten soll, bis es eine App als »unbenutzt« einordnet – das entscheidet das iPhone selbst.

> **TIPP**
>
> **System-Apps löschen**
>
> Sie können nicht nur Apps löschen, die Sie aus dem Store geladen haben, sondern auch einige Apps, die das iPhone von Haus aus mitbringt (*System-Apps*) und die Sie nicht benötigen. Wenn Sie etwa keine Apple Watch haben, benötigen Sie auch die *Watch*-App nicht. Streng genommen werden System-Apps nicht tatsächlich gelöscht, sondern nur ausgeblendet, aber dennoch sorgt eine solche Aufräumaktion für mehr Übersicht. Alle System-Apps, die Sie löschen, können Sie jederzeit aus dem App Store erneut installieren.

Musik und Videos im iTunes Store finden

Um neue Musik, Filme oder TV-Serien für Ihr iPhone zu finden, tippen Sie auf die App *iTunes Store* auf dem Home-Bildschirm Ihres iPhones. Daraufhin gelangen Sie auf die Startseite des Stores bzw. auf die zuletzt aufgerufene Seite.

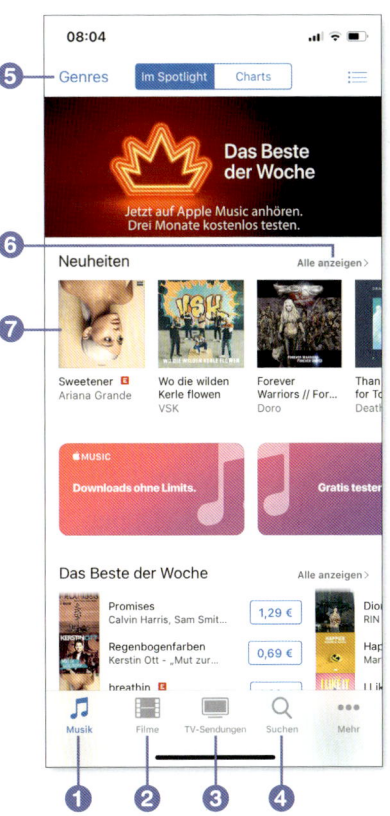

1. Durch Tippen auf die Schaltflächen **Musik** ❶, **Filme** ❷ und **TV-Sendungen** ❸ in der Tab-Zeile wechseln Sie in die entsprechenden Abteilungen des Stores.

2. Wenn Sie auf **Suchen** ❹ tippen, wird wie gewohnt die Bildschirmtastatur eingeblendet, und Sie können im Angebot gezielt nach bestimmten Titeln, Interpreten oder Stichwörtern stöbern.

3. Tippen Sie auf die Schaltfläche **Genres** ❺, können Sie das überwältigend umfangreiche Angebot inhaltlich filtern.

4. Möchten Sie sich alle Inhalte eines Bereichs anzeigen lassen, tippen Sie auf den Link **Alle anzeigen** ❻.

5. Um sich ein Musikalbum oder einen Film genauer anzusehen, tippen Sie auf das Cover ❼. Sie gelangen daraufhin auf eine Detailseite mit weiteren Informationen (mehr dazu lesen Sie im folgenden Abschnitt ab Seite 336).

Die einzelnen Bereiche des iTunes Stores werden regelmäßig überarbeitet und mit neuen Inhalten bestückt. Es lohnt sich also, immer mal wieder nach Neuigkeiten Ausschau zu halten.

Inhalte kaufen und laden

Haben Sie etwas gefunden, was Sie gern kaufen oder kostenfrei laden möchten, ist der Vorgang bei Musik, Filmen und TV-Sendungen immer gleich. Ich zeige Ihnen das Vorgehen am Beispiel eines Musikalbums.

1. Mit einem Tipp auf ein Cover blendet der iTunes Store eine detaillierte Übersicht über das jeweilige Album ein. Bei Filmen und TV-Serien bekommen Sie hier weitere Informationen wie eine Inhaltsangabe oder Angaben zu Besetzung und Crew. Unter dem Tab **Titel** ❶ werden Ihnen die einzelnen Musiktitel des Albums angezeigt.

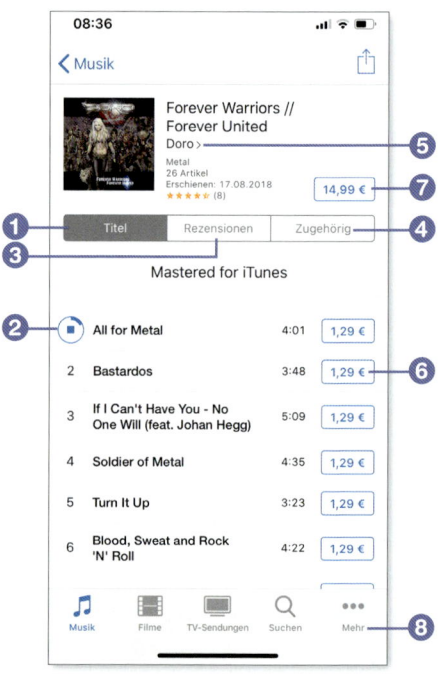

2. Natürlich müssen Sie nicht die Katze im Sack kaufen, sondern können von jedem Titel eine Kostprobe anfordern. Tippen Sie dazu den gewünschten Titel einmal an. Es erscheint nun eine **Stopp**-Taste mit einem sich allmählich füllenden Kreis ❷. Tippen Sie darauf, wird die Kostprobe sofort abgebrochen, andernfalls wird sie in aller Regel nach 90 Sekunden beendet.

Das funktioniert auch bei Filmen. Hier wird Ihnen üblicherweise der Trailer des Films angeboten, bei TV-Serien gibt es eine 30-sekündige Vorschau.

3. Im Tab **Rezensionen** ❸ können Sie sich Bewertungen anderer Nutzer anzeigen lassen. Der Tab **Zugehörig** ❹ zeigt beispielsweise weitere Alben des Interpreten oder andere Filme eines Regisseurs, aber auch Musik, die andere Kunden ebenfalls gekauft haben.

4. Tippen Sie auf den Namen des Interpreten oder der Band ❺, wird der iTunes Store nach allen passenden Einträgen durchsucht.

5. Um ein Album, einen Song oder ein Video zu kaufen, tippen Sie auf den Preis ❻ und weisen Sie sich mit Ihrer Apple-ID aus. Der gekaufte Artikel wird automatisch heruntergeladen und steht anschließend in der App Musik bzw. Videos zur Verfügung.

6. Sie können Songs einzeln kaufen, doch sobald Sie mehr als zwei, drei Songs eines Albums kaufen, ist es fast immer günstiger, gleich das ganze Album zu laden. Tippen Sie dazu auf den Album-Preis ❼.

7. Sobald ein Download läuft, können Sie über **Mehr** ❽ ein erweitertes Menü aufrufen, in dem Sie mit einem Tipp auf **Downloads** eine Übersicht über aktuell laufende Downloads erhalten. Hier können Sie die Downloads auch vorübergehend pausieren ❾.

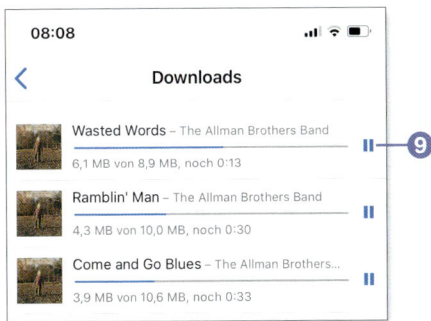

Filme im iTunes Store leihen

Filme können Sie nicht nur im iTunes Store kaufen, sondern auch zu einem niedrigeren Preis ausleihen ❿. Nach dem Download des Films haben Sie 30 Tage Zeit, ihn sich anzuschauen. Sobald Sie die Wiedergabe einmal gestartet haben, ist die Datei noch 48 Stunden lang gültig. In diesem Zeitraum können Sie den Film so oft sehen, wie Sie möchten. Nach Ablauf der Leihfrist (30 Tage bzw. 48 Stunden) wird die Datei automatisch gelöscht.

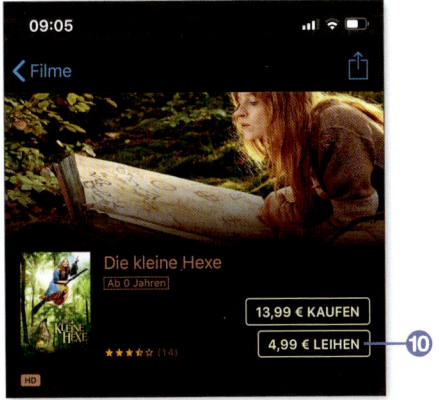

Einen Leihfilm, den Sie via iTunes auf Ihren Computer geladen haben, können Sie sowohl auf Ihrem Computer als auch auf Ihrem iPhone ansehen.

Beim Datenabgleich zwischen Ihrem Computer und dem iPhone wird die Filmdatei aufs iPhone kopiert und anschließend in iTunes gelöscht. Das funktioniert auch in umgekehrter Richtung. Sie können also einen Film am Computer ausleihen, auf dem iPhone ansehen und innerhalb der 48-Stunden-Frist noch einmal auf den Computer verschieben und dort ansehen. Es existiert dabei allerdings immer nur eine Kopie der Datei, entweder auf Ihrem Computer oder auf dem iPhone. Es ist nicht möglich, den Film sowohl am Computer als auch auf dem iPhone gleichzeitig wiederzugeben.

Bücher und Hörbücher aus dem Book Store laden

Frisches Lesefutter und neue Hörbücher bekommen Sie im *Book Store*. Dabei handelt es sich um keine eigene App, sondern der Zugang zum Book Store ist in die App *Bücher* integriert, die ich Ihnen im Abschnitt »Elektronische Bücher und Hörbücher mit der Bücher-App« ab Seite 315 vorstelle.

Um im Book Store zu stöbern, tippen Sie in der Bücher-App auf **Book Store** ❶. Hier werden Ihnen nun Empfehlungen gegeben bzw. die Bestseller gezeigt. Mit einem Tipp auf das kleine Listensymbol oben rechts ❷ können Sie verschiedene Kategorien wählen. Hörbücher werden im entsprechenden Tab ❸ aufgeführt.

Sind Sie auf der Suche nach einem bestimmten Autor oder Titel, tippen Sie auf **Suchen** ❹. In diesem Fall durchstöbert die App das komplette Angebot nach Büchern und Hörbüchern und zeigt Ihnen auch Treffer aus Ihrer Bibliothek an.

Mit einem Tipp auf ein Cover ❺ wird Ihnen die Detailseite zu einem Buch oder Hörbuch gezeigt. Ein Buch kaufen oder vorbestellen Sie mit einem Tipp auf den Preis ❻. Möchten Sie ein Buch zuerst einmal anlesen, bevor Sie es kaufen, tippen Sie auf **Auszug** ❼. Das Buch bzw. der Auszug wird sofort geladen und geöffnet. Mit einem Tipp auf das kleine × ❽ oben links kehren Sie zum Book Store zurück.

Auch in Hörbücher können Sie zuvor hineinhören, bevor Sie sie kaufen. Tippen Sie dazu auf **Vorschau** ❾. Am unteren Rand wird nun eine kleine Leiste mit einem sich allmählich füllenden Kreis ❿ eingeblendet. Ist der Kreis gefüllt, ist die Vorschau beendet. Um die Wiedergabe der Vorschau vorzeitig zu beenden, tippen Sie auf den Kreis.

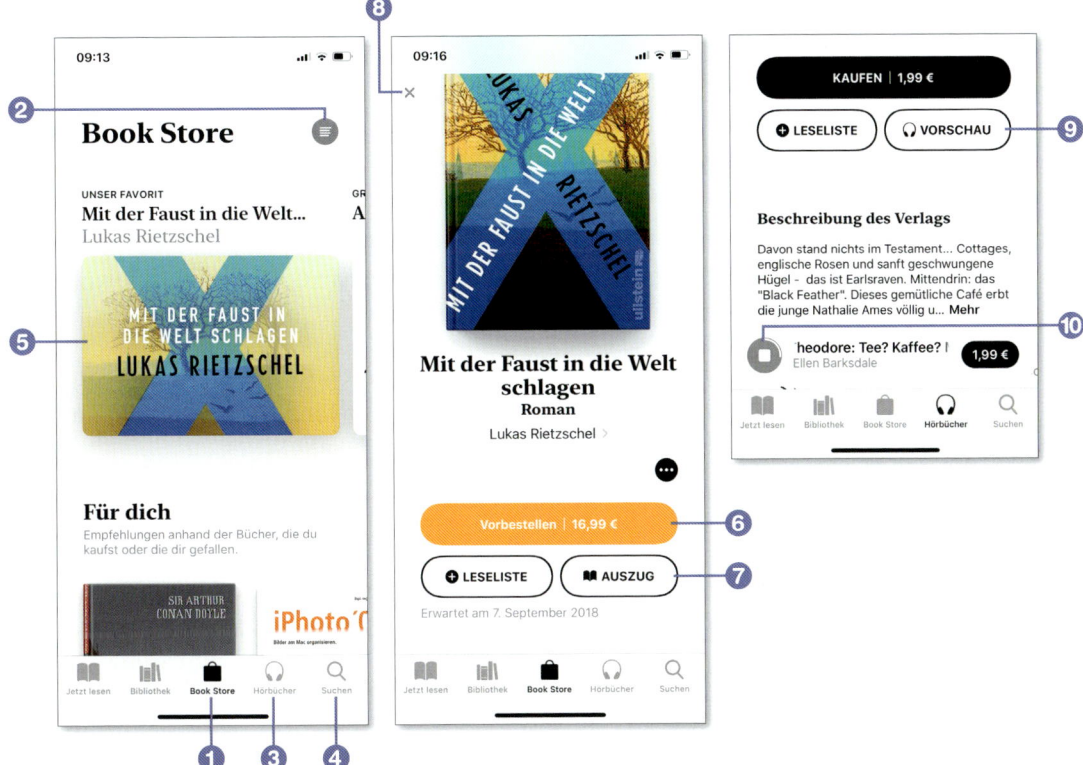

Der Book Store ist Bestandteil der App Bücher und im Grunde genauso aufgebaut wie die anderen digitalen Kaufhäuser von Apple.

Inhalte erneut laden

Alle Inhalte – ganz gleich, ob App, Musik, Film, TV-Sendung oder Buch – lassen sich jederzeit erneut aus dem Store laden, ohne dass erneut Kosten anfallen.

> **INFO**
>
> **Keine Regel ohne Ausnahme**
>
> In seltenen Fällen kann es vorkommen, dass Ihnen ein einmal geladener Inhalt nicht mehr angezeigt wird. In diesem Fall hat etwa der Anbieter sein Produkt zurückgezogen oder Apple hat es aus Sicherheitsgründen oder wegen Verstoßes gegen die Store-Richtlinien entfernt. Das kann dann mitunter etwas ärgerlich sein, kommt zum Glück aber nur sehr selten vor.

Das Vorgehen ist dabei in allen Fällen praktisch gleich: Sie lassen sich Ihre Käufe anzeigen und tippen auf das Wolkensymbol neben dem gewünschten Inhalt, den Sie erneut laden möchten. Der einzige Unterschied zwischen den verschiedenen Store-Varianten besteht darin, wo Sie Ihre Käufe jeweils finden:

- **App Store:** Tippen Sie auf das Account-Symbol, das in allen Tabs (außer in **Suche**) oben rechts angezeigt wird. Hier wählen Sie anschließend **Käufe**.

- **Book Store:** Wählen Sie im Tab **Jetzt lesen** und tippen Sie oben rechts auf das Account-Symbol. Wählen Sie hier nun **Bücher** bzw. **Hörbücher**.

- **iTunes Store:** Tippen Sie im iTunes Store auf die Taste **Mehr** und anschließend auf **Käufe**. Wählen Sie nun die gewünschte Medienart (**Musik**, **Filme**, **TV-Sendungen**).

  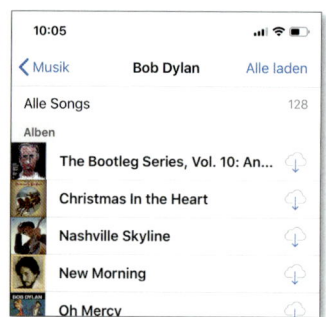

Alle einmal aus dem Store geladene Inhalte können Sie durch Tippen auf das Wolkensymbol erneut kostenlos laden.

Kapitel 18
Karten und Navigation

Die Karten-App kombiniert Straßen- und Landkarten mit einem Routen-planer und dient Ihnen als Navigationsgerät. Mit dieser App finden Sie nicht nur den Weg zu Ihrem Ziel (und zwar weltweit). Sie zeigt Ihnen auch Städte und Länder als Satellitenaufnahme und sogar in einer 3D-Darstellung, durch die Sie sich fast wie in einem Computerspiel frei bewegen können. Welche Möglichkeiten die Karten-App sonst noch zu bieten hat, erfahren Sie in diesem Kapitel.

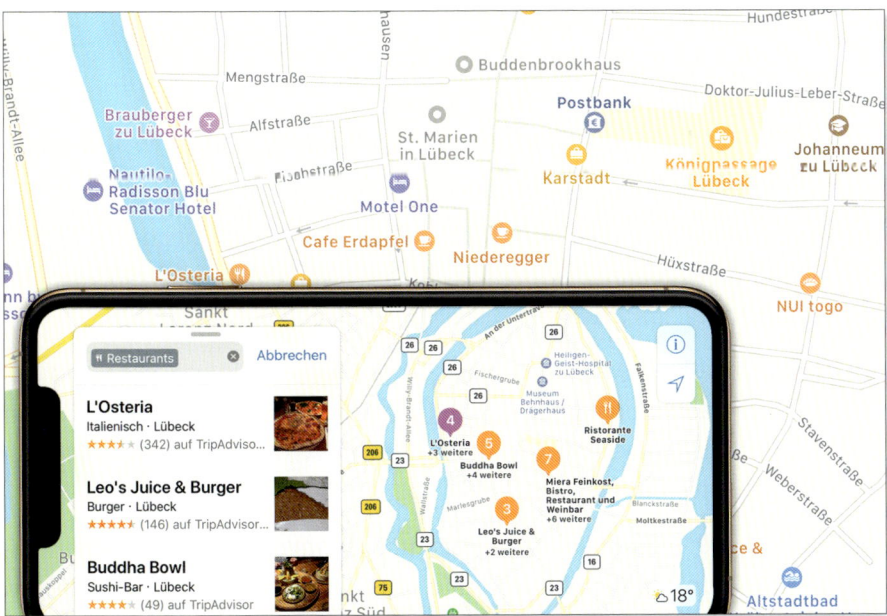

Dank Karten ist die Planung Ihrer Ausflüge und Reisen kinderleicht.

Die Karten-App im Überblick

Die Karten-App zeigt Ihnen – wenig überraschend – eine Landkarte mit Straßen, Sehenswürdigkeiten und Gebäuden. Wenn Sie zwei Finger auf dem Bildschirm zusammenziehen, zoomen Sie aus der Karte heraus, d. h., Sie verkleinern die Darstellung, bis Sie eine Weltkarte sehen. Entsprechend zoomen Sie hinein, indem Sie zwei Finger auf dem Bildschirm auseinanderbewegen. Je stärker Sie hineinzoomen, desto detaillierter wird die Darstellung. Dabei kann die Karten-App das Kartenmaterial auf verschiedene Weise darstellen.

1. Damit Karten sein volles Potenzial ausspielen kann, müssen Sie der App den Zugriff auf die Ortsdaten erlauben. Eine entsprechende Abfrage erscheint beim ersten Start der App. Tippen Sie dort auf **Erlauben** ❶.

> **Darf „Karten" auf deinen Standort zugreifen, wenn du die App verwendest?**
>
> Dein aktueller Standort wird auf der Karte angezeigt und für Routen, Suchergebnisse in der Nähe und ungefähre Wegzeiten verwendet.
>
> Nicht erlauben
>
> Erlauben ━━━━ ❶

2. Standardmäßig zeigt Karten Ihnen die klassische zweidimensionale Darstellung, wie Sie sie von anderen Karten und Atlanten kennen. Tippen Sie oben auf das **i** ❷, rufen Sie die **Karten-Einstellungen** auf.

3. Nach einem Tipp auf **Satellit** ❸ werden statt der gezeichneten Karten Satellitenfotos benutzt. Über den Schalter **Verkehr** ❹ wird der aktuelle Verkehrsfluss eingeblendet.

   Diesen Schalter gibt es auch in der Standarddarstellung **Karte** ❺; in der Satellitendarstellung gibt es zusätzlich **Beschriftungen** ❻, mit denen auch Bezeichnungen wie Straßennamen, Geschäfte und Sehenswürdigkeiten gezeigt werden.

4. Die Taste **ÖPNV** ❼ dient dazu, Bus- und Bahnverbindungen einzublenden. Das funktioniert hierzulande allerdings nur in einigen wenigen Großstädten. Apple fügt nach und nach immer mal wieder eine Stadt hinzu – probieren Sie es also einfach mal aus.

5. Sie schließen die Einstellungen mit einem Tipp auf das kleine × ❽.

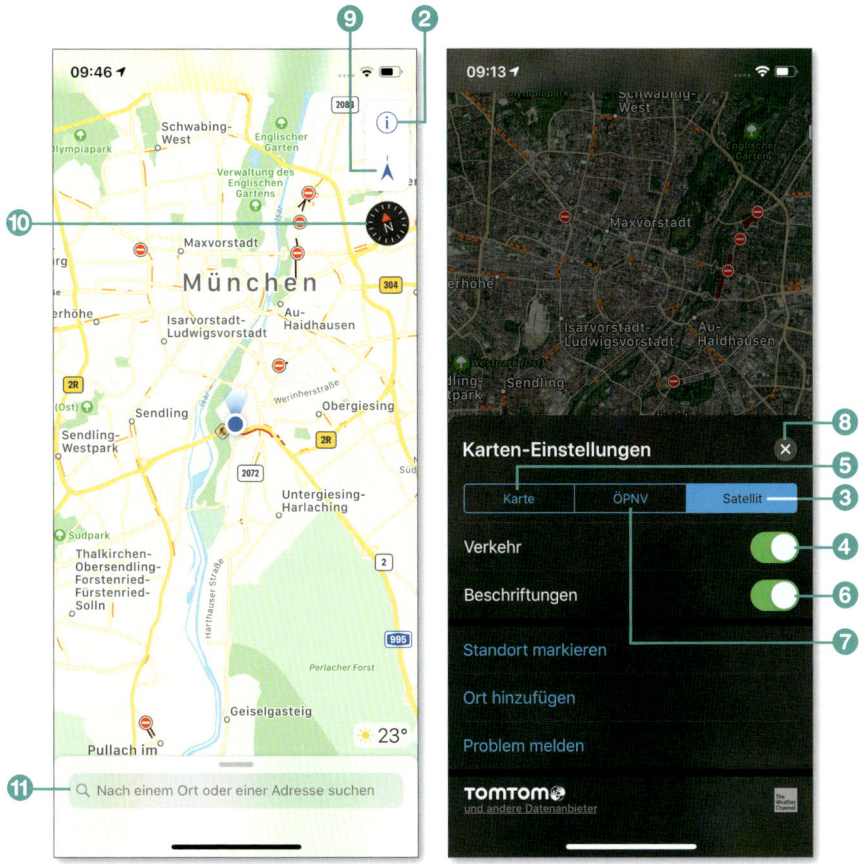

6. Eine besonders nützliche Funktion besteht darin, dass Sie sich Ihren aktuellen Standort anzeigen lassen können. So finden Sie sich auch in fremden Umgebungen rasch zurecht. Tippen Sie dazu auf die Kompassnadel ❾. Tippen Sie erneut darauf, übernimmt die Karten-App Ihren Blickwinkel und blendet einen Kompass ❿ ein. Drehen Sie sich, dreht sich die Karte mit. So ist etwa die Sehenswürdigkeit zu Ihrer Rechten auch rechts auf der Karte, und Sie können sich besser orientieren.

Am unteren Rand sehen Sie ein Suchfeld ⓫, über das Sie nach beliebigen Adressen und Orten suchen und sich diese auf der Karte anzeigen lassen können. Dieses Suchfeld ist Teil eines Overlay-Menüs, das Sie mit einer Wischgeste nach oben über die Kartendarstellung ziehen, mit einer Wischgeste nach unten schieben Sie es zurück an den unteren Rand. Mehr zur Suche in der Karten-App erfahren Sie im folgenden Abschnitt.

INFO

So funktioniert die Karten-App

Die Karten-App bezieht ihre Daten aus dem Internet, Sie müssen also mit dem Internet verbunden sein, damit die App funktioniert. Die Karten-App arbeitet mit vektorbasierten Karten, die nur moderate Datenmengen benötigen. Sie müssen nicht befürchten, durch intensiven Einsatz von Karten schnell Ihr Datenvolumen zu verbrauchen. Das gilt allerdings nicht für die 3D- und Satellitendarstellung, hier fallen größere Datenmengen an. Um ein Gefühl für die Datenmenge zu bekommen, die die Karten-App benötigt, empfiehlt es sich, den Verbrauch regelmäßig in den Einstellungen unter dem Menüpunkt **Einstellungen ▸ Mobiles Netz** zu kontrollieren.

Eine Adresse suchen

Der häufigste Einsatz für Karten ist wohl das Suchen eines Ortes oder einer bestimmten Adresse, deren Lage Ihnen unbekannt ist. Mit der Karten-App ist das denkbar einfach:

1. Um eine bestimmte Adresse oder eine Stadt in der App angezeigt zu bekommen, tippen Sie in das Feld **Nach einem Ort oder einer Adresse suchen** ❶ und geben die gesuchte Adresse oder den Namen der Stadt über die Bildschirmtastatur ein.

2. Wie von anderen Suchfunktionen gewohnt, zeigt Ihnen auch Karten schon während der Eingabe Vorschläge für Adressen oder Orte an. Dabei greift Karten sowohl auf die Adressen Ihrer Kontakte zurück als auch auf Ihre aktuellen Ortsdaten. Schließlich möchten Sie etwa in München bei der Suche nach dem Hauptbahnhof nicht den Hauptbahnhof von Berlin angezeigt bekommen. Sollte hier bereits das Gesuchte dabei sein ❷, tippen Sie es an (andernfalls tippen Sie auf **Suchen** ❸).

3. Sobald die Adresse gefunden ist, markiert Karten sie mit einem Symbol ❹. Gleichzeitig werden statt des Eingabefeldes die markierte Adresse und die Entfernung von Ihrer aktuellen Position aus gezeigt ❺.

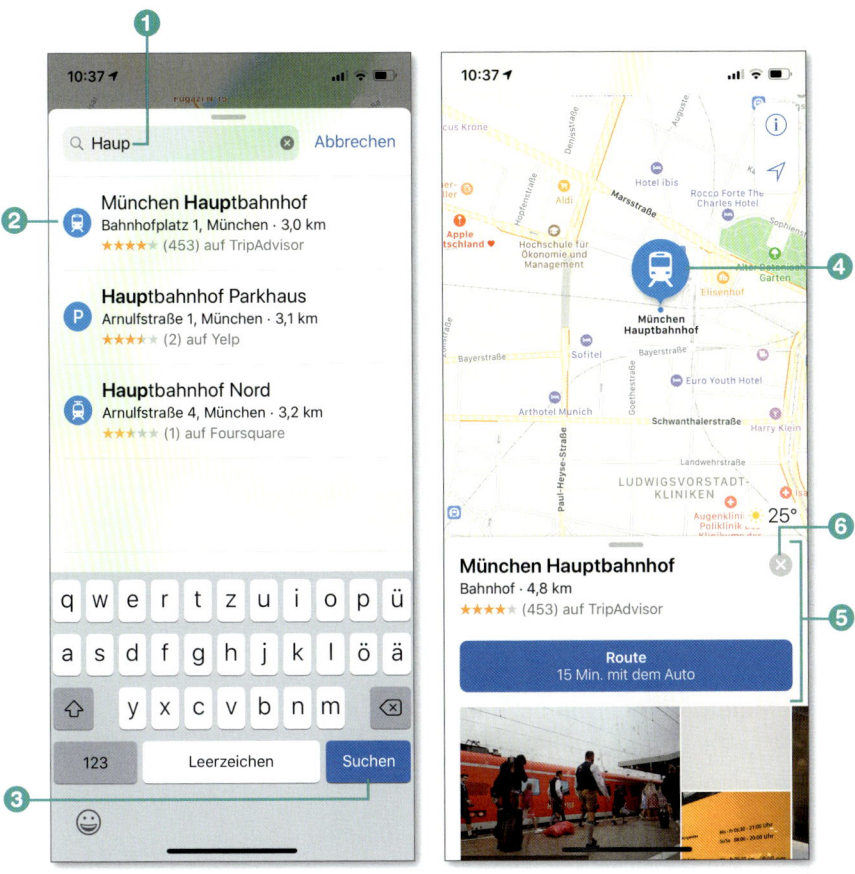

4. Möchten Sie mehr von der Karte sehen, schieben Sie das Feld nach unten. Schieben Sie das Feld nach oben, erhalten Sie, je nach Adresse oder
Sehenswürdigkeit, weitere Informationen, etwa Weblinks, Fotos oder
Beurteilungen bei Portalen wie *Yelp*, *TripAdvisor* oder *Booking.com*. Sie
löschen die Suche mit einem Tipp auf das × ❻.

INFO

Yelp, Booking.com und Co.

Booking.com, TripAdvisor oder Yelp sind Bewertungs- und Empfeh-
lungsportale, bei denen die Nutzer ihre Bewertungen und Kommentare zu Restaurants, Hotels, Kinos und diversen Geschäften ab-
geben. Lassen Sie sich nicht vorschnell durch eine gute Bewertung
blenden, sondern achten Sie auf die Anzahl der Bewertungen. Eine
5-Sterne-Bewertung von nur einer Person ist nicht aussagekräftig.

5. Solange Sie keinen Suchbegriff eingeben, sehen Sie unterhalb des Eingabefeldes den bisherigen Verlauf, also die bisher gesuchten Adressen und Routen. Um mehr von der Liste zu sehen, ziehen Sie den Bildschirm nach oben. Um einen Eintrag aus dem Verlauf zu löschen, streichen Sie ihn von rechts nach links durch und tippen auf **Entfernen** ❼.

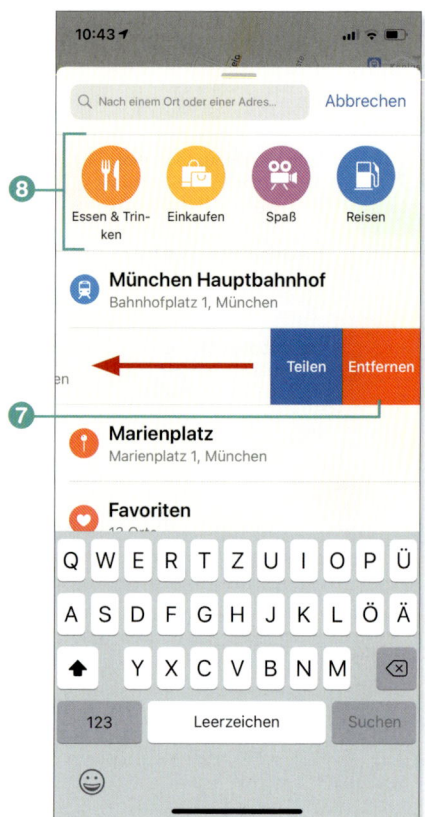

6. Karten kann Ihnen aber nicht nur Adressen zeigen, sondern auch verraten, welche Geschäfte, Dienstleister oder Sehenswürdigkeiten sich an einem beliebigen Ort befinden. Tippen Sie dazu auf das Suchfeld, und wählen Sie eine der vier Kategorien (**Essen & Trinken**, **Einkaufen**, **Spaß** oder **Reisen** ❽). Jede Kategorie ist noch einmal in Unterpunkte aufgeteilt, unter **Reisen** finden Sie etwa **Sehenswert**, **Hotels** und **Tankstellen**.

7. Tippen Sie auf die gewünschte Kategorie – etwa: **Spaß** ▸ **Kinos** ❾ –, wird das Suchfeld verkleinert, und Karten zeigt Ihnen alle passenden Treffer in Ihrer Umgebung an, in diesem Beispiel also alle Kinos. Falls es mehrere eng zusammenliegende Treffer gibt, erscheint statt eines kleinen Symbols eine Zahl ❿. Tippen Sie ein Symbol an, um weitere Informationen zum Treffer zu bekommen.

8. Schieben Sie das Suchfeld nach oben, wird Ihnen die Liste aller Treffer ⓫ mit Entfernungsangaben und, falls vorhanden, Kundenbewertungen gezeigt. Hier können Sie den passenden Treffer einfach antippen.

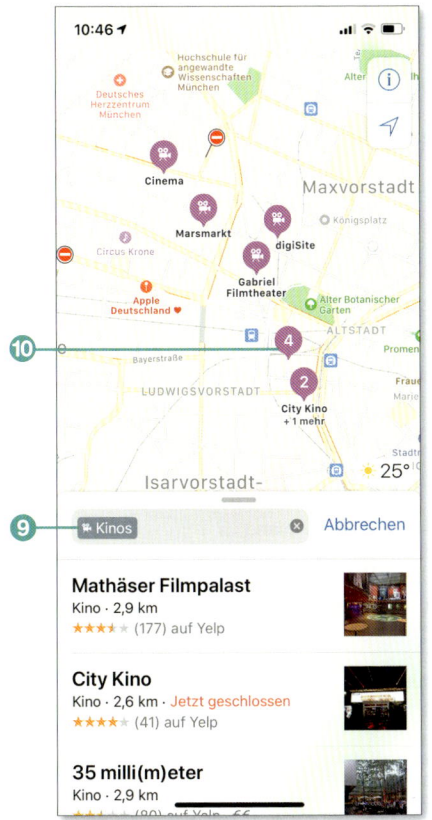

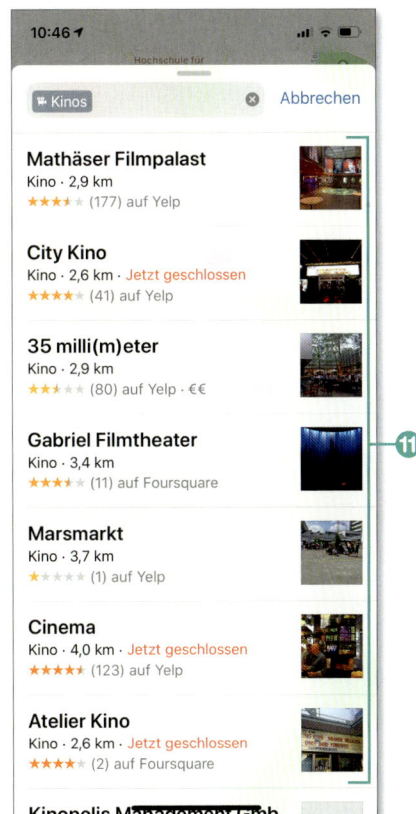

TIPP

Den aktuellen Standort mit 3D Touch markieren

Möchten Sie Ihren aktuellen Standort in der Karten-App markieren (etwa Ihr Hotel am Urlaubsort), müssen Sie nicht erst Karten starten. Drücken Sie einfach auf dem Home-Bildschirm etwas fester auf das Karten-Symbol, und wählen Sie **Standort markieren**. Die Karten-App wird geöffnet und Ihr aktueller Standort angezeigt. Gleichzeitig erscheint im Verlauf als erster Eintrag **Markierter Standort**.

Adressen als Favoriten speichern

Damit Sie wichtige Adressen und Orte nicht jedes Mal aufs Neue suchen müssen, können Sie sie als Favoriten markieren und haben sie in Zukunft mit ein paar Fingertipps parat.

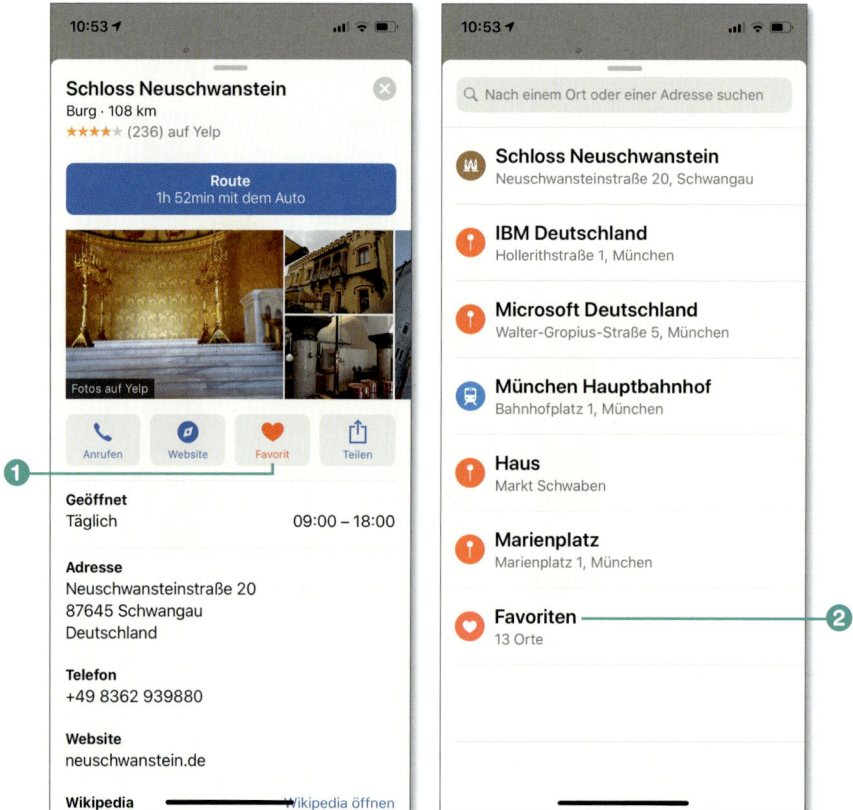

Besonders wichtige Adressen lassen sich als Favorit speichern.

Zunächst lassen Sie sich die Adresse in Karten anzeigen. Anschließend ziehen Sie das Suchfeld nach oben und tippen auf das blaue Herz **Favorit** ❶, das nun rot wird. Alle gespeicherten Favoriten erreichen Sie über den Verlauf, in dem sie als letzter Eintrag aufgeführt werden. Tippen Sie also in das Suchfeld, und schieben Sie es so lange nach oben, bis der Eintrag **Favoriten** ❷ zu sehen ist.

Um einen Eintrag wieder aus den Favoriten zu entfernen, rufen Sie die Favoriten auf. Wischen Sie den zu löschenden Eintrag von rechts nach links, und tippen Sie auf **Entfernen**.

Navigation und Routenplanung

Die Karten-App kann Ihnen nicht nur zeigen, wo Sie sind oder wo Sie eine gesuchte Adresse finden, sondern Sie auch sicher zur gewünschten Adresse bringen:

1. Lassen Sie sich die Zieladresse anzeigen, und tippen Sie auf **Route** ❶.

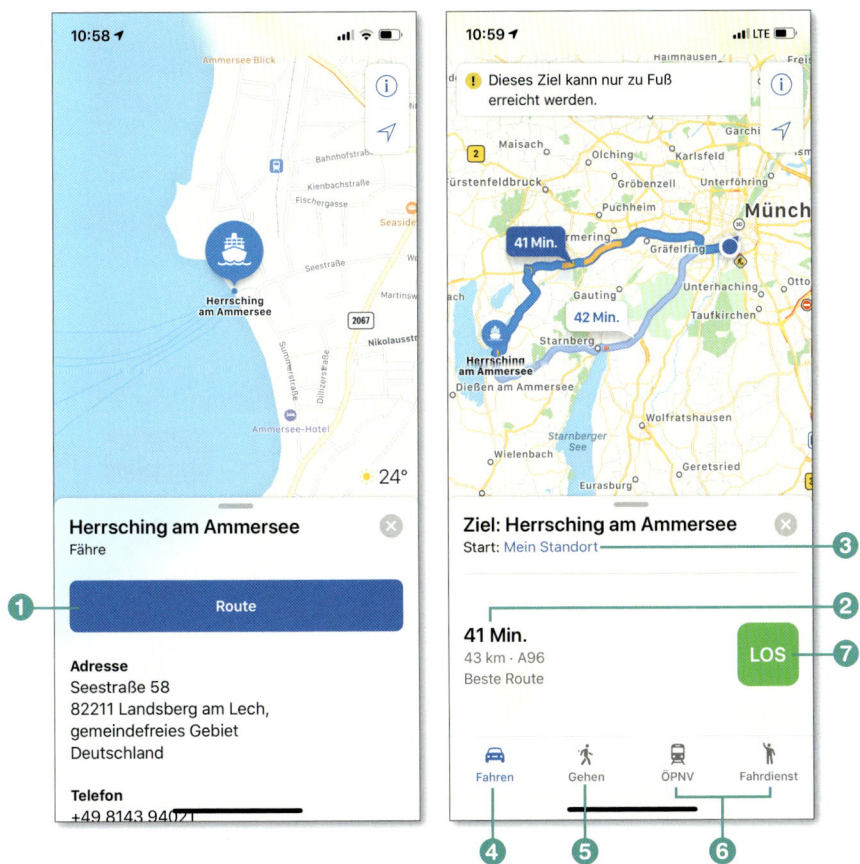

2. Karten zeigt Ihnen nun die möglichen Wege mit der geschätzten Fahrzeit **②** an. Falls es mehrere Möglichkeiten gibt, können Sie mit einem Fingertipp die gewünschte Route auswählen.

3. Standardmäßig benutzt Karten als Startpunkt Ihren aktuellen Standort. Möchten Sie das ändern, tippen Sie auf **Mein Standort ③** und geben die Startadresse an.

4. Am unteren Rand wählen Sie, ob Sie mit dem Auto **④** oder zu Fuß **⑤** unterwegs sind. Die beiden Tasten **ÖPNV** und **Fahrdienst ⑥** sind aktuell hierzulande überwiegend funktionslos.

5. Mit einem Tipp auf **Los ⑦** starten Sie schließlich die Navigation.

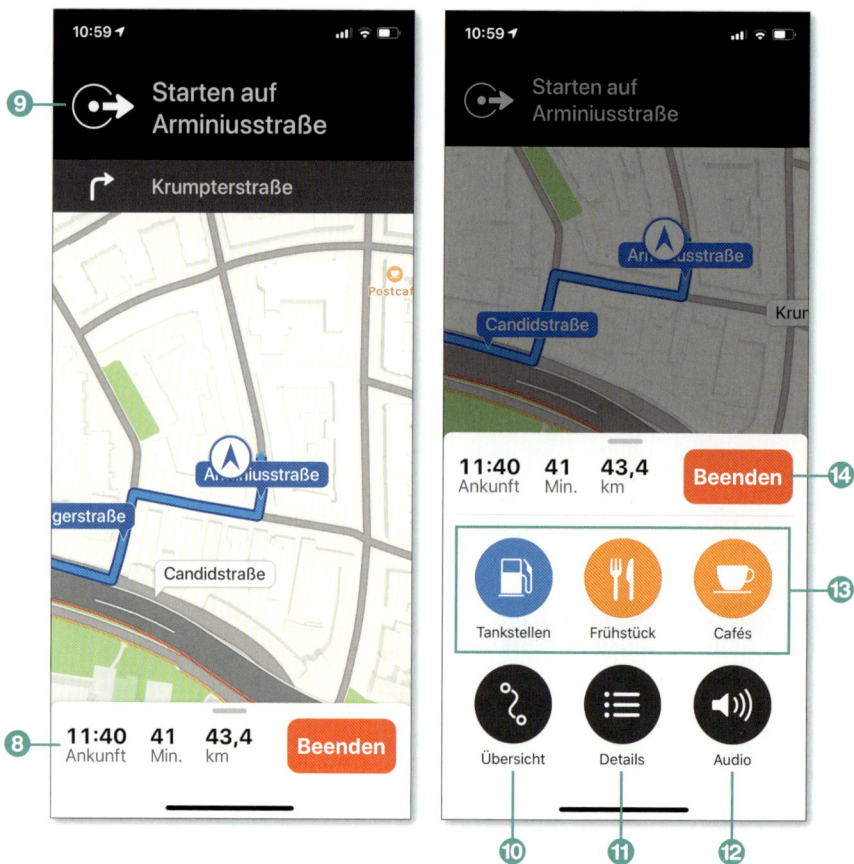

6. Nun ändert sich die Darstellung. Im unteren Bereich sehen Sie die geschätzte Ankunftszeit, die Dauer und die Entfernung **❽**.

7. Möchten Sie einen Blick auf die Karte mit der kompletten Route werfen, tippen Sie oben auf die aktuelle Navigationsangabe **❾**. Auch hier wird die Navigationsangabe angezeigt, mit einem Tipp darauf gelangen Sie wieder zur eigentlichen Navigation.

8. Wenn Sie unten auf die Zeit-, Dauer- und Entfernungsangabe tippen, werden weitere Tasten eingeblendet, über die Sie eine **Übersicht** **❿** und **Details** **⓫** zur Route einblenden können. Tippen Sie auf **Audio** **⓬**, können Sie festlegen, ob das iPhone Ihnen die Navigationshinweise per Sprache geben soll oder nicht.

9. Möchten Sie während einer längeren Reise tanken oder etwas essen, kann Ihnen Karten entsprechende Adressen entlang Ihrer Route bzw. in der Nähe Ihres aktuellen Standortes zeigen und die Route dahingehend anpassen **⓭**.

10. Mit einem Tipp auf **Beenden** **⓮** pausieren Sie die Navigation, durch erneutes Tippen auf **Beenden** verlassen Sie sie.

Während der Navigation können Sie die Karten-App auch ausblenden, um z.B. eine Nachricht zu schreiben oder eine E-Mail zu lesen. Die Uhranzeige oben links wird dann kurz zu einer Kompassnadel **⓯** und

anschließend blau unterlegt. Daran erkennen Sie, dass die Navigation nach wie vor aktiv ist. Um dorthin zurückzukehren, tippen Sie einfach darauf.

TIPP

Schnelle Route mit 3D Touch

Wenn Sie Ihr Reiseziel im Verlauf oder in den Favoriten gespeichert haben, müssen Sie die Adresse nicht explizit aufrufen, um eine Route berechnen zu lassen. Lassen Sie sich Ihre Favoriten anzeigen und drücken Sie etwas fester auf den entsprechenden Eintrag. Nun erscheint ein Kontextmenü, in dem Sie **Route** wählen.

Satelliten- und 3D-Darstellung

Die Karten-App ist als digitaler Straßenatlas schon sehr hilfreich. Wirklich faszinierend wird es, wenn Sie sich statt der Karten die Satellitenbilder anzeigen lassen. Um zur Satellitendarstellung zu wechseln, tippen Sie auf das i ➊ und wählen in den **Karten-Einstellungen** den Tab **Satellit** (lesen Sie dazu auch den Abschnitt »Die Karten-App im Überblick« ab Seite 342).

Dabei können Sie sich in der Satellitendarstellung oft fast so nah an die Gegend heranzoomen, dass Sie Menschen und Autos auf den Straßen erkennen. Verschieben Sie den angezeigten Bildschirmausschnitt mit Ihrem Finger, überfliegen Sie fremde Länder und Orte – und zwar in einer erstaunlichen Geschwindigkeit.

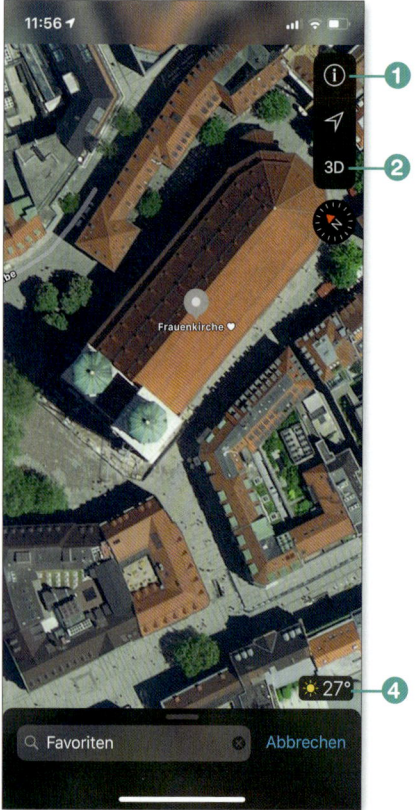

Noch einen Schritt weiter geht die 3D-Darstellung. Diese ist nicht für alle Orte sinnvoll einsetzbar, bietet Ihnen aber vielfach faszinierende Einblicke. Tippen Sie dazu auf die Taste **3D** ➋. Drehen Sie zwei Finger im oder entgegen dem Uhrzeigersinn, lässt sich die Darstellung drehen, schieben Sie zwei Finger nach oben oder unten, ändern Sie die Perspektive. Um den 3D-Modus zu verlassen, tippen Sie auf die Taste **2D** (➌ auf Seite 353).

Für einige Städte und Sehenswürdigkeiten hat Apple bereits einige sehr schicke 3D-Touren zusammengestellt, die sog. *Flyover-Touren*. Dabei wird in einer automatisch ablaufenden Animation ein virtueller Rundflug über den gewählten Ort abgespielt. Die Touren enthalten dabei nur die anzufliegenden Koordinaten – die Bilder werden live berechnet. Wenn für einen Ort eine solche Tour vorhanden ist, wird eine entsprechende Taste angezeigt. Tippen Sie diese an, um die Tour zu starten. In der Satelliten- und 3D-Darstellung wird unten rechts das aktuelle Wetter angezeigt ➍.

Wenn Sie diese Anzeige drücken und halten, erscheint eine Tagesvorhersage, drücken Sie anschließend etwas fester, wechselt Karten zur Wetter-App, in der Sie den aktuellen Ort übernehmen können. Die Wetter-App stelle ich Ihnen in Kapitel 19, »Die Hilfsprogramme«, ausführlicher vor.

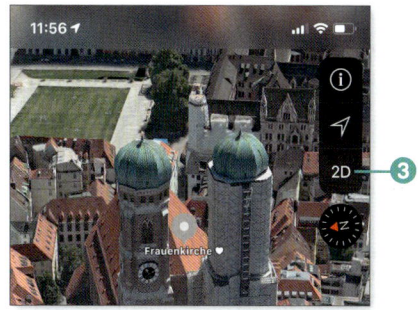

Freunde nicht aus den Augen verlieren: die Standortfreigabe

Sie haben sich mit Freunden verabredet, finden aber am vereinbarten Treffpunkt im Gedränge nicht zusammen und müssen sich erst suchen. Für iPhone-Besitzer ist das kein Problem. Denn hier gibt es die App Freunde und die Standortfreigabe, mit der Sie sich auch im dicksten Gedränge finden werden – vorausgesetzt, Sie und Ihre Freunde nutzen iCloud.

Die Idee ist ganz simpel: Sie und Ihre Freunde schicken sich gegenseitig den aktuellen Standort via iCloud. Anschließend können Sie sich Ihre aktuelle Position gegenseitig auf einer Karte anzeigen lassen, wobei der Standort immer aktuell gehalten wird.

1. Starten Sie die Freunde-App, und tippen Sie am unteren Bildschirmrand auf den Eintrag Ich ❶.

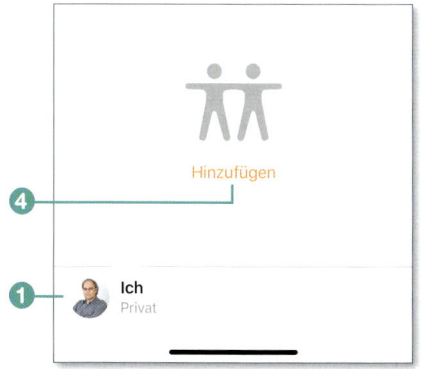

2. Aktivieren Sie nun den Schalter **Standort teilen** ❷. Falls Sie mit Ihrer Apple-ID auf mehreren Geräten bei iCloud angemeldet sind, wählen Sie Ihr aktuelles Gerät, also Ihr iPhone ❸.

3. Tippen Sie oben rechts auf **Fertig**, und wählen Sie nun **Hinzufügen** ❹.

4. Nun öffnet sich ein Formular, in das Sie den Namen ❺ oder die iCloud-Adresse Ihres Freundes eingeben.

5. Tippen Sie auf **Senden** ❻, und legen Sie fest, wie lange die Standortfreigabe aktiv sein soll ❼. Ihr Freund bekommt nun eine Einladung zur Standortfreigabe. Nimmt er diese an, sehen Sie in der Freunde-App die aktuelle Position Ihres Freundes (und umgekehrt).

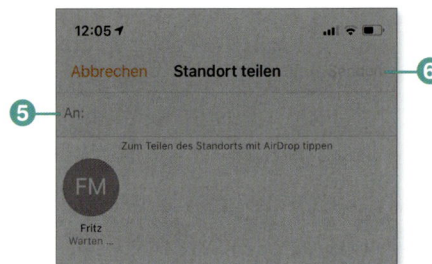

6. Wiederholen Sie diese Schritte für alle Freunde, mit denen Sie Ihren Standort teilen möchten.

7. Um die Standortfreigabe vorzeitig zu beenden, schalten Sie sie unter **Ich** wieder aus.

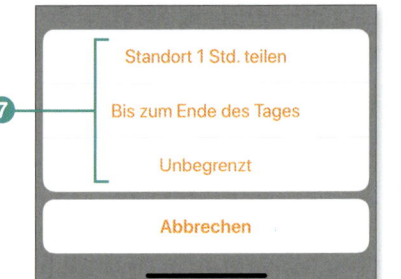

TIPP

Standortfreigabe und 3D Touch

Sie müssen die Freunde-App nicht permanent geöffnet haben, um Ihre Freunde zu finden. Drücken Sie auf dem Home-Bildschirm etwas länger auf das App-Symbol, werden Ihnen der aktuelle Standort und die Entfernung Ihres Freundes zu Ihnen angezeigt. Tippen Sie diesen Eintrag an, wechseln Sie zur App Freunde.

Kapitel 19
Die Hilfsprogramme

Neben Apps wie Safari, Mail, Telefon oder der Kamera bietet das iPhone noch eine Reihe von kleinen, aber überaus nützlichen Apps und Tools, die Ihnen im Alltag gute Dienste leisten. Dazu gehören etwa die Uhr, der Taschenrechner, die Wetter-App und das Maßband. Diese Apps stelle ich Ihnen in diesem Kapitel vor.

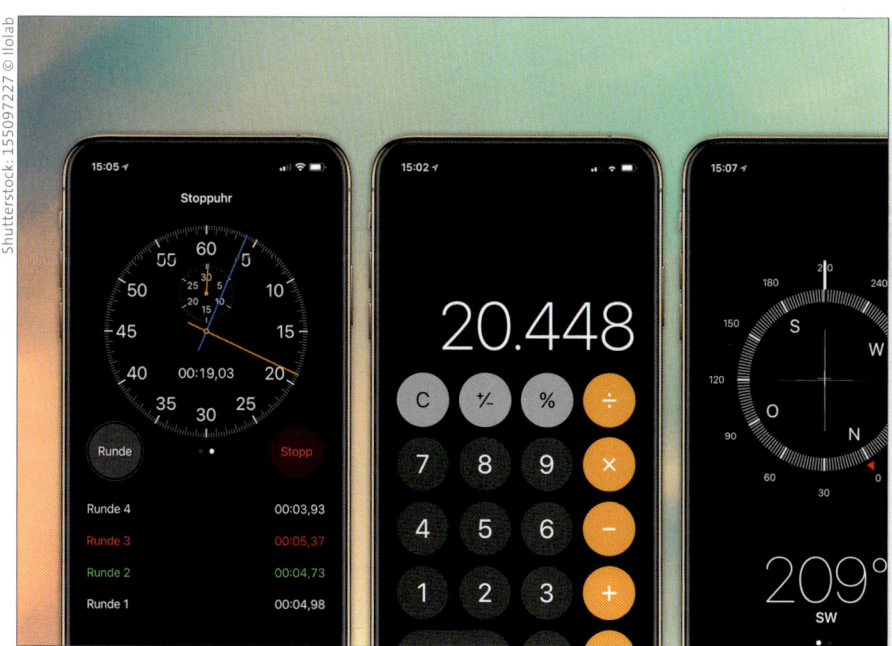

Neben den »großen« Apps bietet Ihnen Ihr iPhone noch weitere praktische Helferlein.

Uhr

Ihr iPhone zeigt Ihnen zwar permanent die aktuelle Uhrzeit in der Status-
zeile und im Sperrbildschirm an, darüber hinaus bietet es Ihnen aber auch
noch die *Uhr*-App an. Mit dieser App wissen Sie nicht nur, wie spät es bei
Ihnen ist, sondern haben immer und überall die Weltzeit im Blick, einen
Wecker zur Hand, eine Stoppuhr parat und einen Timer dabei. Zudem kann
Ihnen die Uhr-App dabei helfen, einen gesunden Schlafrhythmus zu finden.

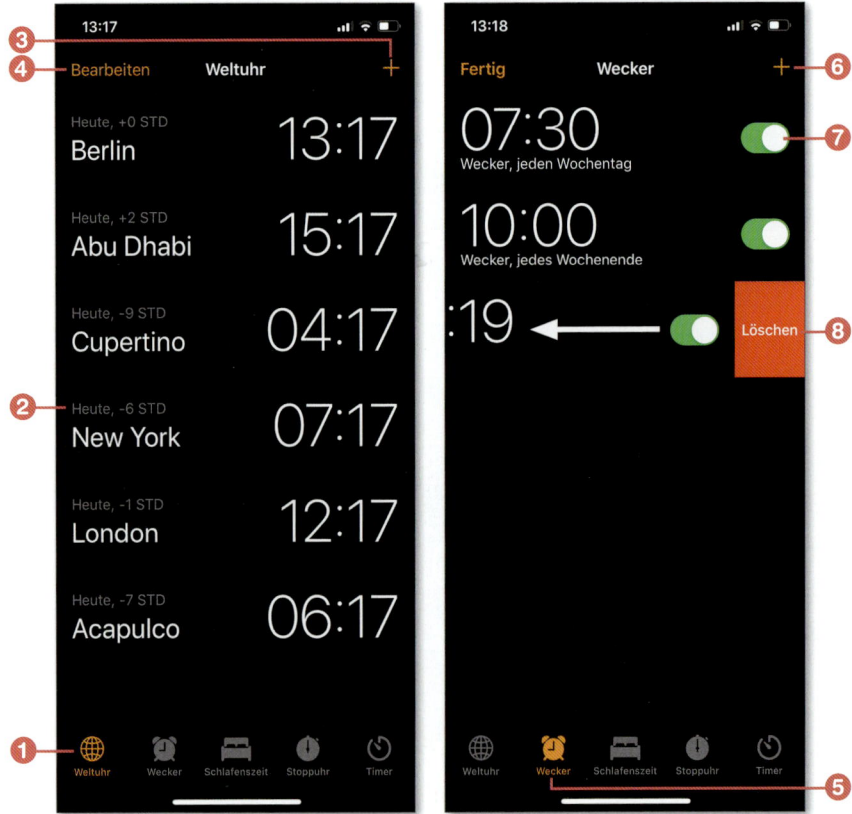

*Mit der Uhr-App können Sie sich die Uhrzeiten verschiedener Zeitzonen
schön übersichtlich anzeigen lassen.*

Die verschiedenen Anwendungsbereiche der App erreichen Sie über die
fünf Schaltflächen in der Fußzeile. Tippen Sie auf **Weltuhr** ❶, wird Ihnen

die aktuelle Uhrzeit zu (fast) jedem Ort der Welt samt Zeitdifferenz ❷ zu Ihrer Zeitzone angezeigt. Einen neuen Ort nehmen Sie mit einem Tipp auf das Plussymbol ❸ in die Liste auf. Geben Sie den Namen des Ortes in das folgende Suchfeld ein, oder wählen Sie ihn durch Antippen aus der Liste aus. Um die Reihenfolge der Orte zu ändern oder einen Ort zu löschen, tippen Sie auf **Bearbeiten** ❹. Sie können einen Eintrag auch löschen, indem Sie ihn einfach von rechts nach links durchstreichen und dann auf **Löschen** tippen.

Im Bereich **Wecker** ❺ können Sie über das Plussymbol ❻ beliebig viele Wecker einrichten, die sich einzeln ein- und ausschalten lassen ❼. Sie können für die einzelnen Wecker außerdem festlegen, an welchen Tagen sie aktiv sein sollen. So lassen sich recht unkompliziert ein Wecker für Werktage und einer für das Wochenende einrichten. Sobald die Weckfunktion des iPhones aktiv ist, erscheint im Kontrollzentrum ein kleines Weckersymbol (das Kontrollzentrum rufen Sie mit einer Wischgeste von rechts oben schräg zur Mitte auf). Nach einem Tipp auf **Bearbeiten** können Sie einen zuvor angelegten Wecker ändern und löschen. Auch hier lässt sich ein Wecker durch Durchstreichen und einen anschließenden Tipp auf **Löschen** ❽ entfernen.

Auch der Einsatz des iPhones als **Stoppuhr** ❾ ist denkbar einfach. Die Stoppuhr hält auf Wunsch Rundenzeiten fest; tippen Sie dazu nach Abschluss einer Runde auf die gleichnamige Schaltfläche ❿. Sie können zwischen einer digitalen und analogen Anzeige (⓫ auf Seite 358) wechseln, indem Sie über den Bildschirm von rechts nach links bzw. von links nach rechts wischen. Die Stoppuhr läuft, bis Sie sie explizit stoppen ⓬. Sie können die Uhr-App nach dem Start der Stoppuhr also ruhig verlassen oder Ihr iPhone in den Stand-by-Betrieb versetzen, ohne zu befürchten, die Zeitnahme zu unterbrechen.

Die Stoppuhr kann auf Wunsch auch analog angezeigt werden.

Um Ihr Drei-Minuten-Ei tatsächlich nur drei Minuten zu kochen, wechseln Sie in der App in den Bereich **Timer** ⓭. Stellen Sie hier über die Rollen-Elemente den Timer auf **0 Stunden 3 Min. 0 Sek.** ⓮, und tippen Sie auf **Start** ⓯. Das iPhone beginnt nun einen Drei-Minuten-Countdown und meldet sich am Schluss mit einem Signalton, den Sie mit einem Tipp auf **Timer-Ende** ⓰ abstellen. Während der Timer fleißig zählt, können Sie mit Ihrem iPhone wie gewohnt weiterarbeiten oder es in den Ruhezustand versetzen – der Timer meldet sich, sobald es an der Zeit ist.

Sie können den Timer auch als Einschlafhilfe einsetzen. Starten Sie dazu in der Musik-App Ihre Lieblingsmusik, und wechseln Sie zur Uhr. Hier legen Sie im Timer fest, wie lange Sie wohl zum Einschlafen benötigen – also z. B. 30 Minuten. Als **Timer-Ende** wählen Sie **Wiedergabe stoppen**. Nun können Sie den Timer starten und mit Musik einschlafen. Sobald der Timer abgelaufen ist, wird die Musikwiedergabe beendet, und das iPhone geht in den Stand-by-Betrieb.

Die Funktion **Schlafenszeit**, die Sie über die gleichnamige Schaltfläche aufrufen ⓱, soll Ihnen dabei helfen, einen gesunden Schlafrhythmus zu finden. In der Praxis funktioniert das so: Ihr iPhone erinnert Sie daran, dass Sie allmählich zu Bett gehen sollten, wenn Sie zur gewünschten Zeit entspannt aufwachen möchten. Damit das iPhone Ihre Schlafgewohnheiten kennt, fragt die Funktion zuerst einige Angaben ab (etwa: Wann möchten Sie aufwachen? Wie lange möchten Sie schlafen? An welchen Tagen soll die Funktion aktiv sein? Mit welchem Klang möchten Sie geweckt werden?). Alle Angaben lassen sich mit einem Tipp auf die Taste **Optionen** ⓲ jederzeit anpassen. Die Zeiten, zu denen Sie zu Bett gehen bzw. aufstehen und wie lange Sie schlafen möchten, lassen sich auch einstellen, indem Sie den Anfang ⓳ bzw. das Ende ⓴ der Schlafenszeit mit dem Finger in der Uhrendarstellung verschieben. Bei längerem Einsatz der Funktion sehen Sie im Bereich **Schlafanalyse** ㉑, wie regelmäßig Sie schlafen. Möchten Sie die Funktion deaktivieren, schalten Sie sie einfach mit einem Tipp aus ㉒.

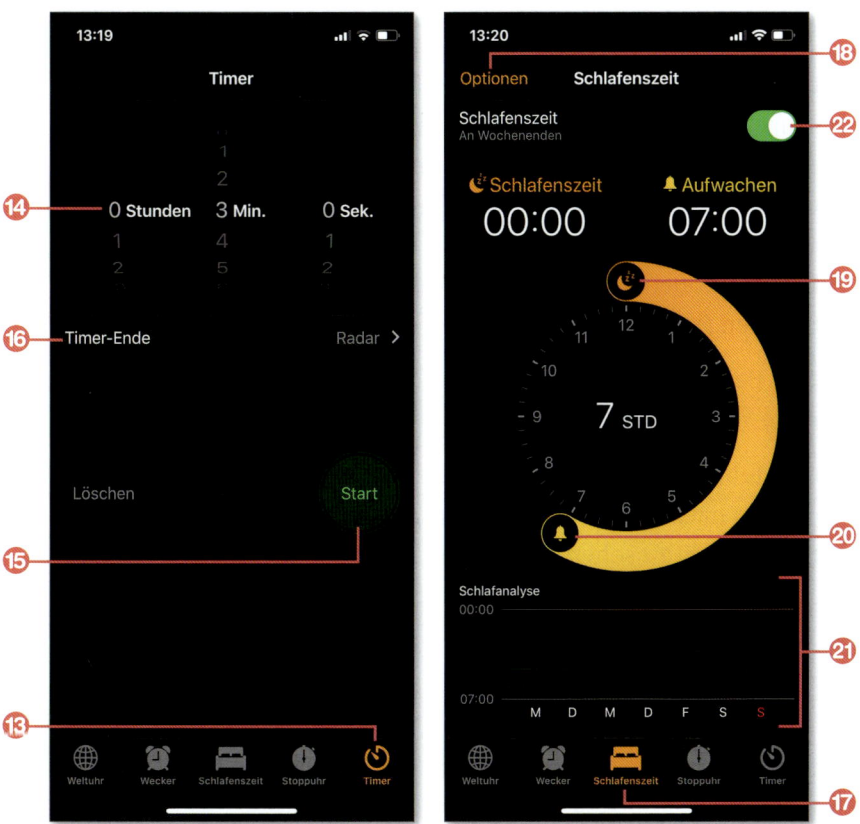

Das iPhone übernimmt zuweilen auch die Funktion einer Eieruhr und kann Ihnen sogar zu einem gesünderen Schlafrhythmus verhelfen.

TIPP

Schneller stoppen mit 3D Touch

Die Funktionen Wecker, Stoppuhr und Timer erreichen Sie auch über die 3D-Touch-Funktion. Drücken Sie dazu auf dem Home-Bildschirm etwas fester auf das Symbol der Uhr-App, und wählen Sie im Kontextmenü die gewünschte Funktion.

Wetter

Wenn der Hahn kräht auf dem Mist, ändert sich das Wetter – oder es bleibt, wie es ist: Diese alte Bauernregel hat zwar den Vorteil, dass sie immer stimmt, aber dafür taugt sie auch nicht viel. Ob es ratsam ist, einen Regenschirm einzupacken, oder ob an Ihrem Urlaubsort die Sonne scheint, kann Ihnen das Sprichwort leider nicht verraten. Doch Sie haben ja ein iPhone und damit auch das kleine, aber feine Programm *Wetter*. Das gibt Ihnen eine Neun-Tage-Wetterprognose für mehr oder weniger jeden Ort der Erde, und es verrät Ihnen darüber hinaus, wie sich das Wetter am selben Tag in den nächsten Stunden (vermutlich) entwickeln wird.

1. Im oberen Bereich der Wetteranzeige sehen Sie den Ort und die aktuelle Wetterlage ❶.

2. Darunter steht eine Vorhersage über die nächsten Stunden ❷ (wischen Sie von links nach rechts über die Anzeige, um die Vorhersage für die nächsten Stunden zu sehen).

3. Der untere Bereich zeigt die Vorhersage für die nächsten Tage ❸. Schieben Sie den Bildschirm noch ein Stückchen nach oben, erhalten Sie weitere Informationen ❹ wie etwa Sonnenaufgangs- und Sonnenuntergangszeiten, Luftdruck oder Windgeschwindigkeit.

4. Haben Sie mehrere Orte eingetragen, blättern Sie mit einer Wischbewegung von rechts nach links durch die verschiedenen Vorhersagen.

5. Um einen Ort einzutragen, tippen Sie einmal auf das Listensymbol ❺ und auf der folgenden Seite auf das Pluszeichen ❻ (sollten Sie es derzeit nicht sehen, wischen Sie den Bildschirm etwas nach oben, bis es Ihnen angezeigt wird).

6. Geben Sie nun den Ortsnamen oder dessen Postleitzahl ein. Sie können beliebig viele Orte eintragen. Hier können Sie mit einem Fingertipp auch zwischen Celsius und Fahrenheit wechseln ❼.

7. Um einen Ort zu löschen, streichen Sie ihn in der Übersicht von rechts nach links durch und tippen Sie auf **Löschen**. Möchten Sie die Reihenfolge ändern, berühren und halten Sie einen Eintrag und schieben Sie ihn anschließend an die gewünschte Position.

8. Möchten Sie die Wettervorhersage für einen Ort angezeigt bekommen, die Übersicht aber nicht verlassen, drücken Sie etwas kräftiger auf den entsprechenden Eintrag. Es werden Ihnen nun die gewünschten Daten gezeigt. Lassen Sie den Bildschirm los, sehen Sie wieder die Übersicht.

Auch bei der Wetter-App lässt sich der Schnellzugriff per 3D Touch nutzen. Drücken Sie etwas fester auf das Symbol der Wetter-App, sehen Sie sofort den Wetterbericht für Ihren aktuellen Standort und können auf die ersten drei Einträge in der Wetter-App zugreifen. Hier lässt sich auch gleich ein neuer Ort eintragen.

INFO

Wetter und die Ortsdaten

Beim ersten Start der Wetter-App werden Sie gefragt, ob die App auf Ihre Ortsdaten zugreifen darf – das sollten Sie erlauben. Denn so zeigt Ihnen die Wetter-App automatisch die Vorhersagen für Ihren aktuellen Aufenthaltsort an.

Rechner

 Ein Taschenrechner gehört zur Grundausstattung aller elektronischen Geräte. Das Hilfsprogramm *Rechner* des iPhones macht da keine Ausnahme. Es beherrscht – natürlich – die vier Grundrechenarten, besitzt einen Speicher und kann auch bei wissenschaftlichen Berechnungen mithalten.

Beim Start präsentiert sich der Taschenrechner des iPhones schlicht und übersichtlich. Er besitzt die üblichen Funktionen ohne Besonderheiten. Das heißt – eine Besonderheit hat er doch: Er zeigt an, welchen Operator (»Rechen-Taste«) Sie angetippt haben ❶. Mit dem Taschenrechner des iPhones werden Sie nie wieder in die Verlegenheit kommen, sich daran erinnern zu müssen, ob Sie nun schon auf die Plus-Taste getippt haben oder nicht. Das klingt banal, erleichtert die Arbeit im Alltag aber ganz ungemein. Um eine Eingabe oder ein Ergebnis in ein anderes Dokument übernehmen zu können bzw. eine Zahl aus einem anderen Dokument in den Taschenrechner zu kopieren, berühren und halten Sie die Anzeige. Es erscheint das vertraute **Kopieren/Einsetzen**-Menü ❷.

> **TIPP**
>
> **Kopieren mit 3D Touch**
>
> Wenn Sie das Ergebnis der letzten Berechnung kopieren möchten, müssen Sie nicht extra den Rechner starten. Drücken Sie einfach etwas fester auf das Rechner-Icon im Home-Bildschirm, und wählen Sie **Ergebnis kopieren**.

Der Taschenrechner ist ziemlich praktisch, wenn Sie unterwegs rasch eine einfache Berechnung durchführen müssen. Sobald Sie allerdings mehr als die vier Grundrechenarten benötigen, wird die Luft ziemlich dünn. Doch keine Sorge. Drehen Sie Ihr iPhone einfach um 90 Grad nach rechts oder links – und schon wird aus dem einfachen Taschenrechner ein Rechner mit wissenschaftlichem Anspruch ❸.

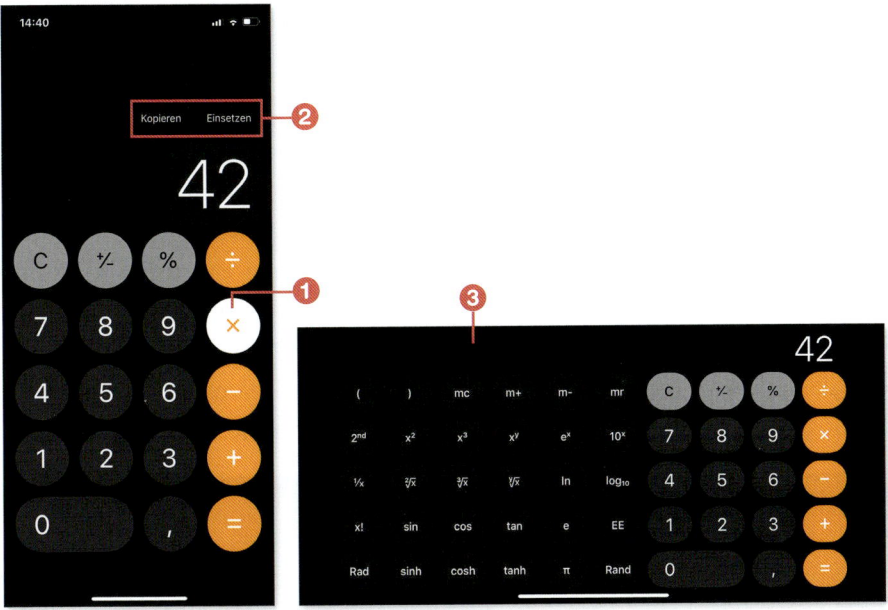

*Der Taschenrechner des iPhones kann mehr, als man auf den ersten Blick mei-
nen möchte: Im Querformat wird er zu einem wissenschaftlichen Rechner.*

TIPP

Eingabe korrigieren

Eine falsche Eingabe lässt sich rasch beheben: Wischen Sie von
rechts nach links über die eingegebenen Zahlen, löschen Sie die zuletzt eingetippte Ziffer. So wird beispielsweise aus *1234* dann *123*.

Maßband und Wasserwaage

Die App *Maßband* vereint einen digitalen Zollstock mit einer Wasserwaage.
Wobei »Zollstock« allerdings ein wenig zu kurz greift, erkennt die App doch
eigenständig Rechtecke und zeigt Ihnen automatisch auch Kantenlänge
und Fläche an. Dabei ist die App tatsächlich recht präzise mit einer Abwei-
chung von nur rund drei bis fünf Prozent, je nachdem, wie deutlich sich der

zu messende Gegenstand von der Umgebung abhebt. Allerdings erkennt die App lediglich Gegenstände in relativer Nähe, es ist also damit zum Beispiel nicht möglich, die Ausmaße eines Zimmers zu messen.

Der Einsatz der App ist einfach: Richten Sie den Fokus des iPhones auf den Gegenstand, den Sie messen möchten. Ein Rechteck wird in aller Regel automatisch erkannt ❶ (vorausgesetzt, der Kontrast zwischen Gegenstand und Umgebung ist hoch genug – eine schwarze Kiste auf dunkelbraunem Holzfußboden werden Sie so nur mit Mühe messen können). Tippen Sie auf das Pluszeichen ❷, um das angezeigte Rechteck messen zu lassen ❸. Um das Ergebnis Ihrer Messung zu sichern, tippen Sie unten rechts auf den Auslöser ❹. Das iPhone speichert nun ein Foto Ihrer Messung.

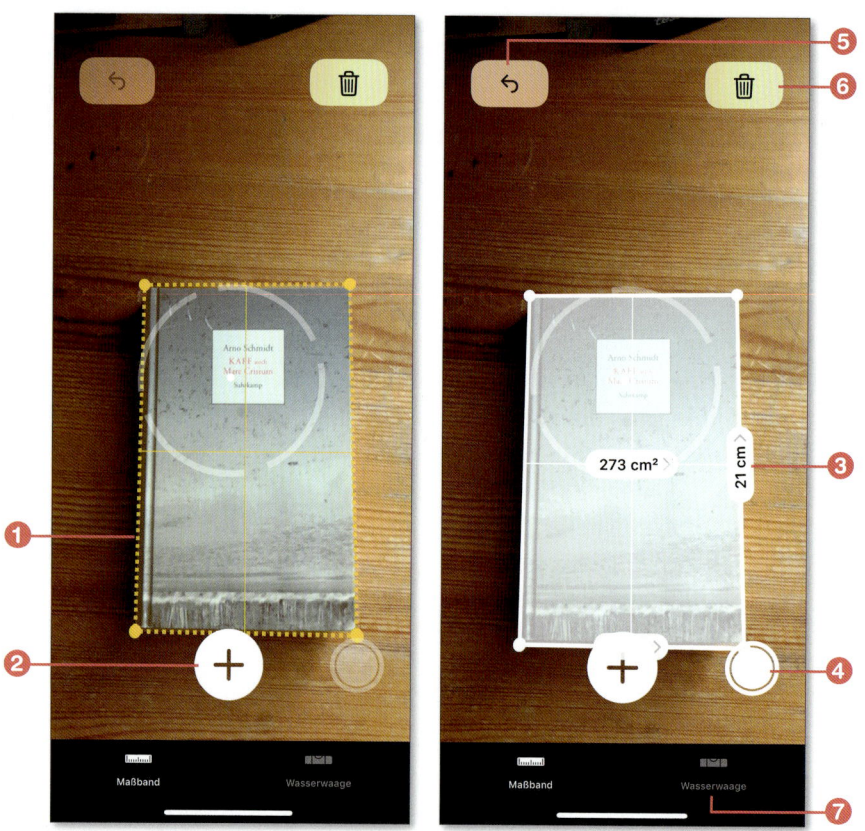

Mit der Maßband-App messen Sie einfach und schnell Flächen und Längen.

Möchten Sie eine beliebige Strecke messen, richten Sie das Fadenkreuz der App auf den Startpunkt, tippen auf das Pluszeichen und bewegen das iPhone nun mit einer gleichmäßigen Bewegung zum Endpunkt. Tippen Sie erneut auf das Plus, um sich die Streckenlänge anzeigen zu lassen.

Mit einem Tipp auf den Pfeil oben links ❺ machen Sie den letzten Schritt rückgängig, ein Tipp auf den Papierkorb ❻ löscht Ihre Messung. Um das iPhone als Wasserwaage zu benutzen, tippen Sie unten rechts auf die entsprechende Taste ❼.

Aktien

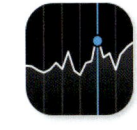

Über die App *Aktien* haben Sie Zugriff auf die aktuelle Kursentwicklung des Aktienmarkts. Um Aktien einzutragen, die Reihenfolge zu ändern oder einen Eintrag zu löschen, tippen Sie unten rechts auf das Listensymbol (❶ auf Seite 366) und anschließend auf die Plus-Taste. Nun können Sie nach der Firma suchen, deren Aktienkurs Sie im Auge behalten möchten, und sie mit einem Fingertipp in die Kursliste aufnehmen.

Mit einem Tipp auf den Aktienkurs ❷ einer Firma wechselt die Anzeige der Kursentwicklung zwischen Prozent und absolutem Wert. Tippen Sie auf einen Aktien-Eintrag, werden detaillierte Informationen zur entsprechenden Aktie angezeigt. Wischen Sie den Bildschirm nach oben, um aktuelle Wirtschaftsmeldungen zur Aktie bzw. dem dazugehörigen Unternehmen zu bekommen. Die Kursentwicklung wird grafisch dargestellt, wobei Sie verschiedene Zeiträume von einem Tag bis zu zwei Jahren wählen können. Tippen Sie in die Grafik, können Sie sich den Kurs für einen bestimmten Tag anzeigen lassen; mit zwei Fingern markieren Sie einen Bereich ❸ und erhalten so Informationen zur Kursentwicklung im markierten Zeitraum. Schließen Sie die Detailanzeige durch einen Tipp auf das kleine × ❹ oben rechts. Alternativ dazu lässt sich die Anzeige auch nach unten wischen.

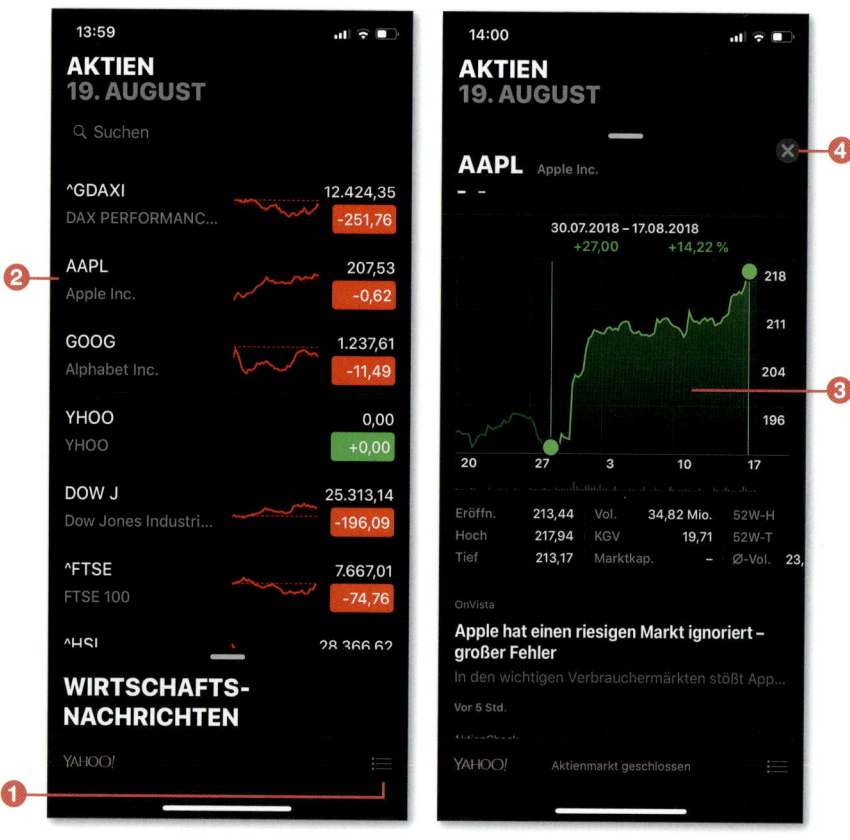

Die Aktien-App liefert Ihnen nicht nur Kursdaten, sondern auch Informationen zu den Firmen.

TIPP

Schneller Einblick mit 3D Touch

Möchten Sie rasch einen Blick auf Ihre wichtigsten Aktien werfen, müssen Sie die App nicht unbedingt starten, hier genügt ein etwas festerer Druck auf das Aktien-Icon. Dann sehen Sie die ersten beiden Einträge in Ihrem Portfolio und können über die Suchfunktion außerdem rasch einen bestimmten Kurs nachschlagen.

Wallet

Immer mehr Anbieter nutzen die Möglichkeit, Flugtickets, Eintrittskarten, Coupons oder Kundenkarten in Form eines digitalen Passes auszugeben. Dabei handelt es sich um einen Barcode, den Sie sich ausdrucken und etwa am Flughafen, bei der Einlasskontrolle oder der Kasse vorzeigen können. Dort wird er eingescannt, und Sie erhalten Ihre Bordkarte, werden eingelassen, erhalten einen Rabatt oder eine spezielle Vergünstigung.

Üblicherweise wurden solche digitalen Pässe per E-Mail verschickt, mit der iPhone-App *Wallet* hat sich das geändert. Viele Anbieter unterstützen diese App und schicken digitale Pässe direkt ans iPhone, wo sie in der App gespeichert werden. Somit haben Sie Ihre Buchungen an einem Ort, und vergessene Tickets gehören der Vergangenheit an.

Die App greift auf den aktuellen Standort und die Uhrzeit zu und kann so zur rechten Zeit und am rechten Ort eine Meldung auf dem Sperrbildschirm anzeigen. Tippen Sie die Meldung an, wird das aktuell benötigte Ticket angezeigt, und der Barcode des Tickets kann von einem Barcode-Scanner erfasst werden.

Health

Mit der *Health*-App lassen sich alle möglichen Gesundheits- und Körperdaten erfassen. Das reicht vom Schrittzähler und Erfassen von Schwimmzügen über Nährstoffe und Schlafzyklen bis zu Herz- und Blutdruckmessungen. Diese Werte können Sie entweder manuell eintragen – wobei der Schrittzähler automatisch auf die Daten zugreifen kann, die der Bewegungssensor des iPhones ohnehin erfasst – oder auch von entsprechenden Apps bzw. Messgeräten automatisch an die App übermitteln. Falls Sie eine Apple Watch benutzen, kann auch diese die von ihr erfassten Daten an die Health-App übertragen.

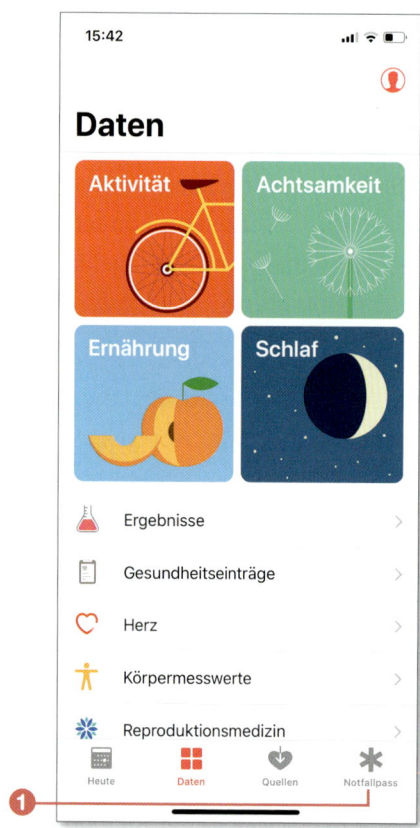
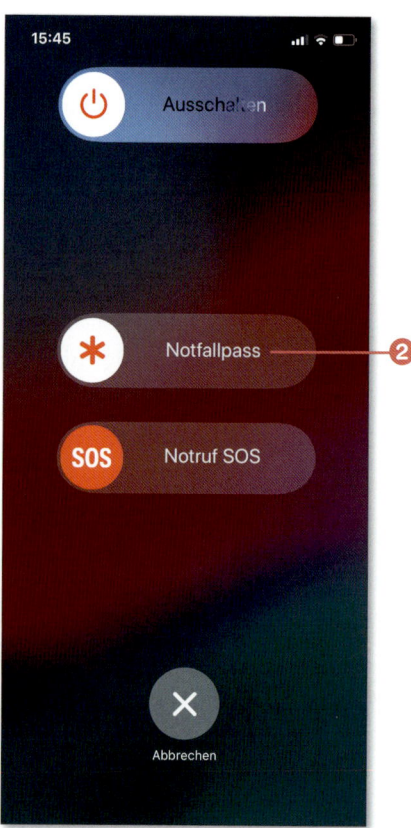

Zur Health-App gehört auch ein Notfallpass mit den wichtigsten medizinischen Informationen.

Auch wenn Sie die App nicht benutzen, kann sie Ihnen im Notfall helfen. Beim ersten Start der App werden Sie aufgefordert, einen Notfallpass anzulegen, in dem Sie wichtige Gesundheitsdaten wie etwa Allergien oder regelmäßig benötigte Medikamente eintragen. Das können Sie auch noch nachträglich, wenn Sie in der App auf **Notfallpass** ❶ tippen. Geben Sie auf der folgenden Seite alle wichtigen Informationen zu Ihrem Gesundheitszustand an, und tippen Sie abschließend auf **Fertig**.

Dieser Notfallpass ist über den Sperrbildschirm abrufbar – das iPhone muss dafür also nicht entsperrt werden. Dazu müssen der Lautstärkeregler auf der linken und die Stand-by-Taste auf der rechten Seite so lange gedrückt werden, bis der Notfall-Bildschirm erscheint. Hier können über den Schalter **Notfallpass** ❷ die im Falle eines Falles lebensrettenden Informationen abgerufen werden.

Kompass

Das iPhone verfügt über einen digitalen Kompass, auf den u. a. auch die Karten-App zugreift. Er funktioniert so wie jeder andere Kompass auch und zeigt Ihnen an, in welche Himmelsrichtung Sie gerade blicken. Bei der Richtungsbestimmung müssen Sie das iPhone möglichst waagerecht halten und den großen weißen Strich ❶ auf dem Display nach vorn zeigen lassen. Dabei hilft Ihnen ein doppeltes Fadenkreuz ❷ in der Mitte. Sind die beiden Kreuze deckungsgleich, halten Sie das iPhone waagerecht. Haben Sie dem Kompass den Zugriff auf Ihren aktuellen Ort erlaubt, erscheinen am unteren Bildschirmrand Ihre exakten Koordinaten ❸.

Mit dem Kompass verlieren Sie nie die Orientierung.

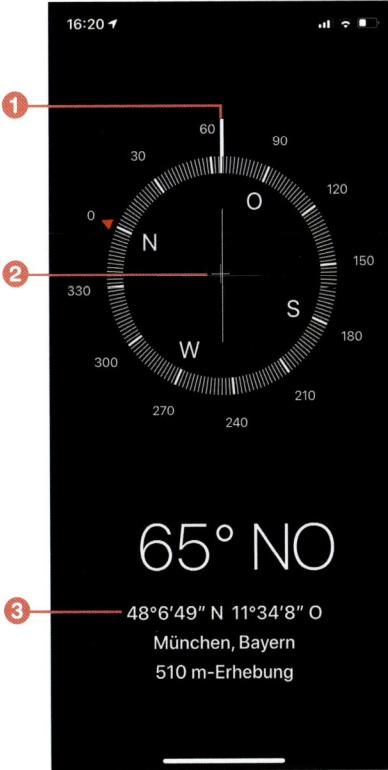

Wenn Sie darauf tippen, übergibt die Kompass-App Ihre Position an die Karten-App, die Ihren Standort auf einer Karte anzeigt (dafür muss die Karten-App auf die Ortsdaten zugreifen, siehe Seite 342).

Das iPhone als Diktiergerät

Wenn Sie Ihre Notizen nicht so gern eintippen, sondern lieber diktieren, hilft Ihnen die App *Sprachmemos* weiter. Damit verwandeln Sie Ihr iPhone in ein Diktiergerät und können beliebige Tondokumente aufzeichnen, also nicht nur Ihre eigenen Sprachnotizen, sondern etwa auch einen Vortrag. Die so aufgenommenen Dateien lassen sich auf dem iPhone bearbeiten und über die Teilen-Schaltfläche etwa per E-Mail verschicken oder zum einfachen Datenaustausch in die Dateien-App laden. Synchronisieren Sie Ihr iPhone mit iTunes, tauchen die Sprachmemos in einer eigenen Wiedergabeliste auf und können von dort aus wie jede andere Musikdatei in iTunes abgespielt, auf CD gebrannt oder exportiert werden.

> **ACHTUNG**
>
> **Aufgepasst!**
>
> Die Aufzeichnung läuft auch weiter, wenn das iPhone im Stand-by-Betrieb ist. Möchten Sie verhindern, dass eine unbeabsichtigte Sprachaufnahme Ihren Akku leer saugt, müssen Sie die Aufzeichnung ausdrücklich beenden.

Beim ersten Start bittet die App um Zugriff auf Ihre Ortsdaten. Gewähren Sie diesen Zugriff, wird als Name der jeweiligen Sprachaufzeichnung Ihr aktueller Standort ❶ benutzt.

Die Aufzeichnung ist denkbar einfach: Starten Sie die Sprachmemos-App, tippen Sie den roten Knopf ❷ an. Ab sofort zeichnet das iPhone alles auf, was es über sein Mikrofon empfängt. Tippen Sie erneut auf den Knopf, wird die Aufnahme pausiert. Während der Aufzeichnung können Sie die App verlassen und sich anderen Dingen widmen, also etwa im Internet surfen, Notizen lesen oder eine E-Mail schreiben. Um zum Programm zurückzukehren, tippen Sie oben auf die rote pulsierende Statusleiste.

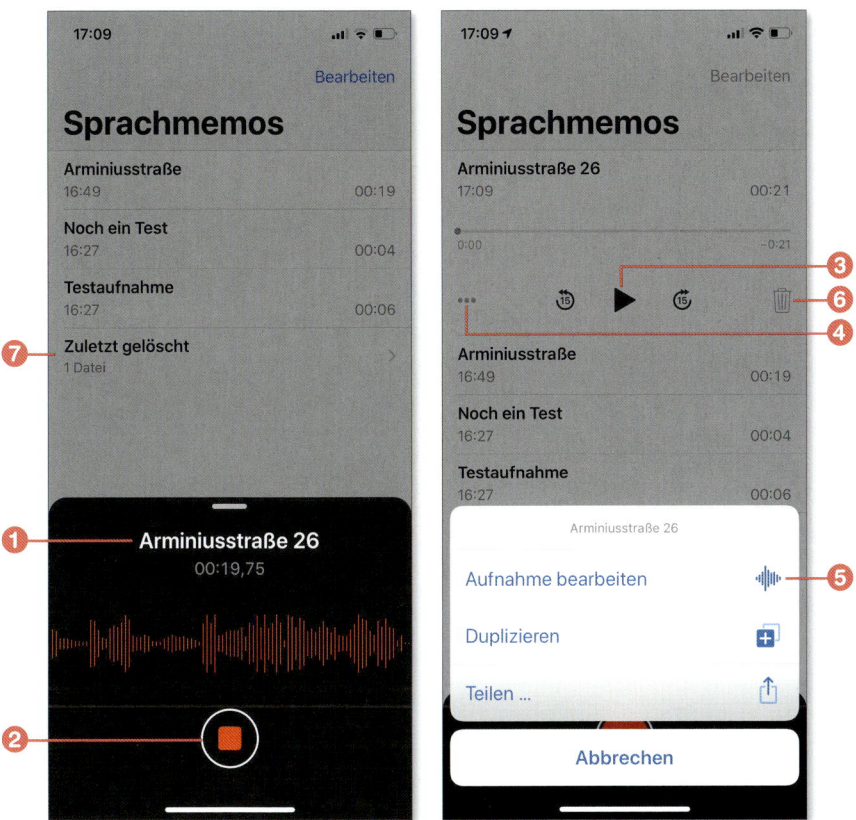

Mit den Sprachmemos verwandelt sich Ihr iPhone in ein digitales Diktiergerät.

Erst wenn Sie erneut auf den roten Knopf tippen, wird die Aufnahme beendet. Über die **Wiedergabe**-Taste ❸ lassen sich alle Memos noch einmal anhören. Um eine gespeicherte Aufnahme nachträglich zu bearbeiten, tippen Sie auf die **Mehr**-Taste ❹ und wählen den Menüpunkt **Aufnahme bearbeiten** ❺. Sie können die Aufnahme nun schneiden oder ab einer bestimmten Position neu aufzeichnen, wodurch die alte Aufnahme ab dieser Position überschrieben wird.

Aufnahmen, die Sie gelöscht haben – entweder durch Tippen auf den Papierkorb **6** oder indem Sie sie einfach von rechts nach links durchstreichen – landen im Ordner **Zuletzt gelöscht** **7**. Von dort aus können Sie sie zurückholen oder auch endgültig löschen.

> **TIPP**
>
> **Schnell etwas aufnehmen**
>
> Damit die App schnell zur Verfügung steht, nutzt sie die 3D-Touch-Funktion des iPhones. Drücken Sie etwas fester auf das App-Symbol, dann können Sie sofort eine neue Aufnahme starten oder sich Ihre letzten Aufzeichnungen anhören.

Kapitel 20

Daten schützen, sichern und wiederherstellen

Auf dem iPhone sammeln sich sehr schnell zahlreiche private und sensible Informationen an: Adressen, Termine, Notizen, Nachrichten, allerlei Passwörter und Zugangsdaten und vieles mehr. Diese Daten sollten Sie vor technischen Pannen, aber auch vor neugierigen Zeitgenossen schützen. Dafür bietet das iPhone zahlreiche Sicherheitsmaßnahmen, die nicht nur Datendiebe außen vor halten, sondern auch dafür sorgen, dass Ihre Kinder nicht auf Apps und Daten zugreifen können, die nicht für sie gedacht sind.

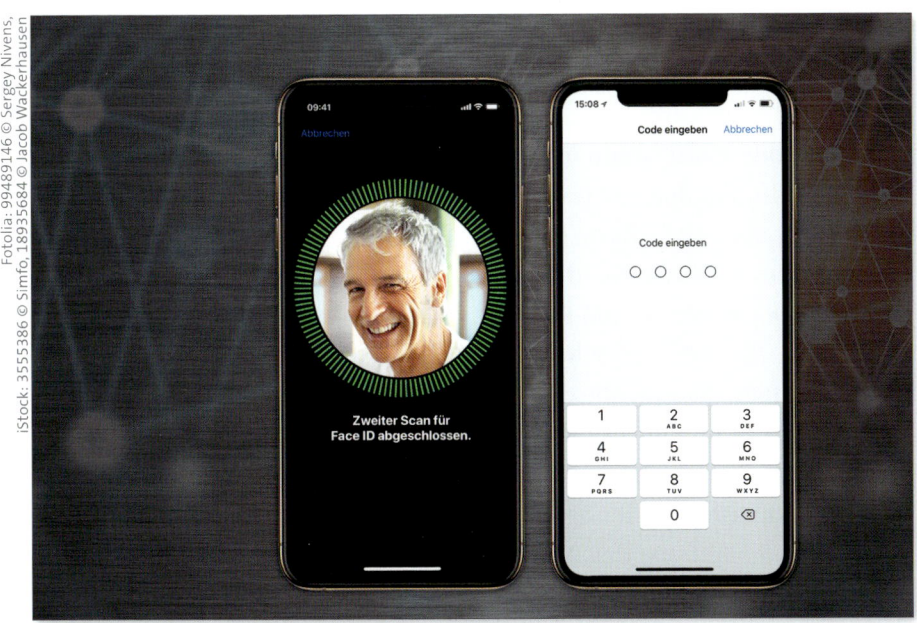

Schützen Sie Ihr iPhone vor unliebsamen Zeitgenossen.

Der PIN-Code und die SIM-Karte

Die einfachste Sperre, mit der Sie Unbefugte vom Missbrauch Ihres iPhones abhalten können, ist die PIN-Abfrage der SIM-Karte. Die allerdings trägt nicht sehr weit. Zum einen ist sie nur nach dem Einschalten des iPhones aktiv – also nicht nach dem einfachen Entsperren beim Wechsel aus dem Stand-by-Modus –, zum anderen schützt die Abfrage der SIM-PIN weniger, als man vielleicht meinen möchte. Denn wer glaubt, mit der PIN-Abfrage bereits aus dem Schneider und auf der sicheren Seite zu sein, der täuscht sich. Die PIN-Abfrage blockiert nur die Funktionen der SIM-Karte, also den Zugriff aufs Mobilfunknetz – und sonst gar nichts.

Wer den korrekten PIN-Code nicht kennt, der kann mit einem gefundenen iPhone zwar nicht telefonieren oder SMS verschicken, aber alle anderen Funktionen stehen ihm zur Verfügung. Dazu genügt es, die PIN-Code-Abfrage mit **OK** abzubrechen. Anschließend zeigt die Statusleiste zwar **SIM gesperrt**, aber man hat dennoch Zugriff auf alle Programme und gespeicherten Daten wie etwa E-Mails, Notizen, Kontakte, Fotos oder den Verlauf in Safari. Wenn sich das iPhone in einem WLAN befindet, kommt ein Unbefugter mit dem fremden iPhone auch problemlos ins Internet und kann dort die Identität des Besitzers teilweise übernehmen, indem er etwa E-Mails abruft oder schreibt.

Der PIN-Code wird standardmäßig vom Mobilfunkanbieter festgelegt, Sie können aber auch Ihren eigenen Code definieren. Rufen Sie dazu **Einstellungen ▸ Telefon ▸ SIM-PIN** auf, und tippen Sie hier auf **PIN ändern** ❶. Wenn Ihnen die Eingabe der SIM-PIN zu lästig ist und Sie der Meinung sind, diese Sicherheitsmaßnahme sei bei Ihrem Nutzungsprofil überflüssig,

Die SIM-PIN lässt sich anpassen und ganz deaktivieren.

können Sie die Abfrage des PIN-Codes der SIM-Karte an dieser Stelle auch komplett deaktivieren. Tippen Sie dazu auf den Schalter bei **SIM-PIN** ❷. Davon rate ich Ihnen allerdings dringend ab.

Die Codesperre

Schon bei der Einrichtung des iPhones wird die Codesperre aktiviert. Dabei handelt es sich standardmäßig um einen sechsstelligen Zahlencode, der nach jedem Entsperren des iPhones eingegeben werden muss, bevor der Zugriff auf den Home-Bildschirm und somit auf installierte Apps und Ihre persönlichen Daten zugelassen wird. So wird eine versehentliche Entsperrung unterwegs in der Tasche oder im Rucksack verhindert, und neugierige Mitmenschen bleiben außen vor. Ein so gesperrtes iPhone lässt sich auch über einen fremden Computer nicht auslesen. Beim Start von iTunes wird eine Fehlermeldung gezeigt, der Zugriff mit anderen Programmen ist ebenfalls nicht möglich. Erst nach Eingabe des Zugangscodes kann auf das iPhone zugegriffen werden.

INFO

Codesperre und Face ID

Vielleicht fragen Sie sich, warum Sie eine Codesperre benötigen, wenn Sie Ihr iPhone doch über Face ID entsperren. Nun, Face ID ist lediglich eine bequeme Abkürzung, die Ihnen die Eingabe des Codes (meist) erspart – nicht mehr, nicht weniger. Sie fügen dem System also nicht mehr Sicherheit hinzu. Wer Ihren Code kennt, der kann Face ID einfach umgehen und Ihren Code eingeben. Lesen Sie dazu auch den Abschnitt »Wie sicher ist Face ID?« ab Seite 52.

Sie können den Code der Codesperre nachträglich ändern oder auch komplett ausschalten (wovon ich Ihnen allerdings dringend abrate):

1. Um die Codesperre zu ändern oder auszuschalten, tippen Sie in den Einstellungen auf den Menüpunkt **Face ID & Code** und weisen sich mit Ihrem Code aus. Erst dann haben Sie Zugriff auf diese Einstellungen.

2. Tippen Sie auf **Code ändern**, und geben Sie zur Autorisierung Ihren aktuellen Code ein.

3. Nun werden Sie aufgefordert, einen neuen, sechsstelligen Code festzulegen ❶. Wenn Sie hier auf **Codeoptionen** ❷ tippen, können Sie statt der üblichen sechs Ziffern auch einen Code mit nur vier Ziffern ❸, mit

mehr als sechs Ziffern ❹ oder einen komplexen Code mit einem Mix aus Buchstaben und Ziffern ❺ wählen.

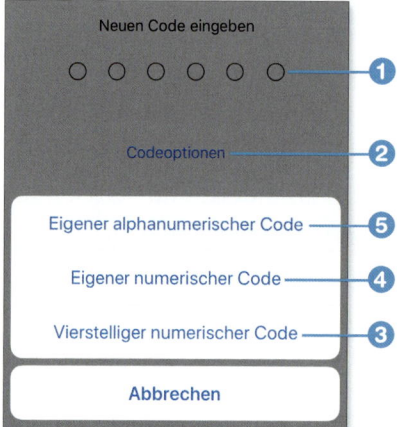

> **TIPP**
>
> **Ein sicherer Code**
>
> Je länger der Code, desto schwieriger wird es für einen Datendieb, ihn zu knacken. Nutzen Sie mindestens den standardmäßig vorgegebenen sechsstelligen Code, oder – besser noch – erweitern Sie ihn auf acht oder mehr Stellen.

4. Geben Sie Ihren neuen Code ein. Falls Sie einen Code benutzen, der sehr oft verwendet wird und daher leicht zu erraten ist – etwas wie *123456* –, warnt Sie das iPhone und empfiehlt Ihnen, einen anderen Code zu wählen.

5. Geben Sie Ihren neuen Code anschließend erneut ein, um ihn zu bestätigen.

> **TIPP**
>
> **Nach zehn Fehlschlägen alles löschen**
>
> Wenn Sie unter **Einstellungen ▸ Face ID & Code** die Option **Daten löschen** aktivieren, wird Ihr iPhone automatisch gelöscht, sobald jemand zehnmal einen falschen Code eingegeben hat. So verhindern Sie, dass ein Dieb versuchen kann, Ihren Code durch bloßes Ausprobieren zu erraten.

Die Zwei-Faktor-Authentifizierung

Bei der Einrichtung einer Apple-ID wird von Apple eine *Zwei-Faktor-Authentifizierung* eingesetzt. Das klingt ein wenig kompliziert, ist aber recht einfach.

Vermutlich kennen Sie das Verfahren bereits aus Ihrem Alltag. Wenn Sie an einem Geldautomaten Geld abheben möchten, benötigen Sie Ihre Geldkarte – das ist der erste Faktor – und einen PIN-Code – das ist der zweite Faktor. Wenn also jemandem Ihre Geldkarte in die Finger fällt, kann er damit allein nichts anfangen, er benötigt auf jeden Fall Ihren PIN-Code. Umgekehrt gilt das natürlich auch: Wer Ihren PIN-Code kennt, kann mit diesem Wissen allein nicht auf Ihr Konto zugreifen, dazu benötigt er zwingend Ihre Geldkarte. Erst wenn beide Faktoren in einer Hand sind, ist der Zugang zum Konto möglich.

Ein ähnliches Verfahren wird auch beim Online-Banking benutzt. Der Zugriff auf Ihr Konto ist zum einen durch ein Passwort geschützt, zum anderen müssen Sie jeweils einen Zifferncode (eine TAN) eingeben, bevor beispielsweise eine Überweisung ausgeführt wird.

Auf diesem Prinzip basiert auch die Zwei-Faktor-Authentifizierung der Apple-ID. Damit sich jemand mit Ihrer Apple-ID anmelden kann (etwa im Webbrowser, im iTunes Store oder auf einem anderen Apple-Gerät), benötigt er Ihr Passwort und einen sechsstelligen Code, der zur Kontrolle an Ihr iPhone geschickt wird. Sollte also ein Unbefugter Ihr Passwort kennen, hilft ihm das allein nicht weiter, er benötigt auf jeden Fall auch Ihr iPhone. Die Zwei-Faktor-Authentifizierung schützt also nicht den Zugriff auf Ihr iPhone – dazu dient die Codesperre –, sondern verhindert den Zugriff auf Ihre Apple-ID von einem fremden Gerät aus.

Was passiert jedoch, wenn Ihr iPhone defekt ist oder Sie es verloren haben – denn dann bleibt ja auch Ihnen der Zugriff auf Ihre Apple-ID verwehrt, weil Ihnen der zweite Faktor fehlt. Sie sollten daher neben Ihrem iPhone weitere Geräte und Telefonnummern eintragen, an die der Bestätigungscode geschickt werden kann. Im Falle eines Falles wird der Code dann etwa an Ihr iPad oder als Sprachnachricht an Ihre Festnetznummer geschickt.

Geräte wie iPhone oder iPad, bei denen Sie sich mit Ihrer Apple-ID angemeldet haben, werden automatisch als vertrauenswürdige Geräte aufgeführt, an die bei einer Anmeldung der Bestätigungscode geschickt wird. Eine neue vertrauenswürdige Telefonnummer legen Sie unter **Einstellungen ▸ [Ihr Account]** an. Wählen Sie dort **Passwort & Sicherheit**, und tippen Sie hier im Abschnitt **Vertrauenswürdige Nr.** auf **Bearbeiten** ❶ und anschließend auf **Telefonnummer hinzufügen**. Sie müssen nun den Code zum Entsperren des iPhones angeben, anschließend geben Sie die Telefonnummer ein ❷ und legen fest, ob der Code als Textnachricht oder als Telefonanruf ❸ geschickt werden soll.

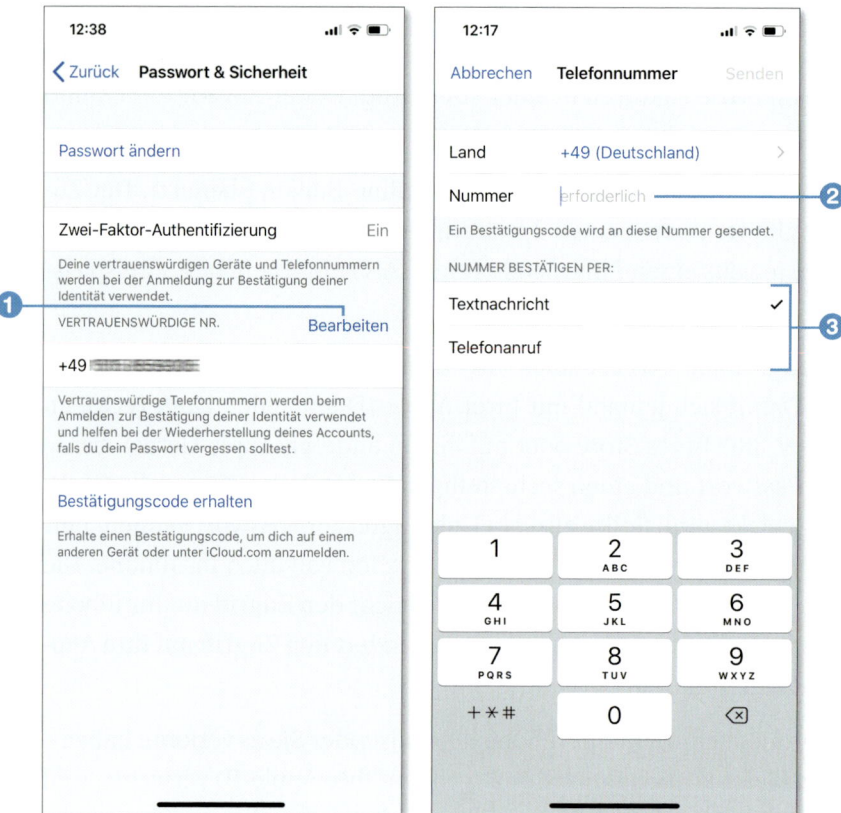

Legen Sie weitere Telefonnummern fest, an die ein Bestätigungscode im Verlustfall verschickt werden kann.

Datenschutzeinstellungen einsehen und ändern

Auf dem iPhone herrscht das generelle Prinzip der Datenkapselung. Das be-
deutet, dass auf die Daten einer App nur diese App selbst zugreifen darf.
Für die Apps, die zum Grundbestand von iOS gehören, gibt es hier einige
Ausnahmen. So kann etwa die Mail-App sinnvollerweise auf die gespeicher-
ten Kontakte zugreifen. Aber schon die Kamera-App braucht Ihre explizite
Erlaubnis, um die Ortsdaten auslesen zu können.

Den Apps anderer Anbieter ist der Zugriff von Haus aus verwehrt. Möchte
eine App (etwa *Facebook*) auf die gespeicherten Kontaktdaten zugreifen,
muss sie zuvor nachfragen. Sie können dann selbst entscheiden, ob Sie den
Zugriff gestatten möchten. Ähnliches gilt auch für die Ortungsdienste, Kalender, Erinnerungen, Fotos, eine freigegebene Bluetooth-Verbindung, das
Mikrofon, die Spracherkennung und anderes mehr.

Sie können jederzeit einer App einmal erteilte Zugriffsrechte entziehen
oder auch einen bislang verweigerten Zugriff gewähren. Rufen Sie dazu
Einstellungen ▸ Datenschutz auf, und wählen Sie die gewünschten Quellen,
etwa **Kamera**. Sie sehen nun alle Apps, die auf die Kamera zugreifen möchten, und können diesen Zugriff ein- oder ausschalten ❶.

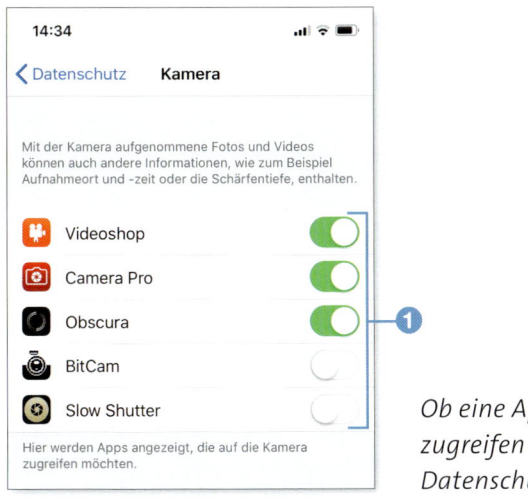

Ob eine App auf die Kamera
zugreifen darf, legen Sie in den
Datenschutzeinstellungen fest.

Nicht wahllos freigeben!

Immer wenn eine App nachfragt, ob sie Daten von anderen Apps nutzen darf, sollten Sie kurz innehalten und sich fragen, warum diese App die angefragten Daten überhaupt benötigt. Dass eine App zur Bearbeitung von Fotos auf die in der Fotos-App gespeicherten Bilder zugreifen können muss, ist logisch, andernfalls wäre sie nutzlos. Aber wenn etwa ein Spiel auf Ihre Kontakte zugreifen möchte, ohne dass erkennbar wäre, wozu es diese Daten benötigt, sollten Sie skeptisch werden und den Zugriff erst einmal verweigern.

Eine Datensicherung anlegen und verschlüsseln

Wenn einmal etwas schiefgeht und Sie Ihr iPhone komplett neu aufsetzen müssen, ist es gut, wenn Sie ein aktuelles Backup zur Hand haben, aus dem sich das iPhone wiederherstellen lässt.

Standardmäßig müssen Sie sich darum gar nicht kümmern, da das iPhone seine Daten von Haus aus via iCloud auf den Servern von Apple sichert. Das passiert automatisch, sobald es an der Stromversorgung hängt, gesperrt und in einem WLAN angemeldet ist. Idealerweise erfolgt das Backup also in der Nacht, während Sie schlafen und das iPhone zum Aufladen am Netzteil hängt.

Standardmäßig legt das iPhone ein automatisches Backup bei iCloud an.

Beim ersten Mal kann sich ein Backup einige Zeit hinziehen, da hier der aktuelle Zustand einmal vollständig gesichert wird. In Zukunft legt das iPhone regelmäßige Backups an und sichert den aktuellen Zustand des Geräts. Bei diesen täglichen Backups werden nur die Änderungen seit der letzten Sicherung übertragen, was eine Sache weniger Minuten ist.

Dieses automatische Backup schalten Sie unter **Einstellungen ▸ [Ihr Account] ▸ iCloud ▸ Backup** ein bzw. aus **1**. Hier können Sie ein Backup auch manuell anstoßen **2**.

Neben dem Backup in der iCloud ist es auch mit iTunes auf Ihrem Computer möglich, ein lokales Backup anzulegen. Um zu verhindern, dass sich Unbefugte an der Datensicherung Ihres iPhones zu schaffen machen, lässt sich das Backup in iTunes verschlüsseln. So muss man bei der Wiederherstellung zuerst ein Passwort eingeben, bevor man fortfahren kann. Erfreulicher Nebeneffekt: Bei einem verschlüsselten Backup werden auch alle Passwörter, die Sie auf dem iPhone gespeichert haben, gesichert.

1. Möchten Sie diese Funktion aktivieren, schließen Sie Ihr iPhone per USB-Kabel an Ihren Computer an, und öffnen Sie auf dem Computer das Programm iTunes.

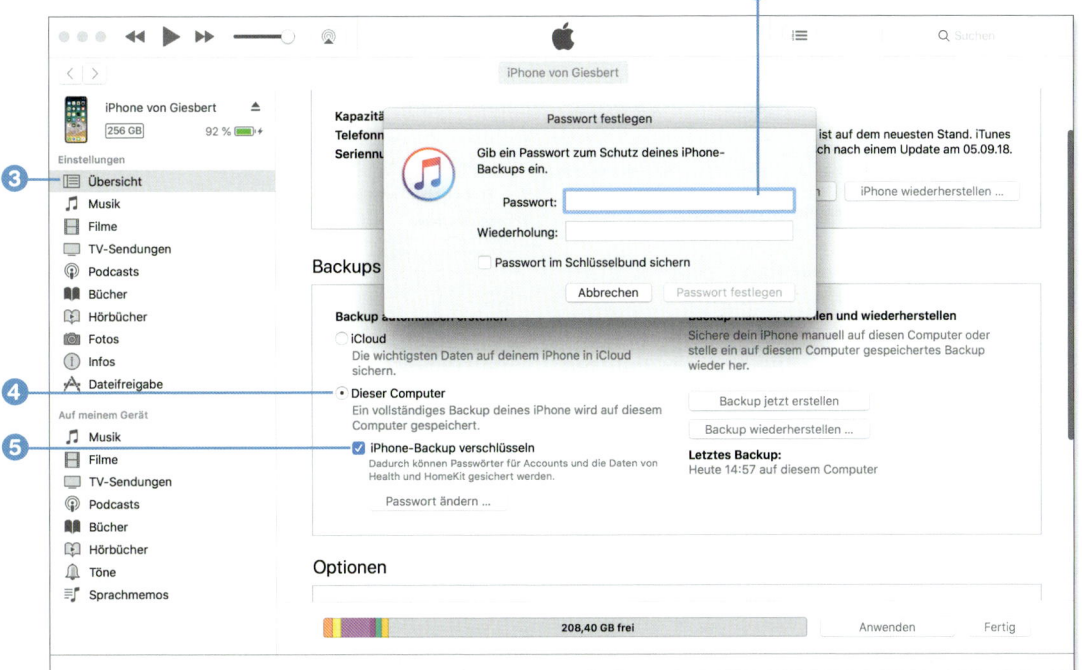

2. Wählen Sie das iPhone aus, und klicken Sie in der Seitenleiste auf die Kategorie **Übersicht** ❸.

3. Wählen Sie im Abschnitt **Backups** den Punkt **Dieser Computer** ❹ und **iPhone-Backup verschlüsseln** ❺.

4. Sie werden nun in einem Dialogfenster aufgefordert, ein Passwort für die Datensicherung festzulegen ❻. In Zukunft wird das Backup verschlüsselt und kann nur mit dem entsprechenden Passwort verwendet werden.

Auch wenn Sie Ihr iPhone über iCloud sichern, können Sie trotzdem Backups auf Ihrem Computer anlegen – sicher ist sicher. Falls iCloud im Fall eines Falles nicht erreichbar sein sollte, können Sie Ihr iPhone notfalls auch aus dem lokalen Backup wiederherstellen. Dazu lassen Sie in iTunes die Option **iCloud** ❼ aktiviert, schalten aber gleichzeitig **iPhone-Backup verschlüsseln** ❽ ein. Mit einem Tipp auf **Backup jetzt erstellen** ❾ legt iTunes ein lokales verschlüsseltes Backup an.

Sicher ist sicher: Backups anlegen

Das Systemupdate

Auch wenn man es leicht vergessen kann, aber das iPhone ist ein ausgewachsener und sehr leistungsfähiger Computer. Auch auf dem iPhone läuft ein Betriebssystem, das hier iOS heißt und sämtliche Funktionen zur Verfügung stellt. Und wie bei jedem Computer wird auch beim iPhone regelmäßig das Betriebssystem aktualisiert. Dabei werden nicht nur neue Funktionen, sondern auch die unvermeidlichen Lücken im System gestopft. Selbst wenn Sie die neuen Funktionen eines Systemupdates nicht benötigen – auf die verbesserte Sicherheit sollten Sie im eigenen Interesse nicht verzichten.

1. Ein Systemupdate ist in der Regel Sache weniger Minuten. Üblicherweise wird Ihnen das Vorhandensein eines Updates durch eine rote Ziffer am Icon der Einstellungen angezeigt. Um das Update zu installieren, rufen Sie **Einstellungen** ▸ **Allgemein** ▸ **Softwareupdate** auf.

2. Hier werden Ihnen Informationen zum Update angezeigt. Mit einem Tipp auf **Laden und installieren** wird das Update geladen, aber noch nicht installiert.

3. Stattdessen werden Sie nach dem Laden gefragt, ob das Update jetzt oder später installiert werden soll. Falls Sie hier nicht reagieren, startet die Installation nach 60 Sekunden automatisch. Die Rückfrage ist sinnvoll, da während der Installation das iPhone nicht benutzt werden kann. Wenn Sie Ihr iPhone also gerade dringend benötigen, verschieben Sie die eigentliche Installation auf einen späteren Zeitpunkt. Sie starten die Installation mit einem Fingertipp auf **Jetzt installieren**.

4. Anschließend wird das iPhone neu gestartet und muss mit Ihrem Code entsperrt werden (Face ID funktioniert in diesem Fall nicht).

INFO

Automatisches Update

Möchten Sie, dass ein Update sofort geladen wird, aktivieren Sie unter **Einstellungen** ▸ **Allgemein** ▸ **Softwareupdate** ▸ **Automatisches Update** den entsprechenden Schalter. Das Update wird in der Nacht installiert, wenn das iPhone im WLAN angemeldet ist und mit Strom versorgt wird.

Diese sog. *Over-the-Air*-Updates (OTA) sind in der Regel recht klein und überschaubar, da hier nur der neue Code geladen und installiert wird. In seltenen Fällen kann ein solches Update fehlschlagen. Dann steht immer noch das Update via iTunes parat. Allerdings wird hier das komplette Betriebssystem geladen, was etwas länger dauert, aber dafür auch zuverlässiger sein kann als ein OTA-Update.

1. Schließen Sie Ihr iPhone an den Computer an und starten Sie iTunes.

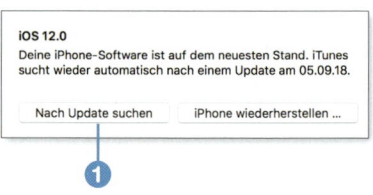

2. Wählen Sie Ihr iPhone aus. Üblicherweise informiert Sie iTunes automatisch über verfügbare Updates.

3. Möchten Sie auf Nummer sicher gehen, wählen Sie **Übersicht** und klicken dort auf **Nach Update suchen** ❶.

4. Ist ein Update verfügbar, kann es jetzt geladen und installiert werden.

Das iPhone zurücksetzen und wiederherstellen

Ein Backup ist die Lebensversicherung Ihres iPhones – wenn alles gut geht, werden Sie es nie benötigen. Doch falls etwas schiefgegangen ist, dann können Sie Ihr iPhone aus dem Backup komplett wiederherstellen. Eine Wiederherstellung ist auch dann die letzte Rettung, wenn sich Ihr iPhone hartnäckig seltsam benimmt und partout nicht das tut, was Sie von ihm erwarten.

INFO

Alles oder nichts

Die Wiederherstellung des iPhones erfolgt nach dem Motto »Alles oder nichts«. Sie können Ihr iPhone damit nur komplett wiederherstellen, die gezielte Auswahl – etwa »Nur die Fotos, aber nicht die Nachrichten« – ist von Apple nicht vorgesehen.

Bei einer Wiederherstellung wird das iPhone in den Werkszustand versetzt, sämtliche Daten und die installierten Programme werden gelöscht. Anschließend installieren Sie über iTunes oder iCloud das Betriebssystem neu, und alle Daten und Programme werden aus der Datensicherung rekonstruiert. Für eine Wiederherstellung sollten Sie sich ein wenig Zeit nehmen; eine komplette Wiederherstellung kann, je nachdem wie viele Daten wiederhergestellt werden müssen, eine Stunde oder länger dauern.

> **TIPP**
>
> **»Mein iPhone suchen« fürs Zurücksetzen ausschalten**
>
> Standardmäßig ist in iCloud die Option **Mein iPhone suchen** aktiviert (siehe dazu den nächsten Abschnitt). Diese Option muss ausgeschaltet werden, bevor Sie Ihr iPhone zurücksetzen können.

Eine Wiederherstellung ist schnell gestartet:

1. Wählen Sie **Einstellungen** ▸ **Allgemein** ▸ **Zurücksetzen**.

2. Wählen Sie hier **Alle Inhalte & Einstellungen löschen** ②. Da dies eine sehr radikale Maßnahme ist, müssen Sie sich mit Ihrem Code ausweisen und die Aktion zweimal explizit bestätigen.

3. Wenn Sie alle Abfragen bestätigt haben, wird Ihr iPhone zurückgesetzt, und es beginnt nun wieder der Einrichtungsprozess, wie er im ersten Kapitel beschrieben wird.

4. Hier haben Sie nun die Möglichkeit, Ihr iPhone aus einem iCloud- oder iTunes-Backup wiederherzustellen.

> **TIPP**
>
> **Wiederherstellung in iTunes starten**
>
> Haben Sie Ihre Daten in iTunes gesichert, können Sie das Zurücksetzen des iPhones und die Wiederherstellung auch gleich dort vornehmen. Schließen Sie Ihr iPhone an, und wählen Sie in der Seitenleiste die Kategorie **Übersicht**. Klicken Sie nun im Bereich **Backups** unter **Backup manuell erstellen und wiederherstellen** auf die Schaltfläche **Backup wiederherstellen**. Daraufhin wird das Gerät zurückgesetzt und aus der Datensicherung neu aufgesetzt.

Mein iPhone suchen

Eine sehr sinnvolle Funktion von iCloud ist der Dienst **Mein iPhone suchen**, der automatisch aktiviert wird, sobald Sie sich auf dem iPhone bei iCloud anmelden – also üblicherweise bei der ersten Einrichtung des iPhones. Sie lässt sich unter **Einstellungen ▸ [Ihr Account] ▸ iCloud** nur ausschalten, wenn Sie Ihr iCloud-Passwort eingeben.

Mit dieser Funktion lässt sich ein verlorenes oder verlegtes iPhone im Webbrowser auf einer Karte anzeigen und so lokalisieren. Notfalls haben Sie mit dieser Funktion etwa im Fall eines Diebstahls auch die Möglichkeit, sämtliche Daten auf Ihrem iPhone aus der Ferne zu löschen.

Diese Funktion hat einen weiteren Effekt. Selbst wenn die Fernlöschung fehlschlägt, verhindert sie eine Wiederherstellung und erneute Aktivierung des iPhones. Will ein Dieb Ihr iPhone also komplett zurücksetzen, um es als scheinbares Neugerät zu verkaufen, benötigt er zwingend Ihr iCloud-Passwort, um die Funktion **Mein iPhone suchen** ausschalten zu können.

Außerdem können Sie das iPhone einen Ton abspielen lassen, was bei der Suche des Geräts in der eigenen Wohnung hilfreich ist, sollten Sie Ihr iPhone einmal verlegt haben (und glauben Sie mir – das passiert häufiger, als man meinen möchte). Anders als der normale Klingelton lässt sich dieser Signalton nicht abschalten, sondern wird immer mit voller Lautstärke abgespielt. So habe ich mein iPhone schon oft unter Papier- und Zeitungsstapeln wiedergefunden.

1. Falls Sie Ihr iPhone einmal nicht wiederfinden, starten Sie einen Webbrowser und geben Sie *www.icloud.com* in das Adressfeld ein.

2. Dort melden Sie sich mit Ihrer Apple-ID und Ihrem Passwort an. Da es sich um einen iCloud-Dienst handelt, ist eine Apple-ID Voraussetzung.

3. Wählen Sie **iPhone-Suche**. Nun wird Ihr iPhone auf einer Karte geortet ❶, und Sie können eine der möglichen Aktionen ausführen.

4. Mit einem Klick auf **Ton wiedergeben** ❷ spielt das iPhone einen Signalton ab – und zwar so lange, bis Sie den Ton auf dem iPhone ausschalten.

5. Klicken Sie auf **Modus „Verloren"** ❸, können Sie eine Nachricht und Ihre Telefonnummer an das iPhone schicken – in der Hoffnung, dass der ehrliche Finder Kontakt zu Ihnen aufnimmt. Gleichzeitig wird das iPhone mit seinem Code gesperrt. Falls Sie keinen Code festgelegt haben, können Sie dies nun aus der Ferne nachholen.

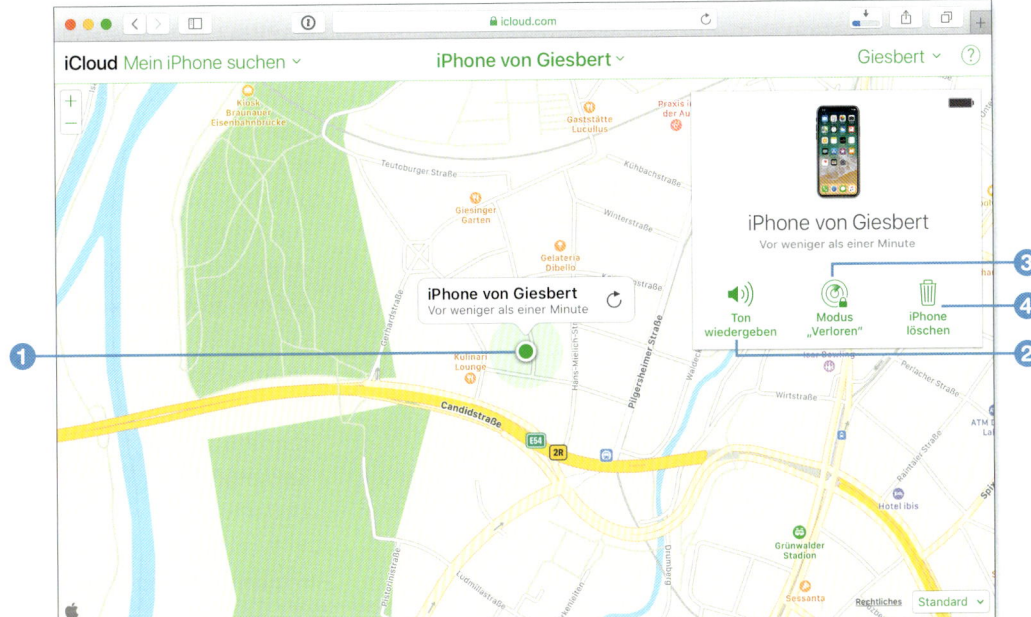

6. Über **iPhone löschen** ❹ wird das Kommando »Sämtliche Daten löschen« via Internet an das iPhone geschickt. Sobald das iPhone dieses Kommando empfangen hat, löscht es ohne weitere Rückfragen und Eingriffsmöglichkeit seinen kompletten Inhalt samt Einstellungen. Nach der Löschung muss das iPhone komplett wiederhergestellt werden. Dabei wird das iPhone auch erneut aktiviert, was aber nur funktioniert, wenn die Apple-ID eingegeben wird, mit der es gelöscht wurde. Selbst wenn Sie Ihr iPhone also nicht zurückbekommen, können Sie immerhin sicher sein, dass ein Dieb mit dem Gerät nichts mehr anfangen kann.

Sie sehen, Ihr iPhone bietet Ihnen eine ganze Reihe effektiver Schutzmechanismen, um den Zugriff auf Ihre Daten zu schützen, und es liegt letztlich nur an Ihnen, diese auch zu aktivieren und zu nutzen.

387

Stichwortverzeichnis

Das komplette Wissen zum Mac verständlich erklärt